THEOLOGIE UND KIRCHENLEITUNG

THEOLOGIE UND KIRCHENLEITUNG

MARTIN FISCHER
ZUM
65. GEBURTSTAG
GEWIDMET

HERAUSGEGEBEN VON WOLFGANG ERK
UND YORICK SPIEGEL

CHR. KAISER VERLAG

1976

CIP-Kurztitelaufnahme der Deutschen Bibliothek

Theologie und Kirchenleitung: Martin Fischer
zum 65. Geburtstag gewidmet / hrsg. von
Wolfgang Erk und Yorick Spiegel.
NE: Erk, Wolfgang [Hrsg.]; Fischer, Martin: Festschrift

ISBN 3-459-01081-9

FÜR EINEN MENSCHEN,
BEI DEM SICH ENGAGEMENT,
TREUE UND GEWÄHRENLASSEN
ZU EINER EINHEIT ZUSAMMENFÜGEN,
DIE SELTEN ZU FINDEN IST.

Wolfgang Erk   Yorick Spiegel

INHALT

Kurt Scharf, Vorwort 9

Martin Fischer, Theologie und Kirchenleitung (1960) 12

THEOLOGIE UND POLITISCHE VERANTWORTUNG

Friedrich-Wilhelm Marquardt, »Ein Nachhall auf Deutschland«.
Martin Fischers politische Theologie 35

Eberhard Bethge, Dietrich Bonhoeffer und die theologische Begründung seines politischen Widerstandes 58

Helmut Hild, Parteilichkeit und Neutralität im politischen Amt
der Kirche 73

Walter Kreck, Wie frei ist die Kirche? 85

Yorick Spiegel, Diakonie im Sozialstaat 96

Gustav W. Heinemann, »Und um den Abend wird es licht sein« 115

THEOLOGIE UND KIRCHE

Helmut Gollwitzer, Die Kirchengeschichte als Frage nach der
Kirche 119

Günter Krusche, Die Kirche als Gegenstand der Praktischen
Theologie 135

Manfred Josuttis, Dogmatische und empirische Ekklesiologie in
der Praktischen Theologie. Zum Gespräch mit Karl Barth . 150

Johannes Hanselmann, Chancen der Volkskirche 169

Adriaan Geense, Wer gehört der Kirche an? Probleme eines holländischen Nachbarn 184

ÜBERLIEFERUNG UND KIRCHENLEITUNG

Otto Knoch, Evangelium — Apostolische Vollmacht — Charisma
— Kirchliches Amt 195

Dietrich Mendt, Konsistoriales und synodales Denken im Bund
Evangelischer Kirchen in der DDR 208

Reinhold Pietz, Kontroverse theologische Begründungen bei der regionalen Aufgliederung der Evangelischen Kirche der Union   215

Wenzel Lohff, Theologische Konzeption und Gemeindeleitung im Spiegel theologischer Schulen 226

THEOLOGIE UND KIRCHENLEITUNG

Friedrich Winter, Der Wert der Theologie für die Entscheidungsfindung in der Kirchenleitung 241

Rudolf Thaut, Das Verhältnis von Theologie und Kirchenleitung in demokratischen Kirchenstrukturen. Theologie als »Kunstlehre der Kirchenleitung« 255

Klaus Grammel, Kirche, Institution und Herrschaft. Bemerkungen zu Gotthold Hasenhüttl 262

Hans Häselbarth, Theologie und Gemeindeleitung in Nordnigeria. Eine kritische Bestandsaufnahme 274

Wolfgang Erk, Theologie, Kirchliche Leitung — und ihre Publizistik 288

Rudolf von Thadden, Kirchenleitung ohne Autorität? Ein Brief an Martin Fischer 299

Martin Fischer — Daten und Veröffentlichungen 305

Die Mitarbeiter 307

KURT SCHARF

VORWORT

Ihr seid das Salz der Erde. Wenn nun das Salz kraftlos wird, womit soll man's salzen? Es ist zu nichts hinfort nütze, denn daß man es hinausschütte und lasse es die Leute zertreten. Ihr seid das Licht der Welt. Es kann die Stadt, die auf einem Berge liegt, nicht verborgen sein. Man zündet auch nicht ein Licht an und setzt es unter einen Scheffel, sondern auf einen Leuchter; so leuchtet es allen, die im Hause sind. So soll euer Licht leuchten vor den Leuten, daß sie eure guten Werke sehen und euren Vater im Himmel preisen. Matth. 5,13—16

Da sprach nun Jesus zu den Juden, die an ihn glaubten: Wenn ihr bleiben werdet an meiner Rede, so seid ihr in Wahrheit meine Jünger und werdet die Wahrheit erkennen, und die Wahrheit wird euch frei machen. Da antworteten sie ihm: Wir sind Abrahams Kinder und sind niemals jemandes Knechte gewesen. Wie sprichst du denn: Ihr sollt frei werden? Jesus antwortete ihnen: Wahrlich, wahrlich, ich sage euch: Wer Sünde tut, der ist der Sünde Knecht. Der Knecht aber bleibt nicht ewiglich im Hause; der Sohn bleibt ewiglich. Wenn euch nun der Sohn frei macht, so seid ihr recht frei. Joh. 8,31—36

Den Theologen Martin Fischer habe ich in den entscheidenden Gründen und in der sinnfälligen Anwendung seines Denkens so recht erst in der Kirchenleitung kennengelernt — im Rat der Evangelischen Kirche der Union und vor allem in der Kirchenleitung der Berliner Kirche. Aber es gilt auch anders herum: Den Mann in hoher kirchenleitender Verantwortung D. Martin Fischer, seine klaren und sicheren Entscheidungen, sein Verhalten, vor allem seine — eindeutige — *Haltung* dort, vermag nur zu verstehen und zu würdigen, wer den Wurzeln seiner Theologie des Wortes und des Geistes nachzuspüren sich bemüht hat. Und beide Wahrnehmungen treffen zusammen in der Feststellung: Er ist so ganz Christ, daß er in allem Denken und Handeln, im persönlichen und beruflich-dienstlichen, zuerst nach dem Urteil fragt, vor dem es »am Ende« zu bestehen gilt (auch wenn wir wissen, daß vor diesem Urteil aus eigener Leistung niemand zu bestehen vermag).

Martin Fischer ist ein tief frommer theologischer Denker und ein tief frommer Verwalter des kirchenregimentlichen Auftrages. Er ist fromm aus unmittelbarer Empfindung. Ausgerichtet auf die Stunde der

Rechenschaft für den Einzelnen, mehr noch für die Jünger-Gemeinde in ihrem Miteinander, in der Gegenseitigkeit ihrer Verpflichtung des Einen für den Andern — »wir werden vom richtenden Gott nach dem Andern neben uns gefragt werden« —, ist er herrlich frei und unbestechlich anspruchsvoll im Votieren und in seinen Forderungen, im Postulieren, in der direkten Anrede an den Mitverantwortlichen. In den Beratungen der Kirchenleitung wie im theologischen Streitgespräch habe ich von ihm mehr als einmal den Hinweis auf das Jüngste Gericht vernommen. Er nennt solchen Maßstab und spricht eine derartige Warnung nicht nur — selbstkritisch — vor dem Kreis aus, in den er selbst gehört, sondern richtet auch Hinweis und Warnung unbefangen an den Partner in der Auseinandersetzung draußen. Der Präsident einer wichtigen kirchlichen Dienststelle und der Professor des kirchlichen Lehramtes Martin Fischer ist im Geschäft alltäglicher Routinearbeit bestimmt von dem Bewußtsein, unausgesetzt »unter Gott zu sein«, sub specie aeternitatis zu treiben und zu verhandeln, was getrieben werden muß. Das ist das Geheimnis seiner starken Wirkung intern wie nach außen.

Die Texte seines 65. Geburtstages nach der Kirchenjahresbibellese scheinen mir akkurat über diese Dinge Auskunft zu geben: Zuerst die Morgenlesung, Verse aus der Bergpredigt, Matth 5,13—16. Der Text sagt der Jünger-Gemeinde (es geht in ihm nicht um den einzelnen Christen für sich, es geht um sie miteinander!) nicht nur ihre Wirkung, ihr Wesen zu: Ihr seid Licht, ihr seid Salz —, sondern nennt auch die andere Möglichkeit: Salz kann untauglich werden, Licht unter den Scheffel kommen —, dann sind sie zu nichts nütze. Neben dem Zuspruch, dem totalen, uneingeschränkten Zuspruch steht die ernste Mahnung. Nach menschlicher Logik ist beides nicht vereinbar. Es heißt ja nicht: Ihr sollt Salz sein, ihr sollt Licht sein! Auch nicht: Ihr habt es bei euch, könnt es bei euch haben — etwa: in der Verwaltung des Gotteswortes. Es heißt bedingungslos: Ihr, die Jünger-Gemeinde miteinander, *seid* die Stadt auf dem Berge, das unübersehbare, herrliche Jerusalem Gottes. Von Gottes Gemeinde lebt die Welt. Sie ist die innere Kraft alles Existenten. Und ohne Verbindung und Erläuterung steht daneben: Erfüllen Salz und Licht ihre Funktionen nicht, bietet die unverborgene hohe Stadt nicht den Anblick der Heilstaten Gottes an seinen Menschenkindern dar, dann wird dies alles hinausgeschüttet und umgestoßen und von den Leuten zertreten. Die andere, die Möglichkeit des Versagens darf nicht aus dem Blick geraten! Sie im Blick zu haben, bedeutet eine Teil-, eine nicht unwesentliche Seitenkraft (Componente) im Lebenszeugnis von Martin Fischer.

Ähnlich charakteristisch für ihn ist die Lesung für die zweite Hälfte des Tages am 9. August 1976: die Verse 31—36 aus Johannes 8. Wer sich dem Wort Jesu ganz unterstellt, der, nur der hat vollen, wirklichen Gewinn aus ihm. Wer es tut, gewinnt Wahrheit, die ganze Wahrheit Gottes, und Freiheit, eine durch menschliche Macht unzerstörbare, nicht einzuschränkende Freiheit. Im Wort Jesu gibt Gott sich menschlichem Begreifen zu erkennen als der, der uns und alle Welt erkannt hat. Er wird nie ein Gegenstand unseres Erkennens, und doch gibt er uns Einblick — durch seinen Geist — in die letzten Tiefen seines Wesens. Er nimmt uns ganz auf in sein Eigentum. Als seine Söhne gehören wir mit dem Sohn in »das Haus«. Wer aber Sklave der Rebellion gegen Gott ist, bleibt nicht im Hause. Wer dort verhaftet ist, verliert die Freiheit. Dies Verständnis von Freiheit hat unser Lehrer, Jesu Jünger, Martin Fischer bis in die letzte Folgerung ihres Wesens und unseres Seins uns dargelegt und sich zu eigen genommen. Im Hause Gottes »Heimat haben«, heißt frei sein von dem, in dem die Sklavenstellung des Menschen unentrinnbar geworden ist, von dem Herrscher, der nur durch Gottes eigenes Sterben und Auferstehen beiseite getan werden konnte, dem Tod. Martin Fischer kann die Freiheit vom Tode, seine Entmachtung und unser Herr-Sein über den Mächtigsten unter den Gewaltherren der Erde, jubelnd und beglückend als *den* Inhalt aller Schrift verkündigen. Alle Unterdrückung gründet in dem Schrecken des Todes und zieht ihre Gewalt aus seiner — so scheint es: — Endgültigkeit. Ist sie durchbrochen, gewinnt unser Leben Freiheit und Wahrheit und Ewigkeit. Hier wird Freiheit wirklich und Leben wird ewiger Geist — im Mensch gewordenen Gott, der in der Jünger-Gemeinde das kommende Gottesreich und die vergehende Schöpfung ineinander gewoben hat.

Gottes heiliger Geist und das lebendige Ergriffensein von der Wahrheit Jesu Christi mögen das erkennende Forschen des Theologen und das leitende Wirken des Kirchenmannes Martin Fischer in einem neuen Abschnitt des Schaffens zu Ergebnissen führen, an denen die mit und nach ihm existierende — bedrängte und kämpfende, lobende und dankende — Gemeinde sich erquicken kann, wie wir, seine Altersgenossen, uns durch fast vier Jahrzehnte und wie auch die gerade in den derzeitigen kirchlichen Entwicklungen ihm sich neu zuwendenden jüngeren Generationen von Forschern, Pfarrern und Studenten, Theologen und Nichttheologen, sich an seinem bisherigen Lebenswerk aufgerichtet, orientiert und erquickt haben und sich orientieren und erquicken! Diese aus Anlaß seines 65. Geburtstages hinausgehenden Beiträge von christlichem Zeugnis, kirchlichen Arbeitsberichten, Rechenschaft und Besinnung über die Ziele des Tuns und der Hoffnung der Gemeinde Jesu seien ihm Anregung für solches Schaffen, für ein Zusammenbinden geernteter Garben und für eine neue Saat!

MARTIN FISCHER

THEOLOGIE UND KIRCHENLEITUNG*

Der Sinn dieser Vorlesung ist es, Theologie und Kirchenleitung als
Formen besonderen Dienstes am Evangelium deutlich zu machen und
einzuprägen. 1947 wurde in der Theologischen Literatur-Zeitung eine
fruchtbare Debatte geführt über Theologie und Kirche. Da wird in
großer Einmütigkeit Theologie eine Lebensfunktion der Kirche genannt[1]. Schwieriger gestaltet sich das Verhältnis von Theologie und
Kirchenleitung. Die vorreformatorischen Definitionen und Distink-
tionen vorzuführen und zu verhandeln, müssen wir uns heute sparen.
Keinen der tradierten Begriffe hat die Reformation ungeprüft und
unberührt gelassen. Die Ausformung, die sie selbst der Theologie und
der Kirchenleitung gegeben hat, ist keineswegs immer im Sinn von
Confessio Augustana XIV wirksam geworden, sondern hat die verschiedensten geschichtlichen Wandlungen durchmachen müssen, bis es
zu den heutigen, außerordentlich vielfältigen Gestaltungen gekommen
ist.

Es würde nicht weit führen, wenn wir 1900 Jahre der Kirchengeschichte übersprängen und in einer, übrigens geschichtlich bedingten,
Erhebung über Theologie und Kirchenleitung im Neuen Testament
Wesensaussagen erarbeiteten, die wir dann, wie *Fendt* sich auszudrük-
ken pflegte, einzuzeichnen hätten in die gegenwärtigen kirchlichen
Verhältnisse[2]. Die gegenwärtigen Formen von Theologie und Kirchenleitung sind geschichtlich bedingt, obwohl sie bis heute Widerhall sind
auf die entscheidende Geschichte Gottes mit den Menschen, die in Jesus
Christus, die in Offenbarung und Bund Gottes auf Erden in Bewegung
gesetzt ist. Unter der Lebensbewegung einer die Kirche gründenden
Missionspredigt hat die Kirche ihre Dienste verantwortlich zu formen

---

* Festvorlesung zur 25-Jahr-Feier der Kirchlichen Hochschule Berlin am 31. Oktober 1960, abgedruckt in: EvTh, 1961, 49—68
[1] ThLZ 72, 1947, 157 ff. Teilnehmer des Gespräches: O. Dibelius, H. Stephan, R.
Hermann, H. Mulert, J. Schniewind, G. Jacobi; fortgeführt ebenda im 73. Jg., 283 ff
durch W. Krummacher und M. Doerne, vgl. auch H. Rendtorff, Warum theologische
Wissenschaft?, 75. Jg., 321 ff
[2] L. Fendt, Grundriß der praktischen Theologie, 1. Abt., 1949[2]. Dort gibt Fendt
folgende Definition: »Die Praktische Theologie ist die theologische Theorie, welche
die im Neuen Testament vorausgesetzte kirchliche Praxis erforscht, darlegt und in
die gegenwärtige Lage einzeichnet« (S. 4). Diesem Programm folgt seine Ausführung
im ganzen Grundriß

versucht. Diese Versuche sind unter dem Worte Gottes entstanden, aber geschichtlich bedingt durch die jeweiligen geistigen und politischen Strukturen der Welt.

Nur eingehende historische Analysen würden dem unerhört vielfältigen Werden gerecht werden können. Wie sehr unsere Situation vorbedingt ist, kann man sich aber auch klar machen durch Vergleich mit Gegebenheiten von Theologie und Kirchenleitung, die unter anderen geschichtlichen Bedingungen heute zu beobachten sind. Ich habe bei meiner Vorlesungstätigkeit an den verbotenen oder kaum erlaubten Ausbildungsstätten in Spanien und Portugal gelernt, wie unter ganz anderen Lebensumständen Kirche die genannten Funktionen wahrnehmen muß und wahrnehmen kann. Männer, die wie *Walter Freytag* Einblick in die Verhältnisse der jungen Kirchen haben könnten, würden uns noch viel weitergehend Aufschluß geben über die geschichtliche Bedingtheit unserer Situation[3]. Das geht nicht nur das Verständnis von Auftrag und Funktionen an, sondern besonders die äußeren Möglichkeiten unseres Dienstes. Der Aufwand, den wir heute treiben können, ist trotz der Unterschiedlichkeit der Verhältnisse in Ost und West erstaunlich vielschichtig ausgebildet und weiträumig entwickelt. Dabei ist keine unserer heutigen Lebensformen unbestritten, unbezweifelt und ungefährdet, wie gerade die Geschichte unserer Kirchlichen Hochschule in ihren ganz verschiedenen Lebensverhältnissen während des 3. Reiches und heute diesseits und jenseits des Eisernen Vorhanges zeigen kann[4]. Wir fragen deshalb, ohne die geschichtliche Bedingtheit unserer Situation zu vergessen: Wie versteht unsere Kirche die Dienste, die sie in Theologie und Kirchenleitung wahrnimmt? Welchen Gehorsamsakt des Glaubens meint sie, wenn sie lehrt und leitet? Wie verhalten sich diese Dienste zueinander? Was gedenkt die Kirche festzuhalten, wenn ihr der Aufwand nicht mehr möglich ist, den sie jetzt treiben kann; wenn sie etwa in den Stand der Verfolgung gedrückt würde, den sie in der ersten Zeit ihres Bestehens schon einmal hat durchmachen müssen[5]? Verfolgung kann ja eine Art Hoher Schule der Theologie, ein Verhör über ihre Substanz darstellen und ebenso eine Frage an die Kirchenleitung, was der Kirche

---

[3] Vgl. dazu die Festschrift zu W. Freytags 60. Geburtstag, Basileia, 1959, und in ihr besonders den Beitrag von J. Hermelink, Vom Dienst der Leitung, 341 ff. Zum Kirchenverständnis in ökumenischer Sicht vgl. H. J. Margull, Theologie der missionarischen Verkündigung, 1959, 127—161

[4] Dazu H. Vogel und G. Harder in: Weg und Aufgabe der Kirchlichen Hochschule Berlin, 1935—1955, 1956. Weiter die Bände von Theologia Viatorum, insbesondere den Beitrag von K. Kupisch über die Geschichte der Kirchlichen Hochschule zu ihrem 25jährigen Jubiläum in Theologia Viatorum, VII, 1960; dazu M. Fischer, Wegemarken, 1959, 20 ff; 153—164, 382—415

[5] Vgl. H. J. Iwand, Zur Entstehung von Luthers Kirchenbegriff, Festschrift für Günther Dehn, 1957, 159, und Ernst Wolf, Barmen, 1957, 129, Anm. 18

als entscheidend gilt und worauf sie zu beharren gedenkt. Denn eine
Kirche hat nicht nur unabdingbar ein bestimmtes Zeugnis auszurichten,
sondern sie hat im Ergehen dieses Zeugnisses ihr Leben. Es gehört zu
den Grundsätzen des Glaubens, daß die Kirche nicht an ihren Gegnern
stirbt, sondern am Unglauben[6]. Als die Reformation ihr Bekenntnis
formulierte, daß die ecclesia als perpetuo mansura zu gelten habe[7], war
sie auf Leben und Tod angegriffen und hatte als zum Tode verurteilte
Größe nur die Verheißung des lebendigen Gottes für sich. Indem sie
dieser promissio Dei Glauben schenkte, wurde sie Gott dienstbar, gewann sie den Mut, ihr Leben nicht durch fremde Dienstverhältnisse
zu sichern, wie es ihr zu allen Zeiten naheliegen konnte, sondern sich
im strengsten Sinne als creatura des Wortes Gottes zu verstehen[8]. In
diesem Verständnis rückten Theologie und Kirchenleitung damals eng
zu einander und waren unauflöslich miteinander verbunden. Und Ähnliches hat sich wiederholt, als wir vor 25 Jahren unsere Verantwortung
für Theologie und Kirchenleitung wahrzunehmen hatten[9].

Fragt man nun danach, in welchem Verhältnis Lehramt und Kirche
ihre heute wirksame Prägung gefunden haben, so wird man freilich
darüber und daneben den erstaunlich tiefgehenden Einfluß eines idea-
listischen Humanismus beachten müssen, und hier ist besonders *Schleier-*
macher zu nennen. Er hat Theologie und Kirchenleitung zusammengedacht, wie ganz wenige vor ihm und nach ihm. Als er sich entschied,
Theologie eine positive Wissenschaft[10] zu nennen im Unterschied zu
einer spekulativen, entschied er sich dafür, Theologie als Teilhabe an
Kirchenleitung zu beschreiben[11]. In seiner nachgelassenen Praktischen
Theologie[12] breitete er kirchenleitende Weisheit aus und hatte sie gewonnen im Raum der existierenden Kirche. Theologie war für ihn
»Inbegriff derjenigen wissenschaftlichen Kenntnisse und Kunstregeln,
ohne deren Besitz und Gebrauch eine zusammenstimmende Leitung der
christlichen Kirche, dh. ein christliches Kirchenregiment, nicht möglich
ist«[13]. Was er bietet, bedarf heute der Interpretation, weil uns schwer

[6] M. Fischer, 480 ff
[7] Confessio Augustana, Artikel VII De ecclesia
[8] M. Luther, Ecclesia enim creatura est euangelii, WA 2, 430, 6; Verbum Dei est
instrumentum, quo operans efficit istam creaturam, WA 4, 189, Verbum enim con-
servat ecclesiam Dei, WA 3, 259. Zur Sammlung des Materials vgl. E. Kinder, Der
evangelische Glaube und die Kirche, 1958, 65 ff
[9] H. Vogel, Wer regiert die Kirche? Über Amt, Ordnung, Regiment der Kirche,
ThExh 15; H. Gollwitzer, Amt und »Führertum« in der Kirche, in: EvTh 1934,
Heft 2 u. 3
[10] F. Schleiermacher, Kurze Darstellung des theologischen Studiums, 2. Aufl., § 1
[11] Schleiermacher KD § 3 uö.
[12] Schleiermacher, Die praktische Theologie, aus dem Nachlaß herausgegeben.
1850, 521 ff
[13] Schleiermacher KD § 5

erkennbar ist, wie in *Schleiermacher*s humanistischer Religions-Mor-
phologie oft gegen den Augenschein eine Theologie der Offenbarung
versteckt wirksam ist. Wie sehr diese auch verkürzt sein mag — jedenfalls enthält seine Theologie Korrekturelemente, die wirksam werden
konnten[14]. Es war von unerhörter Bedeutung, daß er nicht nur von dem
allgemeinen Begriff menschlicher Religiosität ausging, sondern von
einer geschichtlich bedingten Glaubensweise, in der er Kirche integriert
wußte. Für diese ging es ihm um »kunstgerechte oder auch nur besonnene
Leitung«, statt einer lediglich verworrenen Einwirkung. Und zu dieser
Leitung sah er Theologen befähigt, in denen »kirchliches Interesse und
wissenschaftlicher Geist« vereint wären[15]. »Auch die wissenschaftliche
Ausbildung des Theologen muß (nach *Schleiermacher*) auf die Förderung des Wohles der Kirche abzwecken und ist also klerikalisch; und
alle technischen Vorschriften auch über die eigentlich klerikalischen
Tätigkeiten gehören in den Kreis der theologischen Wissenschaften.«[16]
Dachte er sich nun »religiöses Interesse und wissenschaftlichen Geist im
höchsten Grade und im möglichen Gleichgewicht für Theorie und Ausübung vereint«, so stellte dies für ihn »die Idee eines Kirchenfürsten«
dar[17]. Seine Idee des Kirchenfürsten dürfte eine erhebliche Wirksamkeit
in den letzten 150 Jahren entwickelt haben, auch hierzulande. Man
muß sich, um recht zu verstehen, freihalten von der Assoziation, als
sei hier ein machtvoller kirchlicher Würdenträger mit überragender
Amtsgewalt gemeint. *Tholuck* hat später in der erwecklichen großen
Erstlingsschrift seinem »Patriarchen«, dem Baron *Kottwitz*, kirchen-
fürstliche Züge gegeben, was dieser schlichte Mann nur mit Seufzen und
Kopfschütteln zur Kenntnis nehmen konnte[18]. *Schleiermacher* hat
neben den Kirchenfürsten dem akademischen Theologen und kirchlichen Schriftsteller gesamtkirchliche Bedeutung zugeschrieben[19]. Bis
heute ist die Öffentlichkeit gewohnt, gesamtkirchliche Verantwortung
und theologische Bildung vorzugsweise in diesen beiden Gestalten —

[14] Dazu K. Barth, Die protestantische Theologie im 19. Jahrhundert, 1947, bes.
420 ff
[15] Schleiermacher KD § 12
[16] Schleiermacher KD § 11
[17] Schleiermacher KD § 9 und § 329. Dazu die wichtige Studie von A. Faure:
Über die »Idee eines Kirchenfürsten« in Schleiermachers »Darstellung des theol. Studium«, in: EvTh 1936, 384—398
[18] A. Tholuck, Die Lehre von der Sünde und vom Versöhner, oder die wahre
Weihe des Zweiflers, 1823. Der umständliche Titel erklärt sich aus der Absicht, dem
Roman von de Wette, Theodor oder des Zweiflers Weihe, 1828² entgegenzutreten.
Er selbst nennt sein Buch seinen Anti-Theodor. Über die Reaktion von Baron v.
Kottwitz in der Witteschen Biographie Tholucks, Band 1, 1884, 336, vgl. auch seinen
Brief an den »Patriarchen« vom 24. 5. 1824, 347
[19] Schleiermacher KD § 328 ff, § 329 »Beide werden ihre allgemeinste Wirkung ...
nur in dem Maß vollbringen, als sie dem Begriff des Kirchenfürsten nahekommen«

dem »Kirchenfürsten« und dem Professor — wirksam zu sehen. Für
Schleiermacher ist Theologie eine Funktion der Kirche — nicht so sehr
der Kirchenleitung[20] —. Diese will er sich vielmehr selbst eng an Theologie gebunden denken. Für die Träger des Lehramtes wünschte er sich
zur notwendigen Entwicklung des Lehrbegriffes Freiheit und hoffte,
daß der »religiöse Geist« alle schädlichen Einseitigkeiten in Schranken
hielte[21]. Er gab dem Pfarrer auf, alles, was hier noch im Werden ist,
aus dem Kirchendienst auszuschließen[22]. Bei der nötigen Selbstbeschei-
dung der Kirchenleitung meinte er zeigen zu können: »Es ist also auch
gar nicht so schwer, die Kirche zu regieren, wenn man nicht zu viel
regieren will.«[23] Zwar hielt er die kirchliche Bindung an Glaubens-
symbole für »entweder schädlich oder überflüssig«[24] (und am Ausgang
des 19. Jahrhunderts hat *Harnack* diese These kräftig wiederholt)[25],
aber die Anknüpfung an die Heilige Schrift war ihm unaufgebbares
Prinzip[26] und soweit das Dogma die Geltung der Heiligen Schrift fest-
hielt, hat er ihm nicht widersprochen. Trotz aller Umdeutung und bei
aller theologischen Kritik, von der man gerade seine Exegese und Predigt nicht ausnehmen darf, haben wir Anlaß, die sorgfältig bedachte
Beziehung von Theologie und Kirchenleitung in seiner »Kurzen Darstellung des theologischen Studiums« dankbar anzunehmen und auch
die Interpretation, die er in der Praktischen Theologie dem Ganzen
gegeben hat, sorgsam zu bedenken.

Aber die Reformatoren hatten und haben Eindeutigeres zu sagen.
Für sie haben die theologischen Disziplinen — so weit man von solchen
überhaupt schon reden kann für ihre Zeit — ihre Mitte nicht so sehr an
der Bezogenheit auf die Kirche, als vielmehr in ihrer Bezogenheit auf
das Wort Gottes in Christus. Das machte ihre Theologie aus, daß sie
als Schüler der Heiligen Schrift Hörer des Wortes Gottes wurden und
daß sie unter der Verheißung, die über dem Worte lag, überall da mit
der Existenz von Kirche rechneten, wo das Wort laut wurde[27]. Kirche
war und blieb ihnen creatura verbi[28]. Als Hörer der Verkündigung von

---

[20] Dazu Faure, aaO. 395
[21] Schleiermacher, Praktische Theologie, 659
[22] AaO. 631   [23] AaO. 636   [24] AaO. 634 f
[25] Agnes v. Zahn-Harnack, Ad. v. Harnack, 1936, 398 ff
[26] Schleiermacher, aaO. 654
[27] Dazu E. Wolf, Peregrinatio, 1954, 156 ff; H. J. Iwand, Zur Entstehung von
Luthers Kirchenbegriff, aaO. 150 ff. Iwand greift zurück auf Karl Holls gleichnami-
gen Aufsatz in: Gesammelte Aufsätze zur Kirchengeschichte I, 2 u. 1923³, 288 ff
[28] Luther, Ergo Ecclesia est sub verbo et mandato Dei et non supra, WA 30/II,
682. Ecclesia enim nascitur verbo promissionis per fidem, eodemque alitur et servatur,
hoc est, ipsa per promissiones dei constituitur, non promissio dei per ipsam. Verbum
dei enim supra Ecclesiam est incomparabiliter, in quo nihil statuere, ordinare, facere,
sed tantum statui, ordinari, fieri habet tamquam creature, WA 6, 560, 33 ff

den großen Taten Gottes in Christus waren sie Theologen geworden, und ihre reformatorische Erkenntnis sah als Mitte der göttlichen Botschaft die versöhnende Gnade Gottes und diese wirksam im gnädigen Gericht der Rechtfertigung des Gottlosen. Seit sie in dieser Botschaft gewiß wurden, öffneten sich ihnen die Türen zu aller Erkenntnis. Securitas war nicht verheißen, wohl aber die certitudo von der in Jesus Christus geschehenen Versöhnung. Diese certitudo wurde auch die Mitte aller Bemühung um die Kirche. In kühner Verantwortungsfreudigkeit, die der Katholik *Lortz* an *Luther* nicht genug bewundern und beargwöhnen kann[29], faßte dieser alle Probleme, auch die der Praxis, an mit der Zuversicht, daß in solchem Glauben kein Problem unlösbar sei. Es war seine theologische Erkenntnis, die ihn der kirchenleitenden Verantwortung zuführte. Wenn hier Theologie und Kirchenleitung unlöslich miteinander verbunden wurden, so hatte dies viel klarer als bei *Schleiermacher* seinen Sinn darin, daß Gott in seinem Wort Kirche schafft und erhält und in dieser Kirche die Dienste von Theologie und Kirchenleitung. Luther anerkannte die Kirche nur als filia, nicht als mater verbi[30]. Wo sich aber ein Kirchengebilde in massiver Sichtbarkeit mit der Kirche Gottes identifizierte, da schleuderte er gegen sie sein »abscondita est ecclesia, latent sancti«[31]. Er kannte keine für Kirchenleitungen verfügbare Kirche, die aus dem Glaubensartikel in einen Sehartikel gerückt wäre, sondern er traute der promissio Dei, die ihn mit Kirche rechnen ließ, wo Gottes Wort verkündigt wurde[32]. Dem Dienst an dieser Verkündigung sah er Theologie und Kirchenleitung zugeordnet. Die Kontinuität der Kirche sah er in der Verheißung Gottes und sah sie nirgends sonst garantiert. Der Unsichtbarkeit gehörte seine Kirche nicht an im Sinne der Zugehörigkeit zu einem intelligiblen Reich,

---

[29] J. Lortz, Die Reformation in Deutschland, Band I, 1939, 295: »Seine verhängnisvolle, hemmungslose Verantwortungsfreudigkeit«; 385: »Welch herrliche und manchmal furchtbare Unbekümmertheit gegenüber allem, was nicht Gott und Gottes ist«, »furchtbare Verwegenheit Luthers«; 426: »jene notwendige heroische, also heiligmäßige ausgeglichene Demut fehlt ihm. Wie das Heiligmäßige, überhaupt ... seine überschäumende Lust, Gottes Streiter zu sein, wirken so stark; seine innere Unabhängigkeit gegenüber der Tradition, ja gegenüber einer jeden außer ihm liegenden Instanz, ist so unvergleichlich, daß sie auswachsen zu einer gefährlichen Sorglosigkeit im Niederreißen, zu waghalsiger Kühnheit, zu Verwegenheit und Vermessenheit«. Für Lortz, 427, rückt »Luthers kecke Verantwortungsfreudigkeit ... an die Verantwortungslosigkeit« heran

[30] Luther, Ecclesia enim est filia, nata ex verbo, non est mater verbi, WA 42, 334 Scriptura est venter, unde oritur veritas divina et ecclesia, WA 3, 454

[31] Ders., WA 18, 652 in: De servo arbitrio (Clemensche Ausgabe 3, 141)

[32] Ders., Verbum facit ecclesiam, et non ecclesia ordinat verbum, WA 17/I, 100; neque enim deus, ut dixi, aliter cum hominibus unquam egit aut agit quam verbo promissionis. Rursus, nec nos cum deo unquam agere aliter possumus quam fide in verbum promissionis eius, WA 6, 516, 30; vgl. auch schon WA 3, 258, 38

wohl aber unaufgebbar in dem Sinn, daß nur das ergehende Wort und die unsichtbare Gegenwart Christi dem Glauben Kirche versprach[33].

Die Kirchliche Hochschule zu Berlin hat sich deshalb mit vollem Bedacht eine Hochschule für reformatorische Theologie genannt. Sie hat damit die Kirche als filia verbi, nicht als mater verbi verstehen wollen. Dies Wort galt es zu hören, um die rechte Verkündigung des Evangeliums galt es zu kämpfen und damit um die Kirche, um die Freiheit ihrer Verkündigung gegenüber den weltanschaulich bedingten Mächten, aber auch um die Freiheit der Verkündigung innerhalb der Kirche selbst. Indem die Kirchliche Hochschule nach der sachgerechten Ausbildung junger Theologen zu fragen hatte, konnte sie sich dem Kampf um die Kirche nicht entziehen. Davon konnte auch nicht der Hinweis auf die mißverstandene Unsichtbarkeit der Kirche dispensieren. Es ging um die Verkündigung der sichtbaren Kirche. Wir haben nicht *an* die Kirche geglaubt, sondern haben Kirche geglaubt, oft gegen allen Augenschein. Wir haben die sichtbare Kirche um des Wortes willen eines wirklichen Einsatzes für würdig gehalten, und haben sie, wo sie dem Worte diente, heiß geliebt. Der leidenschaftliche Anteil vieler unserer Dozenten an den Synoden der letzten 20 Jahre — jeder wird hier besonders an *Heinrich Vogel* denken — ist dafür ein sichtbares Zeichen. An der Neuausarbeitung der Grundordnungen, belehrt durch Erfahrungen des Kirchenkampfes, haben viele von uns teilgenommen. Aber wo Kirchenleitung zu einer ordnungsbeflissenen Kunst über nachschlagbaren Gesetzen wurde, da hat die Theologie sich aufs Neue als Unruhe erwiesen, denn das autonome Wort Gottes garantiert Kirche, nicht die Kirche dieses Wort. Wo die Träger des Lehramtes demütige Hörer des Wortes Gottes werden, ist das Lehramt zum kritischen Gegenüber jeder Kirchenleitung geeignet und kann sich diesen Auftrag nicht ersparen. Denn die Theologie muß um ihres Auftrages willen freies Gegenüber der Kirchenleitung bleiben, Kirchenleitung ist ihrerseits ebensowenig einfach ausführendes Organ zur Durchsetzung einer in der Hochschule erarbeiteten theologischen Erkenntnis. Auch Kirchenleitung mit all ihren Gemeinden bleibt im Gegenüber zur Theologie fragend und hörend und nie entlassen aus eigener Verantwortung. Die Kirche stellt zur theologischen Arbeit frei. Sie kommt von geschehener Verkündigung her und ist zur entsprechenden Verkündigung gerufen. Sie will verstehen und im Gedächtnis behalten, was sie gehört hat, was die Väter erkannt und bezeugt haben. Sie will Sammelwissen ihrer Geschichte behalten und will durchdacht sehen, was ihr heute angeboten und aufgegeben ist. Wenn *Kähler* den Dogmatiker den »Anwalt des Laien« genannt hat[34], dann darf dies als Hinweis für alle theologische

---

[33] Dazu besonders H. J. Iwand in seiner obengenannten Studie
[34] M. Kähler, Zur Bibelfrage, 1937, 117 uö.

Arbeit gesehen werden: Sie soll sich der Botschaft, die an alle Welt ergangen ist, annehmen; sie soll hören, was Gott für uns in Jesus zur Sprache gebracht hat, und die Botschaft für heute durchdenken. Sie soll Sprechen und Handeln der Kirche kritisch prüfen und neu entwerfen. Sie soll der Kirche in den verschiedenen Disziplinen und Hilfsdisziplinen helfen, filia verbi zu sein und zu bleiben. Theologie hat um der Freiheit des lebendigen Gottes willen teil an dem Ruf zur Freiheit gegenüber Traditionen und Menschenwünschen. Sie ist damit keiner Willkür überantwortet, sondern in größter Strenge ihrem Gegenstand: der Selbstoffenbarung Gottes. Sie hat einen Gegenstand ihrer Forschung — wir übernehmen die Bezeichnung aus der Sprache alter Wissenschaftlichkeit nur ungern —, der als Gegenstand besonderer Art zu verstehen ist und sich als solcher selbst durchsetzt. Ein gut Teil der theologischen Bemühungen der letzten Jahrzehnte hat dem gegolten, der Eigenart dieses Gegenstandes nachzudenken, um ihm gerecht zu werden. Dem hat die Lehre vom Wort-Charakter der Offenbarung Gottes, von der Sprache des Glaubens, vom Herrengeheimnis der Wahrheit gegolten, dem gilt unser Nachdenken über die autorisierende Wahrheit und die durch diese autorisierte Sprache der Kirche. Hier ist die Entscheidung für die Abwendung von dem selbstherrlichen Denken religiöser Metaphysik gefallen mit ihren noch gar nicht abzusehenden Folgen. Zu diesen Folgen gehört die unter uns vertretene These, daß der Gegenstand aller Theologie selbst es ist, der die Kirche zur Praxis und damit auch zu den Bemühungen der Kirchenleitung führt[35]. Eine Kirchliche Hochschule ist nie nur als Zubringer-Anstalt zur Ausbildung von Pfarrernachwuchs zu verstehen. Ausbildung rückt ja unter das Wort des Herrn der Wahrheit. Theologie ist kein intellektueller Luxus, ohne den man predigen und Kirche leiten könnte. Die Theologie ist nicht so etwas wie ein luftiger Überbau über anderweitig zu findender und zu sichernder Kirchlichkeit, sondern in ihr geht es um Verkündigung und Wahrheit und damit um Glauben und Kirchenleitung. Der Kampf um rechte Theologie, aber auch um ihre Geltung, war deshalb nicht selten allen Beteiligten wirkliche Last. Doch es wäre undankbar, nur von Last zu sprechen. Es ist der Glanz der Wahrheit, der zur Erkenntnis lockt. Es ist der Trost der Wahrheit, der schwermütiges Verzagen im Blick auf die kirchliche und theologische Lage überwindet, und es ist die Hoheit Christi, die Feindschaft und Gefahr nicht fürchten und eine eigenmächtige Kirchenherrlichkeit nicht aufkommen läßt. Gottes Wort schützt die Kirche selbst. Wer die Kirche als fromme Partei zur Erhaltung weltanschaulicher Bestände des christlichen Abendlandes selber zu retten unternimmt, muß den überlegenen Herrn durch unge-

---

[35] M. Fischer, Vom Wesen der praktischen Theologie im Ganzen der Theologie als Wissenschaft, in Theologia Viatorum, V (1953/54), 397 ff

eignete fremde Hilfe ersetzen. Weil es um die überlegene Freiheit des Wortes Gottes geht, sind theologische und kirchliche Entscheidungen eng miteinander verbunden und also auch theologisches Lehramt und Kirchenleitung.

Wo sich das theologische Lehramt in diesem Sinne um Kirchenregiment bemüht, ist es nicht bestrebt, dieses zu ersetzen. Selbst wenn ein Lehrer der Kirche, wie *Martin Luther,* zeitweise Kirchenregiment selbst wahrnehmen mußte, hat er es nur stellvertretend getan, und damit den Raum freigekämpft für die Träger des besonderen Charismas, denen die Aufgabe der Kirchenleitung zu geben war. Wo Kirchenrecht nicht positivistisch verschlossen gedacht ist, sondern wo es seinerseits dem Ergehen der viva vox evangelii dient, ist es möglich und nötig, Kirchenrecht in reformatorischer Theologie zu begründen[36]. Theologie beargwöhnt nicht das Werk der Kirchenleitung. Sie überantwortet die Kirche, die sie Rom entrissen hat, nicht *Rudolf Sohm.* Zwischen Rom und Sohm, zwischen wortunabhängiger Institutionalisierung und kirchenloser Spiritualisierung, hat eine Theologie des Wortes rechtes Kirchenregiment erhalten zu helfen[37]. Ihr Dienst am Wort und an der Ausbildung von Dienern des Wortes kann das Charisma der Kybernese nicht entbehren, sucht vielmehr selbst die Konzeption für verantwortliche Kirchenleitung, für verantwortlichen Dienst an den Diensten, für Wahrnehmung der Verantwortung einer handlungsfähigen Kirchenleitung im weitesten Bereich. Der größere Verband der Gemeinden, in deren Namen Kirchenleitung handelt, entsteht nicht durch Summierung einzelner, gleicher oder ähnlicher, kirchlicher Individualgebilde, sondern Kirchen und Gemeinden sind eins in dem Herrn, von dessen Wort sie leben, und sie sind gerufen, diesem Einssein nachzukommen in möglichst weitgehender gemeinsamer Verantwortung füreinander und für alle Öffentlichkeit. Kirche entsteht nicht durch Addition ihrer Gemeinden, jede Gemeinde ist vielmehr in sich Kirche mit allen Zeichen derselben. Aber indem sie dies ist, gehört jede Gemeinde zusammen mit allen, die dasselbe Zeichen tragen, steht sie in der Einheit des Leibes Christi. Es hieße den Herrn verleugnen, wenn man die Einheit aufgäbe.

---

[36] Dies hat während des Kirchenkampfes besonders W. O. Münter in: Kirche und Amt II, die Gestalt der Kirche »nach göttlichem Recht«, 1941, theologisch erwiesen. Die bedeutendste Darlegung einer Theologie des Kirchenrechtes: K. Barth, KD, IV/2 § 67

[37] Dazu E. Wolf, Barmen, 1957, bes. 127 ff. Die Jahrbücher der Kirchl. Hochschule, Theologia Viatorum, die Schriftreihe der Hochschule »Der Anfang«, (Lettner-Verlag, Berlin, und M. Fischer, Wegemarken, aaO., dazu das Schrifttum von Gollwitzer, Kupisch und Vogel bieten Einblick in die Teilnahme der Dozenten der Kirchl. Hochschule am Kampf um Verständnis und Weg der Kirchenleitung. Zur oben wiedergegebenen Formulierung E. Schweizer, Gemeinde und Gemeindeordnung im Neuen Testament, 1959, 209

Es hieße den Gemeindedienst an entscheidender Stelle lädieren, wenn man ihm nicht die volle geistliche Verantwortung zugestünde. Für Luther sind alle Diener am Wort Bischöfe im vollen Sinn des Wortes[38]. Das besondere Bischofsamt, das in übergreifender Zusammenfassung einer lebensfähigen Kirchengemeinschaft dient, ist dem Bischofsamt des Pfarrers nicht *wesentlich* überlegen. Es hat im Blick auf den weiteren Bereich der Ausrichtung des Wortes Gottes zu dienen und also im Entscheidenden nicht mehr und nichts Anderes zu bieten als jeder Diener am Worte der Versöhnung.

Umgekehrt sollte das theologische Lehramt nicht vergessen, was es selbst dem Unternehmen der Kirchenleitung dankt. Es ist Aufgabe und Gabe der Kirchenleitung, die Träger der verschiedenen Charismata, d. h. der verschiedenen Gaben und Aufgaben, in der Kirche beieinander zu halten und zu Gunsten des einen Dominus der Kirche keinen Träger eines Charismas allein dominieren zu lassen.[39] So verstanden wird Kirchenleitung auch dem Charisma der Lehre Raum geben, wird Menschen und Mittel bereit halten, der Lehre zu warten, und wird sich selbst der Unruhe aussetzen, die eine Theologie des Wortes als kritisches Gegenüber zu den Bemühungen der Kirche bedeutet.

Die Theologie kann auch um des Gegenstandes ihrer Forschung willen, d. h. um der viva und der scripta vox des Evangeliums willen nicht vergessen, daß es eine kirchengründende Missionspredigt war, ohne die sie nicht arbeiten könnte[40]. Die Bibel ist auf uns gekommen in einer Gestalt, die sie durch praktischen kirchlichen Dienst erhalten hat[41]. Historisch-kritische und formgeschichtliche Forschung, um nur ein Beispiel zu nennen, weist uns auf, daß es der lebendige Vorgang kirchlicher Verkündigung und kirchlichen Unterrichts gewesen ist, dem wir die Sammlung von Dokumenten danken, die wir Kanon nennen. Wir danken die Briefe des Paulus der Tatsache, daß er in ihnen Kir-

---

[38] Art. Smalc. II Art. 4 und Tract. 60—66

[39] Dazu hat sich in der oben erwähnten Debatte über Kirche und Theologie O. Dibelius geäußert: »Es ist Aufgabe rechter Kirchenleitung, die Organe der verschiedenen Lebensfunktionen, ohne sie im einzelnen zu bevormunden, zu gemeinsamem Dienst an der Kirche zusammenzufassen und nach Möglichkeit dazu zu helfen, daß nicht eine die andere beeinträchtige und daß nicht durch Schwäche oder Hypertrophie eines dieser Organe das Gesamtleben der Kirche Schaden leide. Dabei bleibt die Kirchenleitung davon abhängig, wie der Geist Gottes in der Kirche weht und welche charismatischen Begabungen Gott in seiner Kirche weckt« (ThLZ 1947, 162)

[40] Den fruchtbaren Gedanken hat Kähler in seinem Buch: Zur Bibelfrage, das ganz zu Unrecht neben seiner Schrift über den sogenannten historischen Jesus ... wenig bekannt ist, nach vielen Seiten entwickelt. Vgl. dazu auch meinen Aufsatz »M. Kähler als theologischer Schriftsteller«, in: »Wiedergeboren durch die Auferstehung Jesu Christi«. — Neuausgabe von Kählers Osterbetrachtungen, 1960

[41] Kähler, Zur Bibelfrage, 367: »Die Bibel der Kirchen Buch«, 373: »die Bibel ist ja Schrift gewordener Dienst am Worte«

chenleitung wahrgenommen hat. Im Kampf um den Weg der Kirche
hat er nach dem Verständnis des Herrnwortes gefragt, hat er sich um
Lehre bemüht, hat er mit Lehre um die Gemeinden geworben. *Luther*
hat behauptet, daß es bei der eigentlichen, der mündlichen Ausrichtung
des Wortes hätte bleiben können, wenn die Kirche nicht gegenüber der
Verkehrung ihrer Botschaft durch Irrlehre ihre Predigt und ihre kirchenleitenden Entscheidungen hätte schriftlich niederlegen müssen[42]. Es
sind also Wege und Irrwege der Kirche, denen die Theologie die Fixie-
rung alter Predigt dankt. Diese alte Predigt so gewissenhaft wie möglich mit allen erreichbaren Mitteln theologischer Arbeit der Kirche zur
Kenntnis zu bringen, ist eine der wichtigsten Aufgaben der Theologie.
Und bekanntlich hat *Luther* in seiner letzten Äußerung zur Sache erklärt, daß nur der die Heilige Schrift recht auslegen könne, der 100
Jahre mit Aposteln und Propheten Kirche geleitet habe. Derjenige wird
also am ehesten die Heilige Schrift auslegen können, der verständnis-
voll an dem Unternehmen geistlicher Kirchenleitung teilhat. Die alte
Predigt, die der alten Gemeinde zum Glauben reichte, ruft uns heute
zu verantwortlicher Erkenntnis und in dieser Erkenntnis zum verantwortlichen Zeugnis und bei der Wahrnehmung dieses Zeugnisses zu
verantwortlicher Kritik im Blick auf authentischen Inhalt und sachgemäße Form kirchlicher Rede. Nach *Schleiermacher* sind es Gefühle
von Lust und Unlust am derzeitigen Bestand der Kirche oder, anders
ausgedrückt, das gegenwärtige Bedürfnis der Kirche, das als eines der
wichtigsten Motive theologischer Arbeit zu gelten hat[43]. Die gegenwärtige sichtbare Kirche also mitsamt ihrer Kirchenleitung ist Heimat
und Anlaß für unermüdliche Arbeit der Theologen. Aber das Lehramt
tut in diesem Sinn nicht bestellte Arbeit nach kirchlichen Direktiven —
auch nicht in einer Kirchlichen Hochschule, sondern es hat um der Freiheit des Wortes Gottes willen mit dem freien Sinn dieses Wortes zu
dienen, auch dann, wenn die vorfindliche Kirche und die vorfindlichen
Gemeinden durch Theologie in schmerzhafte Selbstprüfung geführt
werden sollten. Kirche ist und bleibt eine hörende Magd ihres Herrn.
Theologie ist ein sorgfältiger Versuch zu hören und zu verstehen und
das Erkannte der Kirche kritisch zuzumuten. Kirche in all ihren Gemeinden und ihrer Leitung ist gefragt, ob sie sich diesen Dienst gefallen
lassen will oder ob sie sich gegen den Dienst der Theologie zu ver-
sperren gedenkt. In der Kirche entscheiden keine Mehrheiten[44], entscheiden weder Kirchenleitung noch Lehramt, sondern entscheidet die

---

[42] Luther, WA 10/I, 1, 627 — weiteres Material bei V. Vajta, Die Theologie des
Gottesdienstes bei Luther, 1952, 139 f
[43] Schleiermacher KD § 257, vgl. auch § 217
[44] Dies hat E. Schweizer, aaO. 192 vom Neuen Testament her verständlich gemacht

vox Dei, die schärfer sein kann als ein schneidendes Schwert[45]. Wer
diese vox als viva vox Dei hört, bezeugt und befolgt, ist mit keiner
Garantie im Voraus sicherzustellen. Ob Gott die Studierstube zur Front
macht, an der Entscheidungen fallen, oder die Konfirmandenstunde,
die Kollegiumssitzung oder ein Verhör, die Kanzel oder das Katheder
— das steht bei Ihm. Kirchenleitung und Lehramt haben sich darüber
auszuweisen, ob sie der an die Kirche ergangenen Predigt Gehör, Glauben und Gehorsam schenken oder nicht. Sie dienen dem Ergehen dieser
Predigt, jeder Partner an seiner Stelle mit den ihm anvertrauten Gaben.
Jeder sucht die Mittel der Treue gegen den lebendigen Herrn der
Kirche. Gilt diese Treue wirklich dem Herrn der Kirche, so haben noch
divergierende Erkenntnisse Verheißung, in der Einheit der Kirche zu
bleiben und möglicherweise zur einheitlichen Sicht zusammengeführt zu
werden. Es gibt keine höhere Sicherung der einen heiligen apostolischen
Kirche, als Gehör und Gehorsam. Die Kirche soll sich durch das Wort
Gottes regieren lassen, und nicht soll das Wort durch die Kirche regiert
und erhalten werden.

Soweit eine *Lehrverpflichtung*[46] Träger des theologischen Lehramtes
bei dieser Urentscheidung der Kirche festhält, ist sie unerläßlich. Wie
sehr eine Bekenntnisverpflichtung ins Einzelne geht, hängt von den der
Kirche auferlegten und von ihr angenommenen Kämpfen ab.

Die Kirchliche Hochschule Berlin hat sich den in den letzten Jahrzehnten gesetzten Kämpfen nicht entzogen und erwartet deshalb von
ihren Dozenten, wie es in der Verpflichtungserklärung heißt, die Bereitschaft, ihr Amt »als Hörer des Wortes Gottes zu führen, dessen Wahrheit in den Bekenntnissen der Reformation und in der Theologischen
Erklärung von Barmen bezeugt ist«.

Angesichts der besonders unter jüngeren Theologen wieder auftau-
chenden Frage nach der Bekenntnisverpflichtung des Pfarrers und des
theologischen Lehrers wird man den Sinn dieser Entscheidung von
neuem bedenken müssen. Freiheit der theologischen Forschung und
Ausbildung kann am ersten diejenige Kirche gewähren, die der Macht
des Wahrheitszeugnisses alles Entscheidende zutraut. Das wirkliche Ja
oder Nein des Glaubens oder Unglaubens entsteht am Evangelium, nie
schon am Lehrgesetz. Es ist das Objekt theologischer Arbeit, das Wort
des lebendigen Gottes selbst, das der gewissenhaft bejahten *Ordination*
zuführt und das allein die Zweifel und Stürme bestehen lehrt, ohne die
der Weg der Kirche nicht zu denken ist und ohne die auch ein theo-

---

[45] Vgl. dazu H. J. Iwand: »In wessen Händen liegt das Lehramt?« in: EvTh,
1950/51, 86—92

[46] Vgl. dazu die wichtigen und ausgewogenen Erwägungen M. Kählers Die Universitäten und das öffentliche Leben, 1891, Kap. 5, wo er von 90—129 das Thema
verhandelt: »Die ev. Kirche und die theol. Fakultäten«

logisches Studium nicht bestanden werden kann. Hochschulen sind keine
klimageschützten Gewächshäuser, deren Zuchtergebnisse Licht und
Leben scheuen müßten. Für den Weg der Kirche und des Glaubens gibt
es keine Sicherheit außer dem Glauben selbst. Wetterfest macht erst
eine mündig gewordene Gewißheit, die an Gottes Wort selbst entsteht.
Kämpfe und Werdenöte sind unerläßlich. Ungezauste Gewächshauspro-
dukte soll man sich für die Dienste der Kirche nicht einmal wünschen[47].

Kirchenleitungen haben, wenn dies gilt, an dem Risiko des Kampfes
um Lehre teil, nicht nur auf Synoden, sondern auch schon in den Ausbildungsstätten der jungen Diener am Wort. Elemente von Führung
und Verführung, Gefahr von Verkürzung und Verfälschung, von Eitel-
keit und Gesetzlichkeit, Lässigkeit und Stumpfheit sind ständig zur
Stelle. Wer auf die Gewalt all dieser Größen sieht, die Glauben nicht
aufkommen lassen möchten, wird verzagt werden, wird fliehen oder
falschen Frieden schließen. Wer auf Gott im Wort achtet, der wird
dagegen singen können: »Er ist bei uns wohl auf dem Plan mit seinem
Geist und Gaben.« Wer so nicht singen könnte, gehört mit einer perter-
refacta conscientia unter das Wort, das bricht und baut, aber nicht
unter Kuratel. Kuratel wird nicht einmal helfen, wenn die theologische
Lehrarbeit häretische Züge zu bekommen droht. *Schlatter* hat die ge-
waltsame Unterdrückung der Schwärmer und ihrer Theologie immer
für einen nachhaltigen Schaden gehalten[48]. Schwärmerische Theologie,
die zur Darstellung ihrer Lehre in zusammenhängender Darbietung
gezwungen wird, wird eben dadurch ihrer Mängel am ehesten inne und
wird in der Arbeitsgemeinschaft der Hörer des Wortes einer Korrektur
zugeführt. Geistige Mächte dringen auch in die gesichertsten Räume.
Sie überwältigen auch die, die ahnungslos schlafen. Theologie soll eine
Form der Wachsamkeit sein. Wo die Kirche dagegen eine mangelhafte
oder gar falsche Lehre mit Gewalt in den Untergrund drängt, wirkt

---

[47] Dazu Kähler, aaO. 105: »Kirchliche Werkzeuge kann man einüben und durch
Exerzitien gelenkig machen; Zeugen entstehen so nicht. Bestimmte Leitung dieser
Entwicklung muß auf bereitwillige Empfänglichkeit rechnen können, wenn sie segens-
reich wirken soll. Dieselbe sich bei unsern Neulingen im Durchschnitt vorzutäuschen,
wäre ein verhängnisvoller Widerspruch gegen die Tatsachen. So gefahrvoll ihre Lage
aussehen mag, sie müssen zunächst volle Freiheit haben — gewiß nicht zur Faulheit;
davon ist oben genug geredet — wohl aber zur Umschau, zum Wägen, zum Zugreifen.
Wenn irgendwo im Studium, so ist Freizügigkeit, Unbeschränktheit in der Wahl des
Lehrers, ausgiebige Berührung mit verschiedenen Richtungen für die Theologen Bedingung einer gesunden Entwicklung; hängt doch wohl nirgend in gleichem Maße
die Einsicht mit der inneren Stellung und Entwicklung zusammen.« Auf 106 f beschreibt er seine Hoffnung: »Da die Theologie auch eine Form unter andern für die
viva vox evangelii ist, darf man ja darauf rechnen, daß auch hier das Wort nie
leer zurückkommen wird«
[48] Z. B. in seiner Rede: Was ist heute die religiöse Aufgabe der Universitäten?
Beitr. zu Förd. christl. Theol. V/3, 1901, 72

der unüberwundene Schaden vom Untergrund her wie schleichende Sepsis. Wer die echte Auseinandersetzung scheut, wird dadurch selber schwach. Es ist sehr wahrscheinlich, daß die Kirchen der Reformation an Vorgängen dieser Art tiefer gelitten haben, als echte Lehrkämpfe zu leiden gegeben hätten. Es kann sein, daß Kirchenleitungen, Pfarrer und Gemeinden die Vertreter des Lehramts mit berechtigter Besorgnis nach dem theologischen Urteil fragen, das auf unseren Hochschulen erarbeitet wird. Fragen dieser Art hat sich das Lehramt als sachgemäß gefallen zu lassen, wie sich jede Kirchenleitung die kritische Frage nach der die Praxis bestimmenden Theologie gefallen lassen muß. Die Kirche hat in Lehramt und Kirchenleitung allen Grund für rechte Lehre zu beten. *Martin Kähler* hat über diesen Fragen an den Satz des allgemeinen Kirchengebetes: »Erhalte ihre Lehrer und Diener bei der reinen Lehre Deines Wortes« erinnert und gefragt: »Denkt man dabei oft an uns? Nicht selten habe ich stattdessen bemerkt, daß man die Stelle ausläßt.«[49] Möglicherweise erhält man dann von Gott das Lehramt und die Lehre, die man verdient. Läßt man es hier fehlen, so hilft kein noch so hochgeschraubter Symbollegalismus, kein Lehrgesetz. Gottlos läßt sich die Lehre nicht schützen.

An dieser Stelle lohnt es sich, das besondere Verhältnis der Praktischen Theologie zur Kirchenleitung zu besprechen. Obwohl die Glieder der Kirchenleitung zur ganzen Arbeit des theologischen Lehramtes ein Verhältnis haben sollten, so liegt es doch nahe, zur Funktion der Praktischen Theologie als einer akademisch-theologischen Disziplin besonderen Kontakt zu halten. Man darf die Praktische Theologie nicht als Platzhalter der Interessen der Kirchenleitung im Ganzen der Theologie mißverstehen. Die Praktische Theologie gehört in den Gesamtverband der theologischen Disziplinen[50] und ist nicht etwa schon vom Interesse der Kirchenleitung und ihrer Praxis her zu verstehen. Wohl aber hat die Praktische Theologie die anderen theologischen Disziplinen darauf zu befragen, wie sie für Praxis und Kirchenleitung relevant werden. Zwar ist diese Aufgabe notwendiger Bestandteil der Arbeit jeder einzelnen theologischen Disziplin um des Gegenstandes jeder Disziplin willen, der ja aus der praktizierenden Kirche stammend zur praktizierenden Kirche weist. Aber es hat sich als notwendig und nützlich erwiesen, eine besondere theologische Disziplin damit zu befassen, die theologischen Ergebnisse der Arbeitsgemeinschaft aller theologischen Disziplinen dem Auftrag der Kirchenleitung zuzudenken. Diese Auf-

---

[49] M. Kähler, Die Universitäten, aaO. 126

[50] Schleiermacher KD § 258: »Die praktische Theologie ist ... nur für diejenigen, in welchen kirchliches Interesse und wissenschaftl. Geist vereinigt sind.« Dazu M. Fischer: »Die notwendige Beziehung aller Theologie auf die Kirche in ihrer Bedeutung für die praktische Theologie bei Schleiermacher«, in: ThLZ, 1950, Nr. 4/5

gabe ist nicht schon gelöst, wenn die Praktische Theologie das Studium der Studenten in den letzten Semestern durch Zurüstung zur Praxis ergänzt. Der Praktische Theologe ist nicht dazu da, die praktische Ausbildung im einzelnen vorwegzunehmen. In bezug auf praktische Ausbildung ist seine Aufgabe bescheidener. Er hat aufzuzeigen, wie der Gegenstand aller theologischen Disziplinen in sich selbst zur Praxis hin geöffnet ist. Die Praktische Theologie versetzt nicht die Ergebnisse der anderen Disziplinen in einen fremden Bereich, etwa aus der reinen Forschung in fragwürdige Experimente der Praxis, sondern er lehrt, indem er auf die Relevanz für Praxis achtet, die Eigenart aller Theologie überhaupt im Auge zu behalten! Theologische Arbeit will der Selbstoffenbarung Gottes an Menschen gerecht werden. Diese Selbstoffenbarung Gottes ist kein vergangenes Faktum mit einem leiser werdenden Widerhall auf große Ereignisse der Vergangenheit, sondern die Selbstoffenbarung Gottes will heute wirksam werden, will geglaubt, bezeugt werden. Theologie, die nicht dafür geöffnet wäre, hätte ihren Gegenstand verfehlt! Wenn der Praktische Theologe also die Phantasie des jungen Theologen auf Grund des erarbeiteten theologischen Urteils der verantwortlichen Praxis zuführt, so ist dies integrierender Bestandteil theologischen Forschens überhaupt. Zur praktisch-technischen Unterweisung gehört dagegen der Anschauungsunterricht des Vikariats. Dem dient außerdem das Predigerseminar, indem es zur theologischen Verarbeitung der ersten Erfahrungen, die der Vikar in der Praxis gemacht hat, anleitet.

Kirchenleitung ihrerseits wäre überfordert, wenn sie die Funktion der Praktischen Theologie missen müßte und selbst zu ersetzen hätte. Dieser Zustand würde die fragliche Beziehungslosigkeit von Theologie und Praxis zu einem unheilbaren Nebeneinander verurteilen, indem die Theologie des Lehramtes so gut wie die Praxis der Kirchenleitung tief Schaden nehmen müßten. Beide hätten in diesem Fall nicht gehört und nicht gehorcht.

Wo es an dem notwendigen Kontakt zwischen Kirchenleitung und Lehramt fehlt, ist der Praktische Theologe überfordert, denn seine Arbeit lebt in der Kirchenbezüglichkeit aller Theologie und in der theologischen Verantwortungsbereitschaft der Kirchenleitung. Das Schicksal der Praktischen Theologie hat zeichenhafte Bedeutung für die beiden Bereiche in ihrem Selbstverständnis.

Wie nun Kirchenleitung laufend Kenntnis nehmen sollte von der theologischen Arbeit, so wird theologische Arbeit ihrerseits im engsten Kontakt zu den theologisch zu bewältigenden Fragen und Anfechtungen der Kirchenleitung bleiben müssen. Nicht nur, weil jeder, der das Wort Gottes hört, damit in der lebendigen Kirche steht, auch nicht nur, weil theologische Arbeit sich an Praxis erweisen soll, sondern weil es

oft genug Probleme der kirchlichen Praxis sind, die Bedeutung für die
theologische Wissenschaft gewinnen. Was *Schleiermacher* die »Vorstellung von dem dermaligen Bedürfnis der Kirche« nennt, ist einer der
entscheidenden Motoren und Motive theologischer Arbeit. Lehramt und
Kirchenleitung gehören einer Kirche und ihrer Zeit an, sie leben weder
in zwei Kirchen, noch sind sie zwei verschiedenen Epochen zugeteilt.
Sie sollen sich deshalb zeitgenössisch verhalten, sich von Gottes Wort
in ihrer Zeitgenossenschaft finden, entdecken und überwinden lassen.
Sie sind auf dem Wege jedes mit seinem Charisma und den darin
gegebenen Gaben und Aufgaben. Diese sollten alle Beteiligten im Auge
haben; daran sollte die Praktische Theologie im Besonderen beide
Arbeitsgremien erinnern. Es ist unmöglich, Praktische Theologie zu
lehren, ohne Anteil zu haben und zu erhalten an Kämpfen und Diensten innerhalb der Kirchenleitung. Es ist ebenso unmöglich, Praktische
Theologie zu dozieren, ohne Anteil zu haben und zu erhalten an der
theologischen und praktischen Relevanz innerhalb der Arbeit der einzelnen theologischen Disziplinen.

So läßt sich an der Praktischen Theologie Entscheidendes aufzeigen
für die Funktionen des theologischen Lehramtes und der Kirchenleitung. Am besten vertieft man aber diese Beobachtungen dadurch, daß
man Lehramt und Kirchenleitung in der *Beziehung auf die Lernenden
und praktizierenden Diener am Wort* sieht. Weder Lehramt noch Kirchenleitung verwalten geschlossene Bereiche in handwerklicher Perfek-
tion. Lehramt und Kirchenleitung sollen sich mit Forschung und Dienst
erweisen an Glauben und Denken, Gewissen und Verantwortung der
Menschen, die ihnen zugewiesen sind. Es geht nicht nur um gedankliche
Wahrheit in sich, sondern es geht auch um Geltung der anerkannten
Wahrheit. Es geht in einer Theologie, die ihren christlichen Namen
verdient, nicht nur um Erkenntnis an sich, sondern um die Menschen,
die in solchen Erkenntnissen leben sollen. Der Grabstein *August
Tholucks* auf dem Stadt-Gottesacker in Halle erinnert deshalb an den
Vers aus dem Alten Testament: »Die Lehrer werden leuchten wie des
Himmels Glanz und die, so viele zur Gerechtigkeit weisen, wie die
Sterne immer und ewiglich«, und der Hebräerbrief fügt im Kapitel 13,
V. 17 hinzu: »Gehorchet euren Lehrern und folget ihnen, denn sie
wachen über eure Seelen, als die da Rechenschaft dafür geben sollen,
auf daß sie das mit Freuden tun und nicht mit Seufzen, denn das ist
euch nicht gut.« Was *Luther* mit »Lehrer« übersetzt hat, ist im Griechi-
schen mit »heegoumenoi« bezeichnet und möchte eher an Kirchenleitung
erinnern. Man kann beides — Lehren und Leiten — nicht voneinander
trennen. Wer Lehre verwaltet, nimmt Kirchenleitung wahr. Wer Kirchenleitung wahrnimmt, betreibt Lehre. In beiden Fällen ist er nach
einer Wachsamkeit über Menschenseelen gefragt, über die er Gott

Rechenschaft schuldet. Das theologische Urteil finden und bewähren ist in beiden Fällen kein rein intellektueller Vorgang. Unser Intellekt hört und sieht vielmehr beim Umgang mit dem Wort Gottes, daß er es nicht mit einem Objekt zu tun hat, über das er verfügen könnte, sondern mit einem Herrn und seiner Botschaft, dem gegenüber Gehorsam des Glaubens im Erkennen und Handeln angeboten und geboten ist. Dieser Botschaft begegnen Menschen — alt und jung, erfahren und unerfahren —, die nur ihre ganz bestimmte befristete Zeit haben, in der Gottes Wort Glauben zeitigen will. Hier, wenn irgendwo, gilt der Satz, daß wir Rechenschaft zu geben haben über jedes unnütze Wort, das aus unserem Munde geht. Hier, wenn irgendwo, gilt die Pflicht zur höchsten Verbindlichkeit des Lebens- und Denkversuches, so wie der Betende in höchster Verbindlichkeit meint, was er sagt.

Wie der Forschende und Lehrende der Verbindlichkeit von Gottes Wort und Wahrheit gerecht werden möchte, so will das dem werdenden und dem amtierenden Zeugen Christi angebotene Wort verbindlich gemeint und gewürdigt sein. Wahrheit verfehlen heißt hier immer auch, sich an Menschen verfehlen. Jeder Baumeister würde zur Rechenschaft gezogen werden, wenn durch Unachtsamkeit und mangelnden Fleiß sein Bau einstürzen und die Bewohner zu Schaden kommen würden. Denen, die mit Lehre und Leitung in der Kirche zu dienen haben, ist nicht geringere Verantwortung auferlegt, auch und gerade dann, wenn die Schäden nicht einfach aufzudecken und nachzurechnen sind, sondern nur von Gott selbst gesichtet und gerichtet werden.

Alle Kirchenleitung sollte sich deshalb die Frage nach der in der Praxis wirksam werdenden Theologie gefallen lassen, — Gott fragt gewiß danach. Das Lehramt wiederum sollte sich die Frage gefallen lassen, ob in der Theologie, die sie konzipiert, Kirche geleitet werden kann: billiger ist ein theologisches Lehramt nicht zu haben. Katechismusfähige Erkenntnis allein reicht dazu, Kirche zu leiten und darin den Dienst am Wort wahrzunehmen. — Kirchenleitung und Lehramt verdienen nur dann Vertrauen und Autorität, wenn sie ihren Dienst in dieser harten und seligen Verbindlichkeit suchen. Gott selber stattet Dienste, die in verbindlicher Klarheit und in demütigem Glauben geleistet werden, mit Vollmacht aus. Daran sollte uns auch nicht der zeitweilig höchst wirksame Zauber unverbindlicher Effekthascherei in beiden Bereichen (es gibt dergleichen bei Trägern im Amt der Lehre und der Kirchenleitung) irremachen: Alles Ding währt seine Zeit, Gottes Lieb in Ewigkeit!

Soll nun die Kirchenleitung das Amt aller Pfarrer an den akademischen Ausbildungsweg binden? Sind diesem alle gewachsen? Ist die großartige und gefährliche Freiheit, die Wahrheit und Glauben ermöglichen und gebieten, allen Lernenden zuzumuten? Man kann die Frage nicht nur im Blick auf den Pfarrermangel oder auf verschiedene Begabungen praktisch beantworten, ohne sie theologisch zu bedenken. Gewiß hat Gott auch andere Wege, der Kirche ausgewiesene Zeugen zuzuführen. Die Kirche hat nicht das Recht, den Dienst von Menschen dieser Art abzulehnen, aber sie darf darüber wissenschaftliche Forschung nicht versäumen, durch die sie der biblischen Botschaft konfrontiert wird. Denn das Wort Gottes in Gestalt der Predigt, die die Kirche ins Leben gerufen hat und ins Leben ruft, verliert seine Freiheit leicht an kirchenübliche Tradition mit ihren Gesetzen. Es ist das freie Wort Gottes selbst, das gegen menschlichen Mißbrauch geschützt werden muß und deshalb freie Forschung fordert. Denn dieses Wort bleibt kein freies Gegenüber für die Kirche, wenn es sich nicht selbst in seiner wörtlichen Bedeutung aussprechen darf. Akademisch-theologische Forschung ist also ein unerläßliches Mittel der Treue zum Herrn der Kirche[51], wenn nicht unsere eigene Gläubigkeit herrschen soll über Gottes Wort und den Glauben. Diesen Dienst werden niemals alle zukünftigen Prediger ausreichend leisten, — doch muß die Kirche darauf halten, daß der Dienst stellvertretend für alle hinreichend geleistet wird. Wenn sie ihn nicht allen zumutet, kann der Grund nicht darin liegen, daß sie nicht allen die Gefährdungen durch theologische Erkenntnisse zuzumuten wagt. Eingeschränkte Freiheit des Wortes wäre eingeschränkte Freiheit Gottes. Die Gefährdung, die die theologische Arbeit mit sich bringt, überwindet Gott in seinem Wort selbst. Alle theologische Ausbildung, die an der viva vox evangelii teilhat, darf sich dessen trösten, daß Gottes Wort nicht leer zurückkommt, auch wenn diesem Wort der besondere Dienst geschieht, den die Theologie wahrnimmt. Die Geschichte der Theologie und der ganzen Kirche steht unter dem harten Gericht kritischer Korrekturen durch Gottes Wort.

Leistet die Kirche ernstlich theologische Forschung, so darf sie verschiedenste Ausbildungswege erproben und kann den Zugang zum Dienst des Predigers und Katecheten in verantwortlicher Freiheit gestalten. Je mehr junge Theologen sie der theologischen Forschung zuführt und erhält, um so freizügiger kann sie den Ausbildungsweg derer gestalten, die ohne akademische Ausbildung in dem Raum leben, der ihnen von theologischer Arbeit freigehalten und erschlossen wird. So kann freilich nur geurteilt werden, wenn man die Praxis nicht von der Theologie löst, sondern wenn man anerkennt, daß es der Gegenstand theologischer Arbeit selbst ist, der die Praxis ins Leben ruft, sie reinigt und autorisiert. Wenn man die akademischen Ausbildungsstätten über-

---

[51] Daß die Bibel ein freies Gegenüber zur Kirche sein und bleiben muß und daß es deshalb bei einer freien Exegese bleiben muß, hat K. Barth in KD I/1, 109 ff dargelegt. Für das Studium der Theologie hat jetzt G. Ebeling die Folgerungen durchdacht in: Wort und Glaube, 1960, 477 ff

lastet mit jungen Menschen, denen die Gaben fehlen, tut man weder diesen selbst noch der Kirche einen Dienst. Wer das Charisma der Kybernese hat, hat die Aufgabe, den verschiedenen Gaben die verschiedenen ihnen zukommenden Verantwortungsbereiche und Ausbildungswege zu eröffnen. Die Gabenträger zu uniformieren ist so gefährlich wie das gesetzliche Uniformieren in einheitlicher Dogmatik. Die Prediger des Evangelismus aber zu Kompendien aller Gaben gleichzeitig erziehen zu wollen, würde heißen, Gott als Geber jeden Charismas und die Gemeinde als Heimat aller Charismata zu verachten und die späteren Pfarrer durch Überforderung zu mißhandeln.

Es ist hier nicht der Ort, über den Ausbildungsweg junger Theologen Ausführliches zu erörtern. Unsere Überlegungen schließen aber für Lehramt und Kirchenleitung die Aufgabe ein, den Übergang vom Studium zum Gemeindedienst nicht als einen unüberbrückbaren Bruch erscheinen zu lassen, wie wenn das Studium nichts mit Praxis und die Praxis nichts mit Theologie zu tun hätte. Studium eröffnet einen Lebensweg theologischer Arbeit, die alle Praxis begleiten und bestimmen soll. Die Fülle der angebotenen Erkenntnisse kann bei dem sogenannten Abschluß des theologischen Studiums noch nicht verarbeitet sein. Oft sind es gerade die praktischen Dienste, die die gehäuften Eindrücke ordnen und gestalten. Unverbindliches Sammeln und erstes Prüfen gerät nun zur verbindlichen Aussage. Nun sind die Schwerpunkte zu vertiefen und die Stoffe nach den entscheidenden Linien zu ordnen. Aus der Sprache alter Predigt gilt es heute, die fällige und von Gott verlangte Predigt zu finden. In kritischer Besinnung auf die vorgefundene Praxis soll nun die fortzuführende Praxis im Namen des Herrn ihre Gestalt gewinnen. Das Studium sollte die Sinne geschärft haben, eigene Beobachtungen zu machen. Nun wird es damit von neuem ernst in täglichen Entscheidungen. Wie sieht die Predigt aus auf der Kanzel an den Festtagen und von Sonntag zu Sonntag? Wie ist Taufe verstanden? Welches Wort wird am Bett eines Sterbenden laut? Wie begegnet der Prediger den Vertretern staatlicher Funktionen? Wie sieht seine Seelsorge aus in dörflichen Gemeinden bei totaler ökonomischer Umschichtung? Die damit gestellten Fragen bewähren den Studiengang oder stellen ihn in Frage. Die Aufgabe des Lehramtes endet nicht an dem Tage, an dem die jungen Theologen ihre Hochschule verlassen; und die Aufgabe der Kirchenleitung beginnt nicht erst an diesem Tage. Die in der Pfarramtspraxis geforderten Theologen können den Forschern und Lehrern erheblich zur eigenen Sache helfen, ihnen vielleicht sogar Hinweise zur Aufgabe des Lehramtes leisten, wenn sie die theologische Bedeutung der Probleme ihrer täglichen Praxis im Blick ihrer Lehrer halten. Vielleicht hat die Kirchliche Hochschule die *Bedeutung des Theologischen Konventes*, in dem sich ihre ehemaligen Studenten zusammengeschlossen haben, für die Gestaltung der eigenen Lehrtätigkeit noch gar nicht genügend erkannt und wahrgenommen. Da — im Theologischen Konvent — werden die Funktionen von Theologie und Kirchenleitung deutlich. Die jungen Prediger lassen sich den Dienst ihrer Lehrer gern gefallen und verstehen von der Praxis her den theologischen Dienst des Lehramtes neu. Sie sind dankbar, wenn auch ihre Praxis theologisch durchdacht und zu ihrer Erneuerung angeleitet wird. Und gleichzeitig begehren sie nach dem brüderlichen Dienst der Kirchenleitung.

Erich Andler hat in der »Evangelischen Theologie« 1952 unter dem Titel »Kirchenleitung als brüderlicher Dienst« den Dienst des Mannes beschrieben, dem die Kirche und die Kirchliche Hochschule unermüdliche Fürsorge danken[52]. Die Vorsitzenden unseres Kuratoriums — *Hans Böhm* in vielen Jahren und heute Präses *Kurt Scharf* — haben uns mit theologischem Verständnis Kirchenleitung als brüderlichen Dienst geleistet in all den schweren und kostbaren Jahren. Die jungen Prediger im Lande — oft schwer angefochtene Männer und Frauen in Ost und West — sehen sich gefördert durch Lehramt und Kirchenleitung und, was noch mehr bedeutet, sie ahnen, daß sie selbst in theologisch verantworteter Praxis teilhaben an Theologie und Kirchenleitung. Denn sie wissen, daß sie von ihren Gemeinden und von aller Welt unausweichlich und Tag für Tag nach demselben Zeugnis gefragt sind, nach dem man Bischöfe und Professoren fragt; daß sie danach gefragt sind in der härtesten Verbindlichkeit, die es vor Gott und Menschen geben kann, soll sie ihr Leben lang gierige Hörer des Wortes Gottes bleiben lassen. Ihnen, den werdenden Zeugen des Evangeliums gilt unser Dienst, den mündig gewordenen Zeugen des Evangeliums gilt unser Respekt.

---

[52] E. Andler, Kirchenleitung als brüderlicher Dienst, in: EvTh 12, 1952/53, 156—161. Vgl. dazu die Widmung des Doppelheftes der EvTh (1952/3, Heft 4/5, 145) an Präses D. Kurt Scharf zu seinem 50. Geburtstag am 21. 10. 1952

Theologie
und
politische Verantwortung

FRIEDRICH-WILHELM MARQUARDT

EIN NACHHALL AUF DEUTSCHLAND*

Martin Fischers politische Theologie

Nun wird die Nachkriegszeit Geschichte. Was Alltagskampf und Ab-
mühen der Gedanken, Treue zu Menschen in tausend gefährlichen und
beglückenden Kleinigkeiten, ein gemeinsames Vorankommen und ein-
sames Wieder-zurückgeworfen-Werden, was Suchen war nach täglichem
Wort Gottes und dankbarem Gehorsam und auch wieder Abfall an
Eitelkeiten und Blindheit, was großen Schwung, ja starke Hoffnung bei
sich hatte und doch auch ein allzu dickes Brett zum Anbohren blieb —
das tritt alles in den Abstand der kühlen Betrachtung, Lebensarbeit
wird Bücher-Inhalt. Jetzt wird die Geschichte der »Deutschlandfrage«,
der »Wiedervereinigungskonzepte«, der »Wiederbewaffnung«, der
»Atomdiskussion« daraus, und wie die vielen Sektoren alle heißen, zu
denen wir das heiße Leben jener Tage nun abkühlen lassen. Diether
Kochs großes Buch »Heinemann und die Deutschlandfrage«[1], in dem
gleich ein gutes Stück erlebter Kirchengeschichte der Nachkriegszeit
miterzählt wird, ist ja nur eine unter vielen Arbeiten dieses Themas.
Ein Strom bekannt werdender oder unbekannt bleibender Doktor-
Arbeiten zu ähnlichen Fragen zeigt, daß eine nächste Generation da ist,
die Abstand zu nehmen wünscht und sich durch fleißige Arbeit die
geschichtlichen Bedingungen ihres eigenen Standortes und Wirkens
schaffen möchte. Wie dringend dies Bedürfnis sich meldet, zeigen auch
eine ganze Reihe von Untergrundproduktionen zur Haltung der Kirche
in der Nachkriegszeit, die — wie sollte es anders sein? — mit dem Pathos
des Enthüllens und mit den kritischen Kategorien des heutigen Tages
Gericht halten über die — oft ja noch gar nicht alt gewordenen — Väter;
junge Leute fordern ihr Jahrfünft in die Schranke — länger scheint
etwas Generationenbewegendes, wie es zuletzt die Studentenbewegung
war, kaum noch zu halten.

---

* Eine Prägung M. Fischers in seinem Aufsatz »Zur Wehrfrage im Verantwortungsbereich der DDR«, in: Wegemarken, 236. — Wir zitieren im folgenden die einzelnen Arbeiten M. Fischers nur unter den Titeln der Sammelbände, in denen sie
heute am leichtesten greifbar sind: 1.) Wegemarken. Beiträge zum Kampf um unseren
Weg, 1959[1] (= W); 2.) Überlegungen zu Wort und Weg der Kirche, 1963[1] (= Ü);
3.) Geschichte in Gestalten, 1975 (= G)

[1] D. Koch, Heinemann und die Deutschlandfrage, 1972[2]

Wir sind sicher noch zu nahe dran, als daß schon gewissenhafte Umsicht und gegründete Gerechtigkeit von solchen Arbeiten zu erwarten wäre. Geschichtliche Gerechtigkeit braucht auch nicht unsere Sorge zu sein. Was aber beunruhigen kann und woran um der von den Generationen noch eine Zeit gemeinsam zu lebenden und zu arbeitenden Gegenwart willen einiges hängt, das ist das schnelle Absinken der Möglichkeiten, einander zu verstehen. Zwischen der Generation, die den »Kirchenkampf« erlebt und die Wege der Kirche in der Nachkriegszeit mitgestaltet und mitzuverantworten hatte, und den heute Dreißig- bis Vierzigjährigen ist ein *theologischer Sprach-Bruch*, der seine vollen Auswirkungen auch in den Bereichen politischer Verständigung und geschichtlichen Urteils und Bewußtseins hat. Martin Fischer schrieb uns im Juni 1972:

> »Nach Lektüre der letzten Nummer der Evangelischen Kommentare wird mir klar, daß meine Argumentation in ihrer Sprache auch für die meisten Kirchenzeitungen nicht mehr geeignet ist. Die Zeitschriften sind entweder den gegenwärtigen Problemen zugewendet; dann meiden sie die biblische Sprache und oft auch in der Sache die entsprechende Argumentation und beteiligen sich stattdessen am allgemeinen vernünftigen Kalkül. Oder aber sie zelebrieren introvertiert die Sprache und Sache der Kirche, so wie wenn sich hier nicht auch Probleme der Welt entschieden. Ich kann nicht anders, ich muß, mindestens wo Glaube der Grund der Stellungnahme ist, eben diesen Grund benennen und belegen.«

Noch gibt es keine, eines Tages dringend fällig werdende, Untersuchung über die in der Tat eigentümliche, unverwechselbare Sprache der Bekennenden Kirche, die ein gut Stück auch die Sprache der Kirche in der Nachkriegszeit blieb. Ihre biblische Direktheit, das Verhältnis der eigenen zeitgeschichtlichen Unmittelbarkeit zur biblischen Geschichte, zur Denkform des Dogmas, das fromm Zugreifende ohne historische Distanz, die Möglichkeit, Berichte zur Lage in Gestalt biblischer Erzählung zu kleiden, der geringe Abstand von Kanzelsprache und der Sprache alltäglicher Verständigung auf Synoden, Gemeindetreffen, in Pfarrkonventen usw. — das steht alles unter hermeneutischen Bedingungen, die jedenfalls in der wissenschaftlichen Hermeneutik nicht vorgekommen und insofern bis heute »unaufgeklärt« geblieben sind. Dieser gegenseitigen Transparenz von Bibel und Menschenleben ist sich besonders Martin Fischer bewußt geworden: »So kann man in Texten wohl interpretiert sein lassen, was uns in Menschen gegeben ist«, heißt es an einer Stelle[2]. Aber Fischers Sprache hat doch etwas Typisches für seine Generation, für eine ganze Periode kirchlichen Sprechens, und es käme sehr darauf an, ihr die Mühe und die Lust des Verstehens zu gönnen.

[2] G 168

Sie kann nicht »übersetzt« werden. Aber für einen Angehörigen der wenigen »weißen Jahrgänge«, denen man irreparable Jugendschäden aus der Nazizeit konzediert und denen man darum nicht die Vollintegration in die »neue« Welt des kaputten Deutschland abverlangte, gehört sich wenigstens der Versuch, rechtzeitig in seiner nach rückwärts und vorwärts gleich ambivalenten Denkart nachzuerzählen und weiterzugeben, was er von jener immer fremder werdenden Sprache verstanden zu haben meint. Zumal er auch noch genug Erinnerungen an »Deutschland« hat.

I.

Zusammenstellungen wie »Volk und Kirche«, »Volk und Gemeinde«[3] gingen Martin Fischer damals leicht von den Lippen. Die Einheit der EKiD konnte ohne weiteres zusammengedacht werden mit der Einheit des Volkes. Von einer »Ehre« und »Würde« unseres Volkes hat er immer wieder gesprochen: freilich als der »Ehre« und »Würde« eines geschlagenen und schuldig gewordenen Volkes[4]. Die ganze Art, wie ihm die deutsche Frage am Herzen liegt, was er für sie tut, wie er von ihr redet, hätte ihn ähnlich wie Dietrich Bonhoeffer, und vielen an ihrem Volk Leidenden, sagen lassen können: »Ich habe dieses Volk geliebt«; soviel ich weiß, hat er es freilich so nie gesagt. Aber es gehört zu seinen Grundüberzeugungen, was er Reinold von Thadden-Trieglaff bei der ungewöhnlichen Feier der Silberhochzeit am 19. Januar 1946 sagte: »In unserem Glauben hat auch das Vaterland eine Heimat behalten, aus der es neu werden kann, wenn Gott es will.«[5]

Das sieht zunächst aus wie eine im guten Sinne konservative Haltung, fontanisch sozusagen. Aber Martin Fischer hat dies nie sehr ins Prinzipielle hinein reflektiert oder begründet.

Er grenzt seine Beziehung zum Vaterland ab in bitterer Kritik an jener Haltung, die aus hybridem Nationalismus einfach umkippt in nationale Nichtsnutzigkeit: »Nach jahrelangem ›Ich bin nichts, das Volk ist alles!‹ gilt nun das Umgekehrte. Es geht um risikofreie Sicherung der privaten Existenz. Nach hochgespannten nationalistischen Zielen haben sie die nationale Verantwortung vergessen und sind froh, in Ost oder besser in West ihr Schäfchen ins Trockene zu bringen« — so 1962[6].

Aber Volk ist nun einmal »Platzanweisung Gottes«, zitiert er immer wieder Karl Barth[7]. Und zwischen 1958 und 1960 gebraucht er jene Nomenklatur, die vom Volk als »*einem* Verantwortungsbereich«

---

[3] Nur zum Beispiel G 27   [4] Z. B. W 249
[5] G 29   [6] Ü 367   [7] Ü 392, 404

spricht, in dem die Menschen »bleiben, auch wenn sie politisch daran gehindert werden, gemeinsam zu leben und zu entscheiden«. Die Menschen dieses Bereiches kann man noch gemeinsam anreden, sofern sie »aus einer geschichtlichen Vergangenheit kamen, in *einer* Sprache redeten, die sich Hitler geleistet und am Nationalsozialismus gelitten hatten, die geschichtliche Demütigungen verdient hatten und denen es nicht recht und billig sein konnte, sich bei verschiedenem Geschick voneinander zurückzuziehen«[8]. Ähnlich damals Helmut Gollwitzer:

»Da eine zeitlose Definition dessen, was Volk ist und inwiefern es bei Volk auf staatliche Einheit ankommt, immer scheitern wird, möchte ich ... vorschlagen: wir müssen Volk wie Familie ansehen als *vorgegebene Verantwortungszusammenhänge*, in die jeder Mensch gestellt ist.« »Diese Verantwortungszusammenhänge schaffen Unterschiede. 1. Es steht mir nicht jeder gleich nahe, obwohl auch ein Ferner mir unversehens nahe rücken kann. 2. Der Verantwortungszusammenhang schafft eine Gemeinschaft, die als Ganzes ansprechbar ist und verantwortlich gemacht werden kann ... Darum betrifft mich nicht alles gleichmäßig, und eben dies ist eine gute Gabe Gottes, die mich vor kosmopolitischer Gschaftlhuberei bewahrt.« »Ich kann von meiner Familie, von meinem Volk getrennt werden. Was ich aber nicht zu tun habe, das ist: eigenmächtig um eigener Vorteile oder um bestimmten Sympathien willen mich aus diesem Zusammenhang herauszubegeben. Ich habe meine Situation gerade darin anzunehmen, daß ich in und an diesem Volke mitzuwirken habe.« Stattdessen: »Man hat sich geschichtslos davongeschlichen und wird darum mit Geschichtslosigkeit und d. h. mit dem Sieg des reinen Utilitätsdenken gestraft.«[9]

Martin Fischer sah es damals freilich auch noch in einem höheren Licht. Er hat mit der EKiD »gemeint, daß mindestens *ein* Glaube beisammenhalten müsse, in dem sich dieses Volk mit andern Christen aus aller Welt müßte einshalten dürfen. Wir wissen den Weg nicht. Wir wissen nur, daß der nicht auf verlorenem Posten steht, der um des Evangeliums willen Menschen lieb hat — Freund und Feind — und der die Menschen beieinander sieht, auf alle Fälle die, denen Gott eine gemeinsame Geschichte, ja sogar einen gemeinsamen Glauben gegeben hat. Die Kirche kann es nicht lassen, Anwalt dieser Menschen zu sein.«[10] Das klingt bedenklich geschichtstheologisch: ein Volk, ein Glaube — und darum Kampf um deutsche Einheit gerade durch die Kirche.

Es mangelt auch sonst nicht an geschichtstheologischen Konstrukten, die nicht gut klingen können in den Ohren der Nachgeborenen.

»Vergleichen wir die Teilung Deutschlands einmal mit den alten Teilungen Polens. Es hat verschiedene Teilungen Polens gegeben, und das polnische Volk hat unter dem allen schwer gelitten. Polen hat auf seine Leiden mit einem tiefen Nationalbewußtsein geantwortet und als römisch-katholisches Volk immer geglaubt, daß Maria ein besonderes Verhältnis zu ihrem Volk habe. Dabei haben die Teilungen Polens nicht annähernd dasselbe Gewicht gehabt wie die Teilung Deutschlands heute.

[8] Ü 392
[9] H. Gollwitzer, Die Gestalt des Lobes Gottes in der politischen Welt der Bundesrepublik, in: Forderungen der Freiheit, 1962, 233 ff
[10] W 415

Die verschiedenen Teile blieben nämlich trotz ihrer politischen Trennung in allen entscheidenden menschlichen Fragen gleichartig. Sie behielten *einen* Glauben und weithin gemeinsame geistige Grundlagen. Die Durchteilung Deutschlands dagegen versucht, die beiden Teile auch in Glaube und Weltanschauung gegeneinander zu festigen ... Die Spaltung Deutschlands geht deshalb tiefer als eine politische Teilung.«[11]

Und gleich daneben:

»Man darf sagen, daß die Deutschen dem ganzen östlichen Raum im Zeichen des Kreuzes lange zum Segen geworden sind, daß sie dem östlichen Raum im Zeichen des Hakenkreuzes zum Fluch wurden, und daß sie ohne das Kreuz in einer Rückflutbewegung nach dem Westen begriffen sind, die unaufhaltsam zu sein scheint, die die Durchteilung unseres Volkes in zwei ideologisch bestimmte und in die Machtblöcke von Ost und West eingefügte, sich ständig entfernende Teile zu erbringen droht. An dieser Rückflutbewegung vorbei denkt und sieht die Christenheit in Richtung auf den Osten ...« und die dortige, schwer bedrängte Christenheit[12].

So hätte man doch auch 1958/59 nicht mehr reden sollen. Das ist mißverständlich im Politischen und im Historischen nicht weniger als im Theologischen gewesen. Wenn man so hätte argumentieren dürfen, dann hätte man das Evangelium doch unter den soziologischen Typus der Volksreligionen entfremdet, katholische Marienfrömmigkeit als Modell genommen und die Mentalität von Propagandaformeln wie »Ein Volk — ein Glaube« gefördert. War es so nicht gemeint? Daß es bei einer überwiegenden Anzahl von EKiD-Synodalen über Jahrzehnte hinweg so gemeint war, steht außer jedem Zweifel, breite Strömungen meinen es noch heute so — und nicht nur BILD-Zeitungsleser. Martin Fischer hat es manchmal so gesagt, aber nur manchmal, und das berechtigt uns zu der Überzeugung, daß er es zum Glück nicht so gemeint hat.

II.

Versuchen wir, sein Verständnis der deutschen Frage genauer anzusehen.

Sicher ist, daß er in seinem Handeln und Reden nicht von einer *politischen Konstruktion* geleitet war. Obwohl er ja durch und durch ein »berlinischer« Theologe geworden ist — d. h. ein Theologe, dem die Lebens- und Erkenntnisbedingungen, die sich in der »schutzlosen Windecke Deutschlands«[13] einem aufdrängten, unvermeidliche Form seines Wirklichkeitsverständnisses ist —, hat er sich die vielen Berliner Konstruktionen für eine politische Rolle Nachkriegsdeutschlands immer nur nebenbei, eklektisch zu eigen gemacht. Hier in Berlin hatte ja zwischen 1945 und 1947 vor allem die erste CDU-Generation jenes

[11] W 399 f   [12] W 483   [13] W 272

»Brücken«-Konzept eines zwischen Ost und West zugleich freien und
vermittelnden Gesamtdeutschland entwickelt; die Namen von Ernst
Lemmer, Ferd. Friedensburg, auch Georg Dertingers, vor allem aber
Jakob Kaisers rücken zusammen bei dem Versuch, die Interessen der
Alliierten und die nationalen Interessen der Deutschen auf einen
Nenner zu bringen. Ähnliche Überlegungen wurden damals allerorten
erwogen. Hans-Werner Richter kam von ganz anderen politischen
Grundüberzeugungen in seinem »Ruf« zu ähnlichen Konzeptionen;
nicht zwar das nationale Interesse, aber die Hoffnung auf ein sozialistisches Europa und auf die Kombinierbarkeit aufgeklärter politischer
Demokratie mit sozialistisch geordneter Ökonomie in Deutschland
prägte das »Brücke«-Konzept der im »Ruf« mitarbeitenden jungen
Kriegsheimkehrer-Generation. Das alles scheiterte 1947 an der anti-
kommunistischen Wende der Truman- und Dulles-Politik des Roll-
back, der kapitalistischen Aggression des Marshallplan-Projekts. Richters »Ruf« wurde 1947 verboten. Die östliche CDU begann sich an die
westliche Adenauer-CDU zu assimilieren. Als Konzeption lebte der
Brücke-Gedanke, sich mehr und mehr verbindend mit Neutralitäts-
überlegungen, mit Widerstand gegen doppelte Staatsgründung, gegen
Remilitarisierung und zweifache Blockbildung weiter, bei Ulrich Noack
und seinem Nauheimer Kreis, bei Pfleiderer, bei Gustav Heinemann,
bei Martin Niemöller, für die als der ausschlaggebende politische
Schlüssel zur Deutschlandfrage immer mehr die Friedensfrage in den
Vordergrund rückte, das Heraushalten beider Deutschland aus der gegenseitigen militärischen, bald sogar atomaren Bedrohung der Welt-
blöcke.

Die Evangelische Kirche war über Heinemann und Niemöller, auch
durch Karl Barths ähnlich lautende Voten »von ferne her«, mit diesen
Konzepten vertraut. Auch Noack z. B. war Ende 1947 zu einer Denkschrift über seine Position vom Weltrat der Kirchen aufgefordert worden. Das ist die Gedankenwelt, in der auch Martin Fischer damals lebt
und sich beteiligt. Aber soweit ich sehe, tritt keines von den politischen
Grundproblemen — seien es nun »Brücke-Konzept«, Neutralitäts-
Politik, nationale Einheit, Friedensfrage — so in den Vordergrund, daß
es zum organisierenden Zentrum seines Verhältnisses zur Deutschlandfrage geworden wäre. Als begleitende Gesichtspunkte sind diese Probleme gewiß auch bei Fischer überall da, aber auch dort, wo er sie eigens
thematisiert, treten sie doch in einen ganz anderen, ihm sehr eigenen
Zusammenhang, der mit dem Ansatz seiner politischen Diakonie zu
tun hat.

Er spricht zuweilen von der »Qual, die ein waches Gewissen in
Deutschland zu tragen hat«, d. h.: Politische Ausrichtung eines Christenmenschen und Theologen ist für ihn *Gewissenssache*, und »Gewis-

sen« wird in der theologischen Ernsthaftigkeit und Tiefe genommen, die es von Luther her haben kann[14]. An anderer Stelle heißt es:

»Indem wir unseren Glauben verteidigten, kamen wir in das quälende Leiden um den Weg unseres Volkes, wurden wir zerrissen durch das unentwirrbare Miteinander deutscher Schuld und deutschen Daseinskampfes«, und hieran schließt sich das schon genannte Wort vom Vaterland, das in unserem Glauben Platz behalten hat[15].

Martin Fischers Verhältnis zur Deutschlandfrage ist deswegen nicht geleitet von einer der möglichen politischen Konstruktionen, weil er *von vornherein* einen theologischen Zugang zur Wirklichkeit, auch zur deutschen Wirklichkeit, hat. Irgendwie hängt seine Bewährung in der politischen Frage jener Zeit mit einem *Verteidigen des Glaubens* zusammen, wie es zuerst die Aufgabe im Kirchenkampf gewesen war. Und für ihn ist die Kirchenkampferfahrung in wichtigen Zügen Modell für die Orientierung und Lagebeurteilung auch in der Nachkriegszeit geblieben — oder wenn nicht Modell, dann doch die dem Bewußtsein angeeignete Analogie, mit deren Hilfe man auch die Nachkriegssituation geistig ordnen kann.

Nun muß man freilich genauer wissen, was das heißt. Keinesfalls hat Fischer sich an jener reaktionären Global-Analogiebildung beteiligt, die Nazizeit und Nachkriegszeit etwa unter der Chiffre des »totalen Staates« gesehen und zu den für die damaligen Verhältnisse typischen geschichtslosen Unternehmungen geführt haben, post festum den gegen den Nationalsozialismus versäumten Widerstand jetzt gegen die Entwicklung in Mitteldeutschland nachzuholen; Fischer hat diese Heuchelei durchschaut und bekämpft. Vor allem aber ist er viel zu sehr Pragmatiker, Täter des kleinen, vor Händen liegenden Werkes, Mann der nächsten Schritte, zumal Liebhaber der einzelnen kleinen Menschen — »Die einzelnen kleinen Menschenschicksale erfahren den Jammer früher als die politischen Planungszentren«[16] —, als daß er sich von solchen politischen Konstruktionen beeindrucken ließ. Gewissensmotivation und »Verteidigung des Glaubens« (was immer das im Augenblick heißen mag) setzen ihn in ein *seelsorgerliches Verhältnis* zu den politischen Dingen, und man könnte seinen politischen Ansatz zunächst mit dem berühmten Ausdruck bezeichnen, den Karl Barth 1919 in Tambach gebraucht hat: als ein »priesterliches Bewegen« und »mitleidig Tragen der Beschwerden der ganzen Zeitgenossenschaft«[17].

Er hat einen Blick für die Konkretheiten, aus denen sich erst eine große »Lage« im ganzen ergibt, und er argumentiert immer wieder mit Einzelschicksal und Einzelerfahrung, so daß seine Schriften — wie er

---

[14] Vgl. Theologie des Gewissens, in: Ü 439 ff
[15] G 29   [16] W 177
[17] K. Barth, Der Christ in der Gesellschaft, in: Das Wort Gottes und die Theologie, 1925, 45

es zuweilen an Luthers Wittenberger Predigten rühmt — einem lange
Zeit ein Alltagsbild vom christlichen Leben in der DDR vermittelten.
Hier kann man sehen, was sein eigenartiges Dictum »in Menschen denken« meinte. Studenten einer Kunsthochschule sollen gezwungen werden, eine Stalinkantate mitzusingen mit dem als lästerlich empfundenen
Text: »Frißt dich der Hunger, dann bet' nicht, dann fluch'!« — und
kämpfen sich frei[18]. Andere werden zu Denunzianten- und Spitzel-
diensten gepreßt, wenn sie Wehrdienst verweigern wollen[19]. Ärzte
fliehen in den Westen[20]. Pfarrer fliehen in den Westen[21]. Pfarrkinder
finden keinen Platz in der Schule[22]. Übertriebene Strafen werden gegen
politische Torheiten Jugendlicher verhängt[23]. Wer an der Pädagogischen
Hochschule in Güstrow Kirchenmitglied bleibt, kann nicht zur Prüfung
zugelassen werden; alle Kandidaten, bis auf eine, treten aus[24]. Pfarrer
werden am Samstagabend bei der Predigtvorbereitung auf Abkündi-
gungen hin kontrolliert, die ihnen einfach unterstellt werden[25]. Junge
Leute bekommen hohe Gehälter, Alte darben mit ungenügenden Ren-
ten[26]. Bauern, Fabrikanten, Pfarrer werden in wüsten Kampagnen
zugunsten der Sozialisierung »entehrt«[27]. Zu ideologisch bindenden
Loyalitätserklärungen wird gedrängt[28]. Und umgekehrt: Der RIAS
ruft zum Wahlboykott mit der nihilistischen Parole auf: »Betrügt die
Betrüger«, und keine der westlichen demokratischen Parteien protestiert[29]. Im Westen wird zu Sabotageakten überredet oder gepreßt,
Jugend zu politischen Abenteuern mißbraucht[30].

Die Schrift »Das Zeugnis der Verhafteten« ist im Jahre 1953 ein
klassisch gewordenes Dokument für diese Konkretheit[31]. »Wer Fürbitte
tun will, muß Kenntnisse haben« — das ist der theologische Ansatz für
Martin Fischers Verhältnis zur Politik[32]. Die Schrift war Reaktion auf
»eine große Welle der kirchlichen Not« im Ausgang der stalinistischen
Ära. In einer Nachtsitzung bei Propst Grüber versucht man, Martin
Niemöller zur Fürsprache im Osten für kirchliche Gefangene (z. B. den
Hallenser Studentenpfarrer Johannes Hamel) zu gewinnen. Niemöllers
Eindruck von der Schilderung der Situation: »Wenn Ihr den Stand der
Entwicklung ... richtig beurteilt, kann man den Menschen nur mit dem
Evangelium zu sterben helfen.« »Im Laufe des Gesprächs wendete sich
dann aber das Bild vom Auftrag der Kirche.«[33] Leiden kann, muß

---

[18] W 166   [19] W 241
[20] Der Beruf des Arztes. Zum ärztlichen Dienst in der DDR, W 176 ff
[21] Zum Problem der Pfarrerflucht. Ein theologisches Gutachten, in: W 416 ff
[22] W 306   [23] W 305   [24] W 411
[25] W 274   [26] W 305   [27] W 306
[28] W 483   [29] W 166   [30] W 305
[31] Das Zeugnis der Verhafteten. Ein geistliches Wort, April bis Juni 1953
[32] Ebd. 9   [33] W 402 ff

christlich als »Zeugnis« begriffen werden, und Martin Fischer wird der Prediger dieser Erkenntnis. Das geistliche Feuer lodert in diesen theologischen Interpretationen so hypertroph, man kann auch sagen: Ernst und Hoffnung des Glaubens sind in diesen Lageberichten so real genommen, daß sich allen Ernstes die Überzeugung herausbilden kann, das »Zeugnis der Verhafteten« habe im Sommer 1953 zum Einlenken des DDR-Staates in der Kirche geführt. »Die Schrift . . . hat möglicherweise zur Entscheidung für den neuen Kurs am 10. 6. 1953 beigetragen . . .«[34], oder: »Daß der Staat einlenke . . ., kann mit einem wachen Einsatz wie diesem erklärt werden«, usw.[35]. Da wird ganz abgesehen — wie ja überhaupt — von wahrscheinlich ganz anderen Bedingungen für die Politik des »neuen Kurses«, wie z. B. den Entspannungsbemühungen der Sowjetunion nach Stalins Tod im Frühjahr 1953, die selbstverständlich auch auf die DDR wirken mußten. Die Volkskammerbeschlüsse vom 9. Juli 1953 — als Antwort auf die Aufstände des 17. Juni — hatten innenpolitische Reformen gebracht, die vor allem Kleinbürger und Bauern fühlbar erleichterten. Im Westen stand die zweite Bundestagswahl bevor, und allerdings spielten damals noch Christen eine Rolle im gesamtdeutschen Kalkül der DDR-Regierung, vor allem auch im Blick auf die westliche CDU, während die Zeit doch wohl schon vorüber war, in der die DDR-Regierung — wie 1950/51 — sich ernsthaft bemühen konnte, die Kirche als Vermittlerin in der Deutschlandfrage Bonn gegenüber zu engagieren.

Zum »priesterlichen Bewegen« gehört die politische Arbeit, die Fischer auch in der westlichen Richtung getan hat. Er verstand sich hier vor allem als »Briefträger Gottes«, als Vermittler von Informationen vom östlichen Volksteil zum westlichen hin. Es war ein Werben und geistliches Kämpfen um westliche Aufmerksamkeit, um finanzielle Hilfsbereitschaft, z. B. darum, Ärzte zur Übersiedlung in den Osten zu gewinnen. Seine ganze Kritik am westlichen Kirchentum — »mit viel zu viel bürgerlichem Aufwand belastet . . .«, an »vielen Eurer Gespräche nehmen wir längst nicht mehr teil«[36] —, an der westdeutschen Politik, besonders an der CDU und ihrem Evangelischen Arbeitskreis[37] ist ganz geleitet von der Frage nach den Konsequenzen dieser Politik auf den Osten; diese Frage ist der Schlüssel seiner Kritik. »Die geistige Luft, in der die Bundesrepublik lebt und die von der Politik Bonns genährt wird . . ., verletzt ständig die vorhandene Einheit. Deshalb ist das Reden von der Wiedervereinigung so wenig überzeugend.«[38]

---

[34] W 12   [35] G 150   [36] W 232 f
[37] Die Menschen unseres Volkes. An den Evangelischen Arbeitskreis der CDU, in: W 348 ff
[38] W 363

So besteht inhaltlich das »priesterliche Bewegen« in dem Versuch, »im Ganzen zu denken«. Das ist die Formel, mit der noch einmal die besondere berlinische Funktion der Fischerschen politischen Theologie bezeichnet werden kann[39]. »Für die Deutschen ... ist Berlin das Zentrum zusammenhaltender Vernunft und Treue. Hier konnte bis vor kurzem für das Ganze gedacht und gearbeitet werden.«[40] Was konkret und auf eine allgemeinere Stufe politischer Erfahrung gehoben heißt: »Für den Gegner mitdenken« lernen; wer nicht für den Gegner mitdenken kann, kann überhaupt nicht politisch denken. Und noch genauer: »Wer ... nicht in der Lage ist oder aber nicht willens wäre, für die Russen selbst mitzudenken, wäre nicht Politiker, sondern ein politischer Prolet ...«[41]

III.

Das »priesterliche Bewegen«, die seelsorgerliche Bewährung hat nun freilich noch einen grundsätzlichen Zusammenhang, von dem jetzt zu reden ist. Inwiefern wäre in der Deutschlandfrage »der Glaube zu verteidigen«? Inwiefern kann — nicht heidnische Volksreligion, nicht marianisch-völkischer Mythos, sondern der Glaube an das Evangelium Gottes das deutsche Volk »zusammenhalten«, ja mehr noch »einshalten«? Inwiefern wäre das nicht zynischer Mißbrauch, nicht deutsch-christliche Verfremdung des Evangeliums?

Hier nun ist eine grundsätzliche Überzeugung Martin Fischers zu skizzieren, die zwar kein politisches, aber ein geistig-geistliches Konstrukt ist, von dem her sich ihm die deutsche Frage als theologisch relevant erschließt.

»Die Spaltung Deutschlands geht tiefer als eine politische Spaltung«, hörten wir schon. Wie tief? Für Fischers Sicht sind die Machtblöcke des Ostens *und* des Westens Glaubensblöcke, und mit der deutschen Teilung geht, wie er einmal sehr exponiert sagt, eine »Glaubensumgestaltung«[42] einher.

Er meint damit noch etwas anderes, als was Niemöller, in gewisser Konsequenz eines protestantischen Besitzstandsdenkens, das damals viel strapaziert wurde, in seinem berühmten Higgins-Interview andeutete: die Bonner Regierung sei »empfangen im Vatikan und geboren in Washington«, und es sei Adenauer deswegen ein Leichtes, auf die mehrheitlich protestantischen Gebiete des Ostens zu verzichten. Auch Fischer sprach zuweilen etwas emphatisch vom »evangelischen Deutschland«[43], doch ernsthafter und für ihn bezeichnender als solche ideo-

---

[39] Vgl. Unser Gewissen in dieser Stadt, Berliner Reden, 2. Aufl., o. J.
[40] W 337   [41] W 372   [42] W 404   [43] Z. B. W 231 f

logischen Qualifizierungen war z. B. eine Kennzeichnung wie die vom
»tief gottesdienstlosen Volk«[44]. Jedenfalls hatte »Glaubensumgestaltung« für ihn nichts mit konfessionspolitischen Ressentiments zu tun.

Das Kernproblem finden wir vielmehr in folgendem Satz ausgesprochen:

> »(Die) Kirche stößt auf den altbösen Feind in mancherlei Gestalt und stößt heute
> auf eine Welt seltsam theologischer, bzw. pseudotheologischer Struktur, eine Welt
> mit Herren und Göttern, mit eindeutigen Herrschaftsverhältnissen bestimmter Ideen,
> mit Heilslehren und messianischen Verheißungen, mit einer Intoleranz, zu der allen
> falls Gott selbst ein Recht hätte. Sie stoßen heute, um das landläufige Wort aufzu
> greifen, auf die Herrschaft der Ideologien, ohne die die öffentliche Verantwortung
> des Christen nicht mehr zu denken ist. Deshalb ist es öffentliche Verantwortung einer
> Kirche und Synode, um Menschen vielleicht bis zu Tränen zu ringen, wenn wir nicht
> am Blut schuldig werden wollen. Es ist Aufgabe, nichts zu verhalten und falschen
> Predigern entgegenzutreten, und kämen sie in Gestalt der Engel vom Himmel.«[45]

Das hat Martin Fischer in seinem unvergeßlichen Referat auf der
EKD-Synode in Elbingerode gesagt, die vom 6. bis zum 10. Oktober
1952 in einer hochgespannten politischen und kirchenpolitischen Situation stattfand, die man sich rasch vergegenwärtigen sollte. — Auf dem
Programm der sowjetischen Deutschlandpolitik der letzten Stalinjahre
stand der Abschluß eines Friedensvertrages, der Ganz-Deutschland gewährleisten und so der Gefahr einer westdeutschen Wiederbewaffnung
und Westintegration des westlichen Teildeutschlands begegnen sollte.
Offensichtlich war man zu nicht unerheblichen Interessenopfern bereit,
ließ die Forderung auf »Demokratisierung« Westdeutschlands vor einer
Wiedervereinigung fallen, und in der berühmten März-Note von 1952
hat Stalin sogar das westliche Essential von freien Wahlen konzediert.
Seit dem Frühjahr 1951 rollte eine großangelegte Kampagne gegen die
Remilitarisierung in Deutschland, wurde auch eine Bewegung für eine
Volksbefragung dazu im Osten zum Ziel gebracht, im Westen verboten;
beides zeigte das vorwiegend militärpolitische Interesse der Sowjetunion in diesem Zusammenhang. Desungeachtet haben Adenauer und
die Westmächte ihre Politik der militärischen und politischen Integration fortgeführt; am 26. und 27. Mai 1952 wurde der EVG-Vertrag
(mit den militärischen Regelungen) und der »Generalvertrag« (mit den
politischen Regelungen zwischen den Westmächten und der Bundesrepublik) unterzeichnet und das Ratifizierungsverfahren für den Bundestag eröffnet. Das war die Zeit, als einerseits — etwa bis zum Sommer
1952 — die Regierung der DDR in offiziösen Kontakten den Rat der
EKD um Vermittlung in Bonn anging, begleitet von einer kirchlichen
Entspannung im Osten, die z. B. das große Ereignis des Berliner Kirchentages von 1951 ermöglichte mit seinen 300 000 Teilnehmern aus

[44] Ü 368   [45] W 282 f

allen Teilen Deutschlands. Andererseits griffen bruderschaftliche Gruppen, auch der damals noch bestehende Reichsbruderrat, den Kampf gegen die Wiederbewaffnung innerhalb der Kirche auf, mit der Gegenreaktion der von Eberhard Müller repräsentierten Kräfte, die sich Ende 1951, zusammen mit einer nicht unbeträchtlichen Anzahl von Kirchenführern, mit Adenauer in Königswinter trafen. Übrigens konnte Adenauer von diesem Treffen den gar nicht unbegründeten Eindruck mit nachhause nehmen, die EKD für sich zu haben; eine deutliche Festlegung wichtiger Teile des deutschen Luthertums auf die Adenauersche Politik war unübersehbar geworden.

Für die Elbingeroder Synode bedeutete dies zweierlei. Der Antrag des Reichsbruderrats und der Rheinischen Kirchenleitung, auf einer Sondersynode im Herbst 1952 die Frage der Wiederbewaffnung zum Hauptthema zu machen, wurde abgelehnt. Das Thema der Synode, gleichlautend mit dem Titel des Fischerschen Vortrags, war von E. Müller durchgesetzt worden und lautete im Vergleich zu dem, worum es ging, sehr allgemein und dezidiert individualistisch gefaßt: »Die öffentliche Verantwortung des Christen.« Besonders aber wurde, nach Lage der innerkirchlichen Dinge unvermeidlich, die Wahl des Ortes Elbingerode in der DDR zu einem heiß bekämpften Problem; von einer Selbstverständlichkeit kirchlichen Zusammenkommens in Ost und West konnte keineswegs nur von den politischen Bedingungen her, sondern erst recht von der innerkirchlichen Mentalität her schon 1952 keine Rede mehr sein. Zimmermann und Bischof Meiser z. B. bestätigten sich gegenseitig in einem Briefwechsel ihre Abneigung gegen Elbingerode, weil »die Regierung der DDR sich damit jetzt eine Gelegenheit hat schaffen wollen, die Synode in der Atmosphäre der DDR und damit unter einem Einfluß der Niemöller-Gruppe stattfinden zu lassen« (so!) — worauf Meiser: »Ich sehe die Angelegenheit so bedenklich an, weil auf diese Weise die Synode zu einem Werkzeug der Männer um Niemöller, Heinemann usw. gemacht wird«; auch Dibelius hatte schon vorsorglich Spandau zum Ausweichen vorgeschlagen[46].

Fischers Korreferent war W. Künneth, der mit seinem Beitrag steckenblieb in der abstrakten Wiederholung der Zwei-Reiche-Lehre, kaum herausgefordert durch das Referat des norwegischen Bischofs Eivind Berggrav, das dieser kurz vorher bei der Tagung des Lutherischen Weltbundes in Hannover gehalten hatte und das mit den Rufen schloß: »Seid nicht totes Fleisch im Gesellschaftskörper, nicht stumpfes Wählervieh, sondern seid eifrige Teilnehmer an der Verantwortung

---

[46] Vgl. Joh. Vogel, Die Haltung der Evangelischen Kirche in Deutschland in der Auseinandersetzung um die Frage der Wiederbewaffnung der Bundesrepublik in den Jahren 1949—1956, Diss. Berlin 1976, 432

aller Wohlwollenden, seid Sauerteig, seid Salz, auch sogar gefährliches Salz!«

Für Martin Fischer mußte die Wahl des Ortes Elbingerode zwar nicht das Selbstverständlichste von der Welt, aber als Akt des Gehorsams doch auch Erfüllung seines ganzen bisherigen Wirkens sein, und daß er hier ausführlich zu Worte kam, ist auch noch von heute her gesehen ein Akt geschichtlicher Gerechtigkeit. Er hat ihr mit einer der großartigsten Anstrengungen seines geistlichen und politischen Begriffs gedient und die Leidenschaft und Autorität des Exorzismus beansprucht[47]. Hier ist nicht dieses Referat zu referieren. Sein Kernpunkt ist der Kampf gegen die als Abgötterei begriffene Ideologisierung beider Seiten, der westlichen nicht weniger als der östlichen. Die Herrschaft der Ideologien ist es, »ohne die die öffentliche Verantwortung des Christen nicht mehr zu denken ist« — anders gesagt: In der Ideologienherrschaft sitzt für Martin Fischer der unvermeidliche Anlaß für den politischen Gottesdienst. *Das erste Gebot ist für ihn, weil theologisches, darum auch politisches Axiom* und Wegemarke für das Erschließen der Situation.

Ideologien uniformieren Gewissen[48]. Bilden »Zwangsglaubenssätze«[49]. Sind »revolutionär« und erniedrigen Menschen zu ihrem »Material«[50]. Beruhen auf Willkür menschlicher Schöpfung, die Gottes Schöpfung konkurrenzieren will[51]. Zerstören durch Monomanie ihrer Konsequenz[52]. Nehmen das Denken der Menschen gefangen, lähmen, prädestinieren es[53]. Verbreiten Terror und bedingen Angst[54]. Machen doktrinär in »pseudokirchlicher Observanz«[55]. Schaffen politische Neurotiker[56], stürzen in Propaganda-Neurosen[57]. Teilen die Welt. Widersprechen dem christlichen Menschen- und Wirklichkeitsverständnis auf der ganzen Linie.

Geistesgeschichtlich und realgeschichtlich zugleich sind sie die Apotheose des *Nihilismus*, den Nietzsche mit der Vision vom Tode Gottes in der »Fröhlichen Wissenschaft« angekündigt hat[58]. Was Fischer so ernst nimmt, wie Nietzsche es gemeint hat: Nihilismus ist viel mehr als subjektive Haltung, nämlich objektive Struktur, ist z. B. präsent, wenn die Besatzungsmächte, die mit der totalen Kapitulation den militärischen Schutz übernommen haben, in nihilistischen Zumutungen ohnegleichen den Deutschen, die sie eben exzessiv entmilitarisiert haben, wieder Waffen in die Hand drücken[59] — oder wenn die westliche Propaganda die Lebensmöglichkeiten in der DDR so permanent per-

---

[47] W 309   [48] W 283   [49] W 151   [50] W 285

[51] W 285   [52] W 285   [53] W 286   [54] W 286

[55] W 289   [56] W 289   [57] W 293

[58] W 283 f; vgl. Europa und der deutsche Nihilismus, in: W 243 ff

[59] W 330

horresziert, daß ungeheure Fluchtbewegungen ausgelöst werden, die
nachher nicht mehr gestoppt werden können[60], oder aber die Dort-
bleibenden so in Angst und Ekel gejagt werden, daß dadurch »die
Bolschewisierung der Ostzone gefördert wird wie nichts anderes« —
vom Westen her[61].

Subjektive Formen des Nein-Sagens, die in der Ohne-mich-Haltung
vieler Jüngerer damals sich ausdrückte, hat Fischer dagegen verstanden
und mehr als einmal als sittlich gerechtfertigt verteidigt und vertieft[62].

Erwägt man die Bedeutung, die »Ideologie« für ihn hat, so übersieht
man natürlich nicht, wie ganz in gleichem Sinne schon 1950 auf der
Synode von Weißensee Hans Iwand gesprochen hatte, daß vor allem
auch für Karl Barth und viele seiner Freunde »Ideologie« in diesem
Sinne gebraucht und als altböser Feind in der vollen Autorität des
Glaubens an den Gott des ersten Gebots bekämpft wurde. »Ideologie«
ist damals eine Chiffre für den Zusammensturz und Umbruch einer
alten, auch christlich, auch noch in der Auseinandersetzung mit dem
Nationalsozialismus rezipierten und reklamierten Wertordnung. »Ideologie«, vor allem in Verbindung mit »Messianismus« gebraucht, ist vor
allem die Anschauung, die man aus der kommunistischen »Ideologie«
gewonnen hat, freilich ebenso am »Amerikanismus« und der Predigt
seines way of life; insofern ließe sich sagen, daß »Ideologie« in der
ganzen Pauschalität, Unbestimmtheit und Unaufgeklärtheit, auch
Affektbeladenheit, mit der dieser Begriff damals gebraucht wurde, ein
objektiver Reflex zu sein scheint auf eine allererste Begegnung mit dem
Kommunismus als Macht mitten in Europa, im Herzen Deutschlands.

Der Ideologiebegriff hat ja gerade im Marxismus einen spezifischen
Stellenwert, von dem freilich im allgemeinen kirchlichen Gebrauch
damals schlechterdings nichts bekannt war; insofern handelt es sich nur
um einen psychologisch-unbewußten, keineswegs einen begrifflich-be-
wußten »Reflex«! Aber daß »Ideologie« das glatte Gegenteil von Vernunft und Humanität, von Gesittung und staatlichen Ordnungswerten,
vor allem von christlichem Glauben ist und daß sie als dieses Gegenteil
gefährliche, zerstörende, zu negierende Negation ist, das ist in dem
Gebrauch, den auch Martin Fischer von diesem Begriff macht, voll mit
enthalten. Zu signalisieren ist, daß an der Ideologienfrage die Verstän-
digungsfrage zwischen den Generationen am tiefsten aufbrach.

[60] W 331   [61] W 358   [62] W 367 f; 332

IV.

Eine Gegenbewegung gegen die Ideologisierung der gespaltenen Welt ist deswegen möglich, weil wir de facto von den *Inkonsequenzen der Ideologien* leben, die gar nicht so total geschlossen herrschen können, wie sie wohl möchten[63].

Aber aus welchen Kräften kann man widerstehen? Mir scheint fraglich, ob man gerade auf dem nationalen Gebiet genügend ideologiegefeit sein kann, wenn man — wie auch Martin Fischer zunächst — mit dem traditionellen Rüstzeug lutherischer Theologie auskommen will, also: mit einer guten, Gesetz und Evangelium zugleich scheidenden und verbindenden Grundstruktur, einem sich darin immer neu aktualisierenden Gottesglauben, kurz: der Ausrüstung der Zwei-Reiche-Lehre. Das ermöglicht auch Fischer eine Allgemeinheit und Direktheit des Zusammenhangs und Zusammenklangs der Rede von Gott und vom Volk, von Sünde und Gnade und Deutschland, die nicht nur Jüngeren schwer zugänglich geworden ist, sondern ja auch theologisch wenig distanziert, wenig gebrochen ist durch ganz andere Kategorien wie die von Bund und Erwählung, die einen zunächst einmal sehr ins Indirekte Gott und dem eigenen Volk gegenüber versetzen. Daß das Volk Israel auch bei Martin Fischer keine große Rolle spielt, daß es vielmehr eher zu geschichtstheologischen Identifikationen der Deutschen mit dem Volk des Alten Testaments kommen kann[64], zeigt, daß es noch keine Israel-Theologie gibt, die in jeder nationalen Frage ja den eschatologischen Vorbehalt repräsentieren muß, den das jüdische Volk auf der weltgeschichtlichen Ebene der »Heilsgeschichte« und überhaupt dem theologischen Verstehen der Geschichte aller anderen, heidnischen Völker gegenüber bedeutet. Fehlt das aber, dann ist schnell eine Tendenz zu einer allgemeinen Volksreligion da, wie besonders lutherische Tradition zeigt (im Gegensatz zu Calvinscher, die etwas von Israel versteht) und wie bei Martin Fischer jedenfalls nicht konsequent ausgeschlossen (so wenig wie auch lange Zeit bei Helmut Gollwitzer und den meisten anderen Altersgenossen, freilich — von den Jüngeren ganz zu schweigen).

Es gibt nun aber übers traditionelle Rüstzeug hinaus bei Fischer einen höchst überraschenden weiteren Widerstandsfundus gegen die Ideologien: den der *bürgerlichen und demokratischen Aufklärung,* der sich ja nicht ohne weiteres im Zusammenhang der Zwei-Reiche-Tradition finden läßt. Die Freiheit »zu dem Mut, mit Augen zu sehen, mit Ohren zu hören, sachlich zu urteilen und sich ihres eigenen Verstandes zu bedienen«, das ist ein kantisch-aufklärerisches Ethos, dessen Spuren sich

---

[63] W 289
[64] Vgl. H. J. Benedict, Die Forderung der Wiedervereinigung in den öffentlichen Voten der EKD, in: Junge Kirche 30, 1969, 320 ff

bei Fischer immer wieder finden lassen[65]. »Freie Verkündigung und das vernünftige Menschenwerk« kann es losungsartig heißen[66], und die Zusammenstellung von Verkündigung und Vernunft zeigt, daß die Ambivalenz, »Dialektik der Aufklärung« hinlänglich bewußt ist. An sich gilt ja, was Vernunft anlangt, Ähnliches, was auch Horkheimer-Adorno gesehen haben: »Was Logik gebietet, ist selten menschlich. Was Liebe gebietet, ist selten logisch.«[67] Logik als solche kann »versklavende Logik«[68] sein, und die Logik gerade der Politiker ist es meistens; als »Logik der Teile der Welt«[69] ist sie geradeheraus »Logik der Unmenschlichkeit«[70], eben: Vernunft der Ideologien. Aber in Geselligkeit mit »freier Verkündigung« kann es zu »vernünftigem Menschenwerk kommen«. Inwiefern? Auch hier kann Fischer eine sehr überraschende, eigentlich ursprünglich-demokratische Antwort formulieren. Radikal und unmenschlich-logisch wird nach seiner Erfahrung nämlich der Einsame; Unvernunft, Ideologisierung hat sozialen Grund. »Natürlicherweise wird jeder Einsame radikal, bitter und unfruchtbar.« »Der, den wir in der Kirche allein lassen, wird mit einer gewissen Notwendigkeit grenzenlos in seinen Thesen.« Woraus die Gegenbewegung zur Ermöglichung freier Vernunft folgt: »Laßt uns deshalb gerade den Einsamsten die Gemeinschaft nicht entziehen. Im politischen Raum gebären radikale Lösungen nicht selten Krieg und Revolution, Elend und Ruin. Sie sind aus Gemeinschaftslosigkeit geboren und erzeugen sie.«[71] Die Communio sanctorum als solche könnte also schon antiideologische Kraft sein durch Gemeinschaftsbildung. Was nicht gleichbedeutend ist mit Selbsttäuschung über die Möglichkeiten spezifisch christlicher Ideologieverfallenheit. »Es könnte auch christlich bestimmte Ideologien geben, die an die Unentrinnbarkeit und Logik des Ideologienkampfes glauben und damit aus der schöpferischen Möglichkeit einer Friedensgestaltung ausscheiden«[72] — wer wollte bestreiten, daß genau dies bis zum heutigen Tag als Überzeugung der CDU herauskommt, wenn man sie wieder einmal nach ihrem »C« fragen würde; bei vielen Evangelikalen kaum anders. Ja, historisch gesehen kann Fischer sogar urteilen, daß die Bildung von Ideologien überhaupt als Abfallprodukt kirchlicher Zersetzung am besten zu erklären wäre[73]. Wie auch immer — wiederum demokratisch-aufklärerisch und über die kirchlichen Möglichkeiten prinzipiell hinausführend, ist es »das Gemeinsame im Sinne einer Vereinbarung«[74], das im ideologischen Regime unterdrückt wird und gerade darin beweist, daß es die Gegenkraft ist. In der Kirche wird »das Gemeinsame im Sinne einer Vereinbarung« verwirklicht in dem, was Fischer in Auslegung von Matth 18,19—20 unermüdlich die »Arbeit

[65] W 285   [66] W 286   [67] W 293   [68] W 376
[69] W 377   [70] W 378   [71] W 292   [72] W 292
[73] W 246; vgl. 150   [74] W 290

am Gebet« nennt[75]. Denn einerseits kann Gebet »nie Applaus sein zu
menschlichen Mächten. Das Gebet selbst entmythologisiert die über-
schätzten Mächte und macht sie stattdessen zum Gegenstand echter,
d. h. besorgter Fürbitte«[76]; denn es ist Arbeit an der rechten »Formulierung eines nichtbaalistischen Gebets«[77]. Andererseits, da wir nicht
wissen, was wir beten sollen, werden Menschen in Gebetsarbeit zu
Übereinkünften zusammengeführt, die sich wie im Gebet, so auch in
der politischen Arbeit bewähren und betätigen lassen kann.

Erst von hier aus ist vom gesellschaftlichen *Subjekt* zu reden, das
auf politischem Feld wirksam werden kann gegen die Götzenwelt der
Ideologien.

Martin Fischer hat den Kampf um das wirksame gesellschaftliche
Subjekt bewußt geführt. Er hat es nicht einfach als gegeben vorausgesetzt. Der Partner der kirchlichen Ansprache kann »nicht ohne weiteres die deutsche Bevölkerung sein . . ., da sie aus christlichen Gründen
sich nicht ohne Glauben entscheiden könnte«[78] — keine volkskirchlichen
Illusionen also. Und auch die institutionelle Kirche, wie sie ist, ist dies
Subjekt ja nicht, wie nicht zuletzt die Elbingeroder Synoden-Situation
beweist. Die erste Aufgabe, vor die Fischer sich dort gestellt sah, die er
durchschaut und ergriffen hat, war die Abfertigung jener individua-
listischen Engführung im E. Müllerschen Thema. Es geht um »die
öffentliche Verantwortung der Synode«[79], nicht um die »des (einzelnen)
Christen«, um Austreibung der »kleinbürgerlichen«[80] Angst vor verbindlicher, »katechismusfähiger« gemeinsamer Erkenntnis. »Wir werden uns mit der üblichen Auskunft, daß die Kirche Gewissen zu schär-
fen habe, um dann jeden nach seinem eigenen Gewissen handeln zu
lassen, nicht zufrieden geben können. Es sind die Menschen mit dem
geschärften Gewissen, die nach einer gemeinsamen Erkenntnis der
Kirche schreien.«[81] Und es geht dann konsequent weiter in der Austreibung der »Furcht vor der Masse«, die bisher, bezeichnendes Erbe
des 19. Jahrhunderts, das geistliche Amt gestärkt und vor Synoden
gewarnt hat. Furchtlosigkeit vor der Masse — an der Kirchlichen Hochschule in Berlin heiß diskutiert vor dem Wagnis des Kirchentages 1951!
— ist auch und gerade den Repräsentanten der »Volkskirche« nie mit
in die Wiege gelegt worden, und Martin Fischer — das gehört in den
Zusammenhang der demokratisch-aufklärerischen Linie, von der hier
die Rede ist — preist den *Liberalismus*, durch dessen Ansturm sich die
Kirche schließlich auf Synoden hat einlassen müssen. »Seit die Kirche
Mut hat zur Menge, ist sie gesegnet, wo sie nämlich die Menge unter

---

[75] W 340 ff; vgl. Von der Arbeit am Gebet, in: Ü 519 ff
[76] W 341   [77] W 341 f   [78] W 326
[79] W 265 ff   [80] W 389   [81] W 273

Gottes Wort stellt, nicht nur unter die öffentliche Pädagogik des Amtes und der Obrigkeit.«[82]

Das heißt aber: Fischer unterscheidet sich bei seiner näheren Bestimmung des gesellschaftlichen Subjekts, das gegen die Macht der Ideologien aufkommen und politisch aktionsfähig, verkündigend und sich zum Dienst ordnende Kirche sein kann[83], von denen, die hier vor allem Parochie und Ortsgemeinde im Auge haben und praktisch wohl überfordern. Fischers wirksames Subjekt hat — realistisch — etwas mit Massenhaftigkeit zu tun, und ihm stehen, nicht kontinuierlich, aber aktuell und schlagkräftig, die Kirchentage, die christliche Studentenbewegung, große missionarische Ereignisse vor Augen. Hier bildet sich und agiert das massenhafte kirchliche Subjekt, die Menge, die sich unter Gottes Wort stellt und vom Institutionendruck und Ideologienzwang lösen läßt. An dieser Stelle ist es wohl, wo »Volk« in Jesu Sinn und »Volk« im nationalen Sinn am nächsten zueinandertreten und die anfangs zitierte Sprechweise von »Volk und Kirche«, »Volk und Gemeinde« ihren *Erfahrungs*grund hat und von woher dann ein so prinzipieller Satz formuliert werden konnte wie der: »Das Erbe der Bekennenden Kirche konnte, soweit es in klarer theologischer Erkenntnis festgehalten wurde, die nationale Frage nicht einfach verleugnen . . .«[84]

Den Kreis der hier für Martin Fischer infrage kommenden Erkenntnis sind wir nun einmal abgeschritten. Sie ist für ihn immerhin so gewichtig gewesen, daß er von ihr aus nun noch einmal eine ganz spezifisch deutsche Sendung, eine neue »*schicksalhafte Aufgabe*« der Deutschen in der Nachkriegszeit ins Auge fassen konnte.

»Es wird die einzigartige europäische Gelegenheit, den Eisernen Vorhang an einer einzigen, der letzten Stelle — nämlich beim Schnitt durch Deutschland — wirklich offen zu lassen und die Öffnung zu nützen, nicht erkannt. Es gilt aber, diese blutende Wunde offen zu lassen, wenn es nicht zu Scheinheilungen im Europäischen Raum kommen soll. Das deutsche Volk dürfte heute die schicksalhafte Aufgabe haben, stellvertretend für Europa — im Vertrauen auf das Wort, und ich möchte hinzufügen auf das Wort Gottes — den eisernen Vorhang praktisch zu ignorieren.«[85] Oder an anderer Stelle: »Das einzige Volk, das im Augenblick etwas wirkliches bedeuten könnte gegen die naheliegenden Notlösungen der Weltmächte, könnten die Deutschen sein. Sie könnten durch ihr Aneinanderfesthalten die Konzeptionen von Ost und West schwierig und im letzten undurchführbar erweisen. Sie tun es aber nicht . . .«[86] Oder: »Die Weltmächte aber würden durch das Fehlen des angstfreien und (durch die Würde des Geschlagenen) ausgezeichneten Volkes in ihrer eigenen heimlichen Nazifizierung fortschreiten.«[87]

Dies alles möge doch ja nicht mißverstanden werden als eine Neuauflage des alten »am deutschen Wesen . . .«, denn die Argumentationsstruktur ist hier ganz parallel der berühmten, von Paulus hinsichtlich

[82] W 268   [83] W 266   [84] Ü 294
[85] W 285   [86] W 367   [87] W 368

der Möglichkeiten natürlicher Theologie in Röm 1 gewählten Beweisführung: es hätte wohl sein können, aber faktisch ist es nicht an dem. Vermutlich wird man niemals anders über den Gedanken einer göttlichen Sendung eines gojischen Volkes sprechen können. Überzeugung von der Sendung eines Volkes ist zu sehr natürliche Theologie, als daß sie sich vor dem Zuspruch und Anspruch des Wortes Gottes bewahrheiten ließe. Das schließt nicht aus, sondern macht erst recht dringend den Dienst, den ein Einzelner, wie Martin Fischer, in brennender Leidenschaft an seinem Volk verrichtet. Es wird immer ein *Kampf* ums Volk bleiben, und Siege sind hier nicht in Aussicht.

V.

Die Frage drängt sich uns auf: Wo stehen wir heute? War das alles vergeblicher Kampf? War es im Geistigen ein Haschen nach Wind? Nirgendwo scheint die Frage nach Deutschland so tot wie in Westdeutschland, wo sie durch jahrzehntelange Wiedervereinigungspropaganda zur eklen Phrase geworden ist. Ob sie in der DDR noch schwelt, ist schwer auszumachen; konsequente Aktionen des Staates mit dem Ziel, die Erinnerung an das Ganze zu tilgen, lassen vielleicht noch auf eine unterschwellige Aktualität schließen; aber sie wäre im Großen ohne Bedeutung. Die Kirchen grüßen sich noch hin und her, und in der abstrusen Berliner Dombau-Aktion, die zwischen Ostberlin und Bonn verabredet wurde, kann man zur Zeit ein Satyrspiel erleben, das zum Nachhall auf Deutschland gehört.

So tritt die Bemühung, von der wir hier erzählt haben, auch theologisch gesehen vorerst aus ihrer einstigen Aktualität heraus — was nicht heißt, daß nicht Jüngere aus ihr als aus einem Modell politischen Gottesdienstes genug lernen könnten.

»Volk« war in jenen Jahren die Sozialkategorie, der sich eine wache Theologie und eine verantwortliche Kirche nicht entziehen konnten. Wir würden sie heute anders fassen. Aber wer sich damals um die nationale Frage bemühte, war hinausgeführt aus den Fesseln einer engen liberal-individualistisch orientierten Ethik und einer existentalistisch strukturierten Systematik der Theologie, die gleichzeitig mit jenen Kämpfen ums Volk die akademische Theologie beherrschten. Man muß sich das scharf kritische Moment aller der herangezogenen Arbeiten Martin Fischers gegenüber der damaligen Universitätswissenschaft — und nun wohl auch: Theologie — vor Augen halten. »Es wäre keine Ehre, wenn sich die deutschen Universitäten dem notvollen Mitdenken der Lage entzögen. Wir würden unsere wissenschaftliche Arbeit zum Handwerk degradieren, wenn wir uns nicht der Notfragen all

unserer Zeitgenossen annähmen ...«[88] — genau so haben Leute wie
Rudi Dutschke zu Beginn der Studentenbewegung reden können und
geredet. Und Martin Fischer hat es, einen Moment zögernd, aber dann
doch entschlossen gewagt, seine Arbeiten zu »Frontfragen«[89], die in
den beiden Bänden der »Wegemarken« und der »Überlegungen« ge-
sammelt worden sind, hochwürdigen Theologischen Fakultäten als
Dank zu widmen, als Dank und doch wohl auch als — Herausforde-
rung. Dabei haben diese Bände m. E. die Größe und die Bedeutung
der »Schweizer Stimme« Karl Barths. Das durchaus Progressive, Vorwärtsweisende, Emanzipatorische liegt auch für Fischer selbst in dem,
was er von Hans Iwand gerühmt hat. Auch er »dachte mit« mit den
Mächtigen; und auch er »tat es nicht als Lakai der Mächtigen, sondern
als Zeuge des Evangeliums in der Furcht Gottes. Hier war die Predigt
des Evangeliums nicht nur Auslegung der Gebote für das Individuum,
sondern Kampf um den Glaubensgehorsam des Volkes. Politische Sicht
und Erkenntnis traten hier nicht zum Glauben des Individuums als ein
Zweites hinzu, sondern waren mit Wort und Wandel verbunden. Hier
gab es keine christliche Bewährung ohne Ja zur politischen Verantwortung.«[90] Theologische Existenz *ist* als solche politische Existenz!

Etwas anderes kommt hinzu. »Volk« ist auch in jenen Jahren nach
dem Kriege noch eine realisierbare Erfahrungsebene in Deutschland
gewesen. Die Fluchtbewegung, später die »Mauer« hatten die Familien,
Freundschaften, Arbeitsgemeinschaften durchaus noch nicht so reinlich
voneinander geschieden, wie es heute der Fall ist. Wir orientierten uns,
z. B. in den Evangelischen Studentengemeinden, nicht nur in gemeinsamer Tradition, sondern auch in gemeinsamer Erfahrung und in gemeinsamen Plänen. Die Verhaftung des Leipziger Studentenpfarrers
Schmutzler wurde zu einem Krisenfall des theologisch-politischen Bewußtseins innerhalb der westdeutschen Studentengemeinden. Die Anfragen der in Wittenberg versammelten DDR-Gemeinden über die
Stellung westdeutscher christlicher Studenten zur atomaren Bewaffnung
beschäftigte die westlichen Gemeinden nachhaltig. Theologische und
politische Kategorienbildung wurde gemeinsam versucht und gelang
— nicht zuletzt auch in der Frage der Verhältnisbestimmung zwischen
einem national gefaßten und einem mehr ökumenisch gefaßten Selbstverständnis der Studentengemeinden in Ost und West; Martin Fischer
war als Vorsitzender des Vertrauensrates der Studentengemeinden
daran immer wieder beteiligt[91]. Irgendeine Kühle gegen diese gemeinsamen Möglichkeiten hätte uns auch gesellschaftlich und politisch des-
orientiert. Die »gesamtberliner Arbeit« der Studentengemeinden in

[88] W 510   [89] Ü 7   [90] G 110
[91] Vgl. Die Einheit der Evangelischen Studentengemeinde in Deutschland, in:
Ü 402 ff

beiden Landesteilen, die großartige Arbeit der DDR-»Reisesekretäre« Ilsegret Vaje und Gerhard Bassarak hat auf die westberliner Studentengemeinden so gewirkt, daß sie in ihrer Existenz zur unmittelbaren Vorgeschichte der Studentenbewegung mit gehörten.

Wenn man so will, kann man in jener ganzen theologischen und politischen Bemühung ums Volk, wie sie in Martin Fischer begegnet, eine *Emanzipationsform des Konservativen* sehen. Das »Völkische« hat in dieser Generation noch einen selbstverständlichen Stellenwert, den wir heute nicht mehr so kennen, gehört zum Mittel der Selbstverständigung einer historischen Epoche. Aber dieses wie alles Selbstverständliche hat Emanzipation nötig, und der theologische Ansatz Fischers hat m. E. stärkere emanzipatorische Kraft gehabt als lange Zeit Martin Niemöllers Predigt in der Nachkriegszeit.

Freilich: die Emanzipationsmomente fanden vor allem *moralischen* Ausdruck — in politischer Moralität auf höchstem Niveau, versteht sich, mit Übergang ins Objektive, weit über aller moralischen Konvention Stehende, ins Theologische. Darin bleibt es in gewissem Sinn konservativ, sofern zum Konservativen die Einheit von Moralischem und Theologischem gehört.

Es fehlt auf der ganzen Linie das *Analytische*. Der Begriff der »Ideologie« ist in seiner Pauschalität auch ein Affront gegen jeden Versuch politischer, sozialer, psychologischer, historischer Analyse. Lapidar heißt es: »Jede Diagnose wird umstritten sein können. Es geht auch nicht zuerst um zutreffende Diagnose, sondern um die uns aufgegebenen Fragen des Gewissens.«[92] In »langatmigen Analysen von Vergangenheit und Gegenwart« begraben Tote ihre Toten[93]. Analyse der menschlichen Situation läßt zu oft zu leicht »kapitulieren«[94]. So hat uns Baseler Studenten Karl Barth auch immer zugeredet. Von heute her gesehen ist das alles vorkritisch; aus der Heimkehr der im 3. Reich vertriebenen Wissenschaftler und ihrer Wissenschaften an die deutschen Universitäten und Institute — Horkheimer, Adorno, Flechtheim z. B. — der Soziologie, der Futurologie, der Psychoanalyse — war hier noch nichts gelernt, sie ist nicht einmal wahrgenommen worden im Gedränge der Kämpfe. Auch wehrte man sich dagegen, man war kirchlich und theologisch einfach nicht genug beteiligt an dieser »Welt« und stand dann ziemlich hilflos da, als das alles, anderswo nicht fruchtbar gemacht, in Gestalt einer neomarxistischen Bewegung sich konsolidierte und plötzlich ins eigene kirchliche Haus stand. Heute ist das Ideologieverständnis, das damals für Kirche und Theologie leitend war, irreversibel aufgelöst in wirklichkeitsentsprechendere Details, und ein Gegensatz zwischen Diagnose und Gewissen ergäbe für den Verste-

[92] Ü 12   [93] G 108   [94] G 147

henshorizont der Jüngeren wirklich keinen Sinn mehr. Daß Analyse nicht zwangsläufig »kapitulieren« läßt, eher im Gegenteil, haben die Explosionen der Studentenbewegung gezeigt. Die Abneigung gegen Analyse deswegen nur um so mehr zu verhärten, brächte keine Lösung. Vielmehr spüren wir — und Jüngere sollten, wenn es geht, im Blick auf sich selbst das rechtzeitig erwägen —, daß die Wirklichkeit uns immerzu umzulernen gebietet; bewährte Erfahrungsmodelle und Orientierungsrahmen verlieren immer schneller an heuristischem Wert. Vom Gotteswort her, das selber alle Morgen neu ist wie des Herren Gnad und große Treu, dem zu widerstehen, ist innerlich unmöglich. Wo es versucht wird, überlagert konservatives Bedürfnis den Verheißungscharakter des Wortes. Und was die gefährliche Totalität, das explizit Unmenschliche betrifft, das in der Tat alle geschlossenen Denk-, Daseins- und Ordnungssysteme kennzeichnet, sollten die am allerwenigsten Respekt davor haben, die erfahren haben, daß wir allemal von den Inkonsequenzen der Systeme leben, allemal und allerorten. Etwas von der Sorglosigkeit Ideologien gegenüber hat Martin Fischer auch immer wieder erkennen lassen. »Die Kirche braucht dabei die für das öffentliche Leben gewichtige Bedeutung der Ideologien nicht zu verkennen. Sie können heuristisch wichtig sein zur Erprobung neuer Versuche, menschliches Leben zu ordnen und zu gestalten.«[95] Eben! Und selbst eine totale ideologische Präformation der Wirklichkeit könnte da gar nicht ins Gewicht fallen, wo mit dem Luther der Heidelberger Disputation geglaubt wird, daß die Liebe Gottes ihren Gegenstand eh' nicht vorfindet, sondern ihn sich schafft. Freilich: die Liebe des Menschen entsteht an ihrem Gegenstand, fährt Luther fort. Und insofern ist ein Kampf um den »Gegenstand« unserer Liebe, gerade auch wenn es das eigene Volk ist, in vollem Recht, tief notwendig, als Kampf um seine Freiheit. Ideologiekritik ist für eine evangelische Freiheitsbewegung eines der unentbehrlichsten Mittel. Es wäre darum absurd, wenn gerade diejenige geistige und politische Bewegung, die im Zeichen der Ideologienkritik entstanden ist, die marxistische, unter einer Ideologiepauschale verworfen würde. Aber in ihrem Licht ist nun die nationale Frage, auch die Frage der Deutschen, in einen anderen Stellenwert eingerückt, und wir werden in einen anderen Ausgangspunkt in unserem inneren Verhältnis zu Deutschland gestellt.

Es gibt Zeichen dafür, daß immer mehr Menschen hier nicht einfach resignieren, sondern neue Ausgangspunkte suchen. Unsere Schriftsteller sind nach dem Krieg in die kleinsten Einheiten der geschichtlichen und sprachlichen Identität eingekehrt: Böll in Köln, Graß in Danzig, Uwe Johnson in »Jerichow« in Mecklenburg, andere in Niederbayern —

[95] W 289

Martin Fischer in Berlin. Am Kleinformat suchen wir die Spuren dessen, was uns heute am Deutschen wert sein könnte, und stoßen überall aufs Gesellschaftliche, das unsere Ekelhaftigkeit und unseren Charme bedingt. Ein »Nationalcharakter« wird sich daraus nicht mehr zusammenleimen lassen und eine nationale Aufgabe auch nicht mehr. Aber eine Selbsterkenntnis vielleicht, jene, mit der die Kirche des Stuttgarter Schuldbekenntnisses vor dreißig Jahren zu früh dran war, oder eine ähnliche.

Und andererseits gilt, was Martin Fischer, bis dahin getrieben von der Vision der kommenden Mauer[96], noch 1961 nüchtern genug resümiert hat: Es »könnte sein, daß über ideologisierter Welt Gott durch nüchterne wirtschaftliche Notwendigkeit wieder zusammenbindet, was sich durch die ›Unterscheidung der Geister‹ die Einflußsphären verteilt und gesichert hat«[97] — Gott: oder der amerikanische und russische Kapitalismus samt ihren Satelliten. Jedenfalls:

»Kein politisches Problem läßt sich heute nur im nationalen Rahmen lösen. Deutschland bekommt dies unübersehbar zu spüren darin, daß es in seinen beiden Teilen in Blöcke weltpolitischer Gestaltung integriert ist. Angesichts dieser Zerteilung der Welt von deutschen Regierungen heute die Wiedervereinigung zu verlangen, ist blanke Demagogie. Beschränkung auf nationale Fragestellung nährt gefährliche Illusionen, die obendrein zu konstruktiver Politik unfähig machen. Eine distanzlose Bindung von Kirchen an ihre jeweiligen Völker hat die ökumenische Weite des Evangeliums immer wieder vergessen lassen. So ist Gott immer wieder zur Nationalgottheit, also zum Baal, umgefälscht worden . . .« »Das Gebet für das eigene Volk kann legitim sein. Wer die Verantwortung für seinen eigenen nationalen Bereich nicht wahrnimmt, verdient selten Vertrauen in größeren Zusammenhängen. Gebet für das eigene Volk bleibt aber nur so lange legitim, wie es sich an den Gott richtet, für den die Völker nach Jesaja wie Tropfen im Eimer gelten.«[98]

Wenn mir zum Schluß die Äußerung einer Glaubensüberzeugung erlaubt ist: Es könnte ja sein, daß am Verhältnis der Deutschen zum Volk der Juden und derzeit besonders zum Staate Israel sich etwas eher klärte, was wir vor Gott noch wert sind, wir Deutschen und die Völker alle.

[96] W 333   [97] W 387
[98] Aus einem unveröffentlichten Aufsatz »Ostverträge« aus dem Jahre 1972

EBERHARD BETHGE

DIETRICH BONHOEFFER
UND DIE THEOLOGISCHE BEGRÜNDUNG
SEINES POLITISCHEN WIDERSTANDES

Der Ursprung der Tat liegt nicht in einer Theologie. Theologie kann beides: den Weg zur Tat verbauen oder ebnen.

Der politische Akt des Christen entspringt einer Verantwortungs-Situation des Glaubens. So etwas wie die Situations-Sensibilität des Glaubens befreit den Christen zur Tat des Widerstandes.

Dann ist diese Tat noch etwas anderes als die Ausführung eines zuvor entworfenen theologisch-ethischen Konzeptes. Solche Ausführung wäre in sich immer noch der Akt unfreier Ängstlichkeit; er vermittelte nicht, was er ersehnt: den Beginn einer Freiheitserfahrung zu öffnen. Solche Ausführung suchte noch das Geländer einer vorlaufenden oder einer nachträglichen Rechtfertigung, die doch allein Gott überlassen bleiben muß. Der Glaube jedoch ergreift unter dem Eindruck einer zu verantwortenden Situation mit der Tat den Zipfel einer Freiheit für sich und andere — und schafft sich nicht selbst die Rechtfertigung auch keine theologische. Und dies umso weniger, je bereiter er ist, Situation und Tat zu verantworten.

Bonhoeffer schrieb unmittelbar nach dem Putschversuch vom 20. Juli 1944 in der Tegeler Zelle:

»Nicht das Beliebige, sondern das Rechte tun und wagen,
nicht im Möglichen schweben, das Wirkliche tapfer ergreifen,
nicht in der Flucht der Gedanken, allein in der Tat ist die Freiheit.
Tritt aus ängstlichem Zögern heraus in den Sturm des Geschehens,
nur von Gottes Gebot und deinem Glauben getragen,
und die Freiheit wird deinen Geist jauchzend empfangen.«[1]

Diese Erinnerung sei vorausgeschickt, damit die Themenstellung niemand zu dem unmöglichen Versuch verführt, als hätten wir nachträglich Bonhoeffers konspirativen Widerstand vor unserem Forum zu rechtfertigen oder zu verwerfen. Wer sind wir — Theologen, Gemeinden, Kirchenleitungen, Ethiker, Zeitgenossen? Was ermächtigt uns, eine lebendige Tat vor unseren Stuhl zu fordern? Wenn schon ein Urteil, dann geht es wohl eher von der Entscheidung Bonhoeffers in seiner Situation aus.

---

[1] D. Bonhoeffer, Widerstand und Ergebung, Neuausgabe (WE NA), 1970, 403

Dies vorausgesetzt gibt uns dann allerdings auch die Freiheit, nach-
zuschauen, welche Rolle nun auch die Theologie in Bonhoeffers politischen Entscheidungen gespielt hat; wie also der Entwicklungsprozeß
seiner Theologie Wege zur Tat verbaut oder geöffnet hat.

Zunächst erinnern wir uns dafür einiger biografischer Grundfakten.
Zum Zweiten suchen wir nach dem eventuellen literarischen Nieder-
schlag der politischen Entscheidung in Bonhoeffers theologischem Werk.
Zum Dritten fragen wir nach Stadien und Art solchen Niederschlags.
Zum Schluß skizzieren wir Bonhoeffers theologische Ethik der Verant-
wortung, die seine Tat begleitete.

I.

Zunächst einige wesentliche Fakten von Bonhoeffers Widerstand.

Obwohl Bonhoeffer von Anfang an ein politisch unversuchter Gesin-
nungsgegner des nationalsozialistischen Regimes gewesen ist, lag seine
Aktivität noch lange Jahre ausschließlich bei der Mitarbeit in der rein
kirchlichen Opposition, nämlich beim Kampf, die »Gleichschaltung«
des kirchlichen Bereiches zu verhindern. Die zentrale Bindung in diesen
Bereich blieb für Bonhoeffer übrigens bis zum Ende konstitutiv und
man verfälscht die Wirkung, wenn man seine Übung kirchlicher Frömmigkeit in der Schlußphase vergessen macht und ihn so um die Doppelpoligkeit seines Lebens und Denkens bringt, bzw. seine Balance zwischen Vertikaler und Horizontaler zerstört.

In der nationalsozialistischen Frühzeit legte der kirchliche Widerstand, der die Gleichschaltung verweigerte, Wert darauf, nicht mit der
Organisierung eines politischen Widerstandes verwechselt zu werden.
Die oppositionelle Bekennende Kirche distanzierte sich immer wieder
einmal von Bündniskonstellationen, die sich mit politischen Interessen-
ten — vor allem im Ausland, unvermeidlich anbahnten. Und auch Bonhoeffer beteiligte sich an dem Kampf um das rein kirchliche Verständnis
des Widerstandes. Angesichts der nationalsozialistischen Totalitätsfor-
derungen konnte die kirchliche Opposition natürlich nicht verhindern,
daß ihre rein kirchlich gemeinte Verweigerung der Gleichschaltung
sofort zum hochgradigen Politikum wurde. Tatsächlich machte dieser
nicht gänzlich gleichzuschaltende Bereich dem Dritten Reich zu schaffen,
auch noch als die Gruppe seiner Träger auf eine minimale Größe
schrumpfte.

Für etwa sieben bis acht Jahre bestand hier also für Bonhoeffer sein
leidenschaftliches Widerstehen in einer Haltung und Tat, für die das
Wort »politisch« nur in Anführungsstrichen verwendbar ist.

Seit 1938 wurde er freilich durch verwandtschaftlich und freund-
schaftlich gegebene Beziehungen zunächst zu einem Mitwisser um einen

nun direkt politisch planenden Widerstand, — aber auch jetzt noch nicht zum aktiven Mittäter. Damit wurde aus dem Mittäter beim Aufbau und Bewahren eines nicht gleichgeschalteten Politikums »Bekennende Kirche« erst einmal ein Mitwisser um das Organisieren der Mittel und Wege zu einer anderen politischen Zukunft des deutschen Gesellschaftsgebildes.

Die Volksgerichtshöfe des Dritten Reiches unterschieden später nicht mehr zwischen Mitwissen und Mittun — beides war todeswürdig. Aber Bonhoeffer versuchte noch im Jahr 1939 dem vollen Einstieg des Pfarrers in das Mittun zu entgehen. Nach dem Abbruch einer Amerikareise vollzog er schließlich 1940 den endgültigen Schritt in die Konspiration, den im damaligen Kontext gebotenen politischen Widerstand. Dessen einzelne Stadien sind hier nicht darzustellen.

II.

Gibt es nun — das muß uns hier zum zweiten vordringlich interessieren — einen theologisch-literarischen Niederschlag dieser letzten Phase?

Explizit und direkt ist er tatsächlich spärlich. Der Grund ist sehr einfach. Konspiration im Dritten Reich erlaubte kein verräterisches Papier, das gefunden werden konnte. In dieser Situation offenbarten Exposees Leichtsinn, aber nicht ernsthaften Widerstand.

Dennoch, der Kundige entdeckt im Nachhinein Anzeichen dafür, wie das Reifen des politischen Entschlusses und der andersgeartete Umgang Themen und Gedankengänge veränderte und die Sprache neu füllte —, bis es sogar eine, zwar fragmentarische, wenn nicht gar essayhaft gebliebene, aber sehr bestimmt profilierte Ethik hinterließ. Für solche Veränderungen ein paar Beispiele.

a) Offensichtlich entspricht der Zeit, als Bonhoeffer in der Mitte der dreißiger Jahre das Christuszeugnis noch in der »Nachfolge« faßte, ein Interesse am gewaltlosen Widerstand Gandhis; ebenso ein ständiges Drängen auf pazifistische Parteinahmen während ökumenischer Konferenzen jener Tage — beides schon verfochten in heftigem Protest gegen die gesamte deutsch-lutherische Tradition. Ebenso offensichtlich entsprechen aber umgekehrt der späteren Zeit, als Bonhoeffer das politische Wagnis der Konspiration eingegangen war, bereits Überschriften in der Ethik oder in dem Essay »Nach zehn Jahren« von 1942/43[2]: wie etwa das Kapitel »Die Struktur verantwortlichen Lebens«, oder die Absätze »Civilcourage«, »Vom Erfolg«. Das ist ein verändertes Denkmaterial; das zeigt andere Adressaten. Der Schwerpunkt von Bonhoeffers Umgang hat sich aus dem Kreis von Pfarramtskandidaten

---

[2] Ebd.

und von Bruderratsmitgliedern in den von agierenden Freunden und Familienmitgliedern seiner bürgerlichen Herkunft verschoben; das zeigt eine andere Sprache.

Wenn früher die scharfe Beobachtungsgabe im Dienste der Predigt gestanden hatte, so tritt sie jetzt manchmal geradezu als Erkenntnis- und Handlungsermutigung im politischen Kampf auf. So findet sich z. B. mitten in einem hochtheologischen Ethikkapitel über die Inkarnation von 1940 ein ausgewachsenes Hitlerporträt ohne Namensnennung, in dem es u. a. heißt:

»Der tyrannische Menschenverächter ... macht sich ... das Gemeine des menschlichen Herzens leicht zunutze. Indem er es nährt und ihm andere Namen gibt: Angst nennt er Verantwortung ... Unselbständigkeit wird zur Solidarität, Brutalität zum Herrentum. So wird im buhlerischen Umgang mit den Schwächen der Menschen das Gemeine immer neu erzeugt und vermehrt ...
Er hält die Menschen für dumm, und sie werden dumm; er hält sie für schwach und sie werden schwach; er hält sie für verbrecherisch und sie werden verbrecherisch ...
Je mehr er in tiefer Menschenverachtung die Gunst der von ihm Verachteten sucht, desto gewisser erweckt er die Vergötterung seiner Person durch die Menge.«[3]

Einen unverstellten Blick in gewisse Problemfelder, mit denen es die Konspiratoren höchst existentiell zu tun hatten — hier mit der eventuellen Resonanz für die Umsturzbemühungen — erlaubt der Abschnitt »Von der Dummheit«, der zu einer soziologischen Analyse des Theologen gerät:

»Dummheit ist ein gefährlicherer Feind des Guten als Bosheit ... Gegen die Dummheit sind wir wehrlos. Weder mit Protesten noch durch Gewalt läßt sich hier etwas ausrichten; Gründe verfangen nicht; Tatsachen, die dem eigenen Vorurteil widersprechen, brauchen einfach nicht geglaubt zu werden ... Dabei ist der Dumme restlos mit sich selbst zufrieden; ja, er wird sogar gefährlich, indem er leicht zum Angriff übergeht. Daher ist dem Dummen gegenüber mehr Vorsicht geboten als gegenüber dem Bösen. Niemals werden wir mehr versuchen, den Dummen durch Gründe zu überzeugen; es ist sinnlos und gefährlich.
Bei genauerem Zusehen zeigt sich, daß jede starke äußere Machtentfaltung, sei sie politischer oder religiöser Art, einen großen Teil der Menschen mit Dummheit schlägt ... Die Macht der einen braucht die Dummheit der anderen. So zum willenlosen Instrument geworden, wird der Dumme auch zu allem Bösen fähig sein und zugleich unfähig, dies als Böses zu erkennen ...
Es ist gerade hier auch ganz deutlich, daß nicht ein Akt der Belehrung, sondern allein ein Akt der Befreiung die Dummheit überwinden könnte. Dabei wird man sich damit abfinden müssen, daß eine echte innere Befreiung in den allermeisten Fällen erst möglich wird, nachdem die äußere Befreiung vorangegangen ist.«[4]

Bonhoeffer hat hier wohl gespürt, welche elitäre Gefahr mit dieser Sicht beschworen sein konnte; so fügte er hinzu:

»Übrigens haben diese Gedanken über die Dummheit doch dies Tröstliche für sich, daß sie ganz und gar nicht zulassen, die Mehrzahl der Menschen unter allen Umständen für dumm zu halten. Es wird wirklich darauf ankommen, ob Machthaber

---

[3] Ders., Ethik, 1963[6], 77 f   [4] Ders., WE NA, 16 ff

sich mehr von der Dummheit oder von der inneren Selbständigkeit und Klugheit der Menschen versprechen.«

b) Auffallend und wichtig scheint mir nun, daß Bonhoeffer genau zu dem Zeitpunkt, als er sich in die politische Untergrundorganisation einbauen ließ, nämlich im Herbst 1940, etwas schrieb, was er selbst noch nicht und kein anderer Kirchenmann bis dahin so formuliert hatte: nämlich ein Schuldbekenntnis der Kirche im Dritten Reich. Man möge es mit jenem genau fünf Jahre später verfaßten berühmten Stuttgarter Schuldbekenntnis vergleichen im Maße der Konkretheit und in der Art der je nächsten Schritte (Bonhoeffer konspirierte, die EKiD restaurierte!). Bei Bonhoeffer lautete es, wieder in einem Ethikkapitel, so:

»Die Kirche ... war stumm, wo sie hätte schreien müssen, weil das Blut der Unschuldigen zum Himmel schrie ... Sie hat mit angesehen, daß unter dem Deckmantel des Namens Christi Gewalttat und Unrecht geschah ... Die Kirche bekennt, die willkürliche Anwendung brutaler Gewalt, das leibliche und seelische Leiden unzähliger Unschuldiger, Unterdrückung, Haß und Mord gesehen zu haben, ohne Wege gefunden zu haben, ihnen zu Hilfe zu eilen. Sie ist schuldig geworden am Leben der schwächsten und wehrlosesten Brüder Jesu Christi (gemeint die Juden. D. Verf.) ... Die Kirche bekennt, Beraubung und Ausbeutung der Armen, Bereicherung und Korruption der Starken stumm mit angesehen zu haben. Die Kirche bekennt, schuldig geworden zu sein an den Unzähligen, deren Leben durch Verleumdung, Denunziation, Ehrabschneidung vernichtet worden ist. Sie hat den Verleumder nicht seines Unrechtes überführt und hat so den Verleumdeten seinem Geschick überlassen.«[5]

Der Eintritt in das kostspielige politische Mittun fällt also zusammen mit der Freiheit, die Schuld differenziert und kritisch zu benennen. Im Vollzug politischer Schuldübernahme kann Bonhoeffer dann auch das Phänomen des faktischen Komplicentums der Kirche beschreiben, das mit dem Ausbleiben politischer Verantwortungsübernahme seit langer Zeit immer unerträglicher geworden war — grade bei aller anzuerkennenden tapferen Aufrechterhaltung einer bekenntnismäßig sauberen Predigt landauf, landab.

c) Von nun ab war es für Bonhoeffer nicht mehr möglich, einfach im Stil der »Nachfolge« weiter zu schreiben. Eine Ethik gewaltloser Nachfolge hatte in seiner Lage etwas Steriles angenommen. Sowohl die Hoffnung auf korporative Worte und Taten seiner Kirche wie auch die auf solche der Ökumene waren enttäuscht. Das Unheil forderte nun seinen spezifischen Preis. Nun mußte er als Einzelner mit Einzelnen seiner Herkunft und Klasse in das Tun eintreten, das unkirchliche Brüder und Freunde inzwischen auf sich nahmen. Und so entstehen ethische Kapitel, in denen die tätige Verantwortungsübernahme durch den Christen thematisiert ist. Für den Wissenden haben Abschnitte wie der folgende atemberaubende Züge des 1942 Erlebten; geschrieben eben nach jenem Schuldbekenntnis der Kirche:

---

[5] Ders., Ethik, 120 ff

»Die außerordentliche Notwendigkeit appeliert an die Freiheit der Verantwortlichen. Es gibt kein Gesetz, hinter dem der Verantwortliche hier Deckung suchen
könnte. Es gibt daher auch kein Gesetz, das den Verantwortlichen angesichts solcher
Notwendigkeit zu dieser oder jener Entscheidung zu zwingen vermöchte. Es gibt vielmehr angesichts dieser Situation nur den völligen Verzicht auf jedes Gesetz, verbunden auch mit dem offenen Eingeständnis, daß hier das Gesetz verletzt, durchbrochen
wird, daß hier Not das Gebot bricht; verbunden also mit der gerade in dieser Durchbrechung anerkannten Gültigkeit des Gesetzes; und es gibt dann schließlich in diesem
Verzicht auf jedes Gesetz, und so ganz allein, das Ausliefern der eigenen getroffenen
Entscheidung und Tat an die göttliche Lenkung der Geschichte ... Wer sich in der
Verantwortung der Schuld entziehen will, löst sich aus der letzten Wirklichkeit des
menschlichen Daseins, löst sich aber auch aus dem erlösenden Geheimnis des sündlosen
Schuldtragens Jesu Christi und hat keinen Anteil an der göttlichen Rechtfertigung,
die über diesem Ereignis liegt.«[6]

Eine neue amerikanische Arbeit[7] versucht nachzuweisen, wie dies die
auf den damaligen Tag zugeschnittene theologische Ethik einer konservativen Elite gewesen sei. Solche Zeit- und Orts- und Klassengebun-
denheit wird wahrscheinlich mit dem wachsenden Abstand immer spür-
barer herauskommen. Aber es gab für diesen bürgerlichen Christen an
seinem Ort keine andere Denk-, Handlungs- und auch Fortschritts-
möglichkeit, die für ihn nicht sofort Fluchtcharakter bekommen hätte.
Wo sollte er denn sonst denken und zum Handeln befreien als genau
am Ort und in der Gruppe der Schuld? Diese Orts- und Zeitgebunden-
heit jener ethischen Ansätze ist gerade ihre Stärke, die Bewegung in
eine sterile Tradition gebracht hat.
So gibt es tatsächlich doch eine beträchtliche Breite und Tiefe des
theologisch-literarischen Niederschlags von Bonhoeffers politischem
Widerstand.
Er bezeugt eine deutliche Veränderung seines Verhältnisses zur Wirklichkeit, in der er sich immer neu analysierend vorfand. Und diese
veränderte wiederum seine theologische Christuswahrnehmung, wie
wir sie dann in den berühmten Tegeler Briefen von 1943/44 finden,
der hier aber jetzt nicht näher nachzugehen ist.

III.

Zum Verständnis der theologischen Ethik dieses christlichen Verschwö-
rers aus den vierziger Jahren bedarf es nun einer Skizze wesentlicher
Stadien in Bonhoeffers Theologie, in denen er sich auch schon früher
in Opposition zu ehrwürdigen Traditionen seiner protestantischen
Herkunft gesetzt hatte.

[6] AaO. 254
[7] Th. I. Day, Conviviality and Common Sense. The Meaning of Christian Com-
munity for Dietrich Bonhoeffer, Diss. Union Theol. Sem. New York 1975

Hier müßte die Rolle der Zwei-Reiche-Lehre, welche in Deutschland
so geschichtsmächtig geworden ist, in Bonhoeffers Entwicklung gründ-
lich untersucht werden. Derjenigen Lehre, nach der Gott die Welt einerseits mit dem Evangelium der Kirche vom Reich Christi allein
durchs Wort, andererseits durch weltliches Regiment mit dem Schwert
regiert. Derjenigen Lehre, die meist aus der Unterscheidung der beiden
Reiche eine völlige Scheidung hat werden lassen. Mit ihr befand sich
Bonhoeffer in ständiger Auseinandersetzung, ja, sie bestimmte noch
nachträglich negativ sein image.
    Die Tradition dieser Lehre hatte erlaubt, daß Bonhoeffers Name
natürlich nicht auf die damals in der Bekennenden Kirche geführten
Fürbittelisten kam, nachdem er aus dubios politischen Gründen verhaftet worden war. Sie hatte ermöglicht, daß die Bekennende Kirche
ihre berühmte Barmer Erklärung gegen die deutschchristliche Häresie
in Asmussens Begleitvortrag ausdrücklich *nicht* als Protest »gegen die
jüngste deutsche Geschichte des Volkes, ... gegen den neuen Staat ...
gegen die Obrigkeit« gerichtet beschloß; daß bei Kriegsausbruch Bru-
derräte ein vervielfältigtes Blatt an ins Feld rückende Bekenntnis-
pastoren schickten, verfaßt von Peter Brunner, in welchem diese ermuntert wurden, gute Soldaten zu sein, denn Kriege seien Sache der
Regierungen und diese trügen die Verantwortung, nicht sie[8]; daß der
bayrische Landesbischof sich nach dem Kriege weigerte, zur Einweihung
einer Gedenktafel für Bonhoeffer nach Flossenbürg zu kommen, weil
es sich hier ja um einen politischen, nicht um einen christlichen Märtyrer
handele; und daß auch alte Kirchenkampfgenossen Bonhoeffers, wie
etwa Niemöller oder Beckmann, heute aussprechen, sie hielten Bonhoeffers Schritt für nicht nachvollziehbar.
    Nun darf kein Zweifel darüber aufkommen, als ob nicht auch Bon-
hoeffer ganz und gar in der Tradition dieser Lehre gelebt und gedacht
hätte. Er hat sich kaum aus dem Zwei-Säulen-Denken befreien können,
nach dem Kirche und Staat legitim alles Leben ordnen und verwalten;
und der Gedanke an eine Pluralität von Gesellschaftskräften war ihm
kaum geläufig. Dennoch ist sein ganzes Leben und Denken ein einziger
Protest gegen den Mißbrauch der Zwei-Reiche-Lehre, gegen ihre Aus-
steigerhilfe, ihre Ausweich-Einladung, gegen ihren Eskapismuseffekt.
Und das Experiment mit den vier oder fünf Mandaten in der Ethik
war für diese Theologen lutherischer Herkunft ein weltbewegender
Schritt aus den Fesseln des Zwei-Säulen-Denkens hinaus.
    Es gehört schon zu Bonhoeffers Schülereindrücken die Begegnung mit
dem Phänomen Friedrich Naumann. Naumann war ausgegangen von
der Unzufriedenheit mit der Wirkungslosigkeit der predigenden Kirche,

[8] Siehe Kirchliches Jahrbuch 1933—1944, Ausg. 1948, 351

er war in die Politik übergewechselt und bei einer verschärften Trennung der Bereiche gelandet. In dessen Bestseller jener Jahre, »Briefe über Religion« (Erstaufl. 1903; Bonhoeffer benutzte die 7. Auflage von 1917 für die Soldaten) las Bonhoeffer:

»Staatliche Dinge sind nach ihm (i. e. Luther) nicht aus dem Evangelium heraus zu entscheiden ... Diese lutherische Scheidung der Gebiete, die uns zeitweilig als Verkürzung des Einflußgebietes des Christentums dem Christentum etwas von seinen Rechten zu nehmen schien, hat sich bei tieferer Durchdringung des Zweifels auch für uns als richtig ergeben. Wir kehren zum alten großen Doktor deutschen Glaubens zurück, indem wir politische Dinge als außerhalb des Wirkungskreises der Heilsverkündigung betrachten. Ich stimme und werbe für die deutsche Flotte, nicht weil ich Christ bin, sondern weil ich Staatsbürger bin und weil ich darauf verzichten gelernt habe, grundlegende Staatsfragen in der Bergpredigt entschieden zu sehen.«[9]

Naumanns Drang nach irdischer Realität faszinierte den jungen Bonhoeffer ebenso — und es gibt frühe Sätze Bonhoeffers, die ganz Naumannisch klingen — wie ihn dessen Auffassung des Evangeliums zu heftigsten Protesten reizte. Konnte dies Glaube an das biblische Evangelium sein, der sich so vom konkreten Leben ausschließen ließ? der sich einen Raum zuweisen ließ, genannt Religion, eingezäunt von einer freundlichen oder auch unfreundlichen Welt? die möglichen Konfliktstoffe zwischen Kirche und Staat von beiden Seiten her gezähmt, wenn nicht ausgeschlossen?

Der weltbekannt gewordene Protest in der Tegeler »nichtreligiösen Interpretation der biblischen Botschaft« gegen eine schiedlich-friedliche Parzellierung des Glaubens in der Provinz »Religion« hatte wahrhaftig frühe Wurzeln bei Bonhoeffer.

1932 sprach Bonhoeffer — so etwa in dem Vortrag »Dein Reich komme« — deutlich aus, wie diese Theologie einer ideal erscheinenden Trennung zwischen Glaube und Welt in Wirklichkeit einer unterschwelligen, fatalen Verbindung Vorschub leistet. Ernst Feil nennt das die »Kryptogamie« des Glaubens. Bei Bonhoeffer lautete das 1932 so:

»Wir sind Hinterweltler oder wir sind Säkularisten ... Hinterweltler sind wir, seit wir den bösen Kniff herausbekommen haben, religiös, ja sogar christlich zu sein auf Kosten der Erde. Man überspringt die Gegenwart, man verachtet die Erde, man ist besser als sie ...

Oder wir sind Weltkinder ... Wir sind dem Säkularismus verfallen; dabei ist hier der fromme, der christliche Säkularismus gemeint. Garnicht die Gottlosigkeit oder der Kulturbolschewismus, sondern der *christliche* Verzicht auf Gott als den Herrn der Erde ...

Es sind nun aber Hinterweltlertum und Säkularismus nur die beiden Seiten derselben Sache — nämlich daß Gottes Reich nicht geglaubt wird.«[10]

In der Ethik formulierte er 1942 den gleichen Tatbestand der Kryptogamie:

[9] F. Naumann, Briefe über Religion (1903), 1917[7]
[10] D. Bonhoeffer, Gesammelte Schriften II, 1959, 270 ff

»jeder Versuch, der Welt auszuweichen, muß früher oder später mit einem sündigen Verfall an die Welt bezahlt werden.«[11]

Denn

»wer der Erde entweicht, findet nicht Gott, er findet nur eine andere Welt, seine eigene, bessere, schönere, friedlichere, eine Hinterwelt, aber nie Gottes Welt, die in dieser Welt anbricht ... er findet nur sich selbst ...
Wer Gott entweicht, um die Erde zu finden, findet die Erde — als Gottes Erde — nicht ... er findet sich selbst.«[12]

So widersteht Bonhoeffer sowohl einer spiritualistischen Trennung wie einer säkularistischen Identifikation von Glaube und Politik. Die Gottesliebe der Gemeinde liebt Gott als Herrn der Erde und liebt die Erde als Gottes Erde. Das spannungsvolle Ja und Nein zur Erde in Christi Menschwerdung, Kreuz und Auferstehung hält auch die Gemeinde im Nein und Ja zur Erde. Sie kann sich deshalb nicht absondern; sie betet vielmehr um das Reich auf Erden, weil

»sie ... unverwandt ihren Blick heftet auf den seltsamen Ort in der Welt, an dem sie die Durchbrechung des Fluches, das tiefste Ja-Sagen Gottes zur Welt staunend vernimmt, an dem mitten in der sterbenden, zerrissenen, durstenden Welt etwas sichtbar wird ... die Auferstehung Christi« (so in »Dein Reich komme« 1932)[13].

Damit ist nun aber schon 1932 die Kirche für Bonhoeffer deutlich beides: sowohl a-politisch wie eminent politisch. Sie ist Kirche Christi nur in dieser Doppelgerichtetheit. 1944 sah er ihre Existenz gewahrt im »Beten und Tun des Gerechten unter den Menschen«. Undenkbar, daß ein Pol zugunsten des anderen fallen dürfte. Fällt ein Pol, geht der andere auch zugrunde.

Was 1932 noch wie theoretische Überlegung erscheinen konnte, das wurde kaum ein Jahr später harte Praxis. Was bis dahin nur als theologische Feinheiten erschienen war, zeitigte plötzlich Folgen für Entscheidungen über menschliche Schicksale.

Als einer von wenigen Kirchenmännern meldete sich Bonhoeffer schon im April 1933 mit einer öffentlichen Stellungnahme zur Judenfrage. Diese Stellungnahme steht zunächst noch ganz unter dem Schema der sauber getrennten zwei Reiche. Und sie verrät dennoch schon jene deutliche politisch-apolitische Doppelpoligkeit. So lesen wir auf der einen Seite noch ganz konventionell:

»Die Kirche kann primär nicht unmittelbar politisch handeln ... Die Geschichte wird nicht von der Kirche gemacht, sondern vom Staat ... das staatliche Handeln bleibt frei vom kirchlichen Eingriff.«[14]

und lesen auf der anderen Seite, was für damalige Zuhörer so unkonventionell klang, daß einige unter Protest die Versammlung verließen:

[11] Ders., Ethik, 213
[12] Ders., GS III, 1960, 273
[13] AaO. 276
[14] Ders., GS II, 45

Die Kirche muß den Staat fragen, »ob sein Handeln von ihm als legitim staatliches Handeln verantwortet werden könne«. Sieht sie ihn seine eigene gegebene Erhaltungsordnung verletzen, dann muß sie zunächst den »Opfern des Staatshandelns« helfen. »Die Kirche ist den Opfern jeder Gesellschaftsordnung in unbedingter Weise verpflichtet, auch wenn sie nicht der christlichen Gemeinde zugehören.«

Wenn aber »die Kirche den Staat in seiner Recht und Ordnung schaffenden Funktion versagen sieht«, hat sie die Pflicht, »nicht nur die Opfer unter dem Rad zu verbinden, sondern dem Rad selbst in die Speichen zu fallen. Solches Handeln wäre unmittelbar politisches Handeln«[15].

Noch hielt Bonhoeffer Letzteres für eine Sache, die verantwortlich nur korporativ von der Kirche eingeleitet werden dürfte. Ja, ein »ökumenisches Konzil« müsse die Gewissen zum politischen Widerstand befreien, um den Staat als Staat vor sich selbst zu schützen. Erst die Geschichte jahrelanger Enttäuschung schob ihm dieses »dem Rad in die Speichen fallen« als individuelle Entscheidung zu.

So ist festzuhalten, daß Bonhoeffer legitime Anliegen der Zwei-Reiche-Lehre nicht einfach aufgegeben hat; nämlich daß Gott die Welt in mehrerlei Gestalt regiert, daß diese unterschiedlichen Gestalten ihre je eigene Würde und Verantwortlichkeit besitzen. Dennoch sagt er später in der Ethik, daß die unterschiedenen Verantwortlichkeiten keinesfalls zu jenem »statischen Zwei-Räume-Denken« führen darf, bei dem der eine Bereich den anderen sich selbst überläßt, sondern daß hier um eine »polemische Einheit« gestritten werden muß[16]. Damit ist aber wiederum das a-politisch-politische Zugleich bestätigt, welches unter keinen Umständen aufgehoben werden darf. Ernst Feil formulierte Bonhoeffers Erkenntnis, daß die Kirche ihre politische Relevanz nur in einer Selbsttäuschung negieren kann und damit die Zwei-Reiche-Lehre mißbraucht: »Prinzipielle politische Abstinenz der Kirche garantiert keineswegs ihre politische Unschuld.«

Diese kritische, Aktionsbegleitete Auseinandersetzung mit der eigenen geschichtsmächtigen Tradition (noch einmal besonders eindrücklich — nämlich nicht mehr akademisch — reflektiert in dem Essay von 1942 »Nach zehn Jahren«[17] —) führte Bonhoeffer eines Tages dahin, daß er die Schuldverstrickung durch fromme Abstinenz für schlimmer hielt als die durch ein vieldeutiges, schuldbeladenes, direktes, politisches Engagement in der Verschwörung. Ohne schon zu ahnen, daß dies solch eine Gestalt einst annehmen könnte, hatte er doch schon 1934 an E. Sutz geschrieben:

»Es muß endlich mit der theologisch begründeten Zurückhaltung gegenüber dem Tun des Staates gebrochen werden — es ist ja doch alles nur Angst — ›Tu deinen Mund auf für die Stummen‹, Sp. 31,8 — wer weiß denn das heute noch in der Kirche, daß dies die mindeste Forderung der Bibel in solchen Zeiten ist? Und dann die Wehr- und Kriegsfrage, etc. etc.«[18]

[15] AaO. 48
[16] Ders., Ethik, 212
[17] Ders., WE NA, 11—27
[18] Ders., GS I, 1958, 42

IV.

Das Engagement der letzten Jahre ist nun tatsächlich begleitet vom Konzipieren einer differenzierten theologischen Ethik. Fragmentarisch geblieben, entstanden ganze Abschnitte zu politischen Fragen mitten in der Hitze und Hetze der konspirativen Arbeit. Welche Züge trägt diese Ethik; wenn sie nach dem bisher Beobachteten auf einer spannungsvollen a-politisch-politischen Auslegung des Glaubens basiert, wenn sie nicht einfach ein Rechtfertigungsgeländer für ängstliche Täter errichten will; wenn sie aber auch nicht zu einer Ethik gegen das Handeln eines glaubenden Christen werden konnte; wenn sie ebenso Christusbezogen wie situationssensibel geschrieben wurde?

Eduard Tödt hat das Bonhoeffersche Ethik-fragment jetzt zutreffend als eine theologische Ethik der Verantwortung bezeichnet; er hat also den Begriff für tragend erkannt, der Jahre später, auf der Amsterdamer Gründungsversammlung des Ökumenischen Rates, in den Mittelpunkt der ethischen Besinnung getreten ist und solange fruchtbar war, bis eine paternalistische Gefahr die weitere Verwendung unter neuen Umständen schwieriger gestaltete. In Bonhoeffers eigener Situation war diese Gefahr alles andere als akut.

Diese Ethik lokalisiert den Ursprung notwendiger politischer Tat nun in der dem Glauben an Christus eigenen Verantwortungsbereitschaft. Diese Verantwortungsbereitschaft verwirklicht sich in der Freisetzung zu Schuldübernahme und Überwindung der Skrupel vorm Handeln. Sie tut das in dem Glauben, der erst recht auch die politische Welt — niemand lebt in einer anderen Welt — immer schon im Status des Angenommenseins, des Gerichtet- und Erneuert-werdens weiß; in dem Glauben, der durch seine Christusbezogenheit zweierlei erfährt: nämlich von der Kontinuität und Norm seines — Christi — Gebotes getragen zu werden, auch noch, wenn und wo er diese Norm bricht, zum anderen flexibel sensibilisiert zu sein auf den Mitmenschen in dessen Lebens- und Schuldgeflecht.

Mit dieser Lokalisierung befreit die Ethik der Verantwortungsbereitschaft den handelnden Christen von der Verführung, oder von der Knechtschaft, seine Rechtfertigung aus der Ideologie oder aus der Ratio von Programmen beziehen zu müssen. Darauf kam es Bonhoeffer offenbar sehr an. Er schrieb:

> »Während alles ideologische Handeln seine Rechtfertigung immer schon in seinem Prinzip bei sich hat, verzichtet verantwortliches Handeln auf das Wissen um seine letzte Gerechtigkeit. Die Tat, die unter verantwortlicher Abwägung aller persönlichen und sachlichen Umstände im Blick auf die Menschwerdung Gottes geschieht, wird im Augenblick ihres Vollzuges allein Gott ausgeliefert. Das letzte Nichtwissen des eigenen Guten und Bösen und damit das Angewiesensein auf Gnade gehört wesentlich zum verantwortlichen geschichtlichen Handeln. Der ideologisch Handelnde

sieht sich in seiner Idee gerechtfertigt, der Verantwortliche legt sein Handeln in die Hände Gottes und lebt von Gottes Gnade und Gunst.«[19]

Die Lektüre dieser Bonhoefferschen Verantwortungsethik hinterläßt heute durchaus doppelte Eindrücke: fruchtbare Rahmenorientierungen wie Ausfallerfahrung.

Aus der Fülle möglicher Rahmenorientierungen nenne ich nur vier Beispiele: die zur Frage von Rationalität, von Gegenwartsfähigkeit, zur Frage des Einzelnen und der Macht.

a) Grade als zentral christologische Ethik begünstigt diese Verantwortungsethik nach Bonhoeffer den Prozeß zur Ideologie-befreiung; umgekehrt: den zu sachlicher Rationalität politischen Handelns, zur Kalkulierung und verantwortlichen Einbeziehung seines Erfolges. Es geht ihm dabei grade nicht um »christliche« Politik, sondern um sachgerechte. Er sagt: es geht ihm um Befreiung zu »echter Weltlichkeit«. Das ist eine Weltlichkeit zwischen dem Ja und dem Nein Gottes zu dieser Welt, befreit von ihrer ideologischen Überhöhung und von ihrer positivistischen Verkürzung. Eine Befreiung, die sich Reformutopie erlauben kann, ohne ihr zu verfallen, und die sich mit dem Machbaren bescheiden kann, ohne sich diesem auszuliefern.

b) Grade als theologische, d. h. fremdbezogene Ethik begünstigt sie nach Bonhoeffer eine unverstellte Präsenzfähigkeit. Die jeweilige Gegenwart verfolgt sie aufmerksam in ihrer Besonderheit. Tut sie das nicht, richtet sie Gottes Gebot nicht konkret aus. So treibt sie Theologie in ihrem Kontext und müht sich um Wissen über die Situation. So ist sie nicht auf immer wahre Ergebnisse aus, nicht auf ewig gültige Entscheidungen. Grade deshalb wird sie zum notwendigen Zeitpunkt »ein entscheidendes, mindestens aber entschiedenes Wort« (E. Feil) sagen, oder auch schweigen — das spielt bei Bonhoeffer um der Präsenz willen eine auffallende Rolle — oder auch Taten freisetzen.

c) Grade als individuelle, unauswechselbare Verantwortungs-ethik ist diese Ethik nicht individualistisch. Schon der Verantwortungsbegriff selbst verbietet die individualistische Beschränkung. Er verweist in sich auf ein Beziehungsgefüge, das unentrinnbar ist, zwischen Subjekt, dem Nächsten, der Welt der Dinge und Gott. E. Tödt betont zurecht: »Das Subjekt ethischer Verantwortung ist nicht der isolierte Mensch, beschränkt auf private Verwirklichung, sondern der in der Begegnung mit anderen Lebende, für sie Eintretende, der Verantwortliche.« Im Blick auf Bonhoeffer stimmt es wohl, daß er in seiner Situation den konspirativen Weg allein gegangen ist. Aber es wäre falsch, die heute oft gezogene Folgerung mitzuvollziehen, das politische Engagement gebühre dem einzelnen Christen, aber nicht der Kirche. Dabei wird

[19] Ders., Ethik, 248 f

übersehen, was Bonhoeffer selbst im Schuldbekenntnis eben nicht übersah, daß die Gemeinschaft der Glaubenden, die Kirche, in jedem Fall politische Optionen vollzieht — und oftmals gerade dann, wenn sie emphatisch betont, sie täte das nicht. So oder so, sie ist schon in ihrer Existenz als Gruppe eine Grenze zu anderen Gruppen, erst recht zum Staat. Besser, sie ist dies in bewußter Verantwortung, als unbewußt zum Komplicen gemacht zu sein.

d) Grade als Verantwortungsethik bedenkt diese Ethik auch das Kernproblem politischen Widerstandes, nämlich die Machtfrage. Hier spürt man besonders, wie biographisch mit eigenster Erfahrung gefüllt Bonhoeffer um den theologischen Ausdruck für wahre Wirklichkeit, bzw. wirkliche Wahrheit ringt:

> »Es gehört zu den Abstraktionen des pseudorealistischen Denkens (i. e. eines Denkens, wie zuvor ausgeführt, das Macht oder Gewaltlosigkeit verabsolutiert, d. Verf.), die Selbstbehauptung als das einzige Gesetz politischen, die Selbstverleugnung als das einzige Gesetz des christlichen Handeln zu bezeichnen und in beiden einen sich ausschließenden Gegensatz, eine doppelte Moral zu sehen. Es handelt sich dabei um jenes prinzipielle Mißverständnis des Weltlichen und des Christlichen, das an der Wirklichkeit der Menschwerdung Gottes vorbeigeht und darum weder das Weltliche noch das Christliche begreift. Daß die Liebe Gottes zur Welt auch das politische Handeln umfaßt, daß die Weltgestalt der christlichen Liebe darum auch die Gestalt der um Selbstbehauptung, Macht, Erfolg, Sicherheit Kämpfenden annehmen kann, das kann nur dort begriffen werden, wo die Menschwerdung der Liebe Gottes ernst genommen wird. Hier zeigen sich dann auch die Grenzen oder besser die Hintergründe des Gesetzes der Selbstbehauptung im politischen Handeln.
> Politisches Handeln bedeutet Verantwortung wahrnehmen. Es kann nicht geschehen ohne Macht. Die Macht tritt in den Dienst der Verantwortung.«[20]

Diese knappen Hinweise auf einige Rahmenorientierungen lassen schon vermuten, daß uns in dieser Ethik nicht alle brennenden Fragen beantwortet werden. Diese Ethik ist ja nicht nur fragmentarisch geblieben — durch den Ablauf dieses Lebens —, sondern sie läßt uns heute auch schwerwiegende Defizite spüren. Wir warten in dieser Verantwortungsethik vergeblich auf explizite Klärungen zur politischen Tätigkeit in einer Demokratie; etwa auf eine Verarbeitung von Ergebnissen der Erfahrungswissenschaften wie Soziologie oder Politologie. Letztere lagen damals nicht in Bonhoeffers Blickfeld; heute beherrschen sie uns aber. Bonhoeffer hat in seiner Forderung nach der »Sachgemäßheit« zwar schon in diese Richtung geblickt, aber das Maß an Verwissenschaftlichung des empirischen Weltverhältnisses hat es für ihn einfach noch nicht gegeben, wie wir es heute kennen — freilich auch kaum noch übersehen können.

Dennoch diese Ethik einfach als die partielle Ethik eines elitären Kreises deutscher Konservativer in ihrem letzten Aufbäumen vor ihrem

---

[20] Ders., GS III, 477

Untergang zu interpretieren — eine Interpretation, durch die wir jetzt wohl hindurch müssen —, wird den unverzichtbaren Elementen nicht gerecht, die die theologische Verantwortungsethik dieses politischen Täters noch unausgeschöpft bietet.

Bonhoeffers christozentrische Verantwortungsethik kennt die Fülle und die Schwächen ethischer Versuche in der Geschichte, wie der Liebes- und Gesinnungsethiken, der Gehorsams- und Freiheitsethiken oder auch decisionistischer Ethiken ja auch Klassenethiken. Er hatte sich selbst in der einen oder anderen Richtung daran versucht. Mit dieser Verantwortungsethik aber bewältigte er das in allen ethischen Versuchen immer mitlaufende Dilemma zwischen Normen- und Situationsethik, und hier besonders das in der lutherischen Tradition tief verwurzelte Dilemma aller Ordnungsethiken. So sah Bonhoeffer die Stärke einer Normenethik in ihrer Beachtung der Gabe von Kontinuität — aber verlagerte diese Kontinuität in die personale Christusbindung, nachdem er die lähmende Sterilität aller Normenethik in der chaotischen Krise der Nazizeit durchlitten hatte. Er sah die Stärke einer Situationsethik in ihrem Eingehen auf die wirklich präsente und differenzierte Lage des Mitmenschen, aber gewann dieses Eingehen wiederum aus der Liebe Christi, nachdem er die horrende Anpassungsmöglichkeit damaliger Gleichschaltung miterlebt hatte. Und Bonhoeffer verwarf durchaus nicht die Elemente alter Ordnungsethik, welche Mut machen, daß einer seinen Beruf an dem Ort, an den er sich gestellt sieht, akzeptiert. Aber er vermeidet ihre offenbar gewordene Fatalität, daß sie zur Untermauerung des status quo der Herrschenden gerät. Er hatte miterlebt, wie Hitler das überkommene Rollen- und Berufsdenken, das tüchtige Arbeiten in streng geschiedenen Ordnungsbereichen virtuos hatte nützen können (heute kann das jeder am Paradebeispiel Albert Speer studieren); seine Verantwortungsethik aber stellte sich dem Ganzen der Wirklichkeit, für das sich statisches Ordnungsdenken nicht zuständig wähnt.

Mit dieser Verantwortungsethik überwand Bonhoeffer das tödlich gewordene Auseinanderfallen der Zwei Reiche, ohne sie doch einfach zu identifizieren. Sie war die Fortentwicklung seiner schon jugendlichen Anliegen, nun gesättigt mit frommer und mit politischer eigenster Erfahrung. Verantwortung läßt keine absolute Trennung in weltliche und geistliche Elemente zu, sie siedelt vor Gott und vor Menschen in beiden Bereichen. Und in dieser Ethik fand er sich selbst vor, sowohl in seiner bis zum Ende geübten Christusbeziehung wie auch in seinem Wagnis des konspirativen politischen Widerstandes. So ist dieser politische Widerstand für ihn Antwort auf den ihm begegnenden Christus wie Antwort auf den Anruf gequälter Kinder Gottes seiner Tage. Die Antwort stellt ihn jenseits autoritärer Gesetze und jenseits autonomer

Privatheit des Menschen. Der Antwortende übernimmt Aufgaben, die andere nicht übernommen oder geleistet haben. Der Antwortende weicht nicht mit angeblich unwandelbaren Prinzipien des Christentums vor dem Wirklichen aus. Er tritt in den Zusammenhang zeitgenössischer menschlicher Schuld, überläßt die Rechtfertigung seinem Gott und übernimmt die Folgen.

In der Kirche ist eine gewisse Hilflosigkeit gegenüber dem Bonhoeffer in seinen letzten Jahren verbreitet, auch noch wo in Pietät seiner gedacht wird; ja letztere offenbart erst recht verweigerte Rezeption. So bleibt Bonhoeffer eine Art politischer Freibeuter. Die Ethik aber zeigt einen anderen Bonhoeffer: nämlich den, der die anziehende Mischung von Freiheit und Gebundenheit, von necessitas und Souveränität lebte und denken konnte.

Das Gedicht nach dem Scheitern des Putsches vom 20. Juli 1944, mit dem wir oben begonnen hatten, geht weiter:

> »Leiden.
> Wunderbare Verwandlung. Die starken, tätigen Hände
> sind dir gebunden. Ohnmächtig, einsam siehst du das Ende
> deiner Tat. Doch atmest du auf und legst das Rechte
> still und getrost in stärkere Hand und gibst dich zufrieden.
> Nur einen Augenblick berührtest du selig die Freiheit.
> dann übergabst du sie Gott, damit er sie herrlich vollende.«[21]

---

[21] Ders. WE NA, 403

HELMUT HILD

PARTEILICHKEIT UND NEUTRALITÄT IM POLITISCHEN AMT DER KIRCHE

I. Das Politische im Auftrag der Kirche

In der Evangelischen Kirche in Deutschland tun wir uns, sobald es um Konkretionen geht, schwer mit der Frage nach dem Stellenwert des Politischen im Leben und Handeln der Kirche. Doch die Antwort ergibt sich im Grundsatz aus dem biblischen Zeugnis sozusagen mit Selbstverständlichkeit. Sie ist treffend formuliert in der Denkschrift der Kammer für soziale Ordnung vom Jahre 1970 über die »Aufgaben und Grenzen kirchlicher Äußerungen zu gesellschaftlichen Fragen«[1]. Dort heißt es in These 12: »Aufgrund der in Jesus Christus geschehenen Versöhnung der Welt mit Gott ergeht die Weisung an die Christen, ihr Leben als versöhnte Menschen in Mitmenschlichkeit zu gestalten. Das schließt auch die Aufgabe ein, gemeinsam nach Bedingungen für eine rechte Ordnung des menschlichen Zusammenlebens in der jeweiligen Gegenwart zu suchen.«

Niemand wird es der Kirche bestreiten: Sie hat die Aufgabe, die Botschaft von Jesus Christus weiterzusagen. Sie muß diese Aufgabe erfüllen, weil sie glaubt, daß Gott in Jesus Christus Entscheidendes für die Menschen getan hat. Jesu Werk aber gilt dem Menschen in seiner ganzen Existenz. Nach Auffassung des Neuen Testamentes gipfelt alles, was Jesus gesagt und getan hat, in seiner Lebenshingabe am Kreuz: Soviel ist der Mensch wert — das Leben Jesu Christi! Das Leben des Menschen, für den Jesus Christus starb, wird damit von Gott zum obersten Wert für die Menschen erklärt. Darum ist es auch oberstes Gebot und Ausdruck der Liebe und Dankbarkeit ihm gegenüber, den Mitmenschen, den Nächsten zu lieben und seinem Leben zu dienen. Wenn wir der Wirkungsbreite dessen nachdenken, was das Neue Testament die »Fülle Christi« nennt, dann werden wir diese schwerlich auf das Seelenheil der Menschen beschränken können. Sie umfaßt vielmehr das ganze Leben — das irdische Dasein und die Existenz nach dem Tode, die körperlichen und die seelischen Belange, die profanen und die religiösen Fragen, das Wohl und das Heil. Der Glaube an die befreiende Macht der Lebenshingabe Jesu Christi verbietet geradezu,

---

[1] Aufgaben und Grenzen kirchlicher Äußerungen zu gesellschaftlichen Fragen, 1970

Gegensätze zwischen der irdischen und der ewigen Existenz des Menschen aufzurichten. Denn Gottes hier offenbar gewordene Liebe meint das ganze Leben.

Nun lebt aber der Mensch nicht nur als Einzelner. Sein persönliches Schicksal ist eng mit der gesellschaftlichen Umwelt verquickt. Das gilt besonders unter den politischen und sozialen Bedingungen der Gegenwart. Man braucht nur den Katalog der Faktoren für die Weltentwicklung der nächsten Zeit, den die Sektion VI der Ökumenischen Vollversammlung von Nairobi zum Thema »Die Zwiespältigkeit von Macht und Technologie und die Qualität des Lebens« aufgestellt hat, zu überblicken, um diesen Zusammenhang zu erkennen und die der Kirche gestellte Aufgabe zu begreifen. Wer dem Einzelnen helfen will, darf sich nicht darauf beschränken, sich um ihn zu kümmern, sondern muß zugleich auf eine Veränderung von Verhältnissen drängen, die die Hilfsbedürftigkeit verursacht haben. Verwundete verbinden ist gut. Besser ist, zu verhindern, daß man aufeinander schießt. Hungernden zu helfen ist gut. Besser ist, den Ursachen des Hungers auf den Leib zu rücken. »Die armen Länder haben keine Chance auf eine angemessene Entwicklung, wenn die reichen Länder nicht ihren unverhältnismäßig hohen Anteil am Gesamtverbrauch der Welt reduzieren. Das bedeutet ein Programm der Rückentwicklung der reichen Welt. Die Reichen müssen einfacher leben, damit die Armen überhaupt leben können« (Charles Birch, Nairobi — Referat »Schöpfung, Technik und Überleben der Menschheit«). Diese Forderung aber hat nicht nur eine moralische Qualität, sondern politische Dimensionen. Deshalb stellte Charles Birch zu Recht fest: »Die Kirchen können nicht umhin, sich ganz mit diesen Aufgaben zu identifizieren.« »Das Evangelium ist keine Abstraktion, keine Theorie, sondern Leben. Wenn es aber Leben ist, wie sollte es dann nicht unser konkretes Handeln im täglichen Dasein beeinflussen, inmitten aller Menschen und in allen Situationen?«[2]

Aus alledem ergibt sich: Nächstenliebe hat es mit der Politik zu tun. Das Politische ist im Leben und Handeln der Kirche immer dabei, weil sie mit der Botschaft von Jesus Christus dem Menschen dienen soll. Die Kirche kann den Stellenwert des Politischen nicht willkürlich festlegen. Er ist ihr in ihrer zentralen Aufgabe vorgegeben. Damit ist auch die Frage nach einer politischen Neutralität der Kirche im allgemeinen Sinne beantwortet. Wer politische Verantwortung hat, kann nicht im Grundsatz neutral sein. Eine politische Neutralität der Kirche gibt es nicht.

---

[2] T. Vinay, Politische Rede an die Kirche, in: Nachrichten aus Riesi, März 1973

II. Die Wahrnehmung des politischen Auftrags

Die Fünfte Vollversammlung des Ökumenischen Rates der Kirchen von Nairobi hat eindrücklich die Tatsache ins Bewußtsein gehoben, daß der Auftrag, das Evangelium in alle Welt zu bringen, die weltweite Verantwortung für das Wohl der Menschen und mit ihr die Verpflichtung zum Kampf gegen Hunger, Leiden, Unfreiheit und Ungerechtigkeit einschließt. »Kann das Evangelium authentisch sein, wenn es nicht zugleich der Schrift *und* dem konkreten Menschen in seiner jeweiligen Lage gerecht wird?« (Mortimer Arias, Nairobi — Referat »Damit die Welt glaube«.) Eine sachliche Analyse der Weltsituation müßte auch die politisch Verantwortlichen zu der Erkenntnis bringen, daß die Zukunft der Erde nur gemeinsam gestaltet werden kann, wenn die Katastrophe verhindert werden soll. Die atomare Bedrohung, die Folgen einer weiteren rücksichtslosen Ausbeutung der materiellen Ressourcen, die Explosionsgefahren, die ihren Herd in Hunger und Unterdrückung haben, können nur abgewendet werden, wenn ihnen mit vereinten Kräften entgegengetreten wird. Karl Friedrich von Weizsäcker sagt, »daß es keinen zuverlässigen Weg zur Kriegsverhütung gibt, der nicht den Machtverzicht der Imperien und Nationen in sich schließt. Die innere Logik der Weltpolitik strebt heute diesem Ziel so wenig zu wie in den vergangenen Zeiten.«[3] Dieses Urteil gilt sinngemäß für alle Krisenherde der Welt wie für die Unfähigkeit der gegenwärtigen Systeme, die bedrängenden Aufgaben zu lösen. Weil die Kirchen in einem weltweiten Sendungsauftrag stehen und nicht in die Fesseln nationaler und wirtschaftlicher Teilinteressen eingebunden sind, werden sie auch die Wahrnehmung ihrer politischen Aufgabe vor allem anderen in diesem Horizont zu sehen haben. Das Schlagwort vom »politischen Wächteramt der Kirche« verdient wegen der Versuchung, für die Kirche die Rolle des Richters in den gesellschaftlichen Auseinandersetzungen zu beanspruchen, gewiß kritische Reserve. Doch im Blick auf die Frage, ob von sektoralen Interessen bestimmte Entscheidungen in ihren Auswirkungen auf andere Regionen und auf das Weltganze bedacht, ob die Prioritäten politischen Handelns richtig gesetzt sind, hat die Kirche heute ein Wächteramt zu erfüllen, das den Kern ihrer politischen Verantwortung bildet.

Die politische Ordnung der Bundesrepublik Deutschland ist pluralistisch strukturiert. Unterschiedliche Vorstellungen von Parteien, Verbänden und Interessengruppen führen die Auseinandersetzung um die Gestaltung des politischen Lebens. Weil sich die Kirche in dieses Feld der Rivalitäten hineinbegeben muß, kommt sie nach vielen Seiten hin

[3] C. F. v. Weizsäcker, Kriegsfolgen und Kriegsverhütung, 1971, 20 f

in schwierige Situationen. Ihre Mitglieder sind in verschiedenen, konkurrierenden Lagern am politischen Geschäft beteiligt. Sie erwarten von ihrer Kirche, daß sie gleichermaßen für alle da ist und nicht einzelnen Parteien und Gruppen gegen andere den Vorzug gibt. Man kann die Auffassung, daß die Kirche für alle dazusein habe, nicht einfach abtun mit dem Hinweis auf die Tatsache, daß sie ihr Auftrag zuerst für die Menschen verpflichte, denen ein freies, gerechtes, menschenwürdiges Leben versagt sei. Die Dinge sind komplizierter, als daß sie sich auf eine so schlichte Alternative bringen ließen. Denn wenn man es nicht gerade mit rücksichtslosen Verfechtern von Interessen oder mit Zynikern zu tun hat, werden auch sehr unterschiedliche und nicht selten gegensätzliche Positionen für sich in Anspruch nehmen können, der Mehrung von Gerechtigkeit, Freiheit und Menschenwürde dienen zu wollen. Wie kann die Quadratur des Zirkels — Kirche für alle und zugleich parteiliche Kirche — gelöst werden?

Im Jahre 1959 schrieb Martin Fischer in seinem Buch »Wegemarken«: »Die Evangelische Kirche ist seit mehr als 25 Jahren in der Gefahr, nur noch von Tag zu Tag zu reagieren auf Herausforderungen im Kampf um ihre Existenz. Dadurch wird ihr Wort kurzatmig, ihr Dienst am Wort wird zur bloßen Abwehr, die Themen bestimmt der jeweilige Gegner. Es ist aber der Kirche von Gott erlaubt und angeboten, in ruhiger Gewißheit, gelassen und entschlossen zugleich, ihres Weges zu gehen. Dazu bedarf sie klarer biblischer Lehre. Man schlägt biblische Lehre und Erkenntnis nur zu seinem Schaden aus.«[4] Diese Sätze weisen auch den Weg inmitten des Dilemmas, in das die Kirche mit ihrer politischen Verantwortung immer wieder hineingeraten muß. Was sie in den politischen Raum hineinsagt und was sie politisch tut, muß aus »klarer biblischer Lehre« kommen. Darum steht an erster Stelle die vor der Schrift verantwortete theologische Arbeit. Mit ihr kann das Gerede, die Kirche habe sich aus der Politik herauszuhalten, zum Verstummen gebracht werden. Zugleich aber wird das tief verwurzelte Mißtrauen, die Kirche treibe hier Allotria, abgebaut. Viele aus dem Kreis der Kirche kommende Verlautbarungen zu politischen Fragen, darunter auch solche von kirchenamtlichem Charakter, leiden unter dem Mangel, daß sie den biblischen Bezug als Voraussetzung allen kirchlichen Redens und Handelns nicht eindeutig und nicht verständlich genug herausstellen. Das Feld des politischen Pamphletes kann die Kirche getrost anderen überlassen. Wenn sie sich aber mit guten biblischen Argumenten äußert, wird ihr niemand mehr den Vorwurf machen können, sie verletze ihre Pflicht, für alle dazusein. Denn eben diese Argumente ist sie allen schuldig. Mit solchen Argumenten

---

[4] M. Fischer, Wegemarken, 1961, 7

kann sie dann aber auch deutlich machen, daß es eine unparteiische, absolut neutrale Kirche nicht geben kann, wie es auch keinen unparteiischen Christus gegeben hat. Daß damit freilich die Konflikte nicht ausgeschlossen sind, sondern erst recht beginnen, steht auf einem anderen Blatt.

Aus der so angefaßten Wahrnehmung ihrer politischen Verantwortung ergibt sich folgerichtig, daß die Kirche ihre Stellungnahme in der Regel dadurch kundtut, daß sie für die gestellten Probleme und Aufgaben Leitlinien aufzeigt, die das Evangelium vorzeichnet, und ihren dort begründeten und mit Inhalt erfüllten Rat anbietet. Sie muß dabei in erster Linie solche Probleme aufgreifen, die wegen der Interessengebundenheit der Parteien und anderer Gruppen in der politischen Diskussion nicht genügend behandelt werden oder unter den Tisch zu fallen drohen. Wie zu seiner Zeit Jesus selbst hat sie den Auftrag, der Mund derer zu sein, die sich nicht artikulieren können und keine Möglichkeit haben, ihre Rechte hinreichend und wirksam zu vertreten. Und das sind vorwiegend die Schwachen, die Hungernden, die Menschen, welchen ihre Würde verweigert wird und die in Unfreiheit leben müssen. Hier meldet sich der ökumenische Kontext wieder zu Wort. Vom biblischen Antrieb her wird es die Kirche dann auch wagen, heiße Eisen anzufassen, die um des Friedens und der Versöhnung unter den Menschen willen angefaßt werden müssen. Als der Rat der EKD im Jahre 1965 die Denkschrift über »Die Lage der Vertriebenen und das Verhältnis des deutschen Volkes zu seinen östlichen Nachbarn« veröffentlichte, hat er beispielhaft dargetan, wie eine dem biblischen Auftrag gehorsame Kirche der eigenen Gesellschaft und Partnern über deren Grenzen hinaus helfen kann, auf eine politisch angemessene Weise friedensgefährdende Klüfte zu überbrücken und zu neuen Ufern der Versöhnung zu gelangen.

Die Forderung nach einer eindeutigen biblischen Begründung kirchlichen Handelns im politischen Raum darf jedoch nicht zu dem Mißverständnis führen, als habe sich die Kirche auf allgemeine Äußerungen zu beschränken und als müsse sie sich der Stellungnahme oder des Handelns im konkreten Einzelfall enthalten. Der ihr von der Bibel gesetzte Maßstab ist der Mensch und sein gottgegebenes Recht auf Leben, einerlei, ob dieses Recht individuell oder kollektiv auf dem Spiele steht. Deshalb kann es durchaus erforderlich sein, unmittelbar und aktuell Partei zu ergreifen, auch dann, wenn dadurch partielle Interessen anderer berührt werden. Wenn es um akute Not geht, darf sich die Kirche auch nicht von der Gefahr, mißverstanden zu werden, zum Zögern verleiten lassen. Die Verpflichtung, für alle dazusein, ist nicht von der Verheißung begleitet, es allen recht machen zu können. Vielmehr wird sie gerade dann erfüllt und auf Dauer auch nur dann von den Betroffenen richtig erkannt, wenn sie sich auf diejenigen konzentriert, die darauf angewiesen sind, von einer umfassenden Verpflichtung her wahrgenommen und vertreten zu werden.

III. Ein aktueller Exkurs

Kann es nun aber gesellschaftliche Ordnungen geben, in denen der
politische Auftrag der Kirche sozusagen zum Ziel gekommen und damit entbehrlich geworden ist? Läßt sich ein Unterschied machen zwischen einem begrenzten politischen und einem zeitlos gültigen Verkündigungsauftrag der Kirche? Für die sozialistische Gesellschaft neigt
G. Bassarak offensichtlich dieser Auffassung zu. In einem Aufsatz »Zur
Frage nach theologischem Inhalt und Interpretation von Heil heute in
einer sozialistischen Gesellschaft« schreibt er: »Wo in der feudalistischen und in der bürgerlich-kapitalistischen Gesellschaft die Kirche
karitative Samariterdienste übernahm, wird die sozialistische Gesellschaft, die ja im Protest gerade gegen die Verelendung entstand, die
Produkt der Bourgeoisie ist, solche Nöte überwinden und beseitigen . . .
Das bedeutet für die Kirche: Sie wird für ihre eigentliche Aufgabe, die
Verkündigung des Heils, frei.«[5] Bassarak stellt die politische Verantwortung der Kirche nicht grundsätzlich in Frage. Doch sieht er sie an
Situationen gebunden, in denen die Kirche in Notwehr stellvertretend
für eine Gesellschaft handeln muß, deren Entwicklung in falschen Bahnen verläuft und deshalb inhumane Verhältnisse hervorbringt. Wenn
die Gesellschaftsordnung aber nach den Erkenntnissen des »wissenschaftlichen Sozialismus« aufgebaut wird, ist die Abhilfe von Notständen ». . . nicht mit Mitteln der Kirche und der Theologie . . . zu
versprechen, sondern sie wird nach Analyse der Ursachen und Planung
der notwendigen Maßnahmen durch die Gesellschaft und ihre Kraft
allein — ohne Hilfe von oben — gefunden werden«[6].

Damit hätte sich für eine am »wissenschaftlichen Sozialismus« orientierte Gesellschaftsordnung die Aufgabe der Kirche, nach »Bedingungen für eine rechte Ordnung des menschlichen Zusammenlebens in der
jeweiligen Gegenwart zu suchen«, im Grunde erledigt. Weil absolut
gültige Erkenntnisse für die Gestaltung der Gesellschaft vorliegen, ist
die Kirche einerseits zur unbedingten Parteilichkeit gerufen. Denn wie
könnte sie sich gegen die Wahrheit stellen? Zugleich aber kann sie in
den internen Diskussionen einer Gesellschaftsordnung, die solchen Erkenntnissen folgt, neutral sein, da sie alles in besten Händen weiß.

[5] G. Bassarak, Zur Frage nach theologischem Inhalt und Interpretation von Heil
heute in einer sozialistischen Gesellschaft, in: Zeichen der Zeit, 1973, 171
[6] AaO. 167

Die aus den Gedanken Bassaraks resultierenden Schlußfolgerungen stehen nicht nur in den Ländern mit einer Gesellschaftsordnung zur Debatte, die auf dem »wissenschaftlichen Sozialismus« basiert. Sie müssen überall dort zur Sprache gebracht werden, wo die Meinung besteht, Zielsetzungen und Inhalte der kirchlichen Weltverantwortung seien im Sozialismus, der sich aus den Lehren von Marx und Engels ableitet, voll repräsentiert. Doch die enge Verknüpfung zwischen dem Heil und dem Wohl des Menschen, aus der sich die Parteilichkeit der Kirche im politisch-sozialen Bereich ergibt, läßt sich auf diese Weise nicht auflösen. Wenn statuiert wird, daß die Kirche im gesellschaftlichen Feld nur sozialistisch (im Verständnis des »wissenschaftlichen Sozialismus«) denken könne, dann wird eine politische Theorie dem Evangelium gleichgeordnet. Der Maßstab, der der Kirche »aufgrund der in Jesus Christus geschehenen Versöhnung der Welt mit Gott« für ihr ganzes Handeln gesetzt ist, gilt nur noch dem Scheine nach. Mit dieser Feststellung ist die Frage, ob die Kirche auf der »Suche nach Bedingungen für eine rechte Ordnung des Zusammenlebens« auch das Modell des Sozialismus in Betracht ziehen kann, noch nicht erledigt. Vor allem in den Ländern der Dritten Welt sehen viele Christen in einem wie auch immer begründeten Sozialismus die einzige Möglichkeit, Hunger und Abhängigkeit mit Erfolg zu bekämpfen. Selbst die Tatsache, daß die Verbindung des »wissenschaftlichen Sozialismus« mit der atheistischen Komponente des Marxismus-Leninismus in Rechnung gestellt werden muß, sollte die ernsthafte Beschäftigung mit den politischen Analysen und Forderungen des Sozialismus nicht hindern. Unabdingbar für die Kirche bleibt jedoch, daß die allen Gesellschaftssystemen in deren Theorie und Praxis entgegenzuhaltenden kritischen Kategorien, die aus dem Evangelium kommen, im Spiel bleiben und nicht durch theologisch illegitime Identifikationen ihrer Funktion beraubt werden.

IV. Die Parteilichkeit der Verkündigung

Der zentrale Dienst der Kirche besteht in der Predigt des Evangeliums, in der Ausbreitung des Wortes vom Heil Gottes, das auch auf das Wohl des Menschen zielt. In der Verkündigung dieses Wortes, das für »alle Welt« bestimmt ist, folgt die Kirche dem Auftrag, für alle dazusein. Aber eben dieses Wort ruft in seiner Verkündigung auch zu Entscheidungen auf und nötigt deshalb zur Parteinahme. Auch in den Perioden der Kirchengeschichte, in denen das Problem der gesellschaftlichen Zusammenhänge der Verkündigung ausgeklammert wurde, hatte die Predigt politische Wirkungen. Das Evangelium kann sich auch gegen den Prediger und über ihn hinweg Geltung verschaffen. Ebenso hat auch das Verschweigen seiner Absichten Konsequenzen, etwa darin, daß der Christ seine spezifisch im Glauben begründete politische Verantwortung nicht erkennt, vielleicht sogar dem Mißverständnis unterliegt, die bestehenden Verhältnisse seien gottgegeben und hinzunehmen. Überall dort, wo der politische Beitrag aus christlicher Verantwortung unerwünscht ist, wird die politische Predigt a priori auf Widerstand stoßen. Dies ist zwangsläufig in solchen politischen Systemen der Fall, die auf einer totalitären Ideologie beruhen.

Natürlich kann der Auftrag des Verkündigers, dem Evangelium in allen seinen Dimensionen Gehör zu verschaffen, auch mißbraucht werden. Der Prediger steht immer in der Gefahr, die in seinen individuellen Voraussetzungen — in seiner Charakterstruktur, in seiner Erziehung, in seinen Erfahrungen — vorgegebene Parteilichkeit mit der Parteilichkeit des Evangeliums zu verwechseln. Um der Gefahr zu begegnen, daß er nicht mehr von der Botschaft her argumentiert, sondern sich selber predigt, muß sich der Verkündiger immer wieder die Kriterien bewußt machen, die in der Botschaft selbst enthalten sind. Das Fundament dieser Kriterien ist schon beschrieben worden. Gottes Zuwendung zu den Menschen konstituiert und weckt durch den Glauben Verantwortung für den Mitmenschen und damit für die Gemeinschaft. Weil Gott den ganzen Menschen meint, will er nicht nur sein ewiges Heil, sondern auch sein irdisches Wohl. Von beidem soll die Predigt des Wortes Gottes sprechen.

Die Botschaft selbst gibt Stichworte an die Hand, mit denen sich Schneisen in das weite Feld der Probleme schlagen lassen. »Gott ist Liebe, und wer in der Liebe bleibt, der bleibt in Gott und Gott in ihm« (1 Joh 4,16). Dieser Satz scheint von der Politik so weit entfernt zu sein wie die Erde vom Mars. Dennoch besitzt das, was er aussagt, für die Predigt allgemein und für die politischen Implikationen der Predigt grundlegende Bedeutung. »Wer in der Liebe bleibt . . .« — das kann weder für den Prediger noch für den Christen überhaupt am Politischen seine Grenze finden. Im Gegenteil: Gerade für diesen Bereich, in dem es um wesentliche Entscheidungen geht, von denen Menschen zum Wohl oder Wehe betroffen sind, müssen alle Konsequenzen in der Predigt behandelt und in ihren politischen Bezügen aufgewiesen werden. Wie anders soll dem Hörer der Predigt deutlich werden, »daß Treue zum Evangelium von der Rechtfertigung, zu dem großen Ja Gottes zu den Menschen heute heißt, an der Seite der Menschen zu stehen, die um ihre Existenz ringen, leiden und hoffen?« (Mortimer Arias, Nairobi 1975).

Der Inhalt des verschwommenen Wortes »Liebe« wird im Neuen Testament durch den Begriff der »Versöhnung« konkretisiert. Versöhnung meint ein neues Verhältnis zwischen Gott und den Menschen und zwischen Menschen untereinander. Sie verändert Beziehungen und bewegt dazu, Verhältnisse zu verändern, die die Beziehungen stören oder unmöglich erscheinen lassen. Die Predigt hat darum den Auftrag, darzutun, daß Versöhnung für den Christen das Kernmotiv auch seines politischen Handelns sein will. Daraus ergibt sich von selbst, daß Gewalt kein christlich vertretbares Mittel der Politik sein kann.

Aus einer Zeit, in der die politische Komponente der Predigt ausgeschaltet und mit dieser Beschränkung praktisch die Wirkung erzielt wurde, das Bestehende christlich zu sanktionieren, hat sich bis in unsere Tage die Meinung erhalten, Kirche dürfe nicht für politische Veränderung eintreten. Zwar verdient das Modewort »Veränderung« wie alle modischen Erscheinungen Mißtrauen. Andererseits geht es auch in der biblischen Botschaft wesentlich um Veränderung. Wo zur Buße — zur Veränderung im Denken und Handeln — aufgerufen wird, kann die Frage nach Veränderungen im gesellschaftlichen Kontext nur durch einen theologischen Gewaltakt ausgeschaltet werden. Nach Luthers These soll »das ganze Leben des Christenmenschen *eine* Buße sein«. Das muß sich auch auswirken für Zielsetzungen politischer Veränderungen, die im Lichte der biblischen Botschaft zu fordern sind — Veränderungen also, die mehr Gerechtigkeit, Freiheit und Frieden bringen. Darum kann die Predigt nicht darauf verzichten, sich kritisch mit bestimmten Verhältnissen zu befassen. Sie wird die Enge aufbrechen, die nur die eigene Gesellschaft und ihre Interessen oder gar nur Gruppeninteressen sieht, und die weltweiten Wirkungen politischen Handelns aufzuzeigen versuchen. Sie darf die Frage nicht loslassen, welchen Beitrag die Kirchen und die Christen, aber auch unsere Gesellschaft überhaupt, leisten müssen, um der Not und der Ungerechtigkeit zu wehren. Sie muß, wenn es erforderlich erscheint, den Christen Wege des Opfers und der Gesellschaft Wege des Verzichtes weisen.

So wie Versöhnung ein fadenscheiniger Begriff bleibt, wenn sie nicht im Handeln verwirklicht wird, so bedürfen auch Gerechtigkeit, Freiheit und Frieden der Konkretion im gegebenen politischen Kontext. Gottes Zuwendung gilt allen Menschen. Die Voraussetzungen für Gerechtigkeit, Freiheit und Frieden stellen sich jedoch sehr unterschiedlich dar. Die Verkündigung des Evangeliums, das allen Menschen den gleichen und ebenso einen unvergleichlichen Wert beimißt, wird ihre Schwerpunkte entsprechend zu setzen haben. Sie muß den Blick auf die Menschen richten, die im Schatten stehen: im Einzelfall, unter den vorhandenen Bedingungen und angesichts globaler Verhältnisse. In der *einen* Welt, in der wir leben, will das Evangelium Sachwalter der Ohnmächtigen und Kritiker derer sein, die ihre Verantwortung mißbrauchen oder unzureichend wahrnehmen.

Wenn er seinem Auftrag gerecht werden will, muß der Prediger das
Risiko des Widerspruchs gegen sich und seine Kirche und das Risiko
des Konfliktes eingehen — Risiken, die mit der Parteilichkeit des Evangeliums selbst grundgelegt sind. Es gehört zur »Fleischwerdung des
Wortes« (Joh 1), daß die Kirche »Weggenossin menschlicher Entscheidungen« ist, »beteiligt an der Suche nach erträglichen Kompromissen,
mitten im Zwielicht von Entscheidungen, die weder der Westen noch
der Osten zureichend finden wird, ohne die Gerechtigkeit, die man sich
wohl wünschen könnte, in einem Geschiebe von Entscheidungen und
Fragen, das nur der durchhält, der Menschen liebhat, und in dem nur
derjenige Orientierung behält, der seine Entscheidungen nicht nur von
Taktik und Streben nach individueller Durchhilfe bestimmt sein läßt«[7].
Wer den Konflikten, Mißverständnissen und Unzulänglichkeiten ausweicht und sich auf eine nicht aktualisierte, vermeintlich »reine« Predigt des Worts zurückzieht, der könnte dabei dieses Wort gerade verfehlen und die ihm auferlegte Verantwortung versäumen.

V. Grenzen der Parteilichkeit

Mit der Feststellung, daß die Verkündigung des Heils Gottes und die
Sorge um das Wohl der Mitmenschen unauflöslich miteinander verknüpft sind, ist nicht gesagt, daß sich jede Predigt mit der Erörterung
politischer Probleme zu befassen habe und daß die politische Dimension
in jeder Form kirchlichen Redens und Handelns durchblicken müsse.
Die Frage nach dem konkret Politischen entscheidet sich in der Verkündigung am Text und sonst in der Zielsetzung des jeweiligen Handelns
und der vorgegebenen Situation. Zwar kann die Kirche nicht der Spannung entrinnen, die zwischen der Verpflichtung, sich zu engagieren,
und der Forderung, für alle dazusein, in jeder Lage neu entsteht. Aber
sie darf auch nicht vergessen, daß sich aus dem Evangelium politische
Programme und Anweisungen für die Gestaltung der Gesellschaftsordnung nicht ableiten lassen.

Grundsätze wie praktische Entscheidungen im politischen Bereich
sind umstritten, auch unter den Christen selbst. Es ist durchaus möglich,
daß sich aus der gleichen Begründung, aus der gleichen Motivation sehr
unterschiedliche, ja einander widersprechende Vorstellungen vom politischen Handeln entwickeln. Die Kirche kann das Forum sein, auf dem
über den besten Weg gestritten wird, und es gehört in einer Zeit, in der
interessenverhaftete politische Zielsetzungen mit dem Mantel der Sorge
um das allgemeine Wohl umkleidet werden, zum Auftrag der Kirche,

[7] Fischer, aaO. 501

zur Differenzierung und Klärung beizutragen. Doch selbst wenn sich in bestimmten Situationen die Absichten politischer Parteien mit theologisch sauber und einleuchtend begründeten Forderungen der Kirche decken, kann die Kirche dennoch nicht zur politischen Partei werden. Ebensowenig darf der Prediger die Kanzel zur Rostra einer parteipolitischen Rede machen.

Überhaupt ist es der Kirche nicht möglich, zu allen Tagesfragen Stellung zu nehmen. Dazu ist sie weder in der Lage noch von den Sachzusammenhängen her legitimiert. Insbesondere darf die Theologie nicht außeracht lassen, daß zur politischen Urteilsbildung nicht nur der sozialethische Aspekt, sondern auch Sach- und Fachverstand in vielfältigen Bezügen gehören. Die Aufgabe der Theologie besteht darin, die Phänomene des Politischen unter den Kriterien der Botschaft theologisch zu untersuchen. Aus der Einsicht, daß diese Kriterien auch verschiedene Lösungen zulassen können oder die Entscheidung darüber dem Sachverstand zuweisen, sind Kirche und Theologie ebenso zur Behutsamkeit aufgefordert wie durch den Umstand, daß der Streit um die richtigen Lösungen auch unter den Christen selbst stattfindet. In solchen Streitfragen dürfen die Leitungsorgane der Kirche den Vorwurf nicht scheuen, sie umgingen die Risiken der Parteinahme und zögen sich auf eine indifferente Neutralität zurück. Wo aber deutlich ist, daß es von der Botschaft her verschiedene Wege nicht geben kann oder offensichtliche Irrwege zu sperren sind, tritt die Verpflichtung zur unmittelbaren Parteinahme in Kraft.

Unter den Erfahrungen der nationalsozialistischen Diktatur hat die Kirche mit Schmerzen gelernt, daß die Position einer unbedingten Neutralität in politischen Fragen dem Auftrag des Evangeliums widerspricht und verhängnisvolle Wirkungen hervorrufen kann. Im Bewußtsein ihrer Versäumnisse hat sie nach dem Kriege die Christen immer wieder zur Wahrnehmung ihrer politischen Verantwortung aufgerufen und sie ermuntert, sich in die Niederungen der parteipolitischen Arbeit hineinzuwagen. Um dazu ein Beispiel zu geben, haben sich auch Amtsträger der Kirche entschlossen, parteipolitisch tätig zu werden. Viele Christen haben ihre Verpflichtung erkannt und nehmen sie wahr. In welchen Parteien und Gruppen sie auch stehen — sie verdienen die kritische Begleitung ihrer Kirche und die Ermutigung, die in ihrem Glauben begründete Verantwortung nach dem Maß ihrer Kräfte und Einsichten im schwierigen politischen Alltag zu bewähren. Aber es stellt sich die Frage immer eindringlicher, ob es der notwendigen Parteilichkeit des kirchlichen Dienstes in der Gegenwart zugute kommt, wenn Mitarbeiter der Kirche, die hauptamtlich mit dem Auftrag der Verkündigung und Seelsorge befaßt sind, in einer parteipolitischen Bindung stehen. Die Gefahr, daß die in der Situation gegebene und vom

Evangelium verlangte Parteilichkeit mit der persönlichen parteipolitischen Entscheidung des kirchlichen Mitarbeiters verwechselt wird und darum in ihren eigentlichen Intentionen nicht erkannt und dann auch nicht nachvollzogen werden kann, ist nicht von der Hand zu weisen. Auf jeden Fall sollte man es sich in der Entscheidung zwischen dem Willen, durch eine parteipolitische Bindung wirksamer für die Gesellschaft arbeiten zu können, und der Verpflichtung, die Verständnisfähigkeit der Mitchristen zu berücksichtigen, nicht leicht machen. Gerade weil bezeugt werden muß, daß das Evangelium zum Eintreten für die Mitmenschen nötigt und so zur Parteinahme in der Politik Veranlassung gibt, ist die parteipolitische Bindung seiner Verkündiger problematisch.

In seinem Aufsatz »Ostern und unser Atheismus« schreibt Martin Fischer: »Zu Ostern soll man die Torheit und Trägheit des Herzens verlernen; man soll Mensch werden, so lebendig, wie Gott ist, und so ›menschlich‹, wie Gott für uns geworden ist. Ostern lockt zu einem gewagten Leben. Für dieses Wagnis steht freilich nur Gott.«[8] Auch die politische Verantwortung der Kirche stellt sich als ein solches Wagnis dar — voller Verheißung für ihre Träger und für alle, denen sie gilt.

[8] AaO. 518

WALTER KRECK

WIE FREI IST DIE KIRCHE?*

Zu den großen Erkenntnissen der Reformation des 16. Jahrhunderts gehört ohne Zweifel die Entdeckung, daß es in Fragen des Glaubens, mit denen es die Kirche zu tun hat, frei zugehen muß. »Gott will keinen erzwungenen Dienst«, sagt Martin Luther. Darum muß die Kirche Freiheit haben, sie muß selbst frei sein, und sie darf ihrerseits nicht, wie sie leider oft genug in alter und neuer Zeit getan hat, Gewissenszwang ausüben. Diese Auffassung ist jedenfalls seit der Aufklärung auch weithin ins öffentliche Bewußtsein eingedrungen und als Postulat so selbstverständlich geworden, daß Religionsfreiheit und damit auch Freiheit der Kirchen in unzähligen Verfassungen garantiert ist und auch jüngst in der gemeinsamen Erklärung der 35 Staaten, die in der Konferenz für Sicherheit und Zusammenarbeit in Europa in Helsinki verabschiedet wurde, ausdrücklich anerkannt worden ist.

Aber was grundsätzlich zugestanden wird und theoretisch-unbestritten ist, das ist in der Praxis noch keineswegs selbstverständlich. Auch von der Freiheit der Kirche gilt das. Ich denke dabei nicht so sehr an die äußere Gefährdung, die unter einer christentumsfeindlichen Regierung entstehen kann und die man meist vor Augen hat, wenn von Bedrohung der Freiheit der Kirche die Rede ist. So war es ohne Zweifel eine starke Belastung für die christlichen Kirchen, als das nationalsozialistische Regime zunächst den Versuch einer ideologischen Verfälschung der christlichen Botschaft und einer organisatorischen Gleichschaltung der Kirche mittels des Führerprinzips unternahm und — als dies nicht hinreichend gelang — sie zunehmend im öffentlichen Leben unsres Volkes einengte, diffamierte oder gar offen bekämpfte. Die christlichen Kirchen schienen damals bereits auf den Aussterbeetat gesetzt und nur während des Krieges eine gewisse Schonfrist zu genießen. Und gewiß ist auch heute in manchen kommunistischen Staaten — obwohl die Verhältnisse dort nicht einheitlich und von den faschistischen Zuständen recht verschieden sind — alle Religion unter Ideologieverdacht gestellt und der Aktionsradius kirchlicher Betätigung vielfach eingeschränkt. Aber abgesehen davon, daß für uns hier in der westlichen Welt diese Situation nicht gegeben ist, scheint mir auch eine Bedrohung oder Einschränkung der Kirche von außen nicht die größte

* Gekürzte Fassung eines am 2. 11. 1975 im Südwestfunk gehaltenen Vortrags

Gefahr. Wo man klaren Antithesen begegnet, wo mit offenem Visier
gekämpft wird, wo z. B. ein theoretischer Atheismus uns entgegentritt,
da ist eine Auseinandersetzung gefordert, die der christliche Glaube
nicht zu scheuen braucht und vor der eine Kirche nicht erschrecken
sollte, kann sie doch ihr selbst zur Klärung und Reinigung dienen.

Viel bedrängender und unheimlicher ist eine Gefährdung der Freiheit der Kirche ohne äußere Bedrohung, ohne Ausübung von Zwang,
ohne feindselige Haltung. Auch eine Umarmung kann zur Erstickung
führen, und ihr erliegt man meist viel ahnungsloser und wehrloser als
einem gewappneten Angreifer. Die Methoden, die dabei verwendet
werden, sind wohl im Lauf der Geschichte immer die gleichen: Die
Mächtigen erkennen eines Tages, daß die Kirchen ihren Zielen nützlich
sein können, indem sie zu deren Begründung und Verankerung im Bewußtsein der Menschen beitragen, also einem Staat oder einer Gesellschaft eine Art geistigen Kitt liefern. Dabei muß es sich keineswegs um
bewußte Manipulation handeln, um heuchlerischen Mißbrauch der
»Religion« für ihr wesensfremde Zwecke, sondern das kann und wird
meist in der wohlwollenden Absicht geschehen, einen für beide Teile
erfreulichen Kompromiß einzugehen. So hat wohl im 4. Jahrhundert
das römische Kaisertum die vorher oft verfolgte oder doch nur gedul-
dete christliche Kirche zur herrschenden Staatskirche gemacht in der
Hoffnung auf eine segensreiche Entwicklung für beide Seiten. Oder so
hat der Landesfürst im 16. Jahrhundert als hervorragendstes Glied der
evangelischen Kirche seines Territoriums deren Betreuung und Beauf-
sichtigung wohlwollend, aber immer fester in die Hand genommen,
und es kam schließlich zu der engen Allianz von Thron und Altar.
So haben wahrscheinlich nach dem zweiten Weltkrieg viele Christen
bei uns besten Gewissens christliche Religion und Kirche als ideo-
logisches Bollwerk zur Verteidigung des »christlichen Abendlandes«
gegen den »gottlosen Kommunismus« in Anspruch genommen.

Solche ideologische Indienstnahme pflegt durch Einräumung einfluß-
reicher Positionen, die in beiderseitigem Interesse zu liegen scheint,
belohnt zu werden. Heute ist das nicht oder nur noch in Ausnahme-
fällen möglich durch Erhebung einer Kirche in den Rang einer Staatskirche, die auf wichtigen Sektoren des öffentlichen Lebens (z. B. Schul-
wesen, Ehegerichtsbarkeit usw.) obrigkeitliche Funktionen ausübt, so-
daß sich kirchliche Dienstleistung z. T. in Form von Herrschaftsausübung vollzieht. Aber auch nach der Trennung von Kirche und Staat
(einer nicht radikalen sondern »hinkenden« Trennung in der Weimarer
Republik) und der Fortschreibung dieses Verhältnisses in der Bundesrepublik unter noch günstigeren Umständen für die Kirche bleiben für
diese gewisse Vorrechte bestehen, die ihr als einer fast das ganze Volk
umfassenden Institution willig eingeräumt wurden. Was erst jüngst in

dem heftig umstrittenen Kirchenpapier der F.D.P. kritisch zur Diskussion gestellt wurde (z. B. der Status der Kirche als Körperschaft öffentlichen Rechts, christlicher Religionsunterricht als ordentliches Lehrfach in staatlichen Schulen, eine gewisse Vorrangstellung freier Wohlfahrtstätigkeit u. a.) rührt ohne Zweifel — wenn auch noch zaghaft — an diese privilegierte Stellung der Kirchen im öffentlichen Leben.

Ich bin nun nicht der Meinung, daß die Gewissensfreiheit des einzelnen, daß die in der Verfassung geforderte Neutralität des Staates hinsichtlich der Religion oder auch die der Kirche zukommende Freiheit ihres Dienstes durch die gegenwärtig bestehenden Rechtsverhältnisse ernstlich behindert seien. Wohl aber läßt sich m. E. schwer leugnen, daß die bisherige entgegenkommende und wohlwollende Behandlung der Kirchen bei uns auch Versuchungen eigener Art enthält. Wenn die Zugehörigkeit zur Kirche, mag sie noch so passiv wahrgenommen werden, in weiten Kreisen unserer Gesellschaft noch als fast selbstverständlich gilt, wenn politische Parteien immer noch gern den christlichen Namen in Anspruch nehmen, wenn die Kirche nicht nur in Schule und Universität sondern auch in Kasernen ein ihr großzügig eingeräumtes Betätigungsfeld hat, wenn der Austritt aus der Kirche immer noch eher auffällt als die Mitgliedschaft in ihr, dann kann es sehr leicht zu einem »Christentum ohne Entscheidung« kommen, das den Eindruck der völligen Belanglosigkeit des Christseins erwecken kann. Gerade durch diese große Freiheit und scheinbare Selbstverständlichkeit kann die wahre christliche Freiheit, die nie ohne Bindung ist, ins Zwielicht geraten. Jedenfalls müssen angesichts dieser Möglichkeit, die Kirche so wie Rathaus und Schule reibungslos in das Bild unserer Städte und Dörfer zu integrieren und den ihr nach dem Zeugnis des Neuen Testaments auch zukommenden Charakter der Fremdlingschaft in dieser Welt möglichst zu verdecken, wachsame geistliche Kräfte auf dem Plan sein, wenn die Kirche solcher Versuchung nicht erliegen will. Die Kirche dürfte das alles nur haben, als hätte sie es nicht, d. h. indem sie sich bei allem Gebrauch der ihr gebotenen staatlichen und gesellschaftlichen Möglichkeiten innerlich davon frei und unabhängig hält und sie nicht wie einen ihr zustehenden Besitz um jeden Preis festzuhalten bestrebt ist.

Aber hat die Kirche die Kraft, den Versuchungen zu widerstehen, die in den Erwartungen und Chancen seitens der heutigen Welt beschlossen sind? In einer Umgebung, die sie noch immer meist wohlwollend behandelt, sie zum mindesten toleriert und z. T. ihre Tätigkeit (z. B. auf dem Gebiet der Seelsorge oder auch der sozialen Fürsorge) begrüßt, liegt es nahe, sich auf die ihr entgegengebrachte Rollenerwartung weitgehend einzustellen. Wenn auch das, was jedenfalls nach reformatorischer Theologie als zentrale Aufgabe der Kirche galt: die explizite Verkündigung des Evangeliums von Jesus Christus!, nur von einem sehr geringen Prozentsatz ihrer Glieder regelmäßig in Anspruch genommen wird, so gibt es doch in unsrer modernen Industriegesellschaft genug vernachlässigte Lebensbereiche, auf denen sich die Kirche ungestört betätigen und wo sie Dienstleistungsfunktionen erfüllen kann, die man ihr meist bereitwillig abnimmt. Dabei kann es freilich leicht zu Verwechslungen kommen zwischen dem, was die eigenste Aufgabe der Kirche ihrem Auftrag entsprechend ist und was ihr niemand abnehmen kann, und dem, was sie auch, aber mehr stellvertretend im Dienst der Gesellschaft, tut, was aber für ihre Sendung nicht konstitutiv oder kennzeichnend ist. So meinen heute viele, die Kirche sei eben eine Religionsgemeinschaft oder auch eine soziale Institution, um einer diffusen pluralistischen Menschheit gewisse Wertvorstellungen zu vermitteln, um die Sinnfrage, die viele stellen, zu beantworten, um in Krisensituationen wie Krankheit und Sterben hilfreichen Beistand zu leisten und einen Beitrag zur Sozialisation der heranwachsenden Jugend zu geben, ohne daß bei alledem das Bekenntnis zu Jesus Christus für ihren Dienst konstitutiv sein müsse. Aber so wichtig alle diese Funktionen sind: kann sich die Aufgabe der Kirche darin erschöpfen, daß sie sich dem Fragehorizont des heutigen Menschen und den von ihm empfundenen Bedürfnissen als letztem Maßstab ihres Tuns unterwirft? Oder verlöre sie nicht gerade dadurch ihre Freiheit und versäumte auch ihren wirklichen Dienst am Menschen? Denn das Evangelium, dem die Kirche zu dienen hat, ist keineswegs die direkte Erfüllung der vom Menschen bereits erkannten und empfundenen Wünsche und Bedürfnisse, sondern es geht auf die Fragen des Menschen zwar ein, aber so, daß es diese seinerseits hinterfragt, ja, den fragenden Menschen selbst in Frage stellt und an die — ihm vielleicht selbst unbewußte — Not rührt, für die alle die empfundenen Nöte Symptome sind. Ich könnte auch sagen: Im Evangelium geht es um den *wirklichen* Menschen, und frei ist die Kirche nur dann, wenn sie sich durch alle Vorurteile, durch alle Menschenbilder, durch die bestehenden gesellschaftlichen Bedingungen und Zwänge nicht daran hindern läßt, zur Begegnung mit diesem wirklichen Menschen vorzudringen.

Ich möchte an drei Beispielen zeigen, wie nach meiner Sicht der Dinge die Kirche heute bei uns in der Versuchung steht, ihre Freiheit zu gefährden:

1. Die Kirche gefährdet ihre Freiheit, wenn sie sich den Zwängen ihrer Umgebung anpaßt, also heute z. B. in einer Warengesellschaft das Evangelium selbst vermarktet.

Unsre moderne Gesellschaft hat man nicht ohne Grund eine Warengesellschaft genannt, d. h. die Gesetze des Marktes, auf dem alles nach seinem Tausch- und Kaufwert beurteilt wird, weiten sich auf alle

Lebensgebiete aus und drohen sie zu beherrschen. Was sich im ökonomischen Bereich abspielt, das färbt infolge der Allmacht des Wirtschaftlichen heute auf Politik, Wissenschaft, Kunst, Sexualität usw. ab. Der Wert einer Sache bestimmt sich danach, ob sie einen Käufer findet und wie hoch dieser zu zahlen bereit ist. Dabei ist nicht der faktische Nutzwert entscheidend, auch nicht, ob ein dringliches Bedürfnis befriedigt wird, sondern ob ein solches Bedürfnis subjektiv empfunden wird bzw. ob es dem Käufer durch eine geschickte Reklame suggeriert wird. Denn der Zweck des Marktes für den Verkäufer ist doch schlicht der, ein Produkt möglichst gewinnbringend an den Mann zu bringen. Und jedermann weiß, daß eine mit großem finanziellen Aufwand und allem psychologischen Raffinement betriebene Werbung diesem Zweck dient. Natürlich will man, wie es in der Reklame heißt, den Menschen beglücken, natürlich sollen seine Bedürfnisse befriedigt werden, aber mit dem selbstverständlichen obersten Ziel des Gewinns, der Profitmaximierung.

Charakteristisch für die bei uns herrschende Allgewalt des Ökonomischen ist nun, daß der Geist und die Regeln dieses Markt- und Warendenkens auf das gesamte gesellschaftliche und politische Leben übergreifen, ja, daß der Mensch selbst dabei zur Ware zu werden droht. So wie die menschliche Arbeitskraft im modernen Industrieprozeß rational eingeplant wird — also verrechenbar, ersetzbar, austauschbar wie andre Faktoren dieses Prozesses — so droht der Mensch auf allen Gebieten immer mehr zum Mittel, der materielle Gewinn oder auch der Prestige- und Machtzuwachs zum eigentlichen Zweck zu werden. Das Warendenken erobert alle Bereiche, und wie sich dem König Midas nach der alten Sage alles, was er berührte, in Gold verwandelte, so wird alles in den Strudel dieser Vermarktung hineingezogen. Die Wahlpropaganda politischer Parteien gerät bekanntlich zunehmend zu einem Werbefeldzug ähnlich der Reklame einer Waschmittelfirma, wobei es nicht um wirkliche Aufklärung sondern um Überredung bzw. Stimmengewinn geht — in ihrer Primitivität für den denkenden Bürger oft geradezu beleidigend. Die Presse ist weithin direkt abhängig von den potenten Firmen, die in ihr inserieren und ihr damit jedenfalls indirekt diktieren können, wieweit ihr Freiheitsraum geht. Was die sog. Boulevardpresse sich an Schaustellung von Obszönitäten und Gewalt erlaubt, ist gewiß nicht anders zu erklären, als daß man auf diese Weise den nackten Existenzkampf um Absatz führt. Wie man ein Buch zu einem Bestseller macht, wie man Stars aufbaut, wie man im Sport manipuliert, was sich Reklame bis hin zum Arzneimittelwesen leistet, das alles ist oft genug beschrieben worden.

Kein Wunder, daß die Kirche, die in und mit dieser Gesellschaft lebt, ebenfalls in der Versuchung steht, diesem Geist der Warengesellschaft

zu erliegen oder ihn doch nicht deutlich genug zu erkennen und zu entlarven. Unfrei ist eine Kirche, wenn sie dies nicht durchschaut und
vielleicht moralisch gegen allerlei Krankheitssymptome in der heutigen
Welt protestiert, aber die dahinter stehenden Zwänge und Struktur-
gesetze nicht in den Blick bekommt. Es ist doch ein offenes Geheimnis,
daß in unsrer sog. freien Welt zwar weniger direkte Verbote uns ein-
engen (obwohl auch die dahin gehenden Tendenzen sich mehren), wohl
aber wirtschaftliche Interessen, Rücksicht auf Kunden, auf Wähler, auf
berufliches Fortkommen Tabus aufrichten und Bewußtseinssperren erzeugen, die der einzelne unter der ständigen propagandistischen Berie-
selung nur schwer erkennen, geschweige denn durchbrechen kann. Sollte
die Kirche nicht ein Ort der Freiheit sein, an dem man sich nicht kon-
formistisch einfach einfügt in das Gehäuse der vorherrschenden Meinungen und Interessen, sondern kritisch und selbstkritisch dem Zeitgeist
begegnet? Aber ist nicht auch die Kirche in der Gefahr, sich der bei uns
geltenden Sprachregelung anzupassen und also z. B. Freiheit im Sinne
eines möglichst uneingeschränkten wirtschaftlichen Machtkampfes zu
verstehen oder auch als die Freiheit des Käufers, zwischen möglichst
vielen Automarken wählen zu dürfen, sich also diesem alles infizieren-
den Marktdenken zu fügen? Und ist sie nicht in der Versuchung, auch
das Evangelium, das sie zu bezeugen hat, dem anzugleichen, es unter
dem Gesichtspunkt des Marktwertes bzw. dessen, was bei dem Menschen heute ankommt, zu betrachten und anstatt seine kritische Funktion in unsrer Gesellschaft zu bedenken, nach Marktlücken zu suchen,
in die man sich möglichst reibungslos einfügt?

Nun hat die Kirche gewiß den Auftrag, den Menschen zu dienen,
so gewiß ihr Herr von sich gesagt hat, er sei nicht gekommen, um sich
dienen zu lassen sondern um zu dienen. Und der Apostel Paulus kann
ausdrücklich sagen, daß er den Juden ein Jude und den Griechen ein
Grieche geworden sei, also doch wohl auf die Fragen und Bedürfnisse
der Menschen eingegangen sei. Aber wenn er zugleich von seiner Botschaft behauptet, daß sie den Juden ein Ärgernis und den Griechen
eine Torheit sei, weil sie das Wort vom Kreuz ist, dann kann es sich
nicht um eine billige Anpassung handeln, geschweige darum, daß er
mit dem Wort Gottes »Geschäfte mache« (2Kor 2,17). Das Evangelium
eignet sich nicht zur Ware, man kann es nicht als Mittel zum Zweck
benutzen, seien es nun massive politische und wirtschaftliche Zwecke
oder so edle Ziele wie Vermittlung von Werten, Sinnerfüllung, Befreiung von Lebensangst und Todesfurcht. Dies alles mag es wohl auch
wirken können, aber im Sinn des Jesuswortes: »Trachtet am ersten
nach dem Reich Gottes und nach seiner Gerechtigkeit, so wird euch
solches alles zufallen.« Die unabhängige Stimme der Wahrheit, die im
Evangelium ergeht, zu Gehör zu bringen, sich durch keine Menschen-

furcht oder Menschengefälligkeit darin beirren zu lassen, sich nicht zum Sklaven der herrschenden Meinung zu machen, nicht da leise zu treten, wo es inopportun ist, Unrecht beim Namen zu nennen, nicht eigne Interessen zu verfolgen, sondern bereit zu sein, das eigene Renommée, ja, wenn es sein muß, auch die eigene Existenz aufs Spiel zu setzen — das ist die wahre Freiheit, zu der die Kirche berufen ist in einer Welt, in der krumme Rücken und kluges Sich-durchschlängeln beliebter sind und erfolgreicher scheinen als ein aufrechter Gang. Nur eine Kirche, die bereit ist, notfalls ihr Leben zu verlieren, steht unter der Verheißung, daß die Pforten der Hölle sie nicht überwältigen werden.

2. Die Kirche wird aber auch unfrei, wenn sie sich ohne Rücksicht auf die Herausforderungen unsrer Zeit an das Gestrige klammert und das Evangelium zu einer »Religion der bürgerlichen Welt« heute einengt.

Während wir bisher davon sprachen, daß sich die Kirche zu sehr auf den Zeitgeist einlassen und dadurch ihre Freiheit verlieren kann, gibt es auch die — scheinbar — gegenteilige Gefahr, sich den Herausforderungen der Gegenwart und Zukunft nicht zu stellen und sich an Denkformen und Lebensweisen von gestern zu klammern. Es ist eine nur scheinbar gegenteilige Gefahr, weil es sich im Grunde um dieselbe Versuchung der Anpassung handelt, hier nur an überkommene und bestehende Verhältnisse. Wie kommt es, daß die Kirchen, obwohl doch das Evangelium wahrlich als eine revolutionäre Größe in die Welt trat, so oft als konservative Macht erscheinen, die sich einer neuen Zeit — wir denken etwa an die Aufklärung des 18. Jahrhunderts, an die französische Revolution oder auch an die soziale Revolution im 19. und 20. Jahrhundert — meist warnend und bremsend entgegenstellten?

Weil das Evangelium die Botschaft von dem einmal gekommenen Jesus Christus ist, es also um ein geschichtliches Ereignis und nicht eine zeitlose Idee dabei geht, darum wird mit gutem Grund der Christ zum Respekt vor der Bibel als dem grundlegenden christlichen Zeugnis, aber auch vor der kirchlichen Tradition als der Weitergabe dieses Zeugnisses durch die Jahrhunderte hindurch ermuntert. Das ist wohl zu bedenken in einer Zeit des zunehmenden Relativismus und Pluralismus. Aber das kann zur Versuchung werden, indem man sich gesetzlich an die Fragestellungen und Antworten der Väter bindet und damit gerade das verfehlt, was uns heute aufgetragen ist, so wie bereits die Pharisäer zu Jesu Zeiten ihre überkommenen Menschensatzungen über Gottes Gebot stellten. Wer heute z. B. die politische Verantwortung des Christen darauf beschränken wollte, die Regel des Apostels Paulus Römer 13 buchstäblich zu befolgen und nichts andres zu lehren als die Mahnung: »Jedermann sei untertan der Obrigkeit, die Gewalt über ihn hat!«, oder wer die Diskussion um das Bevölkerungsproblem oder auch den § 218 damit erledigen wollte, daß er das Wort aus der biblischen Schöpfungsgeschichte zitiert: »Seid fruchtbar und mehret euch!«, der würde der christlichen Freiheit gerade nicht gerecht.

Solche Versuchung, diese Freiheit zu verspielen, besteht für die Kirche besonders in Zeiten geistigen und gesellschaftlichen Umbruchs, wie wir sie heute erleben. H. J. Iwand hat einmal von der Gefahr gesprochen, daß speziell der Protestantismus zu einer »Religion der bürgerlichen Welt« zu werden drohe (Nachgelassene Werke II, 85). Kennzeichnend für das Bürgertum sind nicht nur Freiheit und Freizügigkeit, Unternehmensgeist und eine an Besitz und Bildung orientierte Lebensform, sondern zunehmend auch eine beharrende und bewahrende Tendenz, zumal gegenüber einer wachsenden sozialistischen Bewegung und ihrer Kritik an der kapitalistischen Wirtschaftsform. Die Kirche hat sich im 19. wie im 20. Jahrhundert bei uns eher mit den konservativen bürgerlichen Kräften verbunden und zur Arbeiterbewegung, zu revolutionären oder auch nur radikaldemokratischen Forderungen kaum ein Verhältnis gefunden. In der Ächtung des Krieges, im Kampf gegen rassische Diskriminierung und gegen koloniale Ausbeutung, in der Eindämmung privater wirtschaftlicher Macht oder gar imperialistischer Tendenzen im Kampf gegen den Faschismus, aber auch im Eintreten für Gleichberechtigung der Frau, für Bodenreform, für Strafrechtsreform haben die Kirchen sich lange Zeit nicht als Vorkämpfer erwiesen, sondern sich kaum über den traditionellen bürgerlichen Bewußtseinsstand erhoben. Vollends in der Zeit des Kalten Krieges zeigte sich, daß die Mehrheit in den Kirchen der selbstverständlichen Aufteilung der Welt in Licht und Finsternis, in Gute und Böse nur allzu willig zustimmte und die bei uns bestehenden Wertvorstellungen, die bei uns gewohnten Besitz- und Produktionsverhältnisse als mit christlichem Ethos vereinbar ansah, während drüben der Geist des Bösen, des Antichristen umginge.

Diese Selbstverständlichkeit ist heute vielen Christen in der Welt zerbrochen. In der Ökumene zumal mehren sich die Stimmen, die auf die Bedrohung und Gefährdung der Freiheit des Menschen — nun hier in der sog. freien Welt — hinweisen. Die schreienden Gegensätze zwischen satten und hungrigen Völkern, zwischen privatem Reichtum und öffentlicher Armut, zwischen einer auf ständige Expansion angelegten Wirtschaft und begrenzten Ressourcen, die Ratlosigkeit angesichts der in Dauerinflation und Arbeitslosigkeit sich auswirkenden Weltwirtschaftskrise, die wachsende Abhängigkeit auch der bürgerlich-mittelständischen Kreise, auf die sich die Kirchen meist stützten, von mehr oder weniger anonymen, jedenfalls kaum beeinflußbaren internationalen wirtschaftlichen Machtgruppen signalisieren das Ende des bürgerlichen Zeitalters. In einer Situation, in der uns die sog. jungen Kirchen in der dritten Welt deutlich genug zu verstehen geben, daß sie von den traditionellen Denkweisen und Lebensformen der abendländischen Christenheit gerade auch auf sozialpolitischem Gebiet tief enttäuscht sind, und den großen Parolen von Freiheit, Gleichheit und Brüderlichkeit, die wir als säkularisierte christliche Forderungen verstehen können und so auch propagieren, entgegenstellen, was sich der weiße Mann an Kolonialismus, Rassismus und wirtschaftlicher Ausbeutung ihnen gegenüber geleistet hat — meist mit Unterstützung oder doch unter Tolerierung der Kirchen — muß es auch für uns heißen: Pflüget ein Neues! Auch wir Christen sind aufgerufen, unsre überkommene Einstellung zu Privat- und Gemeineigentum, zu Markt und Planung, zu rücksichtslosem Gebrauch der eigenen Freiheit und öffentlicher Verantwortung, zu Krieg und Revolution, zur Klassen- und Rassenfrage daraufhin zu prüfen, wieweit wir christliches Ethos vorschützen, wo wir am Ende von bürgerlichen Vorurteilen befangen sind und massive Interessen an der Erhaltung unsres privilegierten Status in der Welt unser Urteilen und Handeln leiten. So wenig der Christ prinzipiell revolutionär, d. h. auf alle Fälle und um jeden Preis auf Seiten der Veränderer steht, so wenig kann er prinzipiell konservativ oder gar reaktionär sein, anstatt aus der Freiheit heraus, zu der uns Christus befreit hat, notfalls auch mutige, unpopuläre Schritte zu tun und gegen den Strom der herrschenden Meinung zu schwimmen.

3. Die Freiheit der Kirche ist bedroht, wenn sie den theoretischen Atheismus ernster nimmt als die praktische Gottlosigkeit unter christlichem Vorzeichen.

Wenn die Kirche mit Recht auf dem verbalen Bekenntnis zu Jesus Christus als dem gekreuzigten und auferstandenen Herrn der Welt besteht, dann kostet sie das hier bei uns im Westen nichts. Christliche Worte sind noch immer wohlfeil, und sie zu wiederholen, bringt kein Risiko. Aber wenn wir versuchen, aus diesem Bekenntnis Konsequenzen zu ziehen und — mit der Barmer theologischen Erklärung der Bekennenden Kirche — Jesus Christus als Gottes Anspruch auf unser ganzes Leben bezeugen, also z. B. auch im politischen und ökonomischen Bereich nicht nur unser Recht und unsern Vorteil sondern Freiheit und Lebensrecht des Nächsten, und zwar gerade des auf der Schattenseite des Lebens stehenden Nächsten, vertreten, dann beginnt der Kampf. Wir Christen stehen in der Versuchung, ein billiges, theoretisches Lippenbekenntnis — mag es auch mit praktischer Gottlosigkeit und Inhumanität Hand in Hand gehen — zu respektieren, aber theoretischen Atheismus blutig ernst zu nehmen. So reihte man sich kirchlicherseits oft in der neueren Geschichte in die Front reaktionärer Kräfte ein, wenn man dort nur nominell den Namen Christi beschwor und die Kirche unterstützte (auch die Nazis taten das anfangs!), während man den verzweifelten Ruf nach einer gerechteren sozialen Ordnung schon deshalb überhörte oder bekämpfte, weil er aus dem Mund der sog. Gottlosen kam. Freiheitsbeschränkungen für Christen und Kirchen in sozialistischen Staaten registrierte man in der Christenheit sehr genau, aber mit gleicher Offenheit Verbrechen gegen die Menschlichkeit seitens sog. christlicher Völker zu brandmarken, fiel und fällt uns schwer. Man stellt sich bei uns den Antichristen meist in der Gestalt offener Gottlosigkeit vor, anstatt zu bedenken, daß er nach dem Zeugnis der Bibel gerade als Engel des Lichts verkleidet zu kommen pflegt, daß er — wie in der Geschichte von der Versuchung Jesu — gern Bibelworte gebraucht, daß er mit christlichen Parolen agitiert und den Beifall aller wohlmeinenden Leute findet. Das war eine der erschreckenden Entdeckungen Martin Luthers, als er erkannte, daß der Antichrist mit Vorliebe sein Wesen in der Kirche treibe. Darum ist nichts gefährlicher, als wenn man in pharisäischer Sicherheit die Front zwischen Licht und Finsternis aufrichtet, sich selbst zum Heer des Lichts zählt und nicht mehr mit dem Vaterunser für sich selbst betet: Führe uns nicht in Versuchung! Das war für ein waches christliches Gewissen das Furchtbare an dem sog. Kalten Krieg, daß das christliche Abendland mit solcher Sicherheit Wahrheit und Lüge zu scheiden und säuberlich in geographische Regionen aufzuteilen versuchte und die eigenen wirtschaftlichen und politischen Interessen derart mit der Gloriole einer christlichen Weltanschauung verbrämte, daß man sie notfalls mit Feuer und Schwert im Namen Gottes glaubte verteidigen oder durchsetzen zu können. Ich glaube, daß nichts — kein modernes Heidentum, kein Atheismus und kein Antichristentum — der Kirche in den vergangenen Jahrzehnten bei uns so sehr geschadet, d. h. ihre Glaubwürdigkeit erschüttert hat wie dies Mißverhältnis in der Beurteilung theoretischer und praktischer Gottlosigkeit und der bei vielen erweckte Eindruck eines Mißbrauchs des christlichen Namens zur Durchsetzung politischer und wirtschaftlicher Zwecke. Und erst allmählich werden sich die Christen und die Kirchen in der Welt der ihr gebotenen Freiheit bewußt, indem sie sich — wie z. B. die amerikanischen Kirchen in ihrem Protest gegen den Vietnamkrieg und überhaupt neokoloniale Unterdrückung — auch die Unpopularität nicht scheuen.

Hier bei uns in der BRD verhalten sich die Kirchen offiziell meist noch recht vorsichtig und zaghaft in der Wahrnehmung solcher vom Evangelium gebotenen Freiheit. Es waren Minderheiten, die sich hier dem Geist des Antikommunismus in den 50er Jahren widersetzten, welche die ersten Schritte zur Verständigung auch mit den Völkern des Ostens einleiteten, welche die amerikanischen Kirchen in ihren Protesten unterstützten, die das Antirassismusprogramm der Ökumene auch bei uns vorwärtstrieben und denen widersprachen, die bereits eine verbale Berufung auf das sog. hohe C für eine Glaubwürdigkeitsmarke in der Politik hielten. Und ist es nicht heute noch eine Minderheit, die es für nicht vereinbar mit der christlichen Freiheit hält, wenn man sich in der Kirche gegen vermeintliche Gefahren seitens einiger sog. Linksextremer unter den Theologen glaubt abschirmen zu müssen, womöglich mit disziplinarischen Maßnehmen, während man die Augen verschließt oder doch faktisch resigniert vor der praktischen Gottlosigkeit einer oft bis ins Demagogische gesteigerten politischen Propaganda, die nicht davor zurückscheut, ganz undifferenziert ein sozialistisches Gespenst zu beschwören und alle Ängste des Bürgers zu stärken, statt für die wirklichen Versuchungen in diesem unserem Lebenskreis, auch für die wirklichen Ursachen wirtschaftlicher Krisen die Augen zu öffnen? Noch immer scheint mir die Mahnung Karl Barths von 1946 am Platze, der damals schrieb: »Wäre es doch so, daß die christlichen Kirchen im Westen den Mut hätten, ihren Gläubigen und ihrer ganzen Umgebung deutlich zu machen, daß die Gottlosigkeit, die Jesus Christus ans Kreuz gebracht und die er in seiner Auferstehung widerlegt hat, nicht die theoretische Gottlosigkeit der ›Atheisten‹, sondern die praktische Gottlosigkeit der Frommen, der Vertreter der ›christlichen Zivilisation‹ seiner Zeit gewesen ist, und daß die Konsequenz dieser Tatsache, nämlich die schon lange fällige Buße und Umkehr der *Gerechten* nun streng und fröhlich gezogen werden dürfte« (EvTh 1946, 213).

YORICK SPIEGEL

DIAKONIE IM SOZIALSTAAT

In der Einführung des von mir herausgegebenen Sammelbandes »Kirche und Klassenbindung« habe ich bemerkt, daß im diakonischen Bereich »ein wirklicher Interessenausgleich zwischen Staat und Kirche« stattfinde und von daher »dieser Bereich der kirchlichen Arbeit politisch relativ unbedroht« sei. Zum anderen findet sich hier das Urteil, in diesem Aufgabengebiet komme »die Arbeit der Kirchen ... derzeit nicht über die Verwaltung der Opfer hinaus«[1]. Was in der Kürze der dortigen Gesamtübersicht nicht möglich war, soll in diesem Beitrag genauer erörtert werden: daß und worin ein Interessenausgleich zwischen Staat und Kirche im diakonischen Bereich besteht, auch wenn Konflikte durchaus vorhanden sind[2], und warum die Diakonie sich so schwer tut, aus der Verteidigung des erreichten Besitzstandes zu einer Offensive überzugehen, die auf die strukturellen Ursachen eines weitreichenden Verelendungsprozesses verweist[3].

I. Soziale Sicherung als staatliche Aufgabe

Eine der wesentlichen Merkmale der bürgerlichen Gesellschaft ist die Trennung zwischen miteinander konkurrierenden privaten Wirtschaftssubjekten und dem Staat, der die Rahmenbedingungen schafft, unter denen die Verwertungsprozesse des Kapitals überhaupt erst möglich werden. Der klassische bürgerliche Staat übernimmt dabei vier Aufgabengebiete: »(1) Herstellung allgemeiner materieller Produktionsbedingungen (›Infrastruktur‹); (2) Setzung und Sicherung von allgemeinen Rechtsverhältnissen, in denen sich die Beziehungen der Rechtssubjekte in der kapitalistischen Gesellschaft abspielen; (3) Regulierung des Konfliktes Lohnarbeit und Kapital und gegebenenfalls

---

[1] Y. Spiegel, Einleitung, in: Ders. (Hg.), Kirche und Klassenbindung (edition suhrkamp 709), 1974, 26 bzw. 25; vgl. auch K. Lefringhausen, Kollektiver Egoismus und öffentliche Armut, EvKom 1973, 151—155

[2] Vgl. M. Stolleis, Sozialstaat und karitative Tätigkeit der Kirchen, in: ZevKR 18, 1973, 376—404, 379

[3] Viele, im einzelnen nicht immer genannte Anregungen verdanke ich J. Degen, Diakonie und Restauration, 1975, und M. Loesch, Zur Verhältnisbestimmung von Diakonie und Staat in der Gegenwart der BRD, Manuskript Frankfurt 1975

Unterdrückung der Arbeiterklasse; (4) Sicherung der Existenz und Expansion des nationalen Kapitals auf dem kapitalistischen Weltmarkt.«[4] Angesichts der zunehmenden Konzentrationsprozesse im Spätkapitalismus gewinnt eine weitere Aufgabe zunehmend an Bedeutung, nämlich soziale Sicherung zu gewährleisten[5] und die Arbeitsfähigkeit zu erhalten bzw. eine rasche Wiedereingliederung in den Arbeitsprozeß zu sichern[6].

Das Anwachsen der wohlfahrtsstaatlichen Funktion, von Theologen vielfach unter dem Kennzeichen eines totalitären Staates beschrieben, beruht auf gesellschaftlichen Prozessen, die durch die Prinzipien kapitalistischen Wirtschaftens vorangetrieben werden. Die kapitalistische Wirtschaftsform hat, auf dem geschichtlichen Hintergrund einer spezifischen sozialen und religiösen Situation, eine bemerkenswerte Entwicklung des gesellschaftlichen Reichtums bewirkt, hat aber zugleich auch eine Zerstörung ihrer eigenen Grundlagen bewirkt, was heute eine staatliche Absicherung der Lebensrisiken unumgänglich macht. Es lassen sich drei wesentliche Gründe nennen, die es dem Einzelnen zunehmend unmöglich machen, im Falle von Krankheit, Arbeitslosigkeit und -unfähigkeit sowie Alter auf andere als staatliche Hilfe zurückzugreifen:

(1) Die Durchsetzung der bürgerlichen Wirtschaftsgesellschaft ist verbunden mit der Aufhebung traditioneller Solidaritätsverbände, wie der Zünfte, und der patriarchalisch organisierten Betriebsverbände (vgl. Bauernbefreiung). Auch die Familie als Solidaritätsgemeinschaft verliert an Gewicht, seit der Zwang und die Möglichkeit besteht, seine Arbeitskraft bestmöglichst zu verkaufen. Dies erfordert eine erhöhte lokale Beweglichkeit, die nur eine Kleinfamilie gewährleisten kann. Die starke Mobilität zerstört zudem vielfach die traditionelle Nachbarschaftshilfe. Dabei ist es ein zweitrangiger Gesichtspunkt, ob der Arbeitnehmer sich in der Stadt ansiedelt oder als Pendler lange Anfahrtszeiten in Kauf nimmt.

(2) Der Industrialisierungsprozeß bringt es mit sich, daß der Werktätige nicht mehr über eigene Arbeitsmittel verfügt, um seine Sub-

---

[4] E. Altvater, Zu einigen Problemen des »Krisenmanagement« in der kapitalistischen Gesellschaft, in: M. Jänicke (Hg.), Herrschaft und Krise (UTB 189), 1973, 170—196

[5] W. Abendroth, Soziale Sicherheit in Westeuropa nach dem zweiten Weltkrieg, in: F. Benseler (Hg.), Festschrift zum 80. Geburtstag von G. Lukács, 1965, 151—175; G. Stuby, Bürgerliche Demokratietheorien in der Bundesrepublik, in: R. Kühnl (Hg.), Der bürgerliche Staat der Gegenwart, 1972, 87—130; 25 Jahre Bundesrepublik Deutschland, Bundesarbeitsblatt 25, 1974(5) mit Beiträgen von W. Arendt, E. Schellenberg, G. Müller, G. Wannagat, J. Stingl u. a.

[6] W. Arendt, Kennzeichen sozialer Wege und Ziele der sozialen Sicherung, 1972, 133: »Soziale Sicherheit ist auf dem Wege, gesellschaftlichen Charakter anzunehmen«

sistenz zu sichern. Er verfügt weder über Grund und Boden noch über
Werkzeuge, die ihm gehören. Was er einbringen kann, ist seine Arbeitskraft und seine Ausbildung. Er ist nicht in der Lage, sich und seine
Familie ohne fremde Hilfe zu erhalten, wenn er keine bezahlte Arbeit
bekommt oder diese wegen Krankheit, mangelnder Ausbildung, In-
validität oder Alter nicht ausführen kann[7]. Die Situation kann sich
hier verschärfen, wenn auf Grund von rasch wechselnden Qualifizie-
rungsanforderungen und von Fehlen einer längerfristigen Arbeits- und
Ausbildungspolitik Ausbildungen veralten bzw. nicht mehr gebraucht
werden. In diesen Zusammenhang gehört auch das Problem der Pen-
sionierung, die innerhalb eines ganz kurzen Zeitraumes eine Trennung
von allen bisherigen Arbeitskontakten mit allen damit verbundenen
psychischen Folgen bedeutet.

(3) Die Zahl der Berufstätigen, die allein auf Ausbildung und Arbeitskraft angewiesen sind, ist im stetigen Ansteigen begriffen, da
durch die wirtschaftliche Konkurrenz, durch Kriege, Geldabwertungen
und Inflationen persönliches Eigentum verloren gegangen ist, das ursprünglich zur Absicherung von Krankheitsrisiken und zur Altersversorgung angesammelt wurde. Insbesondere sind private Alters- und
Lebensversicherung einem so starken Entwertungsprozeß unterworfen,
daß eine kollektive Sicherung unumgänglich wird.

Über die grundsätzliche Notwendigkeit einer umfassenden Sicherung besteht sozialpolitischer Konsens unter den Parteien. Auch die
Denkschrift der EKD über »Die soziale Sicherung im Industriezeitalter« stellt fest: »Die wirtschaftliche Absicherung der großen Lebensrisiken (Unfall, Krankheit, Erwerbslosigkeit, Tod des Ernährers) sowie die Altersversorgung und zusätzliche Kosten für die längere Ausbildung von Kindern gehören heute in grundlegender Weise in die
Verantwortung der Gesellschaft.«[8] Trotz dieser allgemein anerkannten, »klassisch« zu nennenden Absicherung[9] ist jedoch der Prozeß, den
die kapitalistische Wirtschaftsordnung in Gang gesetzt hat, nicht abgeschlossen, sondern setzt sich ständig fort. Die Frage der sozialen Sicherung kann nicht als erledigt angesehen werden, weil immer neue Pro-

---

[7] AaO. 11: »Eine der Grundbedingungen, denen wir gegenüberstehen, ist diejenige,
daß die Zukunft des einzelnen mehr und mehr von seiner Arbeits- und Leistungsfähigkeit abhängt«

[8] Vgl. Die soziale Sicherung im Industriezeitalter. Eine Denkschrift der Kammer
für soziale Ordnung der Ev. Kirche in Deutschland, 1973, 17; vgl. auch P. Collmer,
Der Sozialstaat, in: Kirchen und Staat. Festschrift H. Kunst, 1967, 150—170; Th.
Strohm, Der soziale Rechtsstaat als theologisches Problem, in: H.-D. Wendland
(Hg.), Sozialethik im Umbruch der Gesellschaft, 1969, 90—110

[9] Zur Geschichte vgl. G. Erdmann, Die Entwicklung der deutschen Sozialgesetz-
gebung, in: W. Treue (Hg.), Quellensammlung zur Kulturgeschichte, Bd. 10, 1957

blemfelder entstehen. Die wichtigsten scheinen mir die folgenden zu sein[10]:

(1) Ungeachtet der durchaus richtigen Beobachtung, daß die Familie in Zeiten gesellschaftlicher und persönlicher Krisen erhebliche Stabilität in gegenseitiger Hilfeleistung bewiesen hat[11], nimmt die Tendenz zu, daß die einzelnen Familienmitglieder das Bedürfnis nach einem selbständigen, vom Hauptverdiener unabhängigen Einkommen haben und zu verwirklichen suchen. Dies kann daran liegen, daß bei zunehmender Kinderzahl ohne die Mitarbeit der Ehefrau die Sozialhilfegrenze unterschritten wird[12]. Schüler und Studenten können sich nur durch ein selbständiges Gehalt der Abhängigkeit ihrer Eltern entziehen und fordern dasselbe Recht, das Lehrlingen gewährt wird (freie Entscheidung z. B. in Ausbildungsfragen). Dies gilt ebenfalls dort, wo Familienangehörige bisher innerhalb des Familienbetriebes unbezahlte Arbeit leisteten[13]. Soziale Hilfen für die Familie, wie z. B. Kindergeld, Beihilfe zur Erholung und Erziehung, Sozialversicherung der Geschiedenen sind Versuche, der Erosion der Familienbeziehung entgegenzuwirken und die berechtigten Ansprüche auf ein selbständiges Einkommen nicht zu intensiv werden zu lassen, obgleich diese Ansprüche der Logik des wirtschaftlichen Systems entsprechen, den je einzelnen und nicht eine Solidaritätsgemeinschaft für seine Leistung zu entgelten.

(2) Ein Folgeproblem dieser individualistisch-emanzipativen Tendenzen, die zu einer Erosion der familialen und nachbarschaftlichen Hilfen führen, besteht in der zunehmenden Notwendigkeit, bisher unentgeltliche Leistungen im Bereich der Pflege und Sorge in geldlich entlohnte Leistungen umzuwandeln. Pflege- und Sorgekosten unterliegen einer zunehmenden Monetarisierung. Das Wachsen von staatlichen Sozialleistungen mag in der Grundtendenz auf einer durch die christliche Tradition bestimmten und grundgesetzmäßig festgelegten Staatsgesinnung gründen, faktisch weist es aber zu einem großen Teil daraufhin, in welchem Maße unentgeltliche Leistungen, die durch naturwüchsige Verbände, aber auch die Kirchen geleistet wurden,

[10] St. Münke, Neue Aufgaben zeitgemäßer Sozialhilfe im sozio-ökonomischen und technologischen Wandel, in: Soziale Sicherheit 15, 1966, 194—199
[11] Soziale Sicherung, aaO. 19
[12] Vgl. Neue soziale Frage. Zahlen, Daten, Fakten, vorgelegt von Staatsminister Dr. H. Geissler, Vorsitzender des Bundesfachausschusses für Sozialpolitik der CDU, Kurzfassung, Stand 5. 11. 1975. Hier finden sich Angaben, nach denen in Arbeiterhaushalten mit fünf Personen 25,3 % und bei solchen mit sechs Personen bei 50 % der Einkommen unter den Sozialhilfesätzen liegen, wenn nur ein Einkommenbezieher vorhanden ist (12); siehe auch H. Schmucker u. a., Das Kind als Kostenfaktor, in: F. Oeter (Hg.), Familie und Gesellschaft, 1966, 267—304
[13] H. Planken, Die soziale Sicherung der nicht-erwerbstätigen Frau (Sozialpolitische Schriften, H. 14), 1961

durch bezahlte abgelöst werden (und auf Grund der Regeln der Wirtschaftsordnung auch abgelöst werden müssen). Die Höhe des Sozialbudgets signalisiert nicht nur eine soziale Bereitschaft des Helfens, sondern auch seine Notwendigkeit. Die Verlagerung der Kindererziehung in den Kindergarten, der Krankenpflege in das Krankenhaus, der Alterspflege ins Altersheim muß zwangsläufig zu einer Erhöhung der gesellschaftlichen Sozialleistungen führen.

(3) Dies macht sich zusätzlich verstärkt bemerkbar, wenn, wie gegenwärtig in der BRD, die Zahl der alten Menschen und damit die Zahl der Pflegefälle und die Zahl der psychischen Erkrankungen vermehrte Sorge- und Pflegeleistungen erfordern. So heißt es im Bundesgesundheitsbericht von 1971: »Das Leben in der heutigen Gesellschaft überfordert oft die Menschen bis über die Grenzen ihrer seelisch-geistigen Kräfte, so daß psychische Störungen zunehmen.«[14] Über 10 % der Bevölkerung, d. h. mehr als 6 Millionen Menschen, bedürfen mindestens einmal im Leben einer ambulanten oder stationären psychiatrischen Versorgung[15]. Dabei sind die psychosomatischen Erkrankungen in diesen 10 % nur zum Teil eingeschlossen, weil sie in den meisten Fällen als solche unerkannt bleiben. Ähnliches gilt für die sich weiter verbreitenden Suchtkrankheiten (durch Drogen, Tabletten und Alkohol). Die Zunahme der psychisch bedingten Störungen ist neben der oben genannten Auflösung der Familie zu einem wesentlichen Teil durch die starke Verlagerung der physischen auf die psychische Belastung innerhalb der industriellen Arbeit bedingt. Die Arbeitsintensität hat sich durch technologische und organisatorische Veränderungen erhöht, »vor allem durch Anwendung der Arbeitswissenschaften auf die Produktion, Erweiterung der Maschinerie, zunehmende Arbeitsteilung, Anwachsen von repetitiver Teilarbeit, Zunahme von Nacht- und Schichtarbeit, Anreiz zur Überstundenarbeit, Einführung neuer und differenzierter Lohnsysteme auf der Grundlage von REFA, MTM usw.«[16].

Die sich daraus ergebenden Probleme beziehen sich nicht nur auf die Zunahme psychischer Erkrankungen, sondern auch auf weitere Folgen[17]. Mit dem Anwachsen der Arbeitsanforderungen, die sich ent-

---

[14] Bundesgesundheitsbericht 1971, 24
[15] A. Henkel/H. Roer, Zur Gesundheitspolitik in der BRD, in: Argument 1971, 390
[16] AaO. 399. Vgl. auch Arendt, aaO. 134: »Art und Häufigkeit der Erkrankungen haben sich gewandelt. Wir erkennen immer deutlicher, welche Zusammenhänge zwischen Gesundheit und den sozialen Lebensbedingungen des einzelnen, z. B. seinen physischen und psychischen Belastungen am Arbeitsplatz, seinen familiären Verhältnissen oder der Umweltverschmutzung bestehen«
[17] K. Böker, Entwicklung und Ursachen des Krankenstandes der westdeutschen Arbeiter, in: Argument 1971, 901—927

weder auf Bildungsvoraussetzungen (z. B. Schreibfähigkeit, korrekte Rechtschreibung) oder auf spezifische Fähigkeiten (z. B. Schnelligkeit der Reaktion, Fähigkeit zu gleichmäßigen, raschen, kontinuierlichen Arbeiten) erstrecken, können zunehmend körperlich oder geistig leicht Behinderte keine Anstellung mehr finden, treten irreparable Frühschädigungen und Frühinvalidität auf, machen sich natürliche Alterserscheinungen zunehmend bemerkbar, wächst die Zahl derer, die nicht oder nur zeitweise in der Lage sind, einer »geregelten« Arbeit nachzugehen (z. B. im Falle einer starken, aber nur in Intervallen auftretenden Depression).

Hier entstehen Folgekosten der zunehmenden Arbeitsteilung und der sich daraus ergebenden Monetarisierung der Pflege- und Sorgekosten, die bisher nur höchst unzureichend zum Bewußtsein gekommen sind. In der letzten Zeit wird dies durch die Diskussion über die »explodierenden« Kosten im Gesundheitswesen ein wenig mehr sichtbar, obgleich die zugrundeliegende Tendenz kaum angesprochen wird. Es gibt vereinzeltes Bemühen, dem Prozeß der Monetarisierung entgegenzuwirken, etwa durch die Einführung eines diakonischen Jahres, den Einsatz von Ersatzdienstleistenden im Sozialbereich und die (von der CDU vertretene) Forderung, ein Dienstjahr für Frauen einzuführen[18]. Dieser hinhaltende Widerstand bleibt jedoch zwecklos, sobald Pflege- und Sorgetätigkeit sich ihre Anerkennung als gesellschaftlich wichtige Tätigkeit verschafft haben und eine Gleichbehandlung mit Tätigkeiten im Produktions- und Verwaltungsbereich nicht verweigert werden kann. Große Einkommensunterschiede in überschaubaren sozialen Einheiten wie etwa im Krankenhaus (Chefarzt/Krankenschwester) tun das Ihrige.

II. Die Interessen des Staates an der sozialen Tätigkeit der Kirchen

Zusammenfassend läßt sich sagen: Der Staat der BRD versteht sich als Sozialstaat, es fällt ihm aber zunehmend schwerer, die Kosten für die anwachsenden sozialen Leistungen zu erbringen. Daß diese Sozialleistungen steigen müssen, liegt begründet in der Arbeitsteilung und der damit verbundenen Monetarisierung, der Teilung der staatlichen und wirtschaftlichen Sphäre und den Verwertungsprozessen des Kapitals. Die Notwendigkeit, Sozialkosten zu senken, setzt die Überlegung in Gang, ob solche Kosten durch Rationalisierung, zentrale Planung und Vergesellschaftung eingespart werden können.

---

[18] 2. Bericht der Grundsatzkommission der CDU vom 20. November 1973

Hier fühlen sich die Kirchen in der Eigenständigkeit ihrer Arbeit bedroht[19]. In diesem Abschnitt soll aufgewiesen werden, daß diese Befürchtungen unbegründet sind. Trotz mancherlei Konfliktpunkten ist für den Staat derzeit der Nutzen einer »partnerschaftlichen« Zusammenarbeit größer als die sozialen Kosten, die durch eine Abdrängung der Kirchen aus dem Sozialbereich und einer Übernahme ihrer Tätigkeiten durch den Staat entstehen. Die Vorteile, die sich für den Staat für die Erhaltung des »sozialen Friedens« bei einer Kooperation mit den Kirchen ergeben, sind größer als die Nachteile, vor allem dann, wenn man bedenkt, daß die Erhaltung des sozialen Friedens nicht nur von Sozialleistungen, sondern auch von einer ideologischen Legitimierung der bestehenden Gesellschaftsordnung abhängt.

In einem spätkapitalistischen Staat wie dem der BRD müssen sich die Sozialleistungen an einer oberen und an einer unteren Grenze orientieren[20]. Die obere Grenze ist markiert durch Preisstabilität und Investitionsbereitschaft der Unternehmer. Die untere Grenze ist die Erhaltung des sozialen Friedens; sie muß einer sozialen Unruhe und Unzufriedenheit der Bevölkerung entgegenwirken, bevor diese zur politischen Einflußgröße wird, sei es durch Wahlverhalten oder durch steigende Offenheit der Bevölkerung gegenüber revolutionären und systemverändernden Tendenzen. In der EKD-Denkschrift von 1970 werden diese Grenzen mit dem Satz angedeutet, die geltenden Maßstäbe seien zu überprüfen »für das, was ökonomisch möglich und sozial gerecht« sei[21]. Während jedoch die Grenze nach oben sehr rasch sichtbar wird, ist dies für die untere Grenze nicht in gleicher Weise der Fall; unter bestimmten Bedingungen wird auch eine starke Erhöhung der Arbeitslosenziffer z. B. keine soziale Unruhe auslösen, unter anderen präsentiert sich schwelender sozialer Unmut ausgeprägt in aggressiven Aktivitäten; um die untere Grenze zu wissen, ist weniger vor den Wahlen als nach ihnen; Reformversprechungen können Erwartungen auslösen, die rasch in Enttäuschungen umschlagen können; die untere Grenze kann sich sehr rasch verschieben, wenn sozialen Gruppen, die bisher ihre Interessen nur diffus äußern konnten, sich organisieren[22].

Der spätkapitalistische Staat der BRD ist zur Erhaltung des sozialen Friedens an einer relativ selbständigen diakonischen Arbeit der Kirche

[19] Die politische Kritik an der Diakonie findet sich besonders prägnant im sog. Kirchenpapier der FDP, das auf dem Hamburger Parteitag 1974 verabschiedet wurde: Freie Kirche im Freien Staat, These 9
[20] Sozialenquete. Soziale Sicherung in der BRD, 1960, 43
[21] AaO. 13
[22] Eine genauere Analyse findet sich bei W. Müller/Chr. Neusüß, Die Sozialstaatillusion und der Widerspruch von Lohnarbeit und Kapital, in: Sozialistische Politik 2, 1970, Nr. 6/7, 4—67

aus einer Reihe von Gründen interessiert, die sich durch die Stichworte *ideologische Gemeinsamkeiten, organisatorische Vorteile* und *ökonomische Interessen* aufgliedern lassen.

Ideologische Gemeinsamkeiten: Diese Gemeinsamkeiten bestehen in einer liberal-religiösen Gesellschaftsauffassung, die Politiker und Beamte mit den Vertretern der Kirche und der Diakonie teilen[23]. D. v. Oppen betont zu recht, daß »in diese säkulare Welt ... von ihrem christlichen Ursprung her eine soziale Verantwortung tief eingelassen (ist), so sehr, daß auch betont neutrale antichristliche Staats- und Gesellschaftsgebilde sich dem nicht entziehen können«[24].

(1) Es entspricht dem liberal-religiösen Verständnis, gesellschaftliche Probleme nicht durch den Staat, sondern durch die Gesellschaft selbst zu lösen, wobei der Staat nur die rechtlichen Rahmenbedingungen setzt. Dieses Prinzip zeigt sich insbesondere in der Autonomie der Tarifpartner, aber auch in der (inzwischen freilich fiktiv gewordenen) Selbstverwaltung der Sozialversicherungen. Von daher liegt es nahe, auch die Sozialhilfe weitgehend in die Obhut der »freien« Wohlfahrtsverbände zu legen, zumal diese Wohlfahrtsverbände sich auch heute noch auf der Basis von Vereinen und Verbänden organisieren, die erst in den letzten Jahren einem stärkeren Prozeß der Bürokratisierung unterliegen (im evangelischen Bereich vor allem durch die Organisation von diakonischen Dienststellen auf regionaler Ebene). Es wird damit der Eindruck erweckt, daß die Gesellschaft sich in ihren Nöten selbst helfen kann, so wie sie in ihren wirtschaftlichen Problemen verfährt. Der Staat kann den Vorwurf eines »totalitären Wohlfahrtsstaates« abwehren und zugleich die Kritik an unzureichender Ausstattung und Finanzierung sozialer Dienste auf die Kirchen ablenken. Ganz generell kann hier legitimatorisch auf die Gesellschaftsauffassung konkurrierender Verbände verwiesen werden, die in freier Konkurrenz dem Individuum ein bestmögliches Angebot unter Beibehaltung seiner Wahlfreiheit zur Verfügung stellt. Daß dieses Gesellschaftsbild nur begrenzt der gesellschaftlichen Realität entspricht, braucht nicht ausgeführt zu werden; hier kann der Hinweis auf die fast totale Abhängigkeit der »freien Wohlfahrtsverbände« vom Staat und auf das Oligopol von Caritas und Diakonischem Werk genügen[25].

(2) Eine weitere Gemeinsamkeit in der liberal-religiösen Gesellschaftsauffassung liegt in der Übereinstimmung, daß der wesentliche

[23] Y. Spiegel, Die Führungsschicht der Evangelischen Kirche, in: Ders., Kirche und Klassenbindung, 116—133, 132 f

[24] D. v. Oppen, Über den diakonischen Auftrag der Kirche heute, in: ZEE 11, 1967, 305; so auch Soziale Sicherung, aaO. 11

[25] K. Dörrie, Aspekte einer Strukturanalyse der Freien Wohlfahrtspflege, in: H.-U. Otto/S. Schneider (Hg.), Gesellschaftliche Perspektiven der Sozialarbeit, Halbbd., 1973, 127—143

Adressat der sozialen Sicherung und Hilfe das Individuum, die Person ist. Die Sozialleistungen wenden sich überwiegend an den Einzelnen, und es war eine besondere Intention des Bundessozialhilfegesetzes von 1961, einen Rechtsanspruch des Einzelnen auf Sozialhilfe festzustellen[26]. Es wird dabei von der liberalstaatlichen Fiktion ausgegangen, jeden Bürger als eine mündige, für sich selbst verantwortliche Person anzusehen. Dabei wird davon abgesehen, daß der Einzelne in sich selbst ein »ensemble der gesellschaftlichen Verhältnisse« darstellt und tief hineinverwoben ist in die gesellschaftlichen Widersprüche. Person kann nicht vorausgesetzt werden, sondern gibt den Zielpunkt einer gesellschaftlichen Entwicklung an, bei dessen Erreichen erst vom Menschen als einer mündigen und für sich und seinen Nächsten verantwortlichen Person gesprochen werden kann. Theologisch gesprochen kann Personsein höchstens heißen, »der Identität seiner selbst wirklich gewiß zu sein, ohne sie doch als verwirklicht besitzen zu können« (Chr. Gremmels)[27]. Es ist, so J. Degen, »eine grundlegende Unredlichkeit ..., wollte man heute noch den als Einzelfall erscheinenden Hilfsbedürftigen — zumindest in der Erkennung, sicherlich nicht immer in der Therapierung seines Leidens! — von seiner konditionalgenetischen Beziehung zur Gesellschaft abtrennen. Der Einzelfall ist heute mehr denn je Ausdruck dessen, was die Gesellschaft allen ihren Mitgliedern antut, welches Maß an Leiden sie ihnen aus der Logik ihrer Bewegungsgesetze heraus zuzumuten gezwungen ist.«[28] Unbefragt bleibt zudem, ob die fortschreitende Bürokratisierung der diakonischen Einrichtungen nicht die gleichen Zwänge schafft wie die staatlichen, und wo das Recht des Individuums bleibt, das angesichts der meist fehlenden Möglichkeit, zwischen den kommunalen, staatlichen und freien Wohlfahrtseinrichtungen zu wählen, seinen Anspruch auf eine freie Entscheidung gar nicht durchsetzen kann[29].

(3) Einen wichtigen Beitrag zur Sicherung des sozialen Friedens stellt die sozialintegrative Kraft der Kirchen dar. Angesichts der Distanz der staatlichen Verwaltung zu den Bedürfnissen seiner Bürger und der oft fehlenden Bürgernähe der Parteien gewinnen neben den Gewerkschaften die Kirchen die Aufgabe, die einzelnen Schichten der

[26] Vgl. dazu K. Janssen, Die Stellung des Hilfesuchenden in den beiden Sozialgesetzen des Jahres 1961, in: G. Suhr (Hg.), Evangelische Stimmen zum Bundessozialhilfegesetz und Jugendwohlfahrtsgesetz, 1962, 81—88; P. Collmer, Sozialhilfe — Diakonie — Sozialpolitik, 1969, »Die persönliche Hilfe«, 188—199
[27] Chr. Gremmels, Selbstreflektive Interpretation konfligierender Identifikationen am Beispiel des Apostels Paulus (Phil 3,7—9), in: J. Scharfenberg u. a., Religion: Selbstbewußtsein — Identität, ThEx 182, 1974, 44—57, 57
[28] Degen, aaO. 171, vgl. Chr. Nolte, Die Situationen des Behinderten, Manuskript Frankfurt 1974
[29] H. F. Zacher, Freiheit und Gleichheit in der Wohlfahrtspflege, 1964

Gesellschaft zusammenzuhalten. Denn sie stellt eine der wenigen Großorganisationen dar, die ihre Mitglieder aus allen Schichten der Gesellschaft rekrutieren. Wie stark die sozialintegrative Wirkung der Kirche reicht, ist schwer abzuschätzen, ist aber ein nicht zu vernachlässigender Faktor, insbesondere dann, wenn ökonomische Widersprüche verstärkt auftreten und die Gewerkschaften ihre sozialintegrierende Funktion unter Druck ihrer Mitglieder zumindest partiell aufgeben müssen. Die amtskirchliche Loyalität gegenüber dem Staat, die sich jüngst erneut in der Übernahme der Radikalen-Beschlüsse bewährte, könnte durch eine zu rasche Vergesellschaftung sämtlicher Sozialleistungen nur gefährdet werden.

Angesichts der organisatorischen Vorteile, die die Kirchen aufweisen (über sie wird noch zu sprechen sein), können diese vielfach sehr viel früher als der Staat soziale Bedürfnisfelder entdecken und rechtzeitig an die Beseitigung von sozialen Spannungen herangehen, die in längerer Sicht zu einer Störung des sozialen Friedens führen können. Die Diakonie erfüllt damit das, was C. Offe über die Bürgerinitiativen festgestellt hat: Bürgerinitiativen mögen »sogar als willkommene Partner der Verwaltung eine Rolle spielen, insofern sie als politische Frühwarnsysteme mögliche Konflikte und sich abzeichnende Entwicklungsengpässe rechtzeitig signalisieren und damit Hinweise geben, an welchen Stellen die Administration aktiv werden muß«[30].

(4) **Die Erhaltung der Familie ist ein der kapitalistischen Entwicklung widerstrebendes Moment**, denn diese Entwicklung zielt auf die freie Verfügbarkeit der *individuellen* Arbeitskraft[31]. Die Kirchen haben dagegen den Wert der Familie betont. Die Familie stellt einen der wesentlichen Träger und Vermittler von Traditionen, und gerade auch religiöser, dar. Die Kirchen haben in ihrer Familienpolitik die Erhaltung und Sicherung der Familie daher stets als eine der wichtigsten sozialethischen Aufgaben angesehen. Auch ihre oft recht hilflosen Argumentationen für eine einschränkende Sexualethik sind vielfach von der Sorge um die Erhaltung der Familie bestimmt. Sie sind jedoch in die bekannte Schwierigkeit hineingeraten, mit ihrer sozialen Arbeit in den Kindergärten überhaupt erst die Arbeit der Ehefrau zu ermöglichen, und haben damit tendenziell der Auflösung der ausschließlichen Sorge- und Pflegerolle der Frau Vorschub geleistet. Sie haben zudem

---

[30] C. Offe, Bürgerinitiativen und Reproduktion der Arbeitskraft im Spätkapitalismus, in: H. Grossmann (Hg.), Bürgerinitiativen, 1971, 152—165, 161

[31] O. Negt/A. Kluge, Öffentlichkeit und Erfahrung, 1972, 50: »In den Umgangsformen gelungener Mutter-Kind-Beziehung hält sich eine Produktionsweise durch, die man als einen Rest matriarchalischer Produktionsweise ansehen kann.« Dieser Aspekt wurde vertieft durch A. Lorenzer, Die Wahrheit psychoanalytischer Erkenntnis, 1974, 233 ff

Vorarbeiten dazu geleistet, die Erziehung der Kinder in einem immer früheren Zeitpunkt in die Hand kommunaler Stellen zu übergeben (Vorschulerziehung). Sie waren gezwungen, die Auflösung naturwüchsiger Verbände, die durch wirtschaftliche Erwägung bedingt waren, machtlos mitansehen zu müssen und mit ihren Hilfsmaßnahmen diese Tendenzen zu fördern, nur um eine Schädigung des Kindes so klein wie möglich zu halten und eine begrenzte religiöse Erziehung zu sichern. Der Staat konnte daher in den Kirchen einen Partner sehen im Bemühen, dem vorgeblichen »Materialismus« in den Familienbeziehungen entgegenzuwirken, obgleich sich hier nur ein kapitalistisches Wirtschaftsprinzip allmählich voll durchsetzt, nämlich die Monetarisierung der Familienfunktionen (Forderungen nach einem Hausfrauen- und Schülergehalt, finanzielle Leistung für Hilfe im Haushalt, steigende Ausgleichszahlungen für das Erziehen von Kindern, Sicherung der geschiedenen Frau)[32]. Die Unterstützung der Kirchen für eine restriktive Familienpolitik kann die Kosten für Sicherung von Familienmitgliedern weniger schnell ansteigen lassen und auch die Folgekosten (z. B. psychische Kosten von Kindern aus zerrütteten Ehen) zurückdrängen.

An diesem Punkt wird sichtbar, daß hier zunehmend staatliche Interessen ins Spiel kommen, die sich auf die finanziellen Kosten und organisatorischen Vorteile einer Kooperation mit den Kirchen beziehen. Dies gilt vor allem hinsichtlich der Betreuung eines Personenkreises, der heute teils verstärkt in die soziale Wahrnehmung tritt, teils sich wegen der Auflösung der naturwüchsigen Verbände erst herausbildet. Es handelt sich um jenen Personenkreis, der auf Grund körperlicher oder psychischer Behinderung oder des Alters keinen angemessenen Arbeitsplatz findet, sich aber selbst versorgen muß, weil er von der familialen und der Nachbarschaftshilfe nicht mehr erreicht, nur unzureichend versorgt oder durch ihn die Kleinfamilie kaum erträglich belastet wird. Für diesen Personenkreis gilt, wie die EKD-Denkschrift sagt, daß »zur Not nicht nur physische Entbehrung, sondern auch Einsamkeit, Verzweiflung und Unangepaßtsein gehören« und für den »persönliche und speziale Dienste oft noch dringlicher erforderlich (sind) als lediglich finanzielle Hilfe«[33].

Das Anwachsen dieser Personengruppe deutet an, daß sich für die Sozialpolitik neue Aufgaben stellen. Wie bereits anhand der Familien-

[32] Vom Rentenreform-Programm, wie es von Bundesminister Arendt 1971 im Deutschen Bundestag vorgestellt wurde, bezogen sich drei Schwerpunkte auf die Familie: Einführung eines »Babyjahres«, Öffnung der Rentenversicherung u. a. für mithelfende Familienangehörige und nicht erwerbstätige Hausfrauen, Regelungen zum Versorgungsausgleich bei Ehescheidungen; Arendt, aaO. 190

[33] Soziale Sicherung, aaO. 10

problematik aufgezeigt wurde, reicht eine finanzielle Sicherung der Einzelpersonen nicht mehr aus. Immer mehr geht es um eine Stabilisierung mitmenschlicher Bezüge, sowohl innerhalb der Familie wie auch in der Lebensumwelt der Betroffenen[34]. Es müssen Bezugspersonen gefunden werden, die es übernehmen, durch eine neugeschaffene Umwelt eine neue Stabilisierung zu schaffen. An die Stelle also der *direkten* finanziellen Sicherung tritt eine *indirekte* Stabilisierung der Umwelt und der Bezugspersonen.

Für den Staat sind dabei zwei *organisatorische Vorteile* der Kirchen von Bedeutung. (1) Da die Kirchen noch über ein engmaschiges Verteilungssystem durch ihre Basisorganisation Gemeinde verfügen und dieses bisher auch unter erheblichem Aufwand aufrechterhalten, können sie einen Beitrag zur »Milieustabilisierung« leisten. Auf Grund der administrativen Rationalisierung haben sich die kommunalen Stellen längst aus diesem Basisbereich zurückgezogen und sind nicht mehr unmittelbar präsent; der Aufbau einer kommunalen Gemeinwesenarbeit und Stadtteilarbeit erfordert erhebliche Investitionen. Nur die Kirchen haben mit ihren Gemeinden noch die Möglichkeit, eine solche »Milieustabilisierung« zu betreiben. Solche Ansätze zeigen sich etwa in der Einrichtung von Gemeindepflegestationen und von Helfer- und Betreuungskreisen. Dies leisten zu können, erfordert freilich, daß die ohnehin mit Funktionen überlastete Ortsgemeinde eine neue Organisationsform entwickelt. Zugleich setzt »die Vorstellung von einer sozialtherapeutischen wirksamen Gemeinde als ›annehmender Gruppe‹, die sich helfend zwischen den Rehabilitanden und die Gesellschaft einschaltet, ... auch soziologisch ein Gemeindeprofil voraus«[35], das bisher kaum verwirklicht ist.

(2) Es ist ein Merkmal der oben genannten Personengruppe, daß sie sich auf Grund ihrer Beziehungslosigkeit in vielen Fällen der öffentlichen Sichtbarkeit entzieht[36]. Vertreter der kirchlichen Gemeinde haben zu solchen Problemfällen durch ihre zahlreichen, mehr zufälligen und kaum fachspezifischen Kontakte einen Zugang, den andere Berufsgruppen nicht in gleicher Weise besitzen[37]. Hier spielt auch die Seelsorgetradition eine starke Rolle. Wenn ein Politiker wie Kosmale die Kirchen wegen ihrer Erfahrung in der Seelsorge positiv würdigt[38], muß dies nicht unbedingt bedeuten, daß hier die Kirchen auf ihren

[34] Nolte, aaO.   [35] Degen, aaO. 141
[36] D. Denecke, Forderungen und Erwartungen eines Politikers an die Diakonie, in: S. Meurer (Hg.), Diakonie und gesellschaftliche Verantwortung, 1973, 137—147, 146 f
[37] H. Argelander (Hg.), Konkrete Seelsorge, 1973, 26 u. ö.
[38] A. F. Kosmale, Die Zukunft der Freien Wohlfahrt, in: Weltweite Hilfe 1974, 5—8

traditionellen Sektor Gottesdienst und Einzelseelsorge abgedrängt
werden sollen, sondern hier werden auch, in ziemlicher Überschätzung
der tatsächlich dort geleisteten Arbeit, die besonderen Erfahrungen
angesprochen, die die Kirchen auf dem Gebiet der Beratung besitzen.

Es ist leicht ersichtlich, wie sehr liberal-religiöse Gemeinsamkeiten,
insbesondere dort, wo es um die einhellige Verurteilung des »heute
vorherrschenden Materialismus« geht, und vor allem organisatorische
Vorteile der Kirchen auch die *ökonomischen Interessen* des Staates
berühren. Die Mitarbeit der Kirchen wird begrüßt, wenn und soweit
sie die Monetarisierung von Pflege- und Sorgeleistungen verhindert
oder wenigstens verlangsamt. Die Kirchen sind zunächst Institutionen,
in denen im Erziehungsprozeß ihrer heranwachsenden und erwach-
senen Mitglieder die Hilfe für andere Menschen und Leistungen, »die
nicht mit Geld aufgewogen werden können«, wichtige Momente darstellen. Schon insofern sind die Kirchen wichtige Transmissionsagen-
turen, um den Gedanken einer sozialen Verpflichtung überhaupt zu
vermitteln. Dies bringt mit sich, daß unter ihren Mitgliedern mit einer
Bereitschaft gerechnet werden kann, unentgeltliche oder minderbe-
zahlte Pflege- und Sorgeleistungen zu übernehmen. So verweist etwa
ein Politiker wie D. Denecke auf »das Potential, das für eine ehrenamtliche Diakonie zur Verfügung steht«[39]. Es ist wohl kaum zu bestreiten, wenn es auch nicht durch Untersuchungen belegt ist, daß dank
hoher Motivation und einem starken, nicht am Entgeld gebundenen
Engagement viele Sorge- und Pflegeleistungen billiger, intensiver und
effektiver durchgeführt werden[40]. Schließlich muß auch von staatlicher
Seite berücksichtigt werden, daß eine Vergesellschaftung kirchlicher
Diakonie mit hohen finanziellen Kosten verbunden wäre, die zusätzlich aufgebracht werden müßten[41].

Freilich ist die Argumentation, daß Kirchen kostengünstiger arbeiten, eine höchst zweideutige. Vom Standpunkt der sozialen Gerechtigkeit ist nicht zu vertreten, daß Tätigkeiten in der Produktion, der
Verwaltung und der Dienstleistungen voll entgolten werden, sozusagen »jeder Hammerschlag voll zu bezahlen« ist, während im sozialen Bereich stillschweigende Erwartung auf ehrenamtliche und minder-
bezahlte Tätigkeiten besteht. Diese Ungleichheit läßt sich auch nicht
mit dem Hinweis D. Deneckes aufheben, »ehrenamtliche Tätigkeit in
Verbindung mit Diakonischen Werken« vermittle »zugleich vielen
Menschen eine Selbstbestätigung, die der moderne Arbeitsplatz häufig

---

[39] Denecke, aaO. 147; so auch Th. Schober, Vorwort, in: Diakonie 1974, 7
[40] Damit soll keinesfalls ausgesagt werden, daß soziale Arbeit in nichtkirchlichen
Bereichen nicht mit sehr intensivem Engagement verbunden sein kann; vgl. H. Braun,
Motive sozialer Hilfeleistungen, 1955
[41] Stolleis, aaO. 395

nicht mehr hergibt«[42]. Die Kirchen erweisen sich hier als ein widerstrebender Verband innerhalb des allgemeinen Prozesses der zunehmenden Monetarisierung. Sie unterwerfen sich diesem Prozeß mit Zögern und mit hohem ideologischen Aufwand, ohne jedoch mehr als hinhaltenden Widerstand leisten zu können. Daß »es Dinge gibt, die nicht mit Geld aufgewogen werden können«, ist in der heutigen Situation eine systembedrohende Erinnerung und Tradition, die in der Kirche, aber natürlich nicht nur dort, immer noch lebendig ist. Es ist die entscheidende Frage, wie innerhalb der Kirchen und ihrer Diakonie mit dieser Erinnerung und Tradition umgegangen wird, ob diese einen rückwärtsgewandten romantischen Protest gegen die herrschenden ökonomischen Prinzipien oder einen utopischen Hoffnungskern darstellen, der auf eine Gesellschaft hinzielt, in der menschliches Handeln für und mit dem Anderen in wörtlichsten Sinne »unverrechenbar« ist.

III. Drei Strategien

Eine Überlegung über die Zielrichtung, die die Diakonie gegenüber dem Staat der BRD einschlagen sollte, muß von einer Reihe von Voraussetzungen ausgehen. Sie muß in Rechnung stellen, daß der Staat zunehmend allein die finanziellen Mittel über Steuern und Abgaben einzieht, die für die Sozialleistungen zur Verfügung stehen. Er hat zumindest in diesem Bereich tendenziell das finanzielle Monopol für diese Leistungen[43]. Wie allerdings dieser Staat organisiert ist und auf welchem Weg die Sozialleistungen an den Bürger vermittelt werden, ist eine Frage, die, natürlich in Grenzen, zur Diskussion steht. Weiter kann nur der Staat durch seine allgemeine gesetzgeberische Gewalt auf eine Gleichbehandlung und Gleichversorgung aller Bürger dringen. Freilich wiederum umstritten ist, ob er eine Gleichbehandlung und Gleichversorgung auch realisieren kann. Dies hängt von seiner Bereitschaft ab, eine Umverteilung zu verwirklichen, die eine wirkliche Aufhebung von Einkommensunterschieden zum Ziel hat und mehr ist als die bisherigen Gesetzgebungen zur Vermögenspolitik, die an den bestehenden Einkommensdisparitäten kaum etwas zu verändern vermochten. Diese Bereitschaft ist begrenzt, sowohl in motivationaler Hinsicht wie im Hinblick auf das politisch Durchsetzbare. Zudem ist bisher nicht sichtbar, ob der Staat den Willen und die Macht hat, innerhalb des staatlichen Budgets eine Umverteilung zugunsten der Sozialleistungen vorzunehmen, statt das Steigen des Sozialbudgets von dem Wachstum der Produktivität und des Steuereinkommens ab-

---

[42] Denecke, aaO. 147   [43] Stolleis, aaO. 387

hängig zu machen. In jedem Falle ist es, das ist eine Banalität, von politischen Machtverhältnissen abhängig, welche Richtung die Sozialpolitik nimmt. Hier kann staatliches Verhalten nur sensibilisiert werden durch soziale Unruhen, durch eine Organisierung derjenigen Bevölkerungsgruppen, die im Verteilungskampf stark benachteiligt sind, und durch die politische Vertretung des Wissens, in welchem Ausmaß bei einer weiteren Intensivierung, Rationalisierung und Monetarisierung gesellschaftlicher Arbeit soziale Folgekosten entstehen, wie sie im Abschnitt I dargestellt wurden.

Geht man von diesen Voraussetzungen aus, so sind derzeit zwei Strategien sichtbar, wie die Kirchen ihre diakonische Tätigkeit gegenüber ihren Mitgliedern und dem Staat rechtfertigen. Die eine Strategie beruft sich auf die gemeinsame liberal-religiöse Gesellschaftskonzeption (1), aber unter Ablehnung und Verkennung des Zwanges des Sozialstaates, die Sozialleistungen zu rationalisieren und zu planen. Eine weitere Strategie unterstützt diesen Staat in seinem Bemühen um den sozialen Frieden, sofern dieser den kirchlichen Besitzstand wahrt, stellt aber die herrschenden Prinzipien unserer Wirtschaftsgesellschaft nicht in Frage (2). Darüberhinaus zeigen sich Konturen einer Strategie, die in der weiteren Perspektive, auf Grund der weitverbreiteten Ohnmachtserfahrung, die sozialstaatlichen Forderungen auf der Basis der derzeitigen gesellschaftlichen Organisation für unlösbar halten (3).

(1) Die Diakonie kann ihre Tätigkeit gesellschaftlich innerhalb des oben erwähnten Rahmens liberal-religiöser Anschauungen begründen. Sie kann sich dabei auf die realen Erfahrungen ihrer Mitarbeiter stützen, die in relativ überschaubaren Vereinen und Anstalten tätig sind und sich einer schwerfälligen staatlichen Sozialbürokratie gegenübersehen. Es sind Mitarbeiter, die viel Eigeninitiative, persönliche Opfer sowie »übertarifliche« Leistungen aufbringen und auf die »Arbeit am einzelnen Menschen« ausgerichtet sind. Eine solche Begründung knüpft aber auch an allgemeine Vorstellungen an, nach denen unsere Gesellschaft von lebensfeindlichen Bürokraten regiert wird und der freie Wettbewerb den höchsten Wohlstand sichert.

Zur Verteidigung und Rechtfertigung diakonischen Handelns wird das Bild eines Wohlfahrtsstaates gezeichnet, der totalitäre Ausmaße annimmt: »Es leuchtet ohne weiteres ein, daß dieser Trend auf den totalitären Wohlfahrtsstaat — ganz gleich, ob er bereits aus unmittelbaren, oder aber ob er aus demokratisch-humanitären Motiven gespeist ist — ein Gefälle auf den omnipotenten Staat hin ist« (Thielicke)[44]. Gegen eine solche Tendenz schützt nur eine staatliche Organisation,

---

[44] H. Thielicke, Theologische Ethik II/2, 1958, 359

die auf dem Prinzip der Konkurrenz von Verbänden aufbaut. Stehen diese gesellschaftlichen Verbände im Wettbewerb miteinander, wird die Übermacht eines Verbandes vermieden[45]. Dies gilt auch für die Wohlfahrtsverbände. Der Staat hat die Verpflichtung, den Wettbewerb zu erhalten und durch seine Gesetzgebung zu sichern; er kann nur dort selbständige Aktivität entfalten, wo eine zureichende Versorgung nicht auf dem Wege der Konkurrenz »freier« Wohlfahrtsverbände erreicht werden kann; zugleich sollten staatliche Aktivitäten reprivatisiert werden[46], denn »Liebe und Planung ... stehen in Spannung zueinander«[47]. Naturwüchsige Verbände, wie die Familie, sind zu fördern, ebenso wie die Selbstorganisationen in Vereinen und Gruppen. Die Gesellschaftskritik erstreckt sich auf den zunehmenden Materialismus, auf das Leistungsprinzip, das als alleiniger Beurteilungsmaßstab entthront werden soll, und auf die »Fortschrittgläubigkeit als Ideologie, die die Machbarkeit aller Dinge als menschliche Möglichkeit verheißt, die heile Welt zu schaffen«[48].

Diese Rechtfertigungsstrategie ist m. E. zum Scheitern verurteilt, da wesentliche gesellschaftliche Entwicklungen in dieser liberal-religiösen Gesellschaftskonzeption nur noch ungenau und emotionalisierend beschrieben werden können. Eine Verminderung der staatlichen Einflußsphäre durch Reprivatisierung kann die Notwendigkeit einer durchgreifenden Demokratisierung aller Bereiche staatlichen Eingreifens nicht ersetzen; die Kosten eines freien Wettbewerbes werden im Sozialbereich noch rascher sichtbar als im wirtschaftlichen Bereich und sind unerschwinglich; das Diakonische Werk ist selbst Teilhaber an dem Oligopol »freier« Wohlfahrtsverbände und ist ebenso wie die staatliche Verwaltung dem Trend zur unkontrollierbaren Bürokratisierung ausgesetzt. Kritik an gesellschaftlichen Wertvorstellungen trägt wenig aus, wenn ökonomische Entwicklungen wie die Monetarisierung aller Tauschbeziehungen als »Materialismus«, der dem System innewohnenden Forderung nach Wirtschaftswachstum und Profitmaximierung als »Vorherrschen des Leistungsgedankens« und die Notwendigkeit, angesichts steigender Investitionen und Erhaltungskosten Gesamtplanungen vorzunehmen, als »Fortschrittsideologie« denunziert werden. So lassen sich gesellschaftliche Entwicklungen zwar verlangsamen, aber nicht im Sinne progressiver christlicher Traditionen beeinflussen.

---

[45] Die Vorstellung einer Verbände-Demokratie, in dem die Kirchen als Verband mitwirken, wird auch öffentlich-rechtlich vertreten: vgl. z. B. U. Scheuner, Die karitative Tätigkeit der Kirchen im heutigen Sozialstaat — Verfassungsrechtliche und staatskirchenrechtliche Fragen, in: J. Krautscheidt/H. Marré (Hg.), Essener Gespräche zum Thema Staat und Kirche, Bd. 8, 1974, 43—71, 65

[46] Thielicke, aaO. 386: »die Chance eines freien Wettbewerbs der Liebe«

[47] AaO. 360   [48] Schober, aaO. 7

(2) Eine andere Rechtfertigungsstrategie diakonischen Arbeitens möchte ich die *technokratische* nennen. Sie akzeptiert, wenn auch nicht ganz mühelos, die gesellschaftspolitischen Voraussetzungen, daß eine vertikale Umverteilung, d. h. die Aufhebung von Einkommensdisparitäten, auch nicht annähernd zu erreichen und auch die Umverteilung des Staatsbudgets zugunsten der Sozialleistungen nicht zu verwirklichen ist. Sie vertraut darauf, daß der Staat auf Grund der unter II. genannten Gründe ein grundlegendes Interesse an der Erhaltung einer kirchlichen Diakonie hat. Sie hält daher eine staatliche Gesamtplanung nicht für bedrohlich und ist bereit, bei Absicherung traditioneller Eigenheiten, sich in die Erfüllung der sozialstaatlichen Funktionen integrieren zu lassen. Sie unterstützt und fördert durch eigene Stellungnahmen die Erweiterung, Verbesserung und grundsätzliche Reform der sozialstaatlichen Leistungen.

Eine solche Strategie findet sich vor allem bei den Vertretern der höheren Organisationsebenen des Diakonischen Werkes. Sie wissen, daß der Staat auf das Oligopol der »freien« Wohlfahrtsverbände angewiesen ist. Sie haben ausreichende Erfahrungen aus ihrem eigenen Verwaltungsbereich, um die Schwierigkeiten der staatlichen Sozialbehörden zu kennen, Gesetzesvorlagen, die den sozialen Bereich betreffen, zu erarbeiten, durch das Parlament zu bringen und finanziell abzusichern. Eine solche Strategie scheinen mir auch die Verfasser der EKD-Denkschrift »Die soziale Sicherung im Industriezeitalter« zu vertreten, obgleich sie an Einzelpunkten Argumentationen enthält, die über die technokratische Rechtfertigungsebene hinausgehen. Aufs Ganze gesehen besteht die Gefahr jedoch, daß die technokratische Legitimationsargumentation dazu verführt, mit der staatlichen Sozialbürokratie über die Köpfe sowohl der Betreuten wie der Betreuer hinweg Regelungen zu treffen, die sich vorwiegend auf die finanzielle Sicherstellung kirchlicher Diakonie beziehen, aber die Diskussion ökonomischer Prinzipien und ihre Auswirkungen auf die Gesamtgesellschaft ausklammern.

(3) Für mich selbst ist nur eine Rechtfertigungsstrategie vertretbar, die ihren Ausgangspunkt bei der Ohnmachtserfahrung von Betreuern und Betreuten nimmt. Nicht nur bei den durch die Gesellschaft Beschädigten, sondern auch gerade bei denen, die ihnen von Amts wegen oder auf spontaner Basis helfen wollen, ist das Gefühl weit verbreitet, völlig hilflos Erkrankungen und Verhaltensstörungen gegenüberzustehen. Ob es sich um psychische Störungen handelt, die ihre Ursache in einem sehr frühen Stadium kindlicher Entwicklung haben, ob es um Eheschwierigkeiten geht, die mit gesamtgesellschaftlichen Faktoren zusammenhängen, ob es sich um junge Straffällige handelt, deren Wieder-

eingliederung in der Gesellschaft an den sozialen Vorurteilen ihrer Umgebung und an fehlenden Arbeitsplätzen scheitert, immer wieder stellt sich hier die Frage, ob soziale Hilfe überhaupt irgendwelche positiven Effekte hat, ob sie mehr tut als das Schlimmste zu verhüten, ob sie mehr bewirkt als die Verwaltung der Opfer.

Es scheint notwendig zu sein, die Erfahrung der Ohnmacht voll zuzulassen und sie nicht vorschnell durch soziale Aktivitäten zu überdecken. Wie einem Leidenden nicht geholfen werden kann, wenn er nicht selbst bereit ist, sich als hilflos und ohnmächtig zu akzeptieren, so kann auch soziale Arbeit nicht gesellschaftsverändernd wirksam werden, wenn sie nicht zu ihrer eigenen Ohnmacht steht, zu der Ohnmacht, die der Betreuer in sich selbst in Bezug auf seine eigenen Fähigkeiten spürt, zu der Ohnmacht, den ganzen Umfang des gesellschaftlichen Leidens aufzudecken, zu der Ohnmacht, seine Ursachen offen zu diskutieren. Christliche Theologie hat stets darauf bestanden, daß Helfen und politische Aktivität nur auf der Basis eigener Ohnmachtserfahrung möglich ist, und hat dies in der Theologie des Kreuzes ausgedrückt.

Christliche Theologie beruft sich zugleich auf die Erfahrung, daß das Eingeständnis, gegenüber einer Herrschaftsordnung ohnmächtig zu sein, nicht in die Resignation führt, sondern zu der Einsicht, in Hilfe und Ermutigung anderer zu bedürfen. Erst auf der Basis von Ohnmacht und Wissen um die Notwendigkeit anderer kann eine wirkliche Gemeinschaftlichkeit zwischen Betreuern und Betreuten entstehen, die mehr als eine Verwaltung der Opfer darstellt. Was für die Ebene des Einzelnen gilt, trifft auch für die Ebene der Organisation zu:

Diakonisches Arbeiten muß verstärkt sich selbst, intellektuell wie emotional, bewußt machen, in welchem Ausmaß es selbst zum Opfer herrschender wirtschaftlicher und politischer Interessen geworden ist. Erst dieses Bewußtsein kann die unbestimmte Angst vor dem »totalitären Wohlfahrtsstaat« und der allmächtigen »Eigengesetzlichkeit« wirtschaftlicher Abläufe in eine legitime Kritik und in eine modellhafte Antizipation einer zukünftigen gesellschaftlichen Organisation umwandeln. *Legitime Kritik* anerkennt, daß eine gerechte Sozialpolitik nur durch den Staat gewährleistet werden kann, aber fordert einen Staat, der sich wirklich von partikularen wirtschaftlichen Interessen befreien kann und eine Selbstbestimmung seiner Bürger mehr als bisher ermöglicht und fördert. Er muß neue Partizipationsformen entwickeln und statt einer abstrakten Gerechtigkeit eine solche verwirklichen, die flexibel auf die Bedürfnisse der Bürger einzugehen vermag. Legitime Kritik bedeutet eine breite Diskussion über die Ursachen physischer und psychischer Verelendung und über Leitmotive gesellschaftlicher Organisation, z. B. über das Leistungsprinzip, über den

Zwang zur Profitmaximierung, über die Verbindung von Wirtschaftswachstum und Sozialleistungen und über die Prinzipien der Ver-
mögensverteilung. *Modellhafte Antizipation* beschreibt das Bemühen,
innerhalb der verfaßten diakonischen Tätigkeit selbst Konzeptionen
zu entwickeln, die eine verstärkte Selbstvertretung aller Betroffenen
und spontane und durchsichtige Verfahrensweise ermöglichen. Es gilt,
neue Formen des Helfens und der Gemeinschaftlichkeit zu entwickeln,
anhand derer sich demonstrieren läßt, welche Möglichkeiten durch den
Prozeß der Monetarisierung verstellt werden. Es müssen die Bedingungen erprobt werden, unter denen eine Milieustabilisierung überhaupt möglich ist. Es geht, um einen bekannten Ausspruch zu variieren,
um die Einsicht in die eigene Ohnmacht und deren Ursachen, um die
Phantasie, alternative Möglichkeiten sich vorzustellen und zu planen,
und um die Fähigkeit, zwischen beidem eine lebensfähige Vermittlung
zu finden.

GUSTAV W. HEINEMANN

»UND UM DEN ABEND WIRD ES LICHT SEIN«*

So aus allem Zusammenhang herausgenommen und so gegen alle unsere Erfahrung und Vorstellungen steht es da: »und um den Abend wird es licht sein«. Läßt man diesen Text in seinem Zusammenhang so ist klar, daß Sacharja (14,7) vom letzten Tag, vom Tag des Herrn, vom Tag seiner letzten Wiederkehr spricht. Indem aber die Herrn-huter Brüder den Text so völlig außerhalb allen Zusammenhangs in das Losungsbuch setzen, wollen sie, so scheint mir, eine Besinnung dar-über herausfordern, wie wir es ansehen oder empfinden würden, wenn ein Tag ohne Abend endet, wenn ein Tag sich nicht in das Dunkel der Nacht auflöst, sondern hell bleibt, ja sogar um den Abend erst seine rechte Helligkeit gewinnt. — Wie wäre das, wenn dieser heutige Tag um seinen Abend licht würde?

Wir kennen solche Tage im Norden des Erdballs. Dort sind die weißen Nächte der Sommermonate als Gegenstück zu den schwarzen Tagen der Wintermonate den Nordländern geläufig und für sie ge-radezu eine Erquickung. Uns irritieren sie, die wir gewohnt sind, daß alle Tage in der Nacht untergehen. — Die Nacht ist für viele Menschen eine Sehnsucht. Novalis spricht ihnen aus dem Herzen: »Komm, Trost der Nacht!« Das gilt für die, die da müde werden und von der Nacht die Ruhe und die Entspannung erhoffen.

Das gilt für einen Nikodemus, der sich nur bei Nacht auf den Weg zum Gespräch mit Jesus traute. Das gilt für die, die sich verfolgt wis-sen und nur in der Nacht hinauswagen, um sich fortzubewegen oder wenigstens etwas Luft zu schöpfen. Wie mancher Mensch mochte in dem so grausam geplagten Vietnam auf die Nacht hoffen! Oder ich denke an einen Juden, der sich im letzten Kriegswinter in Essen in den Trümmern eines zerbombten Pfarrhauses versteckt hielt und nur in der Nacht ein wenig aus dem schier endlosen Warten sich heraustraute. Die Nacht mag ein Trost auch jenen sein, die sich schuldig wissen und den Augen der Mitmenschen entziehen wollen. Vor Gott gibt es freilich auch in der Nacht kein Verstecken. Der Psalmist weiß es: »Spräche ich: Finsternis möge mich decken!, so muß die Nacht auch Licht um mich

---

* Morgenandacht in einer Sitzung des Rates der Evangelischen Kirche in Deutsch-land am 18. August 1966

sein. Denn auch Finsternis nicht finster ist bei dir, und die Nacht leuchtet wie der Tag, Finsternis ist wie das Licht« (Ps 139).

Auf der anderen Seite kann gerade die Nacht bedrängen. Sie unterbricht das Wirken (Joh 9,4). Das Grauen der Geschichte, die Angst vor dem Unheimlichen kann Sehnsucht nach dem Tag und seiner Helle hervorrufen. Das Volk, das im Finstern wandelt, sehnt sich nach Licht und fragt: »Hüter, ist die Nacht schier hin?« (Jes 21,11).

Was also ist es mit dem Losungswort des heutigen Tages: »und um den Abend wird es licht sein«? Wenn wir es auf unsere Weise bedenken, bleibt es zwiespältig, wenn der Tag sich nicht in Nacht auflöst. Auch die Nacht hat ihr Gutes, so wie der Tag sein Gutes hat. — Deshalb müssen wir das Losungswort wieder in seinen Zusammenhang zurückführen.

Im Gleichnis vom ungerechten Richter sagt Jesus: »Sollte aber Gott nicht auch retten seine Auserwählten, die zu ihm Tag und Nacht rufen ...?« (Luk 18,7). Für diese Auserwählten sind Tag und Nacht durch den einen Gedanken und den einen Anruf Gottes zusammengebunden. Diese Tag- und Nachtgleiche weckt keine Sehnsucht mehr nach der Ablösung des Tages durch die Nacht oder der Nacht durch den Tag. Es bedarf nicht mehr der Nacht um des Trostes oder der Geborgenheit willen. Es bedarf nicht mehr des Tages, um ein Grauen der Nacht zu verscheuchen. Für die Auserwählten ist alles in der Gewißheit geborgen, daß Gott sie hört.

Hört Gott auch uns? Sind wir dessen am Tage wie in der Nacht gewiß? Wir dürften, wir sollten, wir könnten es wohl sein. Von daher empfangen unsere Tage Licht und Sinn, auch dieser Tag, dessen Abend nicht dunkel bleibt, sondern an dem Licht teilhaben darf, in dem Gott dereinst alle Tage auffangen wird.

Theologie und Kirche

HELMUT GOLLWITZER

DIE KIRCHENGESCHICHTE
ALS FRAGE NACH DER KIRCHE*

I.

Jetzt ist von uns die Rede — anders als bisher, wo von *uns* die Rede nur war als von Adressaten des Tuns eines anderen. Entscheidend ist für die biblische Botschaft: sie ist Botschaft vom Tun eines anderen an uns; sie spricht immer von *zweien*, die *nie* ineinander aufgehen (wie es die Mystik möchte), die weder im Grunde identisch sind noch am Ziele identisch werden. Dieses Identitätsdenken der Mystik (griechisch, asiatisch) ist von der jüdisch-christlichen Tradition immer durch den Verweis auf die strenge Kreaturgrenze bestritten worden. Identitätssehnsucht ist verständlich als kritischer Ausdruck der gesellschaftlichen Erfahrung von Entzweiung und Isolierung — sowohl mitmenschlich wie in der Naturbearbeitung —, als Sehnsucht nach Einheit des Individuums mit den anderen und mit dem Ganzen. Aber diese Sehnsucht weiß nicht, was ihr fehlt; sie denkt auf der Bahn, durch die sie gerade ins Unheil geführt worden ist: in der Bahn des Für-sich-sein-Wollens. Auch das Universum, auch Gott, in dem sie aufgehen will, ist dann, wenn das Aufgehen gelingen sollte, nur eine ebenso einsame Monas wie die einsame Monade, die sich nach Aufhebung ihrer Einsamkeit sehnt und sie doch nur in dem Aufgehen in eine noch größere Einsamkeit sucht.

Der Gott der Bibel ist nicht und nie der einsame Gott und will es nicht sein. Er ist nicht einsam als monotheistischer Gott, der dann die Welt erst zur Aufhebung seiner Einsamkeit braucht. Gott bedarf der Welt nicht, weil er — »zuvor in sich selber«[1] — nicht einsam ist (gegen Schalom Ben-Chorin!), sondern in sich selbst — das meint die Trinitätslehre! — Liebender und Geliebter, in sich selbst »ein ewiger Backofen voll Liebe« (Luther). Was er in sich ist, das ist und tut er auch nach außen, in »überschießender« Liebe (Röm 5,5) zu seiner frei — nicht aus bedürftiger Sehnsucht — ins Dasein gerufenen Schöpfung. Liebe ist nach *Hegels* Definition Identität des Nicht-Identischen — und dies ist

---

* Kapitel aus einer Vorlesung »Einführung in die evangelische Theologie«, gehalten an der Freien Universität Berlin im SS 1975
[1] K. Barth, KD I/1, 404

das Höchste, über das hinaus es nichts Höheres gibt, auch nicht eine noch innigere Vereinigung durch Aufgehen ineinander. Denn dies vermeintlich Höhere wäre ja in Wirklichkeit weniger, nämlich die Einsamkeit des in sich selbst ruhenden, unbeweglichen, unveränderlichen Ganzen, die Abwesenheit von Leben: Nirwana als letzte Identität von Sein und Nichts. Biblisch aber ist das Sein dem Nichts so entgegengesetzt wie das Leben dem Tod, und Leben ist immer Sozialität, Bewegung zwischen Verschiedenem, Gemeinschaft von Verschiedenem. Leben und Liebe sind — wie etymologisch, so auch sachlich — dasselbe.

Darum also ist die biblische Botschaft immer Rede von verschiedenen Subjekten in unaufhebbarer Verschiedenheit, und jene strenge Kreaturgrenze hat nichts Enttäuschendes an sich, ist nicht Verdammung des Menschen zu einer letzten Gezweitheit, überbietbar durch die Sehnsucht, das Streben nach oder die Botschaft von einer möglichen Aufhebung dieser Gezweitheit in letzter Einheit, sondern sie ist die ontologische Ermöglichung der Liebe, aus Liebe gewährtes, von Gott unterschiedenes Dasein des Menschen vor Gott, bestimmt zur Liebes-Identität, nicht zur Seins-Identität mit Gott — eine Unterschiedenheit, deren Aufhebung nicht Leben wäre, sondern Tod. Aufgehoben werden soll die Entzweiung in dieser Gezweitheit, das Gegeneinander von Geschöpf und Schöpfer, die Sünde des Menschen und der Zorn Gottes über die Sünde; aufgehoben werden soll es durch das Miteinander der Liebe, zu der das Geschöpf ursprünglich bestimmt ist.

Deshalb sehnt sich der biblische Glaube nicht mit der Mystik danach, in Gott aufzugehen, nicht nach Beseitigung des Gegenübers von Gott und Mensch, sondern hält das vielmehr für die Versuchung der alten Schlange: Eritis sicut Deus, für eine Weise der Auflehnung des Geschöpfs gegen den Schöpfer. »Wenn Gott wäre — wie hielte ich es aus, nicht Gott zu sein« (Nietzsche). Nicht nur in der Mystik, sondern ebenso in dem von Karl *Barth*[2] mit Recht mit der Mystik zusammengesehenen Atheismus *und* in einer diesem Atheismus neuzeitlich nachgebenden (damit faktisch vom Judentum zum Griechentum zurückgehenden) Theologie (sowohl in der Gott-ist-tot-Theologie wie in einer existentialistischen Theologie, wenn sie nicht mehr von der Existenz Gottes und also vom Gegenüber von Gott und Mensch zu reden wagt) ist der Mensch in seine Einsamkeit zurückgeworfen und sehnt sich nach einer Erfüllung, die von dieser Einsamkeit aus gedacht ist, also nicht Erfüllung in der Liebe ist, oder nur Erfüllung in zwischenmenschlicher Liebe, also doch wieder nur im Horizont einer in Natur und Universum einsamen Menschheit. Der biblische Glaube greift über die zwischenmenschliche Sozialität hinaus und sieht diese begründet in

[2] Ders., KD I/2, 348 ff

der Sozialität zwischen dem Schöpfer und seinen Geschöpfen. Und weil diese Sozialität das Schönste und Höchste ist, was dem Geschöpf blühen kann — ein Glück, über das hinaus es nur ein »Sein wie Gott« und d. h. letzte Einsamkeit des mit Gott identischen Ganzen geben könnte und also nur das letzte Unglück des Einsamseins —, darum ist biblisch glaubend das Geschöpf *gern* Geschöpf, steht gern unter dem Schöpfer. Dieses Unter-dem-Schöpfer-Stehen ist, wie gesagt, die ontologische Ermöglichung der Liebesgemeinschaft mit dem Schöpfer. In Karl *Barth*s Formel ausgedrückt heißt das: Die Schöpfung ist der äußere Grund des Bundes, dessen ontologische Ermöglichung, wie der Bund der innere Grund der Schöpfung ist, ihr Sinn und darum das Ziel des göttlichen Handelns im Schaffen, im Vergeben, in der Versöhnung durch Jesus Christus, in der Heraufführung des Reiches Gottes. Dieses Reich Gottes ist gewiß, wie Ernst *Bloch* sagt, das Reich des Menschen, und mit dem Deus revelatus ist zugleich der homo revelatus gegeben. Aber es ist Liebesgemeinschaft, weder Aufgehen des Menschen in Gott (Mystik) noch Aufgehen Gottes in dem Menschen (E. Bloch[3]). Das Glück des Menschen ist, *nicht* zu sein wie Gott, sondern sein Kind und Bundesgenosse sein zu dürfen. »Im Verhältnis zu Gott niedrig zu sein, das ist die Herrlichkeit des Geschöpfes.«[4]

II.

Eben wegen dieses Gegenübers sind immer beide Seiten ins Auge zu fassen — gewiß in der Unumkehrbarkeit des Gefälles von Gott zum Menschen, aber nicht so, daß nur von Gottes Sein und Taten gesprochen und nicht auch der Mensch thematisiert würde. Es gibt einen sich die Sache billig machenden Barthianismus, der aus dieser Unumkehrbarkeit die Erlaubnis entnimmt, »nur von Gott« zu reden und vom Menschen darum nur in ein paar bequemen Allgemeinbegriffen (Geschöpf, Sünder, Gerechtfertigter). Entsprechend bleibt es dann bei Eschatologie und Ekklesiologie ebenso im Allgemeinen — und dies hat zur Folge, daß die gegenwärtige kirchliche Wirklichkeit der Kritik durch die Reich-Gottes-Botschaft nur auf ungefährliche, nämlich unkonkrete Weise ausgesetzt wird. Man kann sich ihr entziehen, indem man verweist entweder auf die Nicht-Identität von eigentlicher Kirche und empirischer Kirche oder auf die verborgene Anwesenheit der eigentlichen Kirche in der empirischen; in beiden Fällen ist für die empirische Kirche die Gefahr abgebogen. Diesen bequemen Ausweg

[3] E. Bloch, Atheismus im Christentum, 1968
[4] K. Barth, KD III/3, 193

können wir uns nicht gestatten. In diesem Gegenüber von Gott und Mensch werden wir Menschen zu einer höchst ernsten Angelegenheit, ernster jedenfalls als außerhalb dieses Gegenübers, und damit ist uns verboten, uns — d. h. aber unsere Empirie — nicht ernst zu nehmen. Wir werden hier Adressaten einer ewigen Bejahung und — dieser entsprechend — einer außerordentlichen Beanspruchung, beides gerichtet auf dieses unser zeitliches Dasein, also — auch — auf unsere empirische, id est: auf unsere auch von uns erfahrbare und feststellbare Wirklichkeit, und zwar auf diese gerichtet als Unternehmen, sie zu retten und diensttauglich zu machen hier auf Erden.

In welcher Weise erreicht und ergreift dieses Rettungsunternehmen mit dem Namen Jesu Christi mein Leben heute, 1975? Verschiedene Weisen sind denkbar:

1) Die Weise der historischen Kausalität: Die Schweizer haben in Sempach und anderen Schlachten für Jahrhunderte die Freiheit ihrer Kinder gerettet. Was Väter tun, wirkt positiv und negativ auf das Leben der Kinder und Enkel. Jesus hat durch die Vermittlung der christlichen Predigt sicher auch eine erstaunliche Nachwirkung bis heute. Aber diese Wirkung seiner Ideen (oder der ihm zugeschriebenen Ideen) ist doch längst noch nicht identisch mit jenem göttlichen Rettungsunternehmen, erst recht nicht die historische Wirkung der Taten Jesu, die schon damals minimal war. Denn mit seinen Taten hat er auf den Gang der Weltgeschichte keinen Einfluß genommen, bis zu uns hin reicht ihre Wirkung nicht.

2) Sie ist denkbar als Wirkung verborgener, von Jesus Christus ausgehender Kräfte. Dafür haben wir Modernen kaum Kategorien, wohl aber finden sie sich bei den Mysterienkulten, auch in der katholischen Sakramentslehre, religionsgeschichtlich vielleicht zusammenhängend mit der mana-Vorstellung: sauerteigartig durchsetzen verborgene Kräfte die Menschheit, und Anteil bekommt man an ihnen durch rituelle Methoden.

3) Eine dritte Weise wird im Neuen Testament gedacht und ist besonders von den reformatorischen Theologen ausgearbeitet worden: Das an einem Punkt der Geschichte konzentriert in unsere Wirklichkeit einbrechende Rettungsunternehmen greift auf die Mit- und Nachwelt aus durch das Medium der »Botschaft«; durch Überbringer, die selbst ergriffen sind, wird uns Nachricht von dem Rettungsereignis vermittelt, und in dieser Nachricht ist das Objekt zugleich das eigentliche Subjekt, d. h. die Nachricht vom Retter ist das Mittel, durch das der Rettende von jener einmaligen Stelle in der Geschichte her nach mir greift und in mein Leben rettend und verwandelnd eindringt. Nicht die Nachricht als solche, nicht die Vermittlungskraft der Vermittler, sondern der Rettende selbst mit *seiner* Kraft, mit seinem

»Geist« nimmt die Botschaft und die Vermittlungstätigkeit der Boten als Instrument für sein Hereinkommen von dort nach hier.

Jedenfalls: es geht um Veränderung — und zwar durchgreifende, totale, also nicht reformistische, sondern revolutionäre Veränderung dieser diesseitigen menschlichen Wirklichkeit, des kosmos (Johannes), und zwar individuell wie sozial, *meiner* Wirklichkeit wie der Wirklichkeit der *Gesellschaft*. Ihr status quo ruft nach dem göttlichen Rettungsunternehmen, macht es nötig, und zwar als revolutionäres, nichtreformistisches, d. h. radikales und totales nötig; ihr status quo wird hier angegriffen; ich und die ganze Gesellschaft sollen radikal verändert aus diesem Angriff hervorgehen.

Geschieht der Angriff aber weder durch das Medium der historischen Kausalität noch durch zauberhafte Verwandlung, sondern durch Weitergabe einer Botschaft, dann ist genauer nach den Medien der Botschaft zu fragen. Eine Botschaft kann auf verschiedene Weise weitergegeben werden: 1) als bloße Information (neutral, über Satellit); 2) durch engagiertes Zeugnis; die Wirkung der so vermittelten Botschaft ist die Entstehung einer neuen Gesellschaft durch Zusammenfügung revolutionär erneuerter Menschen; *die neue Gruppe* ist — als eine menschliche ihr Leben immer zugleich interpretierende — als erstes Ergebnis des Rettungsangriffs auch sein Medium auf den status quo.

Dann ist deutlich: die Weitergabe der Botschaft als Mittel des rettenden Angriffs geschieht auf sehr *menschliche* Weise: durch Erzählen, Argumentieren, Gespräch, Vormachen, verändernde Einwirkung von verändertem Leben auf seine Umwelt, nicht auf die inhumane Weise der Zauberei oder des mit Sanktionsdrohungen verbundenen Kommandos. Diese *menschliche* Weise ist aber auch das *Problem*; zunächst sei es an mir als einzelnem dargestellt:

Ich werde der Freiheit meiner eigenen Stellungnahme nicht beraubt wie bei Magie und Kommando. Selbst angenommen, mir sei die Botschaft auf authentischste Weise begegnet — sie ändert mich und mein Verhalten nicht (wie bei Magie und Kommando) auf einen Schlag. Ihr Angriff trifft auf Gegenwehr. Ich werde zum Kampfplatz. Gelingt es der Gegenwehr nicht, die Botschaft auszuschließen, so gelingt ihr doch immer wieder der Gegenangriff. Es kommt zu wechselseitigen Niederlagen und Siegen, und mein Leben wird in manchmal relativ stabilen, manchmal auch sehr wechselnden Kombinationen der gegeneinander stehenden und miteinander kämpfenden Lebensweisen bestehen: des neuen und des alten Lebens. Kann ich das zu stark andringende neue Leben nicht mehr ausschließen, so werde ich mich bemühen, ihm wenigstens Grenzen zu setzen, es wenigstens auszuschließen von Teilbereichen meines Lebens, in denen die Veränderung mir den Existenzgrund zu entziehen droht, ohne den ich meine, nicht leben zu

können, oder Verhaltens- und Denkweisen zu retten, an denen mein
Herz besonders hängt. Ich werde versuchen, das Dilemma des reichen
Jünglings (Mark 10,17—22) so zu lösen, daß ich beides behalten kann,
das Fünferli *und* das Weckli, meine Güter *und* die Nachfolge Jesu. Ich
werde versuchen, beiden Herren zu dienen und durch irgendeine Art
von Zwei-Reiche-Lehre den mich so bedrängenden, ja zerreißenden
Kampf in einen möglichst stabilen Kompromiß, in einen Waffenstill-
stand zu verwandeln: »mit dem Kopf ein Heide, mit dem Herzen ein
Christ« (F. H. Jacobi); im Glauben gerechtfertigt, im Leben ein Sünder (vgl. Röm 6,1); im Privatleben nach der Bergpredigt, als Glied der
Gesellschaft nach deren Gesetzen (so der Schematismus einer entstell-
ten, aber traditionellen lutherischen Zwei-Reiche-Lehre). Immer geht
es darum, vor dem Angriff der Botschaft vermeintliche Notwendig-
keiten und Unentbehrlichkeiten meines Lebens zu retten, das revolutionäre Evangelium also reformistisch abzuschwächen zu einer Teil-
reparatur meines im übrigen im alten Geleise weiterlaufenden Lebens
— und zwar praktisch wie theoretisch. Dabei hat die Bildung abschwä-
chender Theorien, also die diesen Kompromiß rechtfertigende Theologie eine wichtige Funktion: sie soll dem Kompromiß Stabilität geben
und seine In-Frage-Stellung durch den Angriff der Botschaft verhindern, ja: der Weitergabe der Botschaft an mich und an die anderen
eine Gestalt geben, die den Angriff der Botschaft selbst nur noch einen
teilweisen, reformistischen sein läßt. Ob die Theologie — meine private
ebenso wie die öffentliche der Kirche — der Radikalität und Totalität,
dem revolutionären Charakter des evangelischen Angriffs auf die
Realität des status quo dient oder seiner Entschärfung, Domestizierung
und Verharmlosung, das ist das Kriterium für alle christliche Theologie. Tut sie ersteres, dann trägt sie dazu bei, daß der Kampf wenigstens in Bewegung bleibt, und das ist — auch dann, wenn es immer
wieder zu Niederlagen der Botschaft in meinem Leben kommt — besser
als der Stillstand des Kompromisses, der — auch wenn er Teilsiege des
Evangeliums garantieren und stabilisieren soll — doch nur eine permanente Niederlage des Evangeliums bedeutet.

III.

Was wir für Lebensnotwendigkeiten halten, sind immer auch gesellschaftliche Realitäten; denn ohne diese und außerhalb der Gesellschaft
vollzieht sich kein menschliches Leben. Neben der Rettung privater
Liebhabereien vor dem Angriff des neuen Lebens geht es deshalb vor
allem um die Rettung dieser vermeintlichen Lebensnotwendigkeiten,
und das zeigt sich besonders, wenn wir nun vom Kampfplatz des Ein-

zellebens übergehen zu der durch die Zusammenfügung der Einzelleben konstituierten neuen Gruppe, die als solche ja eine Gesellschaft in der Gesellschaft darstellt. Kann der Einzelne sich als Anachoret weitgehend von der Gesellschaft isolieren, so kann das die Gruppe schon viel weniger, und beide können es gar nicht, wenn zu ihrer neuen Existenz essentiell gehört, daß sie sowohl durch ihr Existieren wie durch ihr Tun Medien des Angriffs der Botschaft auf die ganze Gesellschaft sind. Auswanderung aus der Gesellschaft, Rückzug auf eine Insel wäre dann schon wieder eine Form der Beschränkung der Botschaft auf einen Teilbereich, nämlich den Teilbereich der Christen, und Bestreitung der Totalität des göttlichen Rettungsangriffs, der auf die Totalität des Lebens geht, also auch auf die Totalität der Gesellschaft und die Totalität unserer Beziehungen zu der uns umgebenden Gesellschaft.

Sind wir Einzelnen durch den Angriff der Botschaft in einen Kampfplatz verwandelt, so gilt das gleiche unvermeidlich für die neue Gruppe, die Kirche. Auch sie wird — so wenig wie wir Einzelnen — nie nur den Sieg des Evangeliums darstellen in sichtbarer Heiligkeit, sondern den wechselvollen Kampf des Evangeliums. Ihre Heiligkeit, d. h. ihre Neuheit wird ebenso wie bei uns Einzelnen eine verborgene sein — nicht eine absolut verborgene, weil das neue Leben ja auf dem Plane ist und sichtbare Änderungen bewirkt, aber eine relativ verborgene, weil das neue Leben je und je durchbricht und wieder zurückgeschlagen wird und wieder durchbricht in einem wechselvollen Kampfgeschehen. Wie die Einzelnen iusti et peccatores sind, so wird die Kirche zugleich sancta ecclesia und ecclesia peccatrix sein. Auch hier wird die theologische Theoriebildung eine wichtige Funktion haben: Wird sie Anwalt der Radikalität und Totalität des evangelischen Angriffs sein oder Anwalt seiner Beschränkung?

Dem gesellschaftlichen Charakter der Kirche entsprechend wird ihre eigene Strukturierung als Gruppe von besonderem Gewicht für ihre Wirkung nach außen auf die umgebende Gesellschaft, also für ihr Zur-Verfügung-Stehen als Medium für den Angriff des Evangeliums auf die Gesellschaft sein; zugleich wird sie als Gruppe unter dem besonderen Druck der umgebenden Gesellschaft stehen und diesen Druck mit seinen Versuchungen entweder an die einzelnen Glieder in ihrer Mitte weitergeben oder diese gegen ihn abschirmen und zum Widerstand gegen ihn stärken. Das macht die dritte Barmer These so bedeutsam, weil in ihr die Bedeutung der Kirche für den Angriff der Botschaft auf die Welt nicht nur — wie lutherisch traditionell — im Wortzeugnis, in der Verkündigung gesehen wird, sondern ebenso in ihrer »Ordnung«, wobei sowohl an ihre Organisationsformen wie an alle Weisen ihres Gemeinschaftslebens zu denken ist.

IV.

Das bisher Gesagte umschreibt in abstrakter Weise die Grundprobleme der ganzen Kirchengeschichte, und im Lichte des bisher Gesagten ist auf diese nun einzugehen. Dabei soll uns der Einsatz beim einzelnen Christen als Kampfplatz ständig daran erinnern, daß sich im kirchlichen Geschehen nur wiederholt, was im Einzelleben ständig stattfindet. Das wird uns an billiger Kirchenkritik hindern. Hier geschieht ständig gegenseitige Spiegelung: im kirchlichen Leben spiegelt sich der Verlauf des Einzellebens, und im Einzelleben spiegelt sich der jeweilige Zustand der Kirche wider. So kann keine Seite sich mit der anderen entschuldigen; denn die Kirche sollte uns Einzelnen voraus sein, und ich, der Einzelne, sollte die bessere Kirche sein, um die anderen nachzuziehen.

Für die Kirche gilt, was auch für den Einzelnen gilt: Ich bin identisch mit meiner Geschichte, aber ich bin gerufen (und dies gerade durch das Evangelium!) immer über meine bisherige Geschichte hinaus. So ist die Kirche identisch mit dieser zweitausendjährigen Geschichte, aber immer gerufen über diese Geschichte hinaus. Denn sie ist ja nicht Selbstzweck, nicht in sich selbst schon Erfüllung, auch nicht eine Religion oder Weltanschauung, die nur das Vorhandene interpretiert und in ihm zu leben und Sinn zu finden hilft; sie lebt im Noch-nicht, sich ausstreckend nach vorn, und sie hat einen Dienstzweck als Überbringerin der Botschaft und als Instrument des göttlichen Rettungsunternehmens. Daß sie nicht für sich selbst da ist, sondern für diesen Dienst, das ist das Kriterium für ihr Leben, und zu ihrer Besonderheit gehört, daß ihr dieses nach vorn weisende Kriterium von ihrem Ursprung her zukommt, chronologisch also von rückwärts, aus der Vergangenheit. Das hängt zusammen damit, daß ihr Noch-nicht aus einem Schon entsteht, ihr Dienst an der Zukunft des Reiches Gottes aus dem verheißenden Fuß-Fassen dieses Reiches in der irdischen Wirklichkeit durch die Geschichte Jesu Christi. Weil diese Geschichte zu uns hin, zu allen späteren Zeiten hin ausgreift durch das Medium der Botschaft, ist die anfängliche Gestalt der Botschaft auch ihre authentische, ihre kanonische. Die Kirche ist durch diese Anfangsgestalt der Botschaft — »Apostel und Propheten« (Eph 2,20) — entstanden, und sie kann ihre Identität — ungeachtet aller nötigen hermeneutischen Prozesse für die *heutige* Weitergabe der Botschaft — nur bewahren und neu wiedergewinnen dadurch, daß sie sich selbst im Denken, Reden und Handeln angleicht an ihren durch die Anfangsgestalt der Botschaft vermittelten Ursprung.

Darin liegt die unvergleichliche Bedeutung der heiligen Schrift für die Kirche. Darüber war die Kirche sich seit der Kanonbildung einig; entschlossene Konsequenzen begann man aber erst in der Reformation daraus zu ziehen. Die Autorität der Bibel war keine Neuerfindung Luthers, sie war schon immer anerkannt. Luthers Bedeutung besteht in der Proklamation des *sola* scriptura, der Schrift als *unica* norma et iudex (Konkordienformel) der Kirche.

Was das für die Geschichte der Kirche bedeutet, haben die »Altgläubigen« des 16. Jahrhunderts in ihrem Widerstand dagegen und in ihrer Forderung, daß die kirchliche Tradition *neben* der Schrift gleichberechtigte Autorität habe, vielleicht noch besser geahnt als die Reformatoren selbst. Denn sola scriptura heißt doch: der im Anfang sich authentisch kundtuende Ursprung richtet über den Fortgang. Wie der Kommende identisch ist mit dem Gekommenen und uns kein anderer nach vorn ruft als der, der vor zweitausend Jahren unter uns gewesen ist, so ruft uns nach vorn die Stimme des Ursprungs, mit dem es angefangen hat, das Anfangszeugnis des Ursprungs. Mit der Anerkennung der Bibel unterstellt sich die Kirche in jeder möglichen Zeit und auf dem ganzen Weg der Geschichte der Kritik ihres Ursprungs.

V.

Wie wird sie vor dieser Kritik bestehen? »Die meisten Quellen sind mit dem Flußlauf nicht einverstanden« (Jean Cocteau). Sie können ihn nicht vorher bestimmen, können ihn nicht regieren; regiert wird er vielmehr von den späteren Gegebenheiten, denen die Ströme ausgesetzt sind. Die Ohnmacht der Quelle gegenüber diesen späteren Gegebenheiten lehrt uns die ganze Geschichte und insbesondere die Kirchengeschichte. Sehr bald schon ist die Quelle im weiteren Verlauf des Flusses kaum mehr wiederzuerkennen; seine historische Größe ebenso wie seinen Laufweg erhält er weniger durch die Quellen als durch andere hinzukommende Nebenflüsse — von der heute so aktuellen Verschmutzung durch Abwässer wäre auch noch zu reden! Wieviel vom Quellwasser der Donau ist bei Ulm, bei Passau, bei Budapest noch vorhanden, noch dazu, nachdem ein großer Teil des ursprünglichen Wassers schon bei Immendingen versickert und in den Bodensee fließt! Die mittelalterliche Feudalkirche, die Kirche der Kreuzzüge, der Inquisition, der Hexenverbrennung, des weißen Kolonialismus, die Thron- und Altar-Kirche des lutherischen Obrigkeitsstaates, die Kirche der Kriegspredigten von 1914—1918, die Erzbischöfe von Saigon und Palermo, die portugiesische Kirche in Mocambique, die südafrikanische Apartheid-Kirche, aber auch Bischof Hanns Lilje beim Zapfenstreich für den zurücktretenden Verteidigungsminister F. J. Strauß 1965, die mit dem Unternehmer-Kapitalismus sich identifizierende Kirche von Kardinal Döpfner, die Dekoration und das Ritual einer Bischofskon-

ferenz in Rom, aber auch eine würdige Konferenz protestantischer
Pastoren, Billy Grahams Evangelisation »Korea für Christus« unter
Huldigung für den Diktator Park und unter dem Schutz von dessen
Armee und Polizei und schließlich das Gebet des amerikanischen Feld-
geistlichen für The Christian Bomb auf Hiroshima 1945 — was hat mit
diesem Verlauf des christlichen Stromes die Quelle zu tun, auf die sich
dieser ganze Strom unablässig beruft und deren Kritik er sich angeblich
unterstellt? Wenn es einen Beweis für den historischen Materialismus
und seine These von der Ohnmacht der Ideen und der übermächtigen
Gewalt der gesellschaftlichen Interessen über die Ideen gibt, dann ist
es die Kirchengeschichte. »Die Idee hat sich immer blamiert, wo sie
nicht mit Interesse verbunden war«, schreiben Marx und Engels in der
»Deutschen Ideologie«. Immer neue gesellschaftliche Interessen, direkt
materielle und in geistige und seelische Bedürfnisse gefaßte Interessen
verbinden sich mit der christlichen Botschaft. Als sich das Interesse der
Führungsschicht eines ganzen Weltreichs mit ihr verbindet, wird sie zur
Weltreligion und übernimmt die politisch-soziale Aufgabe bisheriger
Volksreligion: die innere Stabilisierung des bestehenden Ausbeutungs-
und Herrschaftssystems, und der ganze weitere Verlauf des Stromes
bis heute ist ohne dieses Bündnis von Kirche und gesellschaftlicher
Macht nicht mehr zu denken; wir alle sind dessen Erben und stehen
trotz aller Veränderungen noch mitten darin.

Bleiben wir noch etwas im Gleichnis von Quelle und Strom! Das
Quellwasser ist im Strom noch enthalten, wenn auch manchmal in
extremer Verdünnung. Noch in den Messen und Gottesdiensten der
Kreuzritter, Großinquisitoren und Kriegsverherrlicher ist der Ursprung in den Lesungen der Bibel anwesend, wird gehört, gewiß mas-
senhaft überhört, aber keine irdische Rechenkunst und keine historische
Beobachtung kann zusammenzählen, wo und wie oft er gehört worden
ist und gewirkt hat. Eben dies gehört zur verborgenen Wirklichkeit
des Reiches Gottes, die doch eine Wirklichkeit, d. h. eine wirkende
Macht ist. Ihr haben wir es zu danken, daß das Quellwasser trotz aller
Vermischungen und aller Verdünnung bis zu uns gekommen ist und
auch in unser Leben eindringt. Das ist der *Trost* bei Betrachtung der
Kirchengeschichte, dieses »Mischmaschs von Irrtum und Gewalt«
(Goethe), ein ja nicht zu unterschätzender Trost, weil er — wie jeder
rechte biblische Trost — sofort ein in Anspruch nehmender Trost ist:
Sind wir erreicht vom Quellwasser, so werden wir von ihm in Anspruch genommen, als stünden wir »gleichzeitig« (Kierkegaard) mit
den ersten Zeugen noch am Anfang, um zu empfangen und mit Tat
und Leben zu verwirklichen, wozu die Quelle uns ruft, und weder der
bisherige Verlauf des Stromes noch die Vermischung und Verdünnung
können uns zur Entschuldigung dienen, diesem Anruf nicht zu folgen.

Jene Verdünnung hat freilich eine besonders bedenkliche Folge: Das Quellwasser erreicht uns — darüber darf es keine fromme Illusion geben! — als Teil des Stromes in den Grenzen seines durch die Gegebenheiten bestimmten jetzigen Ortes. Was von ihm durch uns gehört und befolgt wird, ist zunächst durch diese Grenzen bestimmt. Begrenzt durch das Bündnis der Kirche mit den herrschenden Gesellschaftsmächten wurde die Weitergabe der Botschaft so abgesichert, daß das Quellwasser auf den Verlauf des Stromes keinen bestimmenden Einfluß nehmen oder gar den Strom über die begrenzenden Ufer treten lassen konnte. D. h.: In der kirchlichen Verkündigung wurde die Botschaft so weitergegeben, daß sie jenes Bündnis und damit die gegebenen Gesellschaftsstrukturen nicht in Frage stellen konnte.

Diese Strukturen sind aber seit je von zwei Grundüberzeugungen bestimmt: 1. Die Güter der Erde reichen nicht gleichmäßig für alle. 2. Darum gibt es das gute Leben nur auf Kosten anderer. Darauf beruht die Klassenteilung der Gesellschaft, das sie sichernde Herrschaftssystem und der Kampf um die Aneignung der Güter der Erde bis heute.

Klar ist sofort die Entgegensetzung der Reich-Gottes-Botschaft; in ihr gehören die Einladung zum Glauben und die Einladung zur Liebe untrennbar zusammen. Als Einladung zum *Glauben* sagt sie: Gott, der Schöpfer, sorgt für dich und für alle; es ist genug für alle da. Als Einladung zur *Liebe* sagt sie: Du sollst und du brauchst nicht auf Kosten anderer zu leben! Nicht dies ist das gute Leben; das gute Leben ist das Leben für die anderen. Laß sie auf deine Kosten leben, wie Gott uns in Christus auf seine Kosten leben läßt! Nicht eingeschränkt auf Teilbereiche, sondern geltend für die Totalität des Lebens enthüllt die Botschaft das Leben nach jenen zwei Grundüberzeugungen als das falsche, gottwidrige, todbringende Leben und lädt dazu ein, damit zu brechen und statt dessen ein neues, entgegengesetztes Leben zu beginnen. Für die bestehenden Gesellschaftssysteme ist aber solche Enthüllung und solche Einladung durchaus unerwünscht; sie müssen also dafür sorgen, daß sich diese entgegengesetzte Lebensauffassung in »vernünftigen Grenzen« hält: durch Kleinhalten der betreffenden Gruppe: marginale Bohemiens, Hippies, Ashrams, sogar nützlich als Ventile der Leistungsgesellschaft. Wenn sich aber die Gruppe durch besondere Umstände sehr ausgebreitet hat, muß das, was in ihrem Leben — oder mindestens in ihren Lebensansichten — gesellschaftlich gefährlich ist, neutralisiert werden, und zwar auf mehrfache Weise: Erhebung der Reich-Gottes-Hoffnung in eine absolute Distanz zur Erde und zur Gegenwart, so daß diese davon unberührt bleibt und die Hoffnung zum bloßen Trost ohne Inanspruchnahme wird — Verschiebung des Glaubens ins Abseits vom tätigen Leben, d. h. in die Innerlichkeit des Gefühls und/oder in

die Offizialität der formellen Dogmenbejahung — Individualisierung
der Verkündigung, damit Begrenzung der Lebensänderung auf den
privaten Umkreis — Verhinderung der Bildung von Gemeinden des
neuen Lebens mit ausstrahlender Wirkung auf die Gesellschaft, statt
dessen Reduzierung solcher Gemeinschaften auf kontrollierte Gruppen
innerhalb ebenfalls wohl kontrollierter kirchlicher Großorganisationen. Damit sind die Grundzüge der Methoden angegeben, mit denen
Evangelium und Kirche an die Klassengesellschaft angepaßt und un-
schädlich, ja vielmehr zur Funktion der Stabilisierungsreligion tauglich
gemacht wurden.

Dabei darf man nicht meinen, dies sei ein geplantes Werk irgend-
welcher Generalstäbe der herrschenden Schichten. Der Prozeß hat sich
vielmehr »naturwüchsig« (wie Marx sagen würde) vollzogen. Nicht
»die Kirche« hat sich angepaßt, so daß wir sie heute deswegen beschul-
digen könnten. »Die Kirche« — das ist ja eine Abstraktion. Die Kirche
besteht zu jeder Zeit aus konkreten Menschen, die ihre jeweiligen Interessen, Bedürfnisse, Sehnsüchte und Leidenschaften in die Kirche einbringen, und zwar nicht nur ihre individuellen — um deren Korrektur
hat sich wachsame kirchliche Verkündigung immer bemüht —, sondern
ebenso und tiefer sitzend noch, weil kaum bewußt, sind ihre kollektiven
Interessen, in Traditionen, Moralen, Rechtssystemen usw. »objektiver
Geist« geworden. Auch hier kann man nicht gleichzeitig das Weckli
kaufen und das Fünferli behalten. Ist der Glaube »nicht jedermanns
Ding« (2Thess 3,2), will man aber jedermann in der Kirche haben
(bewerkstelligt durch Kindertaufe), dann wird eben jedermann und
nicht der Glaube das Leben der Kirche bestimmen. »Jedermann« heißt
hier aber: die als Privilegien-Hierarchie sich darstellende Gesellschaft
des alten Lebens, deren Wertsetzungen und Überzeugungen wir inter-
nalisiert haben, an deren uns tief prägender Produktionsweise wir täglich teilnehmen und aus der wir mit der Bekehrung zum Evangelium
keineswegs auf einen Schlag heraus bekehrt sind, sondern deren Motivationen wir mit uns tragen, so daß wir — und ebenso die Kirche —
eben dadurch zum Platz des Kampfes zwischen dem alten und dem
neuen Leben werden. Bestenfalls zum Kampfplatz! In der Jeder-
manns-Kirche werden übermächtig, ja, ohne Infragestellung die geltenden Selbstverständlichkeiten des Bestehenden — das, was man hier für
selbstverständlich, notwendig, unentbehrlich und unvermeidlich hält —
sich durchsetzen und dafür sorgen, daß das Quellwasser nur innerhalb
der ihm streng gesetzten Grenzen sich auswirken kann und darf. Es ist
nicht die Not eines Einzelnen nur, es ist die Not von fast zweitausend
Jahren Kirchengeschichte ausgedrückt, wenn in Johann Sebastian *Bachs*
Kantate »Wachet! Betet!« (BWV 70) ein Rezitativ lautet:

»Auch bei dem himmlischen Verlangen
hält unser Leib den Geist gefangen;
es legt die Welt durch ihre Tücke
den Frommen Netz und Stricke.
Der Geist ist willig,
doch das Fleisch ist schwach:
Dies preßt uns aus
ein jammervolles Ach!«

Mit dieser Absicherung der Gesellschaft gegen den Angriff des neuen Lebens wird aber die Weitergabe der Botschaft einer für sie wesentlichen Dimension beraubt, d. h. sie wird *häretisch*. Hairesis (Grundbedeutung: Wahl) ist nach Karl Barth[5] ein »willkürliches Herausgreifen von Einzelpunkten aus dem Ganzen der Offenbarung, die in Verfehlung der christologischen Mitte zu ›Nebenzentren‹ gemacht werden und die kirchliche Verkündigung in den Dienst fremder Interessen stellen«. Die verschiedenen Groß- und Kleingruppen in der Christenheit haben sich gegenseitig eifrig den Häresie-Vorwurf gemacht und mit ihm ihr Getrenntsein begründet. Nehmen wir aber ihrer aller Selbstunterstellung unter den in der Heiligen Schrift stets präsenten Ursprung ernst, dann können wir uns kaum mehr verhehlen, daß der Ursprung ihnen allen zum Gericht wird. Eine nicht-häretische Gruppe dürfte es in all den Jahrhunderten der Kirchengeschichte nicht gegeben haben, auch heute nicht geben. Auch das Bemühen um eine möglichst schriftgemäße Lehre, um offizielle Geltung eines möglichst schriftgemäßen Bekenntnisses, wie es den aus der Reformation des 16. Jahrhunderts hervorgegangenen Kirchen eigen ist, bringt die betreffende Kirche noch nicht, wie man in dieser Tradition meint, aus der Häresie heraus. Denn zur Weitergabe der Botschaft gehört ja nicht nur der Angriff des neuen Lebens auf das individuelle alte Leben, sondern ebenso auf das kollektive alte Leben, in das das individuelle tief eingebunden ist, auf die »öffentliche Sünde« (Hans Ehrenberg), auf die gesellschaftlichen Verhältnisse, in denen sich die Motivationen der Individuen objektiviert haben und von denen die Motivationen der Individuen wiederum determiniert werden. Und zur Weitergabe der Botschaft gehört neben dem Wortzeugnis, der Verkündigung, der Lehre, dem Bekenntnis ebenso die neue Lebensweise, und zwar als eine gemeinschaftliche, das neue Sozialleben der »Gemeinde von Brüdern« (Barmen III), in dem — wenn auch noch unter den Bedingungen des alten Äon — schon antizipierend in der Lebensweise des Reiches Gottes gelebt und so Metanoia, Umkehr betätigt wird im Protest gegen die immer noch drückenden und ihren Anspruch erhebenden Bedingun-

---

[5] So E. Wolf, Art. Häresie, RGG[3] III, Sp. 14

gen des alten Äon. Diese Erkenntnis hat immer wieder zur Bildung und Gegenbewegung kleinerer Gruppen gegen die Großkirchen geführt, weil an diesem Maßstab der häretische Charakter der Großkirchen nicht mehr zu übersehen war. Aber auch diese kleineren Gruppen mußten der Einbindung in die alte Gesellschaft ihren Tribut zahlen. Auch ihre Gegenbewegung blieb partiell, also wiederum häretisch, und isolierte sich, wenn sie sehr entschieden war, auf separate Inseln (z. B. die hutterischen Gemeinschaften).

VI.

Das Fazit scheint zu anderem als zu Depression und Resignation nicht Anlaß zu geben. Der historische Materialismus scheint auf der ganzen Linie bestätigt zu sein. Daß das Quellwasser auch in solcher Verdünnung noch mitfließt, ist demgegenüber nur ein allzu schwacher Trost. Aber genau an dieser Stelle muß das wie immer hinkende Gleichnis verlassen werden; es verführt zum naturalistischen Denken, das nur mit quantitativen Faktoren und Kausalitäten rechnet. Die Kirchengeschichte stellt uns gerade durch ihren so höchst problematischen Zusammenhang mit dem Ursprung vor Entscheidungen; sie erlaubt uns weder die bloße Betrachterhaltung noch das Sich-Abfinden mit einem negativen Fazit. Weil in ihr und durch sie der Ursprung — in welcher Verdünnung auch immer — präsent ist, stellt sie uns vor die Frage, was wir diesem Ursprung zutrauen, und dieser Frage können wir uns nicht entziehen mit dem Hinweis auf die offensichtliche, durch die Kirchengeschichte bewiesene Ohnmacht des Ursprungs. Denn diese ist nicht eine unangenehme, desillusionierende Überraschung, die dem, was im Ursprung gesagt wurde, widerspräche. Dort tritt ja nicht ein glänzend Mächtiger auf, der dann kläglich versagt oder scheitert, sondern schon dort ist die Ohnmacht offensichtlich in dem, der von der übermächtigen Welt ausgestoßen und an den Galgen gehängt wird. Dem neuen Leben ist auf Golgatha schon seine Ohnmacht gegenüber der Übermacht des alten Lebens angekündigt und durch die Kreuzesinschrift bescheinigt. Niemand, der sich auf das neue Leben einläßt, kann sich beklagen, er sei hinsichtlich der Übermacht des alten Lebens in ihm selbst und in der ihn prägenden und von ihm mitgetragenen Gesellschaft im unklaren gelassen worden. Hat er sich dennoch auf das neue Leben eingelassen, so hat er das getan, weil ihm durch die Auferstehung Jesu Christi, durch die Auferstehung des neuen Lebens die Hoffnung erweckt wurde, daß dem neuen Leben eine Möglichkeit innewohnt, die dem alten Leben nicht gegeben ist, nämlich sogar gegen tödliche Widerlegung neu zu erwachen und am Ende sich durchzusetzen. Ihm ist das

neue Leben nicht nur als eine Idee, als eine Sehnsucht, als ein Blochscher
Tagtraum begegnet, sondern als ein Subjekt, ein Herr, der der sieg-
reichen Welt gewachsen ist, gerade in seinen Niederlagen gewachsen ist.
Wer sich auf das neue Leben einläßt, wird durch die konkrete Botschaft
von ihm, die nicht die Botschaft von einer Idee ist, sondern die Botschaft von diesem Subjekt und seiner Geschichte, die eine Geschichte
von Tod und Leben, von tödlicher Niederlage und aus dieser Niederlage erwecktem Leben ist, daran erinnert, daß er im neuen Leben nur
durch den Bund mit diesem Subjekt existieren kann, und daß auch an
seinem Weg die Ohnmacht ebenso wie die dem Tod gewachsene Kraft
seines Verbündeten sichtbar werden wird. Kurz: unsere eigene Lebensgeschichte wie die Kirchengeschichte stellt uns vor nichts Geringeres als
vor die *Glaubens*frage, was wir dem Subjekt, das uns über sich nicht
im unklaren gelassen hat, zutrauen. »Siehe, ich habe es euch zuvor gesagt« (Matth 24,25). Dieses Zutrauen allein gibt die Möglichkeit, trotz
jenes Fazits unverzagt wieder neu anzufangen, den Ursprung als gegenwärtige Wirklichkeit trotz seiner Diskreditierung durch den bisherigen Verlauf des Stromes heute neu als meine je neue Möglichkeit
ernst zu nehmen.

Darum ist die Kirchengeschichte ebenso wie die individuelle christliche Lebensgeschichte über jenes Fazit hinaus auch eine Geschichte von
immer neuen Anfängen. In immer neuen Aufbrüchen von Einzelnen
und Gruppen wurde und wird der Ursprung virulent, sprengt die vorhandenen häretischen Begrenzungen und schafft das Ereignis des neuen
Lebens, und wenn auch dies immer wieder Begrenzungen aufweist
durch die individuellen und gesellschaftlichen Rahmenbedingungen des
alten Äons, so ist das doch jedesmal ein Zeichen, das das Zutrauen zum
Ursprung bestätigt. Die Kette dieser Zeichen ist die eigentliche, die
Glaubensgeschichte der Kirche.

Nehmen wir sie — und durch sie veranlaßt das Subjektsein des Ursprungs — ernst, dann nehmen wir endlich auch ernst, daß Kirche ein
Ereignis ist, und zwar ein Ereignis, das nicht wir bewerkstelligen können, sondern das durch das Ursprungssubjekt, d. h. den unser altes
Leben angreifenden Retter selbst bewirkt wird. Wir können es nicht
von uns aus herbeizaubern, durch unsere Planung und Organisation
realisieren, auch nicht dadurch tradieren und am Leben erhalten. »Der
Wind bläst, wo er will« (Joh 3,8). Unser Organisieren kann dem Er-
eigniswerden von Kirche dienen, nicht mehr, d. h. es kann dazu beitragen, daß die Botschaft laut wird, durch die es je und je — ubi et
quando visum est Deo (C. A. 5) — zum Ereignis »Kirche« kommt, und
daß innerhalb dieses Ereignisses das Gemeinschaftsleben eine Ordnung
bekommt, die dem neuen Leben entspricht und dieses ausdrückt, nicht
aber das alte Leben.

Die Folge davon ist, daß wir, wenn wir von Kirche sprechen, nicht auf unsere Organisationen blicken dürfen, nicht auf *die* Kirchengeschichte, sondern auf diese Ereignisse sowohl am Anfang wie auch immer wieder im Verlauf der Kirchengeschichte. Die Kirchenorganisationen aber, die wir gewöhnlich — viel zu freigebig! — mit dem Wort »Kirche« bezeichnen, sind im besten Fall unsere Dienstversuche für das uns verheißene Ereignis »Kirche«, häufig genug unsere Versuche, dieses Ereignis zu verhindern oder es mindestens so zu kanalisieren, daß es sich einfügt in den Strom des alten Lebens, in dem wir mitschwimmen. Zu unserem immer neuen Anfang gehört wesentlich auch der immer neue Versuch, die Kirchenorganisation aus einem Hindernis zu einem dienlichen Instrument für das Ereignis »Kirche« zu machen, verwendungsfähig für den, der allein uns zur Kirche machen kann.

GÜNTER KRUSCHE

DIE KIRCHE ALS GEGENSTAND
DER PRAKTISCHEN THEOLOGIE

Wie soll der Praktische Theologe Position beziehen, solange die Praktische Theologie ihren Ort im System der theologischen Disziplinen noch nicht gefunden hat? Denn — wie die andauernde Diskussion beweist — noch hat die Praktische Theologie »zwischen Wissenschaft und Praxis«[1] ihren Ort und ihr Selbstverständnis nicht gefunden; im Gespräch zwischen Systematischer und Praktischer Theologie ist noch immer die Frage, ob die Praktische Theologie »ein notwendiges Element der wissenschaftlichen Theologie« (Christof Bäumler)[2] sei oder nicht.

Der ehrenden Epitheta sind Legion: Eberhard Jüngel gesteht ihr wissenschaftlichen Charakter ohne Bedenken zu: »Theologische Wissenschaft ohne Praktische Theologie ist wie ein Witz ohne Pointe.«[3] Dagegen nennt Heinrich Ott sie — fern aller Mißachtung — »das Zentrum, die Krönung, das Telos der gesamten theologischen Bemühung und Ausbildung«, ja sogar »die Königin der theologischen Disziplinen«, aber gerade deswegen — »im Grunde — keine Wissenschaft«![4] Doch will dieses Urteil beileibe nicht als Disqualifizierung, sondern gerade als Qualifizierung der Praktischen Theologie im Sinne von »Techne«, »Kunstfertigkeit« verstanden sein; es mündet aus in die Forderung nach dem »beständigen Dialog mit den anderen Disziplinen«[5], aber während der Begriff der »Kunstlehre« bei Schleiermacher[6], dem die Praktische Theologie ihre Begründung als wissenschaftliche Disziplin verdankt, zur Charakterisierung ihres wissenschaftlichen Charakters dient, wird bei Ott die Praktische Theologie gerade da-

---

[1] E. Jüngel/K. Rahner/M. Seitz, Die Praktische Theologie zwischen Wissenschaft und Praxis, 1968

[2] Ch. Bäumler, Praktische Theologie — ein notwendiges Element der wissenschaftlichen Theologie, in: ThPr 9, 1974, 72 ff

[3] E. Jüngel, Das Verhältnis der theologischen Disziplinen untereinander, in: Jüngel/Rahner/Seitz, aaO. 40

[4] H. Ott, Techne und Episteme — Funktionen der Praktischen Theologie, in: ThPr 9, 1974, 33

[5] AaO. 35

[6] F. Schleiermacher, Kurze Darstellung des theologischen Studiums zum Behuf einleitender Vorlesungen, ed. H. Scholz, 1961[4], § 25, 132 u. ö., § 265: »Kunstregeln im engeren Sinne des Wortes«

durch aus dem Kreis der theoriebewußten und -bildenden theologischen Disziplinen ausgegrenzt. Dies macht noch einmal mehr deutlich, daß die Theorie-Praxis-Relation noch nicht hinreichend geklärt ist, zumal die Verhältnisbestimmung jeweils von dem an die Problematik herangetragenen Vorverständnis, sei es »Kritische Theorie« oder »Kritischer Rationalismus«, abhängig und damit einem neuen Sprachenstreit ausgeliefert ist.

Die von Gert Otto angebotene Formel: »Praktische Theologie als Kritische Theorie religiös vermittelter Praxis«[7] vermag wohl sprachlich zwischen Theorie und Praxis zu vermitteln und die Ablehnung einer Definition von Praktischer Theologie als bloßer »Anwendungswissenschaft«[8] zu begründen, auch überwindet Otto mit dieser Formel — darin mit Wolfhart Pannenberg einig — die »kirchliche Binnenperspektive«[9]; aber was nicht gelingt, ist die Vermittlung zwischen seinem transitorischen, emanzipatorischen Kirchenbegriff[10] und der empirischen Kirche. So stößt er nicht eigentlich zur kirchlichen Praxis vor, sondern markiert lediglich die zur Lösung anstehenden Fragenkomplexe.

Ohne eine Klärung des Kirchenverständnisses aber kann die Praktische Theologie ihren Ort innerhalb der theologischen Wissenschaft nicht finden. Zustimmend sei darum Gerhard Sauter zitiert:

»Der neuralgische Punkt der gegenwärtigen Praktischen Theologie (aber doch wohl auch der Theologie insgesamt) ist, wenn ich recht sehe, ihr Kirchenverständnis. Die Kirche als Existenzraum wird entweder vergeistigt zum ›Auftrag der Kirche‹, oder sie wird nur noch als ein Relikt wahrgenommen, das sich der behaupteten Integration der Kirche in die Gesellschaft widersetzt. Der Streit darüber kann nicht ideologisch ausgetragen werden, er wird aber auch nicht durch ein emphatisches Bekenntnis zur Kirchlichkeit der Theologie beendet. Erforderlich ist eine Theorie, in der die Existenz der Kirche dargestellt werden kann...«[11]

Diesem »neuralgischen Punkt« weiß sich unser Thema verpflichtet, vor allem darum, weil sich alle Theologie, unter den Verhältnissen in der sozialistischen Gesellschaft der DDR unausweichlich auf die verfaßte Kirche bezogen, dieser verpflichtet weiß und von einer »behaup-

[7] G. Otto, Praktische Theologie als kritische Theorie religiös vermittelter Praxis, in: ThPr 9, 1974, 105 ff, neuerdings auch in: Praktische Theologie heute, hg. von F. Klostermann und R. Zerfaß, 1974, 195 ff, ähnlich schon: G. Otto (Hg.), Praktisch-theologisches Handbuch, 1970, 23 ff
[8] Ders., Praktische Theologie, 115
[9] W. Pannenberg, Die Praktische Theologie im System wissenschaftlicher Theologie, in: ThPr 9, 1974, 7 ff, dort 18
[10] AaO. 113
[11] G. Sauter, Beobachtungen und Vorschläge zum gegenseitigen Verständnis von Praktischer und Systematischer Theologie, in: ThPr 9, 1974, 25

teten Integration der Kirche in die Gesellschaft« überhaupt nicht die Rede sein kann.

Wenn auch in der Praktischen Theologie der Streit um ihr Selbstverständnis noch anhält und im Interesse ihres wissenschaftlichen Charakters auch anhalten muß, hat *der* Praktische Theologe doch die Position zu markieren, von der aus er sich zu Worte zu melden gedenkt. Am Kirchenverständnis werden sich wohl die Geister scheiden, nicht nur die der Praktischen, sondern die aller Theologen. Darauf hat Martin Fischer schon 1950 mit Nachdruck hingewiesen, indem er unterstreicht, »daß die notwendige Beziehung aller Theologie auf die Kirche in ihrer Bedeutung für die Praktische Theologie neu erkannt und behauptet wird«[12].

So formuliere ich als

1. These: *Die Theologie als Wissenschaft steht und fällt mit der Kirche als Institution.*

Der Satz, für sich genommen, mag zunächst Befremden hervorrufen, vor allem bei demjenigen, der die Geschichte der theologischen Wissenschaften im Verband der universitas litterarum vor Augen hat. Wie eine unerträgliche Klerikalisierung der Freiheit der Wissenschaft mag er anmuten, dem eben wieder ansichtig gewordenen »Welt-Bezug des Glaubens« (Wilhelm Dantine)[13] den Horizont verengen. Aber das Befremdliche liegt ja in der Theologie selbst, genauer: in der Sache, welche die Theologie zu vertreten und zu bedenken hat. Fraglos war die Existenz der Theologie als Wissenschaft schon lange nicht mehr. Im »Streit der Fakultäten« (Kant) hatte sie sich zu behaupten, und je länger, desto mehr wurde es fraglich, ob die Theologie als Wissenschaft im Hause der Wissenschaften ihren »natürlichen« Ort haben könne[14], obwohl ihre Arbeitsmethoden, besonders die historisch-kritische, und die Gegenstände theologischer Einzeldisziplinen sie durchaus dahin verweisen könnten.

Eberhard Jüngel hat diesen Gedanken einmal weitergedacht, freilich um das Resultat im Interesse der Theologie als Einheit abzuweisen: »Ist die Theologie aber erst einmal von einem natürlichen Ort im System der Geisteswissenschaften her als deren eine verstanden, dann ist sie auch bald als *deren* überflüssigste durchschaut. Ist sie erst nur noch *deren eine*, ist sie alsbald *deren keine* mehr.« Die Gemeinsamkeit

---

[12] M. Fischer, Die notwendige Beziehung aller Theologie auf die Kirche in ihrer Bedeutung für die Praktische Theologie bei Schleiermacher, in: ThLZ 1950, 287 ff, abgedruckt in: Überlegungen zu Wort und Weg der Kirche, 1963, 155 ff, zit. 183
[13] W. Dantine, Der Welt-Bezug des Glaubens, in: W. Dantine/K. Lüthi (Hg.), Theologie zwischen Gestern und Morgen, 1968, 261 ff
[14] Ich übernehme diesen Terminus von Jüngel, aaO. 15 u. ö.

der theologischen Disziplinen ist durch »theologische Existenz« konstituiert. »Und das heißt, daß die *grundsätzliche Unterschiedenheit* der Theologie von allen anderen Wissenschaften gerade im *Anspruch* auf *wissenschaftliche* Gemeinschaft innerhalb der universitas litterarum thematisch werden muß, wenn einsichtig werden soll, warum z. B. der Alttestamentler mit gutem Grund seinen sozusagen *natürlichen* Ort zwischen Semitisten, Archäologen und Historikern der alten Welt *nicht* einnimmt, sondern im Verband mit Neutestamentlern, Kirchengeschichtlern, Dogmatikern und Praktischen Theologen seinen (nicht ›natürlichen‹, wohl aber) *gegebenen* Ort hat ... Die Theologie muß im *Gebrauch* der Vernunft mit allen Wissenschaften wetteifern und dennoch im *Verständnis* der Vernunft mit diesen streiten«[15]. So bleibt die Theologie als Wissenschaft zweideutig, sobald man von dem sie konstituierenden Ereignis absieht. Dieses aber kann nicht wissenschaftlich begründet werden. Genauso verhält es sich mit dem Rückbezug der Theologie auf die Kirche.

An dieser Stelle ist Schleiermacher zu erwähnen. Er hat ja gerade die »Einheit der Theologie als Wissenschaft« in einem Augenblick zu begründen versucht, als sie fraglich zu werden begann. Nach Schleiermachers Verständnis ist die Theologie »eine positive Wissenschaft, deren Teile zu einem Ganzen verbunden sind durch ihre gemeinsame Beziehung auf eine bestimmte Glaubensweise ...«[16], sie haben ihre Zusammengehörigkeit nur, »sofern sie zur Lösung einer praktischen Aufgabe erforderlich sind«[17]. Theologisch sind sie nur insofern, als sie den »Inbegriff derjenigen wissenschaftlichen Kenntnisse und Kunstregeln« ausmachen, »ohne deren Besitz und Gebrauch eine zusammenstimmende Leitung der christlichen Kirche ... nicht möglich ist«[18]. Damit hat Schleiermacher der Theologie zu einem genuin theologisch begründeten Verständnis ihrer Einheit verholfen, noch bevor der Einspruch gegen ihre Wissenschaftlichkeit an sie herangetragen wurde. Darüberhinaus hat er die Theologie als Wissenschaft im Verband der akademischen Wissenschaften zu erhalten versucht, ohne ihrer kirchlichen Bestimmung Eintrag zu tun. Denn es ist der »Wille, bei der Leitung der Kirche wirksam zu sein«, der »die Einheit der Theologie« gewährleistet. »Ohne diesen Willen geht die Einheit der Theologie verloren, und ihre Teile zerfallen in die verschiedenen Elemente.«[19]

Dieses kirchenleitende Interesse gibt ihm auch die Gesichtspunkte für die Gliederung der theologischen Disziplinen (praktische, philosophische, historische Theologie) an die Hand. Insofern gilt: »Die

---

[15] Jüngel, aaO. 16, Fußnote
[16] Schleiermacher, KD, 2. Aufl. § 1
[17] Ebd.   [18] KD § 5   [19] KD § 7

Theologie ist als Ganze praktisch« (E. Jüngel)[20], praktisch bedeutet aber nach Schleiermacher: auf die Leitung der Kirche bezogen. Wir werden auf diesen Aspekt noch zurückkommen müssen.

Es ist kein Zufall, daß in der gegenwärtigen wissenschaftstheoretischen Diskussion auf Schleiermacher zurückgegriffen wird. In dem Maße, in dem die Theologie als Wissenschaft aus dem »Streit der Fakultäten« entlassen wird, wird die Frage nach einer Begründung der Theologie als Wissenschaft hochaktuell. Trutz Rendtorff hat in bezug auf die Situation in der BRD bei aller Würdigung der wissenschaftlichen Einzelleistungen von Theologen im Verband der Universität lapidar festgestellt: »Die Theologie kommt in dieser Selbstthematisierung der Wissenschaft nicht vor, es sei denn als negative Folie.«[21] Sie fungiere lediglich als »negatives Gegenbild der Wissenschaft«, sie »definiert das, was nicht Wissenschaft ist«[22]. Der daraus resultierende »Theologieverdacht oder Theologievorwurf« müsse als Folge der Aufklärung betrachtet werden, in der die Selbstthematisierung der Wissenschaft sich als Selbstthematisierung des Menschen entfaltet hat. In diesem Prozeß der Selbstanwendung der Wissenschaft auf den Menschen hat die Theologie keinen Eingang gefunden — mit theologischem Recht, wie Rendtorff unter Berufung auf Karl Barth feststellt, der die Theologie als »Notsignal« in der Welt der Wissenschaft charakterisiert hat[23]. Denn: »Theologie repräsentiert im Reiche der Wissenschaft die Frage danach, ob es eine wirklichkeitsbestimmende Allgemeinheit gibt, der eine Verbindlichkeit zukommt ... Daß die Wirklichkeit nicht in der Bedeutung aufgeht, die wir ihr beilegen, muß in den wissenschaftlichen Umgang mit Wirklichkeit selbst Eingang finden, wenn es nicht eine bloße Versicherung bleiben soll.«[24] Im Rahmen einer Theologie des Wortes ließe sich das so formulieren: »Die Theologie ist eine in allen ihren Teilen auf das Ereignis des Wortes Gottes bezogene und allein in diesem Bezug sich konstituierende Wissenschaft« (E. Jüngel)[25].

Wendet man diese Begründung stärker ins Ekklesiologische — und man muß dies tun, will man der Geschichtlichkeit und dem institutionellen Charakter der »Kirche als Explikation des Glaubens an Jesus« (Heinz Schuster)[26] Rechnung tragen — dann gewinnt Schleiermachers

---

[20] Jüngel, aaO. 40

[21] T. Rendtorff, E. Lohse, Kirchenleitung und wissenschaftliche Theologie, ThExh Nr. 179, 1974, 21

[22] AaO. 22

[23] K. Barth, Das Wort Gottes als Aufgabe der Theologie, in: Das Wort Gottes und die Theologie, 1925, 163, zit. bei Rendtorff, aaO. 25

[24] Ebd.   [25] Jüngel, aaO. 38

[26] H. Schuster, Die Praktische Theologie unter dem Anspruch der Sache Jesu Christi, Praktische Theologie heute, 157

Hinweis auf das kirchenleitende Interesse der Theologie erneut an Gewicht, vor allem dann, wenn man »kirchenleitendes Interesse« nicht (entgegen der Intention Schleiermachers) zu einem »kirchenregimentlichen Interesse« verengt. Man sollte in diesem Zusammenhang mehr von einem »kybernetischen Interesse« sprechen, das sowohl »Seelenführung«, wie Schleiermacher sagen würde, als auch »Gemeindeaufbau« umfaßt, auf jeden Fall aber ein zielorientiertes kirchliches Handeln meint.

Eine solche Bestimmung der Theologie als kirchlicher Wissenschaft würde vor allem für die Theologie in einer sozialistischen Gesellschaft ein neues Selbstverständnis ermöglichen. Denn die wissenschaftliche Theologie ist — ungeachtet ihres Verbleibs als Sektion im Universitätsbetrieb — nach der Selbstbestimmung der Wissenschaft im sozialistischen Verständnis aus dem »Streit der Fakultäten« entlassen. Sie findet, von pragmatischen oder persönlichen Kontakten abgesehen, dort keinen Dialogpartner in dem, was sie als Wissenschaft konstituiert. Das »Philosophische Wörterbuch«, von Georg Klaus und Manfred Buhr herausgegeben[27], erwähnt Theologie nicht einmal mehr als Stichwort, während Theismus und Theosophie immer noch erwähnenswert scheinen.

So findet sich die theologische Wissenschaft auch empirisch auf die Kirche zurückgeworfen, und wir wissen wohl um den Zusammenhang zwischen dem »Ende des konstantinischen Zeitalters« und dem Auszug der Theologie aus dem Verband der positiven Wissenschaften. Die Theologie verdankte ihren Ort im Gefüge der universitas litterarum letzten Endes der gesellschaftlichen Position der Kirche, die mit der Formel: »Bündnis von Thron und Altar« freilich sehr ungenau und nur mit partiellem Recht angezeigt wird. Mit der »Trennung von Staat und Kirche« aber mußte der Platz der Theologie als Wissenschaft im Gefüge der Universität als einer staatlichen Einrichtung fraglich werden. Es wäre daher wohl nötig, daß die Theologie auch in ihrem Selbstverständnis dem Bezug zur Kirche als Institution wieder stärker Aufmerksamkeit schenkte. Sie steht und fällt als Wissenschaft eben nicht mit der universitas litterarum, sie steht und fällt mit der Kirche als Institution.

Damit ist nicht zwangsläufig einer institutionellen Verklammerung von Kirche und Theologie das Wort geredet. Es fällt auf, daß in der Theorie-Praxis-Diskussion die Existenz Kirchlicher Hochschulen nur eine untergeordnete Rolle spielt und in ihrem Modellcharakter kaum erkannt ist. Ist die Faszination durch die universitas litterarum noch immer so groß, daß die Kirchlichen Hochschulen demgegenüber ledig-

[27] G. Klaus/M. Buhr, Philosophisches Wörterbuch 1969

lich als »Notlösung« erscheinen? Oder leiden diese selbst noch zu stark
an dem vermeintlichen Defizit an Wissenschaftlichkeit, das, wie literarische Leistungen und Forschungsergebnisse beweisen, kaum zu belegen
ist, so daß es noch nicht zu einer überzeugenden Selbstdarstellung in
neuerer Zeit gekommen ist? Dabei fordert die Existenz der Kirchlichen
Hochschulen geradezu eine Besinnung auf ihr Proprium! Einer der
wenigen, die sich in dieser Sache zu Wort gemeldet haben, ist Martin
Fischer. In der Festvorlesung zur 25-Jahr-Feier der Kirchlichen Hochschule Berlin 1960 (abgedruckt in diesem Band S. 12 ff) formulierte er
unter dem Thema »Theologie und Kirchenleitung« mit Bezug auf die
Rolle der Kirchlichen Hochschule in der Zeit des »Kirchenkampfes«:
»Die Kirchliche Hochschule zu Berlin hat sich ... mit vollem Bedacht
eine Hochschule für reformatorische Theologie genannt. Sie hat damit
die Kirche als filia verbi, nicht als mater verbi verstehen wollen. Dies
Wort galt es zu hören, um die rechte Verkündigung des Evangeliums
galt es zu kämpfen und damit um die Kirche, um die Freiheit ihrer Verkündigung gegenüber den weltanschaulich bedingten Mächten, aber auch
um die Freiheit der Verkündigung innerhalb der Kirche selbst.«[28]

Gerade im Hinblick auf die zukünftige Gestaltung der kirchlichen
Ausbildung in der DDR wäre es nötig, über das Verhältnis von theologischer Wissenschaft und kirchlicher Institution neu nachzudenken.
Denn nur die Kirche, sofern sie Institution ist, ist in der Lage und auch
daran interessiert, Theologie als Wissenschaft zu erhalten und zu fördern. Nur so ist das wachsende Interesse der Kirchenleitungen an der
theologischen Wissenschaft bis hin zur Übernahme von Verantwortung
für kirchliche Ausbildungsstätten zu erklären. Es ist nicht nur das Interesse an der Ausbildung des theologischen Nachwuchses; die Kirche
hat notwendig Bedarf an verantwortlicher und verantworteter Selbst-
auslegung der Kirche und der christlichen Existenz, gerade weil deren
Selbstverständlichkeit dahin ist.

Der Satz, daß »Theologie eine Funktion der Kirche« sei, entartet
nur dann nicht zu einer Leerformel, wenn er auf die gegebene Beziehung zwischen wissenschaftlicher Theologie und handelnder Kirche
angewandt wird. Die nicht immer unbegründete Furcht vor Klerikalisierung muß nicht unbedingt von der kirchlichen Bestimmtheit der
Theologie neue Nahrung erhalten: Es hängt vom Selbstverständnis der
Kirche ab, welche Freiheit die Institution der Wissenschaft gewährt,
nicht von der kirchlichen Bindung als solcher. Denn Kirche und Theologie stehen in einem gegebenen Zusammenhang: Sie verdanken ihr
Dasein dem »Ereignis des Wortes Gottes« (Jüngel)[29]. Ohne diesen ge-

---

[28] M. Fischer, Überlegungen zu Wort und Weg der Kirche, 1963, 197
[29] AaO. 30

meinsamen Bezug wäre die Existenz beider, der Kirche wie der Theologie, nicht zu begründen.

Wie die ekklesiologische Grundfrage beantwortet werden wird, davon wird die Zukunft der Theologie als Wissenschaft abhängen. Wenn die Theologie der Kirche zu dienen hat, dann kann es eine zweckfreie und allotriatreibende Theologie — zumal in unserer Gesellschaft — genauso wenig geben, wie es theologische Arbeit ohne »theologische Existenz« geben kann. Die Theologie als Ganze ist in diesem Sinne »praktisch«. Sie steht und fällt mit der Kirche als Institution.

Wie kann sich nun aber die Praktische Theologie als Einzeldisziplin innerhalb der Theologie als kirchlicher Wissenschaft verstehen und begründen? Dieser Frage gilt die

2. These: *Die Praktische Theologie dient im Ensemble der theologischen Disziplinen der wissenschaftlichen Reflexion der kirchlichen Wirklichkeit in der Verpflichtung gegenüber der geschichtlichen Tradition unter den Bedingungen der gegenwärtigen Situation zum Zwecke der Ermöglichung kirchlichen Handelns angesichts künftiger Entwicklungen. Im Vollzug ihrer Arbeit dient sie zusammen mit den anderen theologischen Disziplinen der theologischen Ausbildung von kirchlichen Amtsträgern.*

Die Formulierung dieser These geht davon aus, daß die Praktische Theologie ihre Rolle nicht für sich allein, sondern nur im Ensemble aller theologischen Disziplinen spielen kann, in dem eine jede die Verantwortung für ihren Part trägt. E. Jüngel hat dies als »Arbeitsteilung« beschrieben: »Der Zusammenhang der theologischen Disziplinen untereinander ist das Prinzip gegenseitiger Entlastung.«[30] So kann auch die Praktische Theologie im »kirchenleitenden Interesse« nur gemeinsam mit den übrigen Disziplinen etwas ausrichten. Der Praktische Theologe bedarf des wissenschaftlichen Dialogs mit seinen Kollegen genauso wie diese. Es wäre vorstellbar, daß eine kirchliche Ausbildungsstätte wie die unsere ein noch höheres Maß an wissenschaftlicher Zusammenarbeit institutionalisierte. Die Freiheit dazu hätte sie. Die Notwendigkeit dazu besteht.

Worin könnte aber nun der spezifische Beitrag der Praktischen Theologie im interdisziplinären Dialog bestehen? Ich folge den Formulierungen der These:

2.1. *Wissenschaftliche Reflexion der kirchlichen Wirklichkeit:* Für den Praktischen Theologen tritt die Kirche als vorfindliche in den Blick. Darin besteht weithin Konsens. Ich zitiere zustimmend die Definition von Jürgen Henkys im hoffentlich bald zu erwartenden 1. Band

---

[30] AaO. 41

des »Handbuchs der Praktischen Theologie«: »Die Praktische Theologie erörtert kritisch und konstruktiv den aktuellen Aspekt derjenigen
Handlungen, Einrichtungen und Beziehungen, in denen lebend eine
gegebene christliche Kirche ihre Mission, Kirche Gottes für die Menschen ihrer Gegenwart zu sein, entweder wahrnehmen oder preisgeben
wird.« Die Praktische Theologie will also mehr sein als eine »kirchliche
Gegenwartskunde«, sie erörtert »kritisch und konstruktiv«, und das
heißt ja: wertend und auswählend, in Ablehnung und Zustimmung,
die kirchliche Gegenwart. Sie kommt deshalb ohne theologische (denn
das heißt für sie wissenschaftliche) Reflexion nicht aus. Insofern ist sie
auf Praxis ausgerichtet, als sie die Erinnerung daran wachzuhalten hat,
daß alle theologische Arbeit auf die konkrete vorfindliche Kirche bezogen sein muß. Sie kann dies nicht für sich allein tun, aber in dem
Dialog der Disziplinen ist sie der Anwalt der vorfindlichen Kirche.

Deshalb liegt so vielen Autoren daran, darauf zu bestehen, »daß
zwischen Theorie und Praxis im Wissenschaftsprozeß der Theologie
nicht ›Einbahnverkehr‹, sondern ›Gegenverkehr‹ stattfindet« (Chr.
Bäumler)[31]. Was besagt — um nur einige der relevanten Fragen aufzu-
führen — die oft beklagte Schrumpfung der Gemeinde für das Kirchenverständnis? Wie hat die »Gemeinde als wanderndes Gottesvolk« auf
den Prozeß der Urbanisierung zu antworten? Was besagt der Struk-
turwandel der Familie für die Rede von Gott als Vater? Welche Rück-
wirkungen hat der Verfall der Autoritäten auf das Amtsverständnis?
Die Wichtigkeit solcher Fragen liegt auf der Hand. Sie *theologisch* zu
reflektieren und zu beantworten ist eine Aufgabe, die von der Praktischen Theologie im Alleingang nicht geleistet werden kann. Aber sie
wird nicht müde werden, die relevanten Probleme auf die Tagesordnung zu setzen.

2.2. *Verpflichtung gegenüber der geschichtlichen Tradition:* In ihrem
Fragen nach der empirischen Kirche kann die Praktische Theologie die
geschichtliche Dimension nicht übersehen. Denn sie findet sich — wie
die Kirche — in einer Tradition stehend, von der sie nicht absehen
kann. Der Bezug zu denjenigen »Handlungen, Einrichtungen und Beziehungen, in denen lebend eine gegebene christliche Kirche« (Henkys)
existiert, macht ja deutlich, daß die »gegebene Kirche« (und von dieser
ist hier die Rede), eine Geschichte, eine Vergangenheit hat, und wenn
wir es so formulieren, dann meinen wir auch die Geschichte voller
Schuld und Versagen, das Unbewältigte dieser Vergangenheit. In einer
Tradition stehen heißt aber auch dieser Tradition verpflichtet sein. Die
»gegebene Kirche« benutzt Kirchen, die aus der Vergangenheit stam-
men, sie lebt mit Liedern und Liturgien, die nicht mehr ganz neu sind,

---

[31] Bäumler, aaO. 73

sie ist begabt und belastet mit den Schätzen der Vergangenheit. Aus dieser Kontinuität kann sie sich nicht selbst entlassen, vor den Menschen nicht, die sie bei dieser Vergangenheit behaften, und vor Gott nicht, der sie ja in ihrer Geschichte zur Sache gerufen hat. Denn das Kirche-Sein der Kirche ist ebenfalls geschichtlich vermittelt, durch die Geschichte Jesu und die Nachfolgegeschichte der Kirche, der Kirche als Institution; und wer aus der Geschichte der schuldbeladenen Kirche ausbricht, bricht auch aus der Traditionsgeschichte des Heils aus. Es ist uns nicht erlaubt, »Menschheitsgeschichte« und »Heilsgeschichte« voneinander zu trennen. Wir leben in *einer* Geschichte, das Christentum ist die Wirkungsgeschichte des Evangeliums. Daher bleibt die Institution Kirche auf die Verkündigung Jesu zurückbezogen, sofern sie Kirche bleiben will. Der Abschied von dieser Geschichte wäre gleichbedeutend mit dem Abschied vom Glauben an »Gott in Christo«. In der Praktischen Theologie wird dieser Christusbezug ganz handgreiflich, etwa bei der Predigtarbeit, die ja auf ein Verstehen von Tradition hinauswill, beim Umgang mit den Sakramenten, die der Kirche »gegeben« sind, beim Gemeindeaufbau, der dem Auftrag gemäß geleistet sein will. »Historisch-kritisch« arbeitet die Praktische Theologie insofern, als sie die kirchliche Wirklichkeit dem Anspruch der Geschichte Jesu Christi aussetzt.

2.3. *Unter den Bedingungen der gegenwärtigen Situation:* Die kirchliche Wirklichkeit ist aber auch »gegeben« in dem Sinn, daß die Kirche als Institution wie der Christ als Einzelner zugleich immer auch von Faktoren bestimmt ist, die aus der Umwelt, aus der gesellschaftlichen Wirklichkeit auf sie einwirken. Daß die Kirche auch im Spannungsfeld gesellschaftlicher Prozesse existiert, ist erst durch den sozialen Wandel, der für unsere Zeit auf allen Lebensgebieten bestimmend geworden ist, so recht in das theologische Bewußtsein gelangt. Die Einsicht in den »Welt-Bezug des Glaubens« (W. Dantine) ist durch die Engführung der »Theologie des Wortes« verstellt, wenn auch nie völlig abgedeckt gewesen. Jedoch hat die Rezeption soziologischer Erkenntnisse, die einfach fällig war, schon bald zu einer innerkirchlichen und innertheologischen Kontroverse geführt, die von falschen Alternativen bestimmt war. Dem »Theologieverdacht« der einen trat der »Soziologieverdacht« der anderen entgegen. Diese wechselseitige Verkennung hat dazu geführt, daß die notwendige Vermittlung zwischen Tradition und Situation noch nicht befriedigend geleistet wurde, weil unter dem Verdacht, hier werde »Theologie durch Soziologie ersetzt«, Erkenntnis- und Lernprozesse blockiert werden. Es ist in diesem Zusammenhang noch einmal daran zu erinnern, daß das Interesse der Theologie an den Einzelwissenschaften nicht diesen um ihrer selbst willen gilt, sondern daß sie jeweils aus »kirchenleitendem Interesse« dem Ganzen der Theologie integriert werden, als »Hilfswissenschaften« sozusagen, wenn damit der Dienstcharakter umschrieben werden kann. Deshalb muß sich der Praktische Theologe auch zurückhalten, wenn es darum geht, Ergebnisse soziologischer Forschung aufzunehmen und zu reflektieren. Sie sind ja »theologisch« zu reflektieren, und das heißt jeweils: in der Vermittlung mit dem movens aller Theologie. Der un-vermittelte Gebrauch soziologischer Erkenntnisse trägt für die Praktische Theologie nichts aus; vermittelt mit der vorfindlichen Kirche jedoch helfen sie zur Analyse der Situation, ohne die keine Predigt »ankommen« und keine Strukturreform auskommen kann, hellen sie den Horizont der Fragestellungen auf, denen Theologie *heute* konfrontiert ist, machen sie die Bedingungen deutlich, unter denen Kirche in der Gesellschaft existiert.

Wegen des Gesellschaftsbezuges hat die Praktische Theologie viele Berührungspunkte mit der Sozialethik. Darauf hat Martin Honecker in seinem Diskussionsbeitrag: »Aufgabe und Funktion der Praktischen Theologie — aus der Sicht der Systematischen Theologie und Sozialethik«[32] hingewiesen. Der Begriff des »Empirisch-Kritischen« (W. Herrmann)[33] dagegen dürfte zur Beschreibung der Methode der Praktischen Theologie solange ungeeignet sein, als die darin enthaltene Assymetrie zwischen soziologischer und theologischer Fragestellung nicht aufgearbeitet ist. Aber soviel wird man sagen dürfen, ja müssen: Die Praktische Theologie wird die Aufgabe der theologischen Reflexion der kirchlichen Wirklichkeit nur schlecht erfüllen können, wenn sie sich der gesellschaftlichen Wirklichkeit und den diese bestimmenden Faktoren verschließt und somit den »kairos« der sie herausfordernden Aufgaben verkennt. Kirche kann nicht an der gegebenen Situation vorbei Zeugnis- und Dienstgemeinschaft sein. In der Analyse der konkreten gesellschaftlichen Situation wartet auf die Praktische Theologie in der DDR noch ein weiter Aufgabenbereich.

2.4. *Ermöglichung kirchlichen Handelns angesichts künftiger Entwicklungen:* Die meisten Versuche, die Aufgabe der Praktischen Theologie zu bestimmen, laufen darauf hinaus, sie als »Handlungswissenschaft« (Rolf Zerfaß)[34] zu verstehen. H. E. Tödt definiert ähnlich: »Praktische Theologie ist die auf Kommunikation ausgerichtete Handlungswissenschaft: Die wissenschaftliche Erkenntnis der Praktischen Theologie bezieht sich auf alle für Kirche und Christentum bedeutsamen Formen

---

[32] M. Honecker, Aufgabe und Funktion der PTh — aus der Sicht der Systematischen Theologie und Sozialethik, in: ThPr 9, 1974, 27 ff
[33] W. Herrmann, Empirisch-kritische Theologie, PTh 1968, 534 ff
[34] R. Zerfaß, PTh als Handlungswissenschaft, 169 ff

der Kommunikation in den Medien von Sprache, Interaktion, Institution, Dienst und Herrschaft; sie zielt auf handlungsorientierte Wirkungen.«[35] Ob alle Fragestellungen der Praktischen Theologie unter diesem Stichwort aufgearbeitet werden können, muß sich noch zeigen. Aber eine »Problemanzeige« (Honecker)[36] markiert diese Bezeichnung immerhin. Kirche wird darin als handelndes Subjekt verstanden. Ihr gesellschaftlicher Charakter als Institution ist ganz ernstgenommen. Sie kann somit als Organisation analysiert werden. Sie bedarf als solche im Vollzug ihres Zeugnisses und Dienstes der Strategie, sie muß planen, sie kann unter bestimmten, also definierten Aspekten als kybernetisches System dargestellt werden. Ihr Handeln wird dadurch als Strategie diskutierbar. Abhängigkeiten können auf diesem Wege ansichtig, Abläufe in ihrer Zwangsläufigkeit dargestellt werden. Dieser Aspekt ist dem geschichtlichen Charakter der Institution Kirche zuzuordnen.

An dieser Stelle wird das »kirchenleitende Interesse« noch einmal für die theologische Methode ausschlaggebend. Es ist immer wieder darauf hingewiesen worden, daß Schleiermacher durch den Bezug auf die »Leitung der Kirche« eine gewisse Verengung seines Ansatzes durch Epigonen selbst verursacht habe. Wenn man jedoch »Kirchenleitung« nicht im engen Sinne als »konsistoriale Engführung« versteht, gibt der Begriff doch eine wesentliche Hilfe zur Umschreibung der Aufgabe theologischer Arbeit im allgemeinen und praktisch-theologischer im besonderen. Es muß eine Kirche ein Interesse daran haben, daß Handeln in Verantwortung und aus Einsicht möglich wird, gerade angesichts von Entwicklungen, die zwar nicht total überschaubar, in ihrer Wirkung aber für die Kirche und ihren Dienst unabweisbar sind. Die Gefahr des »Managertums« ist auch in der Kirche groß, Manipulation und Bürokratie sind jederzeit möglich, Hinterweltlertum auf der einen, unkritisches Revoltieren auf der anderen Seite gefährden verantwortliches und verantwortetes Handeln. Der »kybernetische Aspekt« ist auf allen Ebenen kirchlicher Wirklichkeit anzuwenden. So gesehen, könnte er zu einer neuen Definition von Kirchenleitung führen: als *Wahrnehmung von Verantwortung für das Ganze der Kirche in den unterschiedlichen Verantwortungsbereichen.* Dieses Handeln müßte nicht notwendig auf »Amtsträger« beschränkt bleiben. Aufgabe der Praktischen Theologie wäre es, die *Möglichkeit* verantwortlichen Handelns in Kirche und Gesellschaft aufzuweisen. Lassen wir noch einmal E. Jüngel zu Wort kommen: »Die Theologie ist insofern praktisch, als sie Gottes Wort jederzeit als Ereignis zu wiederholen *ermöglicht.*«[37]

[35] H. E. Tödt, zit. bei Th. Strohm, in: ThPr 9, 1974, 5
[36] Honecker, aaO. 30   [37] Jüngel, aaO. 40

Die Praktische Theologie hätte dazu zu helfen, daß diese Möglichkeit auch im Bereich der Kirche als Institution in den Blick kommt. Mehr kann sie nicht tun. Die Verwirklichung ist nicht Sache der Theologie als Wissenschaft. Hier beginnt die Praxis des Glaubens.

2.5. *Theologische Ausbildung von kirchlichen Amtsträgern:* Daß diese Aufgabe erst jetzt Erwähnung findet, soll nicht bedeuten, daß wir sie etwa als nebensächlich ansehen, sie als eine Art »Neben-« oder gar »Abfallprodukt« der *eigentlichen* praktisch-theologischen Arbeit betrachten. Es ist — recht gesehen — die Hauptaufgabe, die Daseinsberechtigung aller theologischen Arbeit, nicht nur der praktisch-theologischen. Wenn eine Ausbildungsstätte überhaupt einen Sinn für die verfaßte Kirche haben soll, dann darf die theologische Wissenschaft, die in ihr betrieben wird, nicht Selbstzweck sein. Darin hat sie ihre Daseinsberechtigung, dazu ist sie berufen. Es soll nicht geleugnet werden, daß der Praktische Theologe eine besondere Verantwortung in dieser Sache hat, aber er muß ihr so dienen, daß er seinen Beitrag dazu leistet, daß das Ganze der Theologie ihrer kirchlichen Verantwortung gerecht werden kann. Das heißt: Er betreibt nicht für sich allein die Hinführung zum Dienst der Kirche, sondern zusammen mit den Vertretern der übrigen Disziplinen, die er durch sein Dasein und Wirken an das bleibende Anliegen erinnert: daß die Theologie als Ganze der handelnden Kirche zu dienen habe. Er versteht sich als Anwalt der Praxis der Kirche und ihrer Gemeinden, er muß darauf bestehen, daß Theologie »in kirchenleitendem Interesse« betrieben wird; er wird nötigenfalls zum unbequemen Mahner werden, wenn die formulierten Ausbildungsziele dem Interesse der verfaßten Kirche nicht dienen. Und ein zweites: Da die theologische Ausbildung dem kirchlichen Dienst verpflichtet ist, hat die Praktische Theologie auch eine den Studenten zugewandte Seite. Sie kann und will nicht nur praktische Winke vermitteln, sondern auf den Weg bringen. Deshalb bleibt eine weitere, letzte, noch unabgegoltene Forderung der Praktischen Theologie: Begleitung der Studenten auf dem Weg in das kirchliche Amt durch praktizierte Kommunikation, die schon während des Studiums zwischen Lehre und Leben vermittelt. Auch eine Studentenschaft ist als Gemeinde zu sehen.

Fragen wir nun abschließend: In welchem Sinne ist die Kirche Gegenstand der Praktischen Theologie? Auf diese Frage antwortet die

3. These: *Die Kirche tritt für die Praktische Theologie vor allem als Institution in den Blick. Darum ist die verfaßte Kirche auch im Hinblick auf die Ausbildungsaufgaben der Hauptgegenstand ihrer wissenschaftlichen Arbeit in Forschung und Lehre. Als empirische, handelnde und veränderbare Kirche stellt sie die Praktische Theologie vor die*

immerwährende Aufgabe der Vermittlung von Kirche als Institution
und Kirche als Credendum.

Damit wenden wir uns der vorfindlichen, der »gegebenen« Kirche zu,
weil es nur diese eine geschichtliche Gestalt der Verkündigung Jesu
Christi gibt. Das Bestehende soll damit nicht verklärt oder festge-
schrieben werden. Aber es ist wohl richtig, wenn Wolf-Dieter Marsch
schreibt: »Jesus hat, da er das Reich Gottes verkündigte, die Kirche
gestiftet — und zwar nicht als congregatio, sondern als institutio.«[38]
Wie ist die Kirche als Institution zu beschreiben?

Wenn eine Institution per definitionem eine Funktion auf Dauer
stellt, dann kann Kirche als eine Institution bezeichnet werden, in der
das Christusgeschehen als Ereignis in der Geschichte der Menschen je
und dann ermöglicht wird, »ubi et quando est visum Deo« (CA V).
Als Institution hat die Kirche jedoch gleichfalls Anteil an der Gesellschaft, ja sie wird ein Teil der Gesellschaft, in der sie ihren Auftrag
wahrnimmt, sie geht — das ist Folge ihrer Geschichtlichkeit — in die
Mißverständlichkeit und Zwielichtigkeit alles Organisierbaren ein, erweist sich darin als Kirche der Sünder und bleibt gerade so unter der
Gnade und der Herrschaft Christi. Deshalb sind alle nur zu sehr im
Recht, die von der Kirche kritisch reden und darauf hinweisen, daß sie
ständig hinter ihrem Auftrag zurückbleibe. Auf der anderen Seite
hängt es mit dem Kern des kirchlichen Auftrags zusammen, daß die
Kirche ständig hinter ihm zurückbleibt; denn das Reich Gottes ist **ihr**
voraus. Kirche existiert als Institution unter dem eschatologischen Vorbehalt wie andere Institutionen auch. Sie ist nicht heilig, sie kann nicht
als das »Paradies« beschrieben werden, als das der Kirchenvater Hip-
polyth sie feierte.

Der Soziologe Helmut Schelsky hat mit gutem Gespür für die Verbindlichkeit des Auftrags der Kirche die Meinung geäußert, in der
Kirche müßte eigentlich »der Widerspruch der Institution zu sich selbst
mitinstitutionalisiert werden«[39]. Denn in der Tat, das, was die Kirche
zur Kirche macht, ist in keiner geschichtlichen Form endgültig zu
fassen und in keiner irdischen Gestalt zu bewahren. Die institutionellen Ausprägungen der Sendung der Kirche haben Dienstcharakter.
Sie sind — wie die Kirche selbst — nicht Selbstzweck.

Die Ausrichtung der Praktischen Theologie auf den Dienst in der
Institution Kirche ermöglicht auch den Dienst an der Welt. Weil es
Grenzen der Kirche gibt, können diese Grenzen überschritten werden.
Weil es verfaßte Kirche gibt, ist freies Christentum möglich. Weil es

---

[38] W.-D. Marsch, Institution im Übergang, 1970, 191
[39] H. Schelsky, Ist die Dauerreflexion institutionalisierbar? in: Auf der Suche
nach Wirklichkeit, 1965, 272

die Position gibt, können Gegenpositionen eingenommen, kann Kritik geäußert werden. Das alles macht verfaßte Kirche möglich. Wir halten aber nichts von einer permanenten Kritik, die alles Bestehende infrage stellt, ohne Alternativen und Handlungsmuster anzubieten. Kritisch ist die Praktische Theologie schon, aber ihre Kritik setzt beim Bestehenden ein, bei der ecclesia semper reformanda, um sie zu öffnen für den Weg der Nachfolge als Gemeinde ihres Herrn. Als »Institution im Übergang«, als »imperfekte Institution« (W.-D. Marsch)[40] bleibt sie der Geschichte treu, als »Gemeinde Jesu Christi« erfährt sie stets neu ihre Bestimmung. Deshalb bleiben auch Vermittlung mit und Abgrenzung gegenüber der Gesellschaft stets neu Gegenstand theologischer Reflexion. Kirche ist immer unter dem doppelten Aspekt zu sehen: »in der Welt«, aber »nicht von der Welt«. Ohne diesen Bezug zur Kirche kann Praktische Theologie nicht betrieben werden, ja im Hinblick auf die konkrete Situation der Kirche in unserem Lande wage ich abschließend den Satz:

Ohne Bekenntnis zur Kirche ist Theologie als Wissenschaft nicht zu verantworten.

[40] Marsch, aaO. 125

MANFRED JOSUTTIS

DOGMATISCHE UND EMPIRISCHE EKKLESIOLOGIE IN DER PRAKTISCHEN THEOLOGIE

Zum Gespräch mit Karl Barth[1]

Von allen theologischen Teildisziplinen benötigt die Praktische Theologie einen Kirchenbegriff am elementarsten. Ob man nun mit Schleiermacher als ihre Aufgabe die Entwicklung von Kunstregeln zum Zweck der Kirchenleitung[2] ansieht oder mit Barth als ihr Proprium die Frage nach dem Ziel der der Kirche eigentümlichen Rede von Gott[3] bestimmt, immer ist die präzise Definition der Praktischen Theologie gebunden an ein ebenso präzises Verständnis von Kirche. Wer sagen will, was Praktische Theologie ist[4], muß man sagen können, was Kirche ist.

Hier liegen derzeit fundamentale Schwierigkeiten unserer Disziplin. Denn was in den gängigen Problemkonstellationen des Verhältnisses von Theorie und Praxis sowie des Verhältnisses von Theologie und Sozialwissenschaften diskutiert wird, betrifft nicht zuletzt das Verständnis der Kirche[5]. Dabei ist im letzten Jahrzehnt eine verstärkte Hinwendung zu einem rein empirischen Kirchenbegriff erfolgt. Kirche wird verstanden als »bürokratische Organisation«[6], als »Kommunikationssystem«[7], als »religiöse Institution«[8]. Dabei wird die Frage, ob und in welchem Maß ein derart empirisch ausgerichtetes, an der insti-

[1] Referat auf der Barth-Tagung am 10. 7. 1975 in Leuenberg (Schweiz)
[2] Vgl. M. Fischer, Die notwendige Beziehung aller Theologie auf die Kirche in ihrer Bedeutung für die Praktische Theologie bei Schleiermacher, in: Überlegungen zu Wort und Weg der Kirche, 1963, 155 ff
[3] K. Barth, KD I/1, 3
[4] Vgl. K. Rahner, Ekklesiologische Grundlegung der Pastoraltheologie als praktischer Theologie, in: Handbuch der Pastoraltheologie I, 1964, 117 ff
[5] Vgl. H. Schröer, Theologie, Glaube, Kirche — ein Spannungsfeld. Die Praktische Theologie zwischen Ekklesiologie und sozialwissenschaftlicher Theorie, in: DtPfBl 75, 1975, 365: »Ungeachtet der sachlichen Priorität von Christologie und Pneumatologie ist die Ekklesiologie die konkrete Nahtstelle zur Dogmatik und zur sozialwissenschaftlichen Theoriebildung«
[6] Vgl. Y. Spiegel, Kirche als bürokratische Organisation, ThExh 160, 1969; G. Bormann/S. Bormann-Heischkeil, Theorie und Praxis kirchlicher Organisation, 1971
[7] Vgl. H.-D. Bastian, Kommunikation, Themen der Theologie 13, 1972
[8] So z. B. K.-W. Dahm, Religiöse Kommunikation und kirchliche Institution, in: K.-W. Dahm/N. Luhmann/D. Stoodt, Religion — System und Sozialisation, 1972, 133 ff

tutionellen, soziologisch faßbaren Wirklichkeit orientiertes Verständnis theologische Relevanz beanspruchen kann, höchstens andeutungsweise gestellt. Sicher hat die wissenschaftliche Arbeit auf der Basis einer solchen Kirchendefinition der Praktischen Theologie nicht nur ein neues Selbstverständnis und Selbstbewußtsein verliehen, sondern auch viele wichtige wissenschaftliche Ergebnisse erbracht. Aber die Praktische Theologie wird der Gefahr einer Isolierung im Rahmen der Theologie nur dann entgehen können, wenn sie ihren erkenntnisleitenden Kirchenbegriff zu vermitteln vermag mit dem Kirchenverständnis der anderen theologischen Disziplinen.

In diesem Sinne frage ich: Was kann das dogmatische Kirchenverständnis, wie es von Karl Barth in den Bänden der Versöhnungslehre entfaltet worden ist, für die an der kirchlichen Empirie orientierte Arbeit der Praktischen Theologie bedeuten? Und an welchen Punkten hat die Praktische Theologie über einen dogmatisch definierten Kirchenbegriff hinauszugehen? Dabei interessiert mich an Barths Entwurf mehr der dogmatische Charakter der Aussagen insgesamt als die christologische Füllung im einzelnen. Ich bin mir darüber im klaren, daß seinen Aussagen damit eine gewisse Formalisierung widerfährt, die ich aber im Blick auf die Gesprächslage in unserer Disziplin für notwendig halte. Dogmatisch sollen im folgenden alle Sätze über die Kirche heißen, die nicht mit den Methoden empirischer Sozialwissenschaft zu verifizieren bzw. zu falsifizieren sind und die sich als eine im Bekennen der Christengemeinde begründete Ausformulierung des Sinnsystems christlicher Glaube verstehen.

Wer sich auf ein derartiges Gespräch mit Karl Barth einläßt, wird freilich von vornherein zu berücksichtigen haben, daß dessen Position wie überall so auch in ekklesiologischer Hinsicht nur unzureichend durch einlinige Begriffe oder formelhafte Sätze zu erfassen ist. Die bisherige Auseinandersetzung mit der Ekklesiologie Barths krankt geradezu daran, daß man sich auf einzelne Satzaussagen fixiert und die gesamte Denkbewegung, in deren Rahmen solche Aussagen erscheinen, außer acht gelassen hat. Das gilt von M. Honecker, der Barth sehr früh eine ungeschichtliche »Entfremdung des theologischen Verständnisses der Kirche von ihrer geschichtlichen Gestalt und phänomenalen Erscheinungsweise«[9] vorgeworfen hat. Das gilt aber auch von D. Müller, der zuletzt gegen Barth eingewandt hat, »er verpflichte die Kirche auf die exklusive Orientierung am Evangelium und am Willen Gottes und vergesse dabei den Weltbezug der Kirche, der notwendig sei, um überhaupt zu erfahren, was das Evangelium und was der Wille Gottes konkret sagen«[10]. Eine solche pauschalierende Kritik an Barths Ent-

---

[9] M. Honecker, Kirche als Gestalt und Ereignis, FGLP 10/XXV, 1963, 202
[10] B. Müller, Kommunikation kirchlicher Organisationen, 1975, 111

wurf scheint mir nur möglich zu sein, wenn man auf die differenzierte Nachzeichnung seiner Aussagen verzichtet. Es wird im folgenden deutlich werden, daß Barth durchaus die geschichtlich-institutionelle Gestalt der Kirche ernst nimmt, daß er auch den Weltbezug und die Weltlichkeit von Kirche nicht unterschlägt, daß er sie freilich in den übergreifenden Kontext einer theologischen Definition von Kirche integriert. Erst wenn man sich auf die dialektische Abfolge und Verknüpfung seiner Gedankenketten wirklich einläßt, gewinnt man die Chance, seine Meinung angemessen verstehen zu können und mit ihm ins Gespräch zu kommen.

Praktische Theologie hat mit der Kirche in doppelter Weise zu tun. Sie hat auf der einen Seite die Kirche kritisch zu erfassen und zu befragen, und sie hat auf der anderen Seite bei der konstruktiven Gestaltung der Kirche mitzuarbeiten[11]. Dementsprechend greife ich aus dem umfangreichen Material, das bei Barth vorliegt, jene beiden Abschnitte heraus, in denen er sich zum Problem der Erkenntnis von Kirche und zum Problem der Gestaltung von Kirche prinzipiell äußert.

I. Die Erkenntnis der Kirche

»Kirche *ist*, indem sie *geschieht*.« Unter diesem Leitsatz, der »die üblichen Unterscheidungen von Sein und Akt, Statik und Dynamik, Essenz und Existenz« überwinden soll, beginnt Barth den zweiten Abschnitt in § 62 mit dem Thema »Das Sein der Gemeinde«[12]. Aus diesem Leitsatz über das Sein der Kirche folgen für Barth drei Aussagen über die Erkenntnis des Seins von Gemeinde. Weil es in ihnen in der Tat um das Verhältnis von empirischer und christologischer Ekklesiologie, um das Verhältnis nämlich von sichtbarer und unsichtbarer Kirche geht, will ich diese Sätze[13] jetzt etwas ausführlicher erläutern.

»Kirche *ist,* indem sie *geschieht,* und sie geschieht in Gestalt einer Folge und eines Zusammenhanges bestimmter menschlicher Tätigkeiten.«[14] Barth führt das in immer neuen Variationen aus. Die Geschichte, als die die Kirche existiert, ist »ein Phänomen der Weltgeschichte, historisch, psychologisch, soziologisch faßbar wie alle ande-

[11] Vgl. R. Bohren, Praktische Theologie, in: G. Krause (Hg.), Praktische Theologie, Wege der Forschung CCLXIV, 1972, 382 ff
[12] K. Barth, KD IV/1, 726 f
[13] Daß »dieser aktuose Kirchenbegriff« »potentiell die Liquidation, die Auflösung der Kirche« bedeutet, ist eine scharfsinnige, aber doch wohl einseitige Interpretation durch T. Rendtorff, Radikale Autonomie Gottes, in: Theorie des Christentums, 1972, 178
[14] Barth, KD IV/1, 728

ren«. Da vollzieht sich »kirchliche Organisation, Verfassung und Ordnung«. Da geschieht für jedermann sichtbar »Kultus, Lehre, Predigt,
Unterricht, Theologie, Bekenntnis«. Da steht alles »in deutlichen Beziehungen, Ähnlichkeiten und Wechselwirkungen zu den anderen
menschlichen Phänomenen und ihrer Geschichte: ein besonderes, aber
immerhin ein integrierendes, ein eigenartiges, aber immerhin nicht ein-
zigartiges Element im Ganzen der menschlichen Kultur, ihrer Hervor-
bringungen und Schicksale«[15]. Kirche ist sichtbar als geschichtliche,
institutionelle, soziologische Größe, ecclesia visibilis.

Barth gibt sich mit dieser Feststellung freilich noch nicht zufrieden.
Es könnte ja die Tatsache, daß die Kirche als empirisch-geschichtliche
Größe existiert, als ein Adiaphoron oder gar als eine Gefährdung ihres
Wesens interpretiert werden. Gegen ein solches Mißverständnis grenzt
er sich ausdrücklich ab: »es ist nicht etwa nur zufällig, nicht etwa per
nefas so, daß sie in diesem Sinn sichtbar ist, sondern es ist ihr wesentlich, auch das zu sein«[16]. Die Kirche ist ein empirisches Phänomen.
Aber daß sie das ist, ist schon eine theologisch begründete und theologisch relevante Aussage. Ihr empirischer Charakter kann ihr natürlich
an ihrer empirischen Existenz abgelesen werden. Aber die Notwendigkeit einer solchen empirischen Existenz kann zugleich christologisch
deduziert werden. Weil nämlich das Wort Gottes in Person irdisch
geschichtlich existiert hat, ist auch »das Ganze der Christenheit, in der
es Christen gibt, ein menschliches Werk und als solches ein allgemein
wahrnehmbares menschliches Phänomen«[17].

Barth wehrt sich mit diesen Aussagen gegen »einen ekklesiastischen
Doketismus«, wie er es nennt, »der das nicht wahrhaben, der paradoxerweise gerade an der Sichtbarkeit der Kirche vorbeisehen, ihre
irdisch geschichtliche Gestalt entweder für indifferent erklären oder
feindselig negieren oder doch bloß als ein notwendiges Übel behandeln
will zugunsten einer unsichtbaren Gemeinschaft des Geistes und der
Geister«[18]. Für ihn blickt das credo ecclesiam nicht »hochmütig« an
der sichtbaren Kirche vorbei oder »tiefsinnig« durch sie hindurch. Vielmehr gilt: »Es bekennt den Glauben an das Unsichtbare, das das Geheimnis gerade des Sichtbaren ist. Der Mensch betritt im Glauben an
die ecclesia *invisibilis* das Arbeits- und Kampffeld der ecclesia
visibilis.«[19]

---

[15] Ebd.   [16] Ebd.   [17] AaO. 729   [18] Ebd. 729 f
[19] Ebd. 730. Eben weil Barth mit seiner dogmatisch-deduktiv angelegten Ekklesiologie in den Streit um die Gestaltung der empirischen Kirche eintreten will, kann ich
den folgenden Satz von E. Hübner, Die Lehre von der Kirche und die volkskirchliche Wirklichkeit als Problem von Theorie und Praxis, in: Freispruch und Freiheit,
1973, 191, nicht uneingeschränkt gelten lassen: »Seine Lehre von der Kirche tendiert
in ihrer Letztgestalt sowohl dahin, den Charakter der Fiktion anzunehmen — als

Barth rechnet also durchaus mit der Sichtbarkeit, der Geschichtlichkeit, der Institutionalität der Kirche. Insofern ist jeder Vorwurf, der ihm die Vernachlässigung dieses Aspektes entgegenhält, unberechtigt. Dennoch wird man von vornherein genau differenzieren müssen. Die sichtbare Kirche in Barths Sinn ist nicht einfach die empirisch konstatierte Institution, vielmehr ist der empirische Aspekt der sichtbaren Kirche auch sofort theologisch, genauer: christologisch fundiert. Den empirischen Charakter der Kirche feststellen kann nach Barth jedermann. Den Sinn und die Notwendigkeit dieses Charakters reflektieren kann nur der, der bei der Feststellung als solcher nicht stehen bleibt, sondern ihrer sachlichen Begründung nachdenkt. Daraus läßt sich m. E. eine erste Anfrage an die Ekklesiologie der Praktischen Theologie formulieren. Ist die Empirie der Kirche schon hinreichend erfaßt, wenn sie nur als phänomenologischer Tatbestand zur Kenntnis genommen wird? Muß Praktische Theologie, die sich gewiß der empirischen Kirche zuzuwenden hat, als theologische Disziplin nicht ebenfalls einen Grund für die Zuwendung zur Empirie angeben können, und zwar einen Grund, der nicht schon in der kirchlichen Empirie selber enthalten ist? Genügt zur Begründung der empirischen Forschung in der Praktischen Theologie der einfache Hinweis darauf, daß die Kirche eine empirische Größe darstellt, oder muß Praktische Theologie in ihrer Theorie nicht auch angeben können, auf welchem theologischen Fundament[20] sich ihre Untersuchung der empirischen Kirche aufbaut? Barth fragt die Praktische Theologie, die sich mit der Faktizität der kirchlichen Empirie beschäftigt, nach ihren Aussagen über die Nezessität dieser Empirie. Und er behauptet damit zugleich, daß die irdisch-geschichtliche Existenzform der Kirche nur ein Aspekt ihrer Wirklichkeit ist.

»Kirche ist, indem sie geschieht.« Das meint im Sinne Barths nicht nur, daß Kirche als ein Phänomen der Weltgeschichte existiert. »Kirche *ist*, indem es *geschieht*, daß Gott bestimmte Menschen leben läßt als seine Knechte, Freunde, Kinder, als Zeugen der in Jesus Christus schon geschehenen Versöhnung der ganzen Welt mit ihm.«[21] Die Aufhebung der Differenz von Akt und Sein erfolgt hier aus der Absicht heraus, das Sein der Kirche als Werk Gottes offenzuhalten. Entsprechend er-

---

auch dahin, der vorfindlichen Kirche, die in unserem Raum Volkskirche ist, abzusagen.« Natürlich hat Hübner darin recht, daß Barth das Problem der Vermittlung seiner dogmatischen Aussagen mit der Aufgabe der Gestaltung der empirischen Kirche unreflektiert läßt

[20] Das zeigt nicht zuletzt G. Otto, Art. Praktische Theologie als kritische Theorie religiös vermittelter Praxis in der Gesellschaft, in: G. Otto (Hg.), Praktisch-theologisches Handbuch, 1975², 7 ff; vgl. auch K.-F. Daiber, Volkskirche im Wandel, 1973, 190 ff

[21] Barth, KD IV/1, 727

schöpft sich die Erkenntnis der Kirche nicht in der Feststellung ihrer christologisch fundierten Sichtbarkeit. Vielmehr gilt es in einem zweiten Gedankenschritt, die sichtbare Kirche als jenen Ort zu verstehen, an dem sich ihre unsichtbare Wirklichkeit ereignet.

Barth verwendet in diesem Zusammenhang vier Unterscheidungen[22], um diesen neuen und umgreifenden Aspekt der kirchlichen Wirklichkeit zur Sprache zu bringen. Die erste besteht in der Aussage, daß die Sichtbarkeit der Kirche *allen* Menschen zugänglich ist, daß aber ihr Sein als solches, daß das, »was sie ist, der *Charakter*, die *Wahrheit* ihrer räumlich-zeitlichen Existenz nicht Sache allgemeiner, sondern Sache einer sehr besonderen Sichtbarkeit« ist[23]. Die zweite Unterscheidung betrifft das Gegenüber von außen und innen. Die allen zugängliche Sichtbarkeit der Kirche ist ihr »*Außenbild*«, wie es der Historiker und Politiker, der »Nur-Psychologe«, der »Nur-Soziologe« sieht[24]. Die Kirche im Innern muß, und damit ist eine weitere Unterscheidung genannt, über die Zweidimensionalität einer solchen Existenz- und Betrachtungsweise hinaus noch »um die dritte Dimension ihrer Existenz wissen«[25], in der eben ihr geschichtliches Sein als Geschehen des Werkes Gottes erkannt wird. Die wirkliche Erkenntnis der wirklichen Kirche, das sollen alle diese Unterscheidungen festhalten, liegt nicht im allgemeinen Vermögen historischer oder soziologischer Vernunft, sondern bedarf der Kraft jenes Geistes, der selber die Kirche zur Kirche macht. »Das, was das ist, das Christentum: das Sein der Gemeinde als die ›lebendige Gemeinde des lebendigen Herrn Jesus Christus‹, ruft nach dem Sehen des *Glaubens* und ist nur ihm zugänglich, allem anderen Sehen aber unzugänglich.«[26] Wie sich bei Barth die Erkenntnisordnung immer nach der Seinsordnung richtet, folgt für ihn auch die besondere Art der Erkenntnis der Kirche aus der besonderen Existenz von Kirche. Gottes Werk kann nur vom durch Gott gewirkten Glauben selber erkannt werden.

Was veranlaßt Barth, die wirkliche Erkenntnis der wirklichen Kirche in dieser strikten Weise dem Glauben vorzubehalten? Es sind vor allem kirchenkritische Gründe, die er an dieser Stelle geltend macht, wobei der kritische Sinn dieser Sätze nicht dadurch aufgehoben wird, daß sie inhaltlich Vergewisserungscharakter haben. Eine Kirche nämlich, die darauf verzichtet, sich in ihren theologischen Aussagen als Glaubensgegenstand zu verstehen, steht in der Gefahr, entweder als Religionsgemeinschaft sich in die Gesellschaft zu integrieren oder als klerikales Institut sich über die Gesellschaft zu erheben.

---

[22] Vgl. »die Spannungen von Glaube und Erfahrung, Hoffnung und Wirklichkeit, Wesen und Gestalt« bei J. Moltmann, Kirche in der Kraft des Geistes, 1975, 34 ff, 42
[23] Barth KD IV/1, 731   [24] AaO. 732
[25] Ebd.   [26] AaO. 733

Wenn sie selbst sich nur an ihr Außenbild hält, dann steht sie in
der Versuchung, »sich daran genügen zu lassen, nun eben so etwas wie
eine ›Religionsgesellschaft‹ zu sein, als solche sich aufzubauen und zu
entfalten, tätig zu sein, Ziele anzustreben und Erfolge einzuheimsen,
auf diesem Boden und in diesem Rahmen mit der übrigen Gesellschaft
auszukommen und sich selbst ... zu behaupten, weil auf jener Ebene
neben allem Anderen doch auch Religion sich immer wieder als ein
notwendiges menschliches Bedürfnis herausstellen wird und weil sie
diesem wenigstens zu dienen fraglos in der Lage ist«[27]. Eine Kirche,
die sich z. B. als religiöser Dienstleistungsbetrieb vorstellt, paßt sich
dem Erwartungshorizont der Gesellschaft an und gilt im Bedürfnis-
horizont dieser Gesellschaft durchaus als nützlich. Sie würde damit
aber ebenso ihren Auftrag, in sichtbarer Gestalt ihre unsichtbare Wahrheit zu bezeugen, verfehlen wie in jener zweiten Form von Selbstver-
gessenheit, vor der Barth die Kirche bewahren will. Kirche, die ihr
empirisches Sein als ihr einzig wirkliches Sein ansieht, steht nämlich in
der Gefahr, »an Stelle der sie begründenden und regierenden Macht
Jesu Christi und seines Geistes sich selbst, ihre Lehre, ihre Sakramente
und Sakramentalien, ihre Ordnungen, ihre Geistesgewalt oder auch
ihre Macht im gewöhnlichen Sinn des Begriffes für den Sinn ihrer Existenz, für ihre Größe, für ihr eigentliches und letztes Wort zu halten«[28]. In beiden Fällen, als Religionsgesellschaft oder als klerikales
Institut, vollzieht die Kirche einen Akt der Selbstdefinition, der sie
zwar mit den Erwartungen der Umgebung und mit ihrem eigenen
Selbstbehauptungswillen in Übereinstimmung, der sie zugleich aber
auch um die Wahrheit ihres Seins bringt. Die durch und durch sichtbare
Kirche muß ihr Sein als durch und durch unsichtbar verstehen, wenn
anders sie dem Zeugnischarakter ihrer Existenz, der sie von sich selbst
auf ihren Herrn wegweisen läßt, ernst nimmt. Insofern liefert die
Unterscheidung von sichtbarer und unsichtbarer Kirche den Ansatz für
eine theologische Kritik der empirischen Kirche. Barth formuliert es
so: »das credo ecclesiam schließt in sich den kritischen *Vorbehalt* gegenüber ihrer ganzen irdisch-geschichtlichen Gestalt, es stellt sie in
Frage«[29].

Was bedeuten diese Aussagen Barths für das Kirchenverständnis der
Praktischen Theologie? W.-D. Marsch hat derartige Aussagen im
Grunde als unbrauchbar abgetan und damit sicher vielen Vertretern
der neueren Praktischen Theologie aus dem Herzen gesprochen: »solche
Wesens- und Sollbestimmungen können allzu leicht dazu verführen,
das sehr reale Phänomen einer volksk. institutionalisierten, landesk.

---

[27] AaO. 732   [28] AaO. 734   [29] AaO. 737

verfaßten, organisatorisch in Schule und Fürsorge, Massenkommunikation, gesellschaftlicher Diakonie, Erwachsenenbildung und freie politische Aktivitäten ausufernden K. in der BRD unbegriffen zu lassen; theologische Wesens- und Soll-Definitionen sind mit der k.en Wirklichkeit kaum vermittelt«[30].

In der Tat wird man diese Gefahr nicht übersehen dürfen. Eine dogmatisch deduzierende, christologisch fundierte Ekklesiologie kann an der kirchlichen Wirklichkeit vorbeispekulieren. Sie kann auch mit ihren Aussagen, die kritisch gemeint sein mögen, bestehende kirchliche Verhältnisse unkritisch legitimieren helfen. Man wird z. B. ernsthaft fragen müssen, ob nicht das, was Barth in KD IV/3 als die »in Geschichte und Gegenwart konstanten Grundformen der Gliederung des kirchlichen Dienstes«[31] anführt, faktisch eine solche theologische Legitimation geschichtlich gewachsener und durch Tradition überkommener kirchlicher Praxisfelder darstellt. Wenn unter den zwölf Elementen, die Barth dort aufzählt, z. B. die Evangelisation erscheint, und zwar als »Erweckung d(ies)er schlafenden Kirche«[32], dann darf man füglich fragen, mit welchem Recht diese relativ moderne Verkündigungsform in einen derart prinzipiellen Zusammenhang gerät. Um die kirchliche Wirklichkeit für permanente Reform offenzuhalten, wird Praktische Theologie ein derartiges Verfahren, das überlieferte Praxis dogmatisch festzuschreiben droht, vermeiden müssen.

Nun versehen solche Wesens- und Sollbestimmungen, um bei Marschs Formulierung zu bleiben, aber nicht nur eine legitimierende Funktion. Im Gegenteil. Barths Absicht ist es geradezu, wie wir hörten, mit Hilfe solcher empirietranszendierender Sätze einen Ansatz zur theologischen Kirchenkritik zu finden. Wenn Praktische Theologie am kritischen Auftrag der Theologie gegenüber der Kirche Anteil hat, und das hat sie in der Tat, dann wird auch sie auf solche empirietranszendierenden Sätze über die Kirche nicht verzichten können. Natürlich kann sie die Kriterien für eine Kritik der Kirche auch aus anderen Bereichen beziehen. Sie kann sich an den religiösen Bedürfnissen orientieren und das kirchliche Angebot im Blick auf diese Bedürfnisse hin reformieren. Sie kann Aussagen der empirischen Sozialwissenschaften zu Rate ziehen und die kirchlichen Strukturen im Sinne einer Optimierung ihrer bürokratischen oder kommunikativen Leistungsfähigkeit verändern. Sie kann sich auf den verschiedenen Praxisfeldern um die Integration sozialwissenschaftlicher Methoden bemühen und ihre Arbeit mit Hilfe von Psychologie und Soziologie, Pädagogik und Kommunikationswissenschaft weniger dilettantisch ausführen. Das alles kann und sollte

[30] W.-D. Marsch, Art. Kirche, in: G. Otto, aaO. 341
[31] Barth, KD IV/3, 985 ff   [32] AaO. 1000

man tun, und das alles ist durchaus als eine sinnvolle Reform der
Kirche zu werten. Nur eines muß man mit aller Deutlichkeit festhalten: Kirche wird hier nicht kritisiert und reformiert an dem Maßstab,
den sie sich selber setzt, weil er ihr vorgesetzt ist. In dem Hören auf
die Kriterien, die ihr andere Instanzen und Institutionen anzubieten
vermögen, erfährt die Kirche wohl, wie sie sein und was sie werden
soll, sie erfährt aber nicht, was sie als Kirche vor aller Reform schon
ist. Insofern verfolgen die transempirischen Aussagen über die Kirche
eine durch und durch evangelische Intention der Vergewisserung und
der Infragestellung zugleich. Sie halten der Kirche kein Ideal vor, auf
das hin sie sich zu entwickeln, und auch keine Norm, anhand derer
sie sich zu überprüfen hätte, sie reden dagegen von der ihrer empirischen Wirklichkeit vorgeordneten und diese gnädig umgreifenden
Wirklichkeit ihrer Wahrheit. Gerade weil Kirche ist, indem sie geschieht, ist sie auch Kirche, ohne sich selber dazu erst machen zu müssen.
Es wird noch zu fragen sein, wie die Aussage von der Unsichtbarkeit
der Wahrheit der Kirche im Blick auf die Gestaltung von Kirche zu
operationalisieren ist. Zunächst bleibt auch und gerade für die Praktische Theologie festzuhalten: ohne empirietranszendierende Aussagen
über die Kirche bleibt die Praktische Theologie gegenüber der Kirche
ohne Fundament, das die Kirche an ihrer Verheißung erinnert, und
ohne Kriterium, das die Kirche bei ihrem Anspruch behaftet und sie
an ihrer Aufgabe mißt. Sie ist dann, um eine Unterscheidung von
H. Gollwitzer[33] aufzugreifen, wehrlos gegen die naive Gleichsetzung
von empirischer Kirchenorganisation und eschatologischer Jüngerge-
meinde, wie sie innerhalb und außerhalb der Kirche als semantischer
Zaubertrick permanent vorgenommen wird. Praktische Theologie kann
auf eine empirietranszendierende Ekklesiologie nicht verzichten, sofern sie sich ihrer theologischen Kritikfähigkeit gegenüber der Kirche
nicht begeben will. Aus der Aufhebung der ontologischen Differenz
von Akt und Sein (»Kirche ist, indem sie geschieht«) folgt auch für
die Praktische Theologie die Behauptung der noseologischen Differenz:
Kirche ist mehr, als man sieht. Praktische Theologie kann sich um die
empirische Kirche sachgemäß nur kümmern, wenn sie auch von der
Kirche als einem Glaubensgegenstand zu reden vermag.

»Kirche ist, indem sie geschieht.« Wir haben gehört, daß die irdisch-
menschliche Geschichte der Kirche aus dem Geschehen des Heiligen
Geistes in, mit und unter dieser Geschichte ihre Wahrheit erhält. Das
Bekenntnis zur für die Kirche lebensnotwendigen Kraft des Heiligen
Geistes bedeutet nun aber nicht nur eine Relativierung der irdisch-
menschlichen Wirklichkeit. Im Gegenteil. Für Barth impliziert es »ge-

---

[33] H. Gollwitzer, Vortrupp des Lebens, 1975, 114 ff

radezu die Aufforderung und Erlaubnis, den unvermeidlichen Schritt
in die Sichtbarkeit nicht zu scheuen, sondern resolut zu tun; credo
ecclesiam bedeutet dann, daß die Kirche sich selbst in der Welt des
Irdischen und Sichtbaren in aller Demut, aber auch getrost, von ihrer
dritten Dimension her zugleich gerichtet und aufgerichtet, *ernst nehmen* darf«[34]. Wer demnach meint, und diese Meinung ist weit verbreitet, das theologische Bekenntnis zur Wahrheit der Kirche bedeute
die Vernachlässigung ihrer empirischen Wirklichkeit, hat die Dialektik
in Barths Gedankengang nicht begriffen. Die spiralenähnliche Bewegung seiner Argumentation führt vom empirisch-geschichtlichen Phänomen der Kirche über ihr wahres Sein in der dritten Dimension ihrer
Existenz nicht aus der empirischen Wirklichkeit heraus, sondern mündet gerade in diese empirische Wirklichkeit zurück. »Lebt sie auch und
vor allem in ihrer dritten Dimension, dann darf und soll sie sich zu-
versichtlich auch auf der Ebene ihres phänomenalen Seins bewegen.«[35]
Ihr empirisches Sein wird durch den Hinweis auf diese transempirische
Dimension ihrer Existenz nicht einfach relativiert, sondern gewinnt
eben dadurch an theologischer Relevanz. Wenn die empirische Kirche
der Existenzort der wahren Kirche sein soll, dann erhält die empirische
Kirche dadurch eine ungeheure Dignität. Insofern wird man Barth
durchaus nicht vorwerfen können, er nähme die empirische Wirklichkeit der Kirche nicht ernst oder dächte von ihr zu gering.

Erkenntnis der Kirche heißt deshalb auch, und an diesem Punkt
ziehe ich als praktischer Theologe Konsequenzen aus dem Ansatz des
Barthschen Gedankens: Analyse der empirischen Kirche um der wahren Kirche willen. Barth selber verdeutlicht diese Konsequenz an dieser
Stelle nur im Blick auf die Gestaltung der Kirche. »Sie kann, darf und
soll sich dann die Formen nach bestem Wissen und Gewissen schaffen,
die ihr als der menschlichen Gemeinschaft, die sie ja wesensmäßig auch
ist, unentbehrlich, die zu ihrem Auftrag und zur Erfüllung ihres Auftrages geeignet sind.«[36] Auf die Erkenntnisproblematik bezogen bedeutet das: Sie kann, darf und soll sich auch all jener wissenschaftlicher
Erkenntnisverfahren bedienen, die ihr als der menschlichen Gemeinschaft, die sie ja wesensmäßig auch ist, unentbehrlich erscheinen, die
zur Analyse und zur Kritik ihrer empirischen Wirklichkeit geeignet
sind. Gerade weil die Kirche »wesensmäßig« auch irdisch-geschicht-
liches Phänomen ist, ist auch die Theologie auf die Anwendung von
empirischen und ideologiekritischen Methoden zur Erfassung der empirischen Wirklichkeit angewiesen. Die Praktische Theologie treibt, indem sie diese Methoden in ihre Forschungsarbeit integriert, kein theologisches Allotria, sondern versucht auf diese Weise, ihren Auftrag zur

---

[34] Barth, KD IV/1, 737.   [35] Ebd.   [36] Ebd.

kritischen Befragung und konstruktiven Gestaltung der Kirche zu erfüllen. Die Verwendung sozialwissenschaftlicher Methoden ist, wenn man Barth beim Wort nimmt, theologisch begründet, auch wenn er selbst diese Konsequenz nicht explizit ausspricht. »Der Mensch betritt im Glauben an die ecclesia *invisibilis* das Arbeits- und Kampffeld der ecclesia *visibilis*.«[37] Wer die Kirche glaubt, muß in der Kirche an der Kirche arbeiten und muß u. U. gegen die Kirche für die Kirche kämpfen. In beiden Fällen benötigt er aber die kritische Analyse der Kirche.

Freilich ist an dieser Stelle auch noch ein Wort zur Leistungsfähigkeit einer derart theologisch begründeten empirischen Sozialforschung gegenüber der Kirche nötig. Die empirische Betrachtung kann die Kirche nicht an ihren theologischen Kriterien messen und sie mit ihren Reformempfehlungen nicht zur Kirche im theologischen Sinn des Wortes machen. Dennoch ist diese empirische Betrachtung notwendig für die Sorge um die nichtempirische Wahrheit von Kirche. Dafür ein Beispiel: Die empirische Untersuchung der Kirche kann mit Hilfe von sozial- und ideologiekritischen Methoden die politischen und wirtschaftlichen Verflechtungen der Kirche mit bestimmten Interessengruppen in der Gesellschaft erheben[38]. Ob eine derartige Verflechtung der Kirche angemessen ist oder nicht, darüber kann die empirische Untersuchung nicht mehr unterscheiden, dazu bedarf es des theologischen Urteils. Auf der anderen Seite ist aber auch die theologische Kritik auf die Arbeit der empirischen Forschung angewiesen; denn wenn die Kirche ihren theologischen Auftrag verfehlt, dann geschieht das immer in Formen gesellschaftlicher Anpassung, politischer Koalitionsbildung, sozialer Beziehungen im weitesten Sinn. Insofern setzt auch die theologische Kritik an bzw. das prophetische Zeugnis gegenüber der Kirche die nüchterne, methodisch kontrollierte Analyse der empirischen Kirche voraus. Die Integration von empirischen Methoden in die Praktische Theologie ist also aus theologischen Gründen erforderlich. Natürlich folgt aus der Notwendigkeit dieser Methoden nicht auch die Behauptung von deren Unveränderlichkeit oder die Anerkennung eines in ihnen enthaltenen absoluten Geltungsanspruchs. Ich möchte an dieser Stelle nur festgehalten wissen: die sich glaubende Kirche muß auch zur sich selbst fragenden Kirche[39] werden, weil der Glaube an die wahre Kirche gerade die empirische Kirche genau ins Auge faßt[40].

---

[37] AaO. 730
[38] Vgl. die Beiträge in: Y. Spiegel (Hg.), Kirche und Klassenbindung, edition suhrkamp 709, 1974
[39] Vgl. W. Marhold, Fragende Kirche, 1971
[40] In entsprechender Weise fordert E. Hübner, aaO. 198, »daß die Korrelation zwischen Lehre von der Kirche und volkskirchlicher Wirklichkeit endlich zur Geltung zu bringen ist«

II. Die Gestaltung der Kirche

Praktische Theologie arbeitet an und in der Kirche kritisch und konstruktiv. Sie hat nicht nur die Aufgabe, die Kirche empirisch zu analysieren und theologisch zu kritisieren. Sie ist ebensosehr zur Mitarbeit an der permanenten Reform der Kirche berufen. Auch für diese Aufgabe benötigt sie einen transempirischen Kirchenbegriff.

Ich wende mich deshalb jetzt einem Abschnitt aus dem § 72 »Der Heilige Geist und die Sendung der christlichen Gemeinde« zu, in dem Barth über die gesellschaftliche Gestalt der Kirche redet. Daß wir auch in diesem Zusammenhang bei unserem Thema sind, zeigt eine der Vorbemerkungen: »Ebenso wie es ihr (der Kirche) wesentlich ist, als ein Menschenvolk unter vielen anderen sichtbar zu sein, ist es ihr wesentlich, als dieses Menschenvolk unsichtbar zu sein ... Und so ist sie Beides: sichtbar und unsichtbar in ihrem *einen* Wesen.«[41] Konkret behandelt Barth die gesellschaftliche Gestalt der Kirche unter dem Gesichtspunkt ihrer Abhängigkeit und Freiheit gegenüber der Umwelt. Der Leitsatz lautet: »Die christliche Gemeinde — ein Menschenvolk unter anderen, aber nun eben dieses, Gottes Volk — existiert *ganz abhängig* von ihrer Umgebung und *ganz frei* ihr gegenüber. Nicht teilweise abhängig, teilweise frei, sondern beides ganz!«[42] Begründet wird diese doppelte Dialektik von Sichtbarkeit und Unsichtbarkeit, Abhängigkeit und Freiheit durch die Analogie zur Christologie: »wie ja Jesus Christus, dem folgend sie in dieser doppelten Bestimmung ihres einen Wesens existiert, als wahrer Mensch und wahrer Gott beides ganz — und so Einer ist«[43]. Barth entfaltet seinen Gedankengang wiederum in drei Schritten, die wir kurz nachzeichnen wollen.

Wieder beginnt Barth mit dem Hinweis auf die empirische Wirklichkeit. Die Kirche existiert »weltlich mitten im Weltgeschehen«[44]. Sie besitzt »*keine* ihr schlechterdings eigentümliche gesellschaftliche Gestalt«[45]. Vielmehr gilt: »Ihre Verfassung und Ordnung war und ist ... zu allen Zeiten und an allen Orten bestimmt und bedingt durch gewisse aus ihrer weltgeschichtlichen Situation mehr oder weniger imperativisch sich aufdrängende Vorbilder politischer, wirtschaftlicher, kultureller Natur.«[46] Barth verwendet in diesem Zusammenhang sogar das Stichwort von der »Anpassung«[47], die auch dann vorliegt, wenn die Kirche sich einer Struktur ihrer Umwelt ausdrücklich entgegensetzt. Weil die Kirche in der Welt als irdisch geschichtliches Phänomen existiert, ist ihre Ordnung in allen Bereichen von den Ordnungen der gesellschaft-

---

[41] Barth, KD IV/3, 831.   [42] AaO. 840   [43] Ebd.
[44] AaO. 846   [45] AaO. 845   [46] Ebd. 845 f
[47] Ebd. 846; zur Anpassungsproblematik s. N. Greinacher, Handbuch der Pastoraltheologie I, 1964, 429 ff

lichen Umgebung geprägt. Sie verfügt über keine »heilige Soziologie«, »wie es auch keine ihr schlechterdings eigentümliche, an sich und als solche heilige Sprache gibt«[48]. Alle Gestaltung ihrer Ordnung erfolgt unter dem »Diktat«[49] ihrer Umwelt. Ob sie sich nun nach dem Vorbild der Monarchie, der Aristokratie oder der Demokratie organisiert: »Die Gemeinde lebt eben auch in dieser Hinsicht notorisch von *fremdem*, vielmehr: von *allgemeinem* Gut, d. h. in lauter Gestalten, die sie im Anschluß an ihre Umwelt wie im Gegensatz zu ihr bei dieser zu entlehnen hatte.«[50] Mit der Sichtbarkeit der Kirche ist also die Abhängigkeit ihrer soziologischen Struktur von der Umwelt gegeben.

Aufgrund solcher Aussagen kann man den oft geäußerten Vorwurf, Barth bekäme mit seiner dogmatischen Ekklesiologie die gesellschaftliche Verflochtenheit der kirchlichen Existenz nicht in den Blick, nur deutlich und entschieden zurückweisen. Die christologische Fundierung der Ekklesiologie macht, weil sie mit der Menschwerdung des Sohnes Gottes rechnet, nicht blind für die irdisch geschichtliche Wirklichkeit von Kirche. Wer wie Barth auch von der Unsichtbarkeit der Kirche redet, muß deshalb die Implikationen ihrer Sichtbarkeit nicht verdrängen. Die sichtbare Kirche und mit ihr die unsichtbare Kirche, die ja nicht abseits oder jenseits ihrer Sichtbarkeit existiert[51], ist in der Tat mit ihren sozialen Strukturen eingebettet in den politischen, ökonomischen, kulturellen Kontext der Gesamtgesellschaft.

Aber auch hier begnügt Barth sich nicht mit der Feststellung einer Selbstverständlichkeit. Weil es um die Kirche Jesu Christi geht, ist nicht nur von ihrer Abhängigkeit, sondern auch von ihrer Freiheit gegenüber der gesellschaftlichen Umwelt zu reden. Das ist zunächst noch gar nicht die Freiheit der Kirche als solcher, sondern allein die Freiheit Gottes. Sein Wort kann sich »zur Begründung dieser besonderen Gemeinschaft auch der ebenfalls profanen Möglichkeiten soziologischer Gestaltung *bedienen*, ihnen, ohne sie in sich wesentlich zu verändern, ohne sie ihrer Profanität zu entkleiden, so wie sie sind, einen neuen Sinn und eine neue Bestimmung zu geben«[52]. Ich möchte gerade als praktischer Theologe sofort fragen, was das denn heißen könnte: Gottes Wort bedient sich der profanen Strukturen zur Gestaltung seiner Gemeinde, oder was es heißen möchte, »daß diese oder jene an sich unheilige Möglichkeit der Gestaltung menschlichen Zusammenlebens *geheiligt*« wird[53]. Barth bleibt darauf eine Antwort nicht schuldig. Die behauptete Freiheit des Wortes Gottes zur Aufnahme und zur qualitativen Veränderung profaner Strukturen konkretisiert sich in der Freiheit des Volkes Gottes, »sich im Raum der allgemeinen

---

[48] Ebd. 846, 841 ff   [49] Ebd. 846   [50] Ebd. 847
[51] Vgl. H.-J. Kraus, Reich Gottes: Reich der Freiheit, 1975, 378 ff
[52] Barth, KD IV/3, 847   [53] Ebd.

menschlichen Möglichkeiten *seine,* die seiner Berufung und seinem Auftrag entsprechende Gestalt zu geben«[54]. Das heißt: die unleugbare
Anpassung der Kirche an ihre gesellschaftliche Umgebung sollte nicht
einfach als sozialer Naturmechanismus ablaufen, sondern in Anlehnung und Abgrenzung, als Wahl und Entscheidung der Kirche erfolgen.
Sie kann sich nach einem monarchischen, einem aristokratischen oder
einem demokratischen Modell organisieren; daß sie um der Freiheit
Gottes willen selber frei ist, bedeutet: »Sie *muß* nichts von dem Allen,
sie *darf* das Alles. Es gibt keine soziologische Möglichkeit — in sich
profan sind sie alle — die sie unter allen Umständen wählen müßte und
keine, die sie unter keinen Umständen wählen dürfte.«[55]

Die Freiheit, von der Barth an dieser Stelle redet, ist nun in der Tat
kein in der Empirie angebotenes Phänomen. Die empirische Wirklichkeit sieht so aus, daß die Kirche wie jede andere Subgruppe in der
Gesellschaft unter starkem Anpassungsdruck von außen steht. Anpassung ergibt sich von selbst. Freiheit muß immer erkämpft werden. In
diesem Sinne ist Barths Behauptung der kirchlichen Freiheit für den
praktischen Theologen zugleich auch die Aufforderung zur Wahrnehmung der Möglichkeit ihrer Selbstbestimmung. Wenn sich Praktische
Theologie nicht zur unkritischen Erfüllungsgehilfin modischer Trends
oder gesellschaftlicher Zwänge degradieren will, wird sie diesen Hinweis auf die Freiheit der Kirche beherzigen müssen. Die Möglichkeit
dieser Freiheit nämlich ist jene Kraft, die die Kirche aus dem gesellschaftlichen Funktionszusammenhang herauslöst und die die verantwortliche, theoretisch begründete und bewußte Gestaltung ihrer Sozial-
existenz erlaubt. Praktische Theologie als »Theorie der Praxis des
Evangeliums durch die Kirche in der Gesellschaft« lebt von dieser Freiheit, weil nur diese Freiheit Praktische Theologie davor bewahrt, reines
Vollzugsorgan gesellschaftlicher Entwicklungen und Verflechtungen zu
werden. Theologie, und nicht nur in ihrer praxisbezogenen Absicht zur
Gestaltung von Kirche, wäre sinnlos, wenn es diese von Gott begründete und verheißene Möglichkeit von Freiheit nicht gäbe.

Was das für die konkrete Arbeit in der Kirche bedeutet, darf ich an
einem Beispiel aus der jüngeren Diskussion illustrieren. Vor einigen
Jahren stand das Stichwort »Demokratisierung der Kirche« im Mittelpunkt der Auseinandersetzung. Die einen lehnten es rigoros ab, weil
sie die Kirche nach kircheneigenen Prinzipien organisieren wollten. Die
anderen wollten es vorbehaltlos übernehmen, weil sich die Kirche nur
nach weltlichen Gesichtspunkten gestalten ließe. Beide haben in meinem Augen die Aufgabe einer theologischen Begründung kirchlicher
Gestaltung verfehlt. Die einen, indem sie ohne Berücksichtigung der

---

[54] AaO. 848   [55] Ebd.

Abhängigkeit von Kirche mit einer »heiligen Soziologie« rechneten, die der Kirche die Übernahme weltlicher Gestaltungsmodelle verbietet. Die anderen, indem sie die Kirche an weltliche Ordnungsaspekte ohne theologische Reflexion, und d. h. ohne Berücksichtigung jener Freiheit, die sich in der reflektierten Entscheidung manifestiert, einfach anpassen wollten. Praktische Theologie aber, die sich weiterhin als Theologie versteht, wird der Kirche die Übernahme bestimmter Organisationsmuster nur so empfehlen können, daß sie die Notwendigkeit dieser Übernahme theologisch begründet. Die Anpassung als allgemeines Gestaltungsmodell für die Kirche reicht deshalb nicht aus, weil sie einen ohnehin wirksamen Sozialmechanismus nur sanktioniert und der Kirche die Notwendigkeit einer freien Entscheidung auch bei jedem Einzelfall ihrer Gestaltung erspart.

Barth unterstreicht die Notwendigkeit einer solchen Entscheidung mit einem dritten Gedankenschritt. Die Freiheit der Kirche von ihrer Abhängigkeit gegenüber der Umwelt hat ihre Grenze, und zwar nicht nur ihre empirische Grenze, weil eben solche Freiheit sich in der Praxis immer nur partiell realisieren läßt. Die Grenze der kirchlichen Freiheit besteht hier wie überall in ihrer Quelle. Das aber bedeutet: sie ist keine Allerweltsfreiheit, sondern die Freiheit ihres Gehorsams. So »wird alles ihr als Gemeinde frei gegebene Wählen unter den verschiedenen Möglichkeiten ihrer Existenzform auf alle Fälle nur das ihres Gehorsams und nicht das ihrer Willkür oder das einer ihr von außen aufgenötigten Opportunität und Konvenienz sein können. Sie wird also in Ausübung ihrer Freiheit praktisch doch nicht Alles, und nicht einmal Vieles, sondern immer nur Eines wählen dürfen.«[56] Wohlgemerkt: das ist im Sinne Barths nicht die Aufhebung, sondern die Grenze der kirchlichen Freiheit. Die Kirche würde ihre Freiheit gegenüber der Umwelt gerade verlieren, wollte sie sich aus der Bindung ihres Gehorsams herauszulösen versuchen. Weil und sofern sie im Wort Gottes gebunden ist, ist sie frei gegenüber ihrer Umgebung. Und ihre Freiheit besteht gerade darin, dem Wort Gottes gegenüber gehorsam zu sein. »Sie ist, weil durch das sie berufende Wort Gottes befreit, dazu frei, genau das zu wählen, zu sein und zu tun, was sie in Verantwortung gegenüber dem ihr aus seinem Wort bekannten Herrn, im Gehorsam gegen seinen Willen tun muß.«[57]

Was bedeutet diese Begründung und diese Begrenzung ihrer Freiheit für die praktische Gestaltung des kirchlichen Dienstes? Wenn die im Wort Gottes liegende Freiheit der Kirche eine Voraussetzung ihres Gehorsams ist, dann ist die politische Freiheit der empirischen Kirche nicht einfach durch Kirchenverträge und Konkordate sicherzustellen.

[56] AaO. 848 f   [57] AaO. 849

Selbst die gesellschaftliche Freiheit der Kirche ist dann nicht einfach durch Anpassungs- oder Absetzungsstrategien gegenüber der Umwelt zu realisieren. Es kann aber auf der anderen Seite auch sein, daß die Kirche, »in Entsprechung zu dem, was ihr in dieser bestimmten Zeit und Situation durch das sie regierende Wort Gottes geboten ist«[58], solche Anpassungs- und Abgrenzungsschritte in der Tat konkret und entschlossen zu vollziehen hat. Die Begrenztheit des Gehorsams macht in der Tat den Vollzug des Gehorsams nicht überflüssig. Dabei ist jede Proklamation eines prinzipiellen Pluralismus dadurch ausgeschlossen, daß die wirkliche Kirche in der aktuellen Situation faktisch nur einen bestimmten Schritt in eine bestimmte Richtung tun kann. Die Kirche kann, wie wir eben hörten, nicht alles, nicht vieles, sondern immer nur eines wählen. Weil es in ihrem jeweiligen Handeln um Gehorsam geht, wird für sie von ihrer Wahrheit her ein vielleicht nicht eindeutiges, aber immer nur ein einziges Handeln infrage kommen. Sie ist trotz der Berücksichtigung ihrer Abhängigkeit und trotz der Behauptung ihrer Freiheit der Entscheidung zwischen wahrem und falschem Tun nicht enthoben. Als Ziel nennt Barth in diesem Zusammenhang nur ein Kriterium, das sie bei ihrer Gestaltung zur Geltung zu bringen hat: »So wird sie, sei es als Volkskirche und vielleicht Staatskirche, sei es als Freikirche, ihr unsichtbares Wesen unter allen Umständen darin sichtbar machen müssen, daß sie *bekennende*, daß sie *Missions*kirche ist.«[59]

Noch einmal frage ich: Was kann die empirisch-kritische Methodik der Praktischen Theologie beitragen zur Gestaltung der Kirche in Richtung auf ihre Freiheit? Sicher ist: sie kann diese Freiheit nicht realisieren und garantieren, weil sie ja die Kirche immer nur auf ihre Sichtbarkeit hin zu untersuchen und zu verändern vermag. Sie kann aber, und dieser Aspekt scheint mir ebenso wichtig zu sein, die Kirche bei der Wahrnehmung ihres Gehorsams beraten. Die empirisch-kritische Methodik der Praktischen Theologie kann der Kirche z. B. die Traditionsgebundenheit ihrer landeskirchlichen und Parochialstrukturen zeigen. Sie kann sie hinweisen auf ihre Verflochtenheit mit den ökonomischen Strukturen und Interessen ihrer Umgebung. Sie kann sie schlicht darauf aufmerksam machen, an welchen Punkten eine Optimierung ihrer kommunikativen Organisation anzusetzen hätte. Notwendig ist der Blick auf die empirische Seite ihrer Existenz allemal für eine Kirche, die sich auf dem Weg zur bekennenden Kirche befindet. Nicht daß sich die im Sinne Barths missionarische Kirche durch empirische Methodik organisieren ließe. Aber die institutionellen Verkrustungen, die poli-

[58] Ebd.   [59] Ebd.

tischen Interessenkollisionen, die die missionarische Existenz der Kirche behindern, die lassen sich in der Tat durch die Analyse der empirischen Kirche entdecken. Insofern ist die Mitarbeit der empirischen Methode für eine Kirche, die im Gehorsam ihrer Freiheit entsprechen will, unerläßlich. Die gehorsame Kirche, die ihre Freiheit wahrnehmen will, schließt vor der Wirklichkeit ihrer Existenz in der Gesellschaft, welche Wirklichkeit auch immer die von Abhängigkeit sein wird, nicht die Augen. Die ihre Wahrheit glaubende muß um ihres Gehorsams willen auch die ihre empirische Wirklichkeit sehende Kirche sein.

III. Thesen zum Verhältnis von dogmatischer und empirischer Ekklesiologie

1. Dogmatische und empirische Sätze über die Kirche haben wie alle Aussagen über eine Institution entweder

1.1 legitimierende Funktion: sie sollen die Berechtigung und die Notwendigkeit vorhandener Wirklichkeit an einem vorgegebenen Kriterium demonstrieren;

1.2 oder kritische Funktion: sie sollen vorhandene Wirklichkeit an einem vorgegebenen Maßstab messen;

1.3 oder identifikatorische Funktion: sie sollen ein empirisches Phänomen zu seiner sozialen Umwelt in eine sinnvolle Beziehung setzen;

1.4 oder appellative Funktion: sie sollen ein empirisches Phänomen in eine bestimmte Richtung hin verändern.

1.5 Sätze über die Kirche müssen, um in einer dieser Funktionen wirksam werden zu können, immer zugleich beschreibende und bewertende Elemente enthalten und damit auch immer zugleich empirische und nicht empirische Aspekte der Kirche ansprechen.

2. Gegenüber einem rein empirisch positivistischen Kirchenverständnis ist festzuhalten:
    ein dogmatischer Kirchenbegriff ist notwendig,

2.1 um die Aufgabe einer Beschäftigung mit der empirischen Kirche theologisch zu begründen;

2.2 um für die Beurteilung der empirischen Kirche ein theologisches Kriterium zu erhalten;

2.3 um für die Gestaltung der empirischen Kirche eine theologische Leitlinie zu gewinnen.

3. Gegenüber einem rein dogmatischen Kirchenbegriff ist festzuhalten:
    ein empirisches Kirchenverständnis ist notwendig,

3.1 um die Theologie vor einem »ekklesiastischen Doketismus« zu bewahren;

3.2 um die theologischen Sätze über die Kirche als die Verheißung ihrer Wahrheit auf die Wirklichkeit der empirischen Kirche beziehen zu können;

3.3 um die theologischen Aussagen über die Kirche für die Gestaltung der empirischen Kirche fruchtbar machen zu können.

4. Eine Kirche, die sich rein empirisch definiert,

4.1 paßt sich vorbehaltlos dem Erwartungshorizont ihrer Umwelt an;

4.2 entzieht sich der Kritik vom Maß ihres Auftrags her;

4.3 wird zur klerikalen Institution, indem sie mit der Beseitigung der Differenz zwischen gesehener und geglaubter Kirche in eigenmächtiger Weise ihre ungebrochene Identität behauptet.

5. Eine Kirche, die sich rein dogmatisch definiert,

5.1 verleugnet die geschichtlich-gesellschaftliche Geprägtheit durch ihre Umwelt;

5.2 entzieht sich der Kritik ihrer empirischen Gestalt in gesellschaftskritischer und kommunikationstechnischer Hinsicht;

5.3 wird zur klerikalen Institution, indem sie mit der Beseitigung der Differenz zwischen gesehener und geglaubter Kirche in eigenmächtiger Weise ihre ungebrochene Identität behauptet.

6. Empirisch-kritische Aussagen über die Kirche mit den Kategorien und Methoden der empirischen und kritischen Sozialwissenschaften sind notwendig,

6.1 um die Verflechtung der Kirche in die Interessenantagonismen der gesellschaftlichen Gruppen aufzudecken;

6.2 um die Gebundenheit der Kirche an überlieferte politische Organisationsstrukturen aufzuzeigen;

6.3 um für eine Optimierung der kirchlichen Kommunikationsform zu sorgen.

7. Empirisch-kritische Aussagen über die Kirche können nicht

7.1 ein Urteil über die theologische Qualität der empirischen Kirche formulieren;

7.2 die Wirklichkeit der Kirche an der ihr vorgegebenen Wahrheit messen;

7.3 die Gestalt der Kirche in Richtung auf ihre Wahrheit hin reformieren.

8. Dogmatisch-kritische Aussagen über die Kirche sind notwendig,

8.1 um die Kirche an die ihrer empirischen Wirklichkeit vorgegebene Wirklichkeit ihrer Wahrheit zu erinnern;

8.2 um die Kirche vor einer eigenmächtigen Identifizierung ihrer Wirklichkeit mit ihrer Wahrheit zu bewahren;

8.3 um der Kirche im Rahmen der Theologie eine kritische Selbstprüfung ihrer Wirklichkeit an ihrer Wahrheit, ihrer Gestalt an ihrem Auftrag zu ermöglichen.

9. Dogmatisch-kritische Aussagen über die Kirche sollen nicht
9.1 geschichtlich gewachsene Strukturen der Kirche als göttlich gesetzte Ordnungen legitimieren;
9.2 der Kirche ein Ideal vorhalten, in dessen Richtung sie sich zu entwickeln hätte;
9.3 die Kirche einer Norm unterwerfen, die die Freiheitsmöglichkeiten ihrer Gestaltung einschränken soll;
9.4 auf dem Wege der Formulierung der Differenz zwischen empirischer und transempirischer Kirche die Differenz selbst aufheben und so zur Selbstidentität der Kirche beitragen.

10. Ohne die Behauptung der dialektischen Differenz zwischen der empirischen und der dogmatischen Kirche wird
10.1 Praktische Theologie zum reinen Duplikat entweder der Dogmatik oder der empirischen Sozialwissenschaften;
10.2 Praktische Theologie unkritisch gegenüber dem Anspruch der empirischen Kirche, Kirche unter der Verheißung ihrer Wahrheit zu sein.

11. Im Offenhalten der dialektischen Differenz zwischen der empirischen und der dogmatisch definierten Kirche gewinnt Praktische Theologie Anteil an dem in Gottes Verheißen begründeten Auftrag der Kirche,
11.1 die Wahrheit des Evangeliums in der Wirklichkeit ihrer Zeit zu bezeugen;
11.2 die Wirklichkeit ihrer Abhängigkeit von der Umwelt im Hören und Bezeugen des Wortes ihrer Wahrheit gegenüber der Umwelt zu überwinden.

JOHANNES HANSELMANN

CHANCEN DER VOLKSKIRCHE

Vom Wesen der Volkskirche

Der zumindest in den letzten 25 Jahren verschiedentlich prognostizierte
Exitus der Volkskirche ist nicht eingetreten. In einer Zeit, da es Anzeichen für mögliche bzw. erforderliche Übergänge in eine Freiwillig-
keits- oder Diasporakirche zu geben schien, wird der Volkskirche durch
empirisch-soziologische Untersuchungen eine nicht näher befristete
Lebensbescheinigung ausgestellt. Der seelsorgerliche Effekt für Kirche
und Pfarrer in ihrer Identitätskrise scheint unverkennbar.

Dennoch tut kritische Nüchternheit not sowohl im Blick auf das
Wesen als auch den Auftrag und die Arbeitsformen der Volkskirche
heute und zumindest in den nächsten Jahren. Volkskirche ist ja weniger eine genuin theologische Setzung als vielmehr *eine* der möglichen
geschichtlich bedingten Gestalten von Kirche überhaupt, die phäno-
menologisch gesehen (noch) vier Merkmale aufweist[1]:

1. Die Zugehörigkeit zur Kirche ist in der Bevölkerung hinsichtlich
Herkunft und Sitte überwiegend die Normalsituation.

2. Durch die von der Mehrzahl in Anspruch genommene Praxis der
Kindertaufe wird man ohne willentlichen Entschluß Glied dieser
Kirche und gehört zu ihr, es sei denn, man tritt später durch eine aus-
drückliche Willenserklärung aus ihr aus.

3. Erziehung — einschließlich Schule — und Lebensgestaltung, Sitte
und Kultur, Ethik und Recht sind entscheidend mitgeprägt durch Impulse, die von christlich-kirchlichen Normen ausgehen bzw. ausgegangen sind.

4. Die Gesellschaft gewährt einer solchen Kirche die Freiheit der
Religionsübung, *u. U.* in Verbindung mit bestimmten Privilegien.

Diese Charakterisierung macht deutlich, daß damit weder ein exege-
tisch-historischer noch ein systematisch-theologischer Begriff von Kirche
als ecclesia ausgefüllt bzw. abgedeckt wird. Andererseits werden hierdurch mißverständliche Gebrauchsweisen der Volkskirche nicht notwendig begründet, etwa die Volkskirche als Wegbereitung des deutschen Nationalgeistes (P. de Lagarde), oder die Volkskirche mit dem

[1] H. Wittram, Art. Volkskirche, Taschenlexikon für Religion und Theologie,
Bd. 4, 1971, 236 f

Auftrag, dem Volk seine Seele zu geben und zu erhalten (M. Mauren-
brecher), oder die Volkskirche als Innenseite des Nationalstaates mit
Orientierung der Struktur der Volkskirche an derjenigen des — auto-
ritär geführten — Staates (W. Stapel)[2].

Die mit der Volkskirche bezeichnete Problematik im Verhältnis
von Kirche und Öffentlichkeit wurde zwar zuerst von Schleiermacher
herausgestellt und theologisch umschrieben: Kirche ist die Gemeinschaft
derer, die die Frömmigkeit des Menschen darstellen; sie ist darum auf
das Volk bezogen, diesem aber geschichtlich und an »Kräftigkeit des
Gottesbewußtseins« voraus. Jedoch wird dabei das Problem der Konfessionen, die Stellung Christi zu seinem Volk und die eschatologische
Erwartung ausgeklammert bzw. eingeebnet[3].

Daß Volkskirche als solche problematisch ist, weil sie einerseits
institutionell abgesichert zu sein vermag, andererseits jedoch gerade
dadurch der Gefahr der inneren Trägheit erliegen kann, hat Wichern
zu seinem volkskirchlichen Konzept der »Inneren Mission« als Durchdringung des ganzen Volkes von der christlichen Gemeinde und Familie her geführt. Volksmission — oder heute: missionarische Dienste —
sind vom Wesen der Volkskirche her gefordert. Denn diese bedarf — so
H.-R. Müller-Schwefe[4] — auch wenn sie als eine geschichtliche Gestalt
der Stiftung Gottes verstanden wird, des beständigen Aufbruchs aus
dem drohenden Verfall in eine abendländische Selbstverständlichkeit.

Das eigentliche Wesen der Kirche mag deutlicher werden an der
Gegenüberstellung einer sozialwissenschaftlichen und einer theologischen Beschreibung:

a) »Rein soziologisch betrachtet ist Kirche als Vergesellschaftungs-
gebilde durch folgendes charakterisiert: Sie will im Gegensatz zu Jün-
gerschaft, Kultus und Sekte eine größtmögliche Zahl von Menschen
umfassen, macht auf sozialem Gebiet Konzessionen an die Umwelt
und steht unter Leitung geschulter Theologen. Letztere sind anderen
Schichten gegenüber distanziert, hierarchisch gegliedert, entwickeln ein
innerhalb gewisser Grenzen rational strukturiertes System von Glau-
bens- und Sittensätzen und drängen prophetische und ekstatische
Elemente als ordnungsstörend zurück« (P. Honigsheim)[5].

b) Theologisch gesehen ist Kirche die im Laufe der Menschheitsgeschichte sich immer wieder ereignende Versammlung der von Gott
zu seinem Bundesvolk berufenen Menschen. Sie ist entstanden, als der
Gestorbene den Jüngern »als Lebendiger erschien« (H. Conzelmann)

---

[2] W. Stapel, Volkskirche oder Sekte? 1934, und H.-R. Müller-Schwefe, Art.
Volkskirche, RGG[3] VI, Sp. 1458 ff

[3] Fr. Schleiermacher, Sämtl. Werke I/13, 1850, 662 ff

[4] Müller-Schwefe, RGG[3] VI, Sp. 1460

[5] P. Honigsheim, Art. Kirche, RGG[3] III, Sp. 1296

und sich durch den heiligen Geist seine Gemeinde schuf. Sie wird durch reine Wortverkündigung und rechte Sakramentsverwaltung (CA VII) gebaut und zusammengehalten und bildet eine heilsgeschichtlich-eschatologische Größe. Ihr Handeln ist nach wesentlichen Aussagen des Neuen Testaments fundamental *missionarisch* und *diakonisch* bestimmt. »Ihre Zeit ist, gleichsam zwischenzeitlich, der Zeitraum von der Auferstehung Jesu bis zu seiner Wiederkunft als *die* Zeit, in der sie den Tod ihres Herrn zu verkündigen hat. Sie ist *sein* Herrschaftsbereich als *der* Raum, in dem schon jetzt das ›neue Leben‹ gegenwärtig ist . . .« (Kl. Haendler)[6].

Zusammenschau: »Zum Begriff ›Volkskirche‹ gehört doch wohl: Kirche *im* Volk, in ihren Gliedern weithin identisch mit den Bürgern, den Gliedern der Gesellschaft, dennoch nicht einfach *nur* Volk oder Gruppe, sondern Volk Gottes und damit — recht verstanden — Kirche *für* das Volk! Eine Neubesinnung über Begriff Volkskirche ist wohl alle Menschenalter fällig, heute in Auseinandersetzung mit dem Schlagwort vom Ende des konstantinischen Zeitalters — ist es wirklich zu Ende? — besonders dringlich auch im Licht der neuen soziologischen Erkenntnisse« (Landesbischof D. Dietzfelbinger auf der 5. Tagung der vierten Synode der Evangelischen Kirche in Deutschland in Berlin-Spandau, Oktober 1972).

Und in seinem Buch »Hören wie Jünger hören« steht der Satz: »Eben diese Volkskirche erscheint heute freilich wie eine Landschaft mit stärksten Kontrasten, und was ihre Zukunft betrifft, ist sie Gegenstand entgegengesetzter Spekulationen.«[7]

Aus dem bisher Gesagten folgt insgesamt:

1. Volkskirche ist als Kirche kraft der Inkarnation des Wortes geschichtliche Wirklichkeit, die sich in Völkern konkretisiert. Darum kann sie sich nicht von der Gegebenheit des Volkes distanzieren, um sich in ein Ghetto zurückzuziehen. Als Kirche in der modernen Gesellschaft ist ihre Situation missionarisch (G. Vicedom). Und:

2. Volkskirche als *eine* Form der Kirche Jesu Christi auf Erden lebt in kontinuierlicher Spannung zwischen Intention und Institution, zwischen Dynamik und System, zwischen Inhalt und Form, zwischen Evangelium und Gesetz. Diese Spannung gilt es weder zu ignorieren noch zu nivellieren; sie ist zu sehen und durchzuhalten und je von neuem auf ihre Relevanz für die kirchliche Arbeit zu überprüfen.

---

[6] K. Haendler, Art. Kirche, Taschenlexikon für Religion und Theologie, Bd. 2, 1971, 174 ff
[7] H. Dietzfelbinger, Hören wie Jünger hören, 1975, 31

Volkskirche und Kirchenreform[8]

Kirchenreform ist in einer ecclesia semper reformanda ein historisch wie auch theologisch begründetes reformations-inhärentes Prinzip. Da die ecclesia sowohl Subjekt als auch Objekt der Reform ist, ist Kirchenreform nicht Aufgabe einiger Spezialisten, sondern des gesamten Volkes Gottes. Kirchenreform nimmt ihren Ausgang beim Wort Gottes und dessen gebotener situationsgerechter Verkündigung an dem jeweiligen Ort der Oikumene Gottes. Der Vorwurf »sola structura statt sola scriptura« setzt darum unzutreffende Alternativen und ist ebenso gefährlich wie die Behauptung, Strukturüberlegungen seien institutionalisierte Oberflächlichkeit, die Bewährtes ins Rutschen zu bringen drohen und allenfalls neue Geleise legen, auf denen dann schließlich doch kein Zug fahren wird[9].

Weil der Geist weht, wo er will, wäre es falsch zu meinen, »ein **Beharren** in überkommenen, durch Zeitablauf und Gewohnheit liebgewordenen Strukturen sei Gott wohlgefälliger. Es ist kein Zeichen geistlicher Kraft, wenn die Kirche oft erst zögernd zur Kenntnis nimmt, was um sie herum längst Wirklichkeit geworden ist. Manchmal waren die ›Kinder der Welt‹ viel früher dort, wo die ›Kinder des Lichts‹ eigentlich schon lange vor ihnen hätten sein sollen.«[10] Eine häufig vorfindbare Immobilität kirchlichen Handelns hat dazu geführt, daß mehrfach *nicht die Kirche* die Moderne überholt hat (wie es sich Rosenstock-Huessy in der ersten Hälfte der 50er Jahre vorstellte), sondern daß die Kirche von geistigen und sozio-ökonomischen Wandlungen überrollt wurde.

In einer mitunter unreflektiert erscheinenden Praktizierung von Demokratie unter Übernahme formaldemokratischer Prinzipien, die dem Wesen von Kirche *so* zumindest partiell inadäquat sind, wurde an praxisorientierten Reformvorschlägen ein paralysierender Aderlaß vorgenommen. Die Verfahrensmechanismen kirchlicher Geschäftsordnungen hatten eine genügend lange Bank bereit, um das, was gestern aktuell war, evtl. morgen — oder doch nicht zu beschließen. Vermutlich bewirkte Angst auch vor dem kontrollierten Experiment, daß nur vereinzelt der Schritt von der Vision zur Realisierung gegangen werden konnte. Systematische überregionale Auswertung gemachter Erfahrungen und deren weitere Applikation war ebenso mühsam wie der Austausch empirischer Daten und sich hieraus ergebender Konsequenzen.

[8] Vgl. zu diesem Abschnitt J. Hanselmann, Gemeindestruktur und Kirchenreform, Ms. 1970
[9] G. Flor, Gedanken über die Ordnung der Kirche, in: Forum-Berliner Kirchenreport 1973
[10] Ebd.

Demgegenüber ist festzustellen: Kirchenreform ist nur möglich, wo das Wesen der Kirche mit dem Wesen der Wirklichkeit zusammengesehen wird. Das Wesen der »Kirche« wird von ihrem Zeugnis geprägt. Als missionarische und diakonische Kirche ist sie *immer schon* Kirche für andere, die Exklusivität, Konventikeltum und Introvertiertheit verbietet: »Die Missionssituation der Kirche ist (dabei) nicht in der jeweiligen Situation, sondern im Evangelium selbst begründet« (J. C. Hoekendijk/H. Obendiek). Ein Grunderfordernis kirchlicher Reform ist eine religiöse Sprache, die sich »im Kontext wirklicher Welterfahrung hält« (W. Trillhaas). Sie verbindet darin Tradition und Moderne, Offenbarung und offenbare Erfordernisse der Gegenwart, lutherisches Bekenntnis und aktuelles Zeugnis. Das im Namen Gottes zu sagende Wort duldet nicht Assimilation seines Inhalts durch gesellschaftliche Erwartungen, wohl aber Akkomodation im Sinne der Vermittlung an die Situation der Adressaten. Nur so ist es Gottes Wort für die jeweils neue Situation; ein Wort, das nicht im Rückzug auf historische Zeitabschnitte bewahrt wird, sondern sich als Zeugnis der Urgemeinde für heute und morgen bewährt. Kirchliches Reden und Handeln im Sinne von Reform, von Erneuerung bedeutet darum: das zu Bewahrende in den gegenwärtigen Bedingungen und unter den Herausforderungen unserer Zeit zu bewähren. »Die Kirche muß sich noch mehr ändern, um gerade dadurch sie selber zu bleiben. Und sie wird bleiben, was sie sein soll, wenn sie bei dem bleibt, der ihr Ursprung ist: wenn sie bei allem Fortschreiten und Sichverändern diesem Jesus Christus treu bleibt« (H. Küng)[11].

Die Kirche hat dabei keinen Grund, theologische Pluralität innerhalb ihrer selbst zu leugnen. Die Geschichte der Urchristenheit und der Dogmenbildung hat schon immer in diese Richtung gedeutet. Die historisch-kritische Forschung hat statuiert, daß der neutestamentliche Kanon nicht die Einheit der Kirche, sondern die Vielfalt der Konfessionen begründet (E. Käsemann). Dies ist zumindest *eine* Wurzel unseres Leidens an der Kirche. Von daher ergibt sich die Frage und Aufgabe für die Kirche, die unterschiedlichen Akzentuierungen der theologischen Aussage um der größeren Einheit der Kirche willen auf ihre Konsensmöglichkeit hin zu befragen, um ihr Zeugnis in der Welt glaubwürdig auszurichten.

Das Wesen der Wirklichkeit von »Welt« heute läßt sich theologisch nach wie vor mit dem ersten Artikel beschreiben. Diese Welt ist Gottes Welt. Zu ihrer »Bewohnbarmachung« läßt Gott seinen Schalom verkündigen. Zu ihrer Rettung ermöglicht er in seinem Sohn die Rechtfertigung des Gottlosen in dem dreifachen solus reformatorischer Er-

---

[11] H. Küng, Was in der Kirche bleiben muß, Ms. 1972

kenntnis (vgl. CA IV). Diese Welt ist aber gleichzeitig die Welt der mathematisch-naturwissenschaftlichen Gesetze, der technokratischen Herrschaftsbereiche, der zunehmend differenzierten Wissenschaften, der divergierenden ökonomischen Interessen, der ungerechten sozialen Unterschiede, der denkerischen Bemühungen, der leistungsorientierten pluralistischen Gesellschaft. Kirche heute muß bereit sein, sich mit ihrer Botschaft in diesem Beziehungsgeflecht zu sehen, wenn sie sich nicht selbst ins Ghetto verbannen will.

»Der Christ schuldet der ihm bestimmten Welt nicht dies oder das, sondern seine Existenz als Christ« (K. H. Ratschow)[12]. Ziel aller Kirchenreform ist darum die Anwesenheit der Kirche in der Welt, das Mitleben mit Christus bei den Menschen (R. von Thadden). Die Formen dieser christlichen Präsenz, von der weder die Parochialstruktur noch regionale oder kategoriale Funktionsbereiche der Gemeinde und auch nicht die Gemeindeglieder als solche ausgenommen sind, erweisen sich ebenso vielfältig wie die Gaben und Aufgaben in der Gemeinde.

Dabei ist die These Tr. Rendtorffs[13] »von dem latenten Christentum in unserer Gesellschaft« und der in ihr verborgenen Christlichkeit als Chance für die Kirche ebenso ernstzunehmen wie das am Rande oder außerhalb der Kirche zu Tage tretende weitverbreitete religiöse Interesse. Gleichzeitig wird darauf aufmerksam gemacht, daß es gegenüber den Erscheinungen der Entkirchlichung auch verdeckte Symptome einer sog. »Verkirchlichung der Gesellschaft« (positives Sozialverhalten, Humanität, Friedensforschung) gibt, die zwar nie unter dem Stichwort »Kirchlichkeit« auftreten, aber zumindest die Ausgangslage für Gespräche in der volkskirchlichen Situation bieten.

Die Vielfalt der Charakteristika der gegenwärtigen Lage verlangt nach einem multiformen Angebot der Kirche, das bei aller erforderlichen Mobilität und Flexibilität des Reflektierens, des Konzipierens und des Agierens auf die *Stabilität* des Auftrages und der Zusage Jesu Christi an seine Gemeinde gegründet ist (Matth 28; Apg 1; Röm 3). Dazu ist in jedem Fall der offene und kritische Blick für die Analyse des Vorfindlichen, eine zukunftsorientierte Phantasie sowie der Mut zum Experiment erforderlich — und mehr als all dies: das Vertrauen in die spirituelle und geglaubte Gegenwart der Existenz Gottes und seines in Christus geschehenen Handelns an und unter uns.

Und *das* in der historischen, aber je neu aktuell geglaubten Spannung zwischen dem Gebetsruf »marána thâ« (Offb 22,20), der Endgerichtsvision von Matth 25,31 ff *und* der Verheißung Christi »Siehe, *ich* mache alles neu« (Offb 21,5).

---

[12] K. H. Ratschow, Reformation heute, 1967, 34
[13] T. Rendtorff, Christentum außerhalb der Kirche, 1969, 12 ff

Volkskirche und Kommunikation

Nach der »kommunikativen Gestalt von Kirche und Gemeinde« wird neuerdings zunehmend gefragt. Gewiß, Kommunikation ist ein derzeitig gängiger Begriff. Was trägt er für die christliche Gemeinde im volkskirchlichen Bereich aus?

Anthropologische Wissenschaften definieren »Kommunikation« kompliziert, etwa: »Allgemeine und umfassende Bezeichnung für Prozesse, die einen Sender, Empfänger, einen Kommunikationsmodus oder -kanal, eine Botschaft oder Nachricht und eine auf Empfang erfolgende Verhaltensänderung oder allgemein einen Effekt, gleich welcher Art, als analytische Einheit aufweisen.«[14] Kann man — so ist zu fragen — in solchen Kategorien von Gemeinde und Kirche reden? In der theologischen Literatur spielt dieser Begriff expressis verbis bislang keine überragende Rolle. So greift der Theologe in seiner Verlegenheit schließlich zum vierbändigen Volkslexikon[15]. Er findet zwar das Wort »Kommunikation« auch hier nicht, dafür aber das Verb »kommunizieren«. Und darunter liest er zu seinem Erstaunen: ad 1: Verweis auf Kommunion (= Empfang des Abendmahls), ad 2: miteinander in Verbindung stehen (kommunizierende Röhren). — Wo ein Volkslexikon diese Kommunikation auf Kommunion, also mitten hinein in das Leben der christlichen Gemeinde verweist, wird man legitim theologisch weiterdenken dürfen, selbst wenn man eine Tautologie vermuten möchte — gleichsam: die kommunikative Gestalt der communio sanctorum (die D. Bonhoeffer 1930 zum Thema seiner »Dogmatischen Untersuchung zur Soziologie der Kirche« wählte).

Nun wird ja *nicht nur* von einem Übermaß an Kommunikationsangeboten zu reden sein, sondern ebenso von einer erschreckenden Zunahme der Kommunikationsschwächen und -störungen in unserer Zeit. Haben nicht auch unsere Gemeinden weithin ihren kommunikativen, also ihren zentralen Kommunions-Charakter verloren? Von unio und communio ist oft angesichts der Zerrissenheit der Kirchen und des Stils kirchlicher Auseinandersetzungen bis hinein in einzelne Kirchengemeinden nur noch wenig zu sehen. Wenn etwa von 3 000 Getauften am Ort noch 150 in Verbindung stehen — im vollen Sinne des Wortes »kommunizieren« —, dann ist doch vom Leib Christi — um eines der genuin-christlichen Kommunikationsmodelle zu verwenden — wohl nicht viel mehr als allenfalls ein Einziges der Gliedmaßen übriggeblieben. Betroffen ist man versucht, Morgenstern zu zitieren: »Ein Knie geht einsam durch die Welt.« Klingt das nicht geradezu wie eine Bankrotterklärung der kommunikativen Kraft der Gemeinde?

[14] Art. Kommunikation, dtv-Wörterbuch zur Psychologie
[15] Art. Kommunizieren, Bertelsmann-Lexikon, 1953/60

Die Frage nach der kommunikativen Gestalt der Gemeinde ist also die Frage nach ihrem Wesen als communio sanctorum in der doppelten Bedeutung, auf die hinzuweisen W. Elert nicht müde wurde. Communio sanctorum, das bedeutet doch, daß — im Kommunizieren! — von Gott versöhnte Menschen miteinander in Verbindung sind. Solche communio ist Bedingung für Gemeindeleitung und Gottesdienst, für Gemeindeversammlung und Dienstgruppen, für Zielgruppenarbeit und — das klingt wie selbstverständlich — für jede Form publizistischer Arbeit in der Kirche. Sie ist aber *auch* Voraussetzung für unser theologisches Gespräch miteinander, gerade dann, wenn wir uns innerhalb verschiedener theologischer oder kirchenpolitischer Positionen auseinandersetzen müssen. Wenn wir *nicht mehr* glaubend teilhaben an der umfassenderen unio Gottes, deren Intention der communio dient, werden wir abgedrängt in die Isolation, in der Kommunikation — um im alten Weltbild zu sprechen — vertikal wie horizontal kaum noch erfahrbar ist.

Kommunikation lebt von Dialog und Kooperation. Dialog ist innerkirchlich nötig zwischen »Konservativen« und »Progressiven«, Vertretern der Ortsgemeinde und übergemeindlicher Werke, der Schultheologie und der Kirchenleitung, der Verwaltung und derer, »die verwaltet werden« usf. Dialog ist aber ebenso erforderlich zwischen Kirche und Humanwissenschaften, die als Partnerwissenschaften — vor allem im anthropologischen Bereich — beachtenswerte Erkenntnisse aufweisen. Mir scheint: je ernster wir diese Wissenschaften als Dialogpartner nehmen, desto weniger laufen wir Gefahr, uns theologisch an sie zu verlieren.

Kommunikative Gestalt der Gemeinde heißt auch: Kommunikation, also Dialog *und* Kooperation, über den Umkreis des Kirchtums hinaus. Mit Nachdruck zu fordern ist eine stärkere horizontale Durchlässigkeit der Parochie zugunsten kooperativer Bemühungen im regionalen Bereich. Es ist kein Geheimnis, daß es vielen Pfarrern — und nicht nur ihnen! — schwerfällt, Kooperation zu praktizieren. Von unserem Ausbildungssystem her gesehen, das vom ersten Schuljahr an die individuelle Leistung bewertet, ist Mangel an Gruppenfähigkeit kein Wunder. So zeigt sich nicht selten jenes groteske Bild: ein Pfarrer, der — wie er sagt — unter offensichtlicher Ineffektivität seiner Gemeindearbeit leidet, gerät in eine Identitätskrise, in der Merkmale der Isolation spürbar werden. Er nimmt an einer Selbsterfahrungsgruppe teil, um sich sensivieren zu lassen in Eigen- und Fremdwahrnehmung. Ichgestärkt kommt er — zu früh! — aus der Gruppe in die Gemeinde, jedoch ängstlich darauf bedacht, diese Ichstärkung nicht durch Kooperation — denn diese bedeutet ja auch Sichaussetzen und zwar dem Ertragen von Korrekturen und Kritik — infrage stellen zu lassen. Was dringend not tut, ist Kom-

munikationstraining, also gruppendynamische und interparochiale Ein-
übung von Kooperation um einer kommunikativen Gemeindearbeit in
der volkskirchlichen Situation willen. — Ich sage das als einer, der mehr
von Gruppendynamik hält als mancher andere.

Volkskirche und Stabilität[16]

»Die Kirche war schon immer stabiler als sich das Voltaire und andere
vor und nach ihm gedacht haben. Die demoskopische Bestätigung dieser
Tatsache durch Zahlen mag unser Wissenschaftlichkeitsbedürfnis be-
friedigen. Aufregen oder beruhigen und gar trösten kann sie kaum.«
Dies schreibt G. Harbsmeier unter der Überschrift »Wie *labil* ist die
Kirche?«[17] in einem polemisch-geistreichen Kommentar zur EKD-
Untersuchung »Wie stabil ist die Kirche?«. Er trägt gewiß Eulen nach
Athen, wenn er feststellt, »daß sich die Kirche schlechterdings nicht auf
sich *selbst* verlassen kann und darf«. Es geht freilich nicht darum, den
menschlich gesehen *l*abilen, von Christus her gesehen *st*abilen »Fels«
gegen empirisch-soziologisch erhobene Daten *ein*zutauschen. Die Kirche
der Reformation weiß, daß sie allein von der lebenschaffenden Befrei-
ungstat Gottes in Jesus Christus lebt und von diesem in all ihrer
Labilität gehalten wird. Die Zusage, daß die Pforten der Hölle sie
nicht überwältigen sollen, hebt nicht auf falsche Sicherheit ab, sondern
möchte verstanden werden als Inzitament für Gelassenheit im Glauben
(vgl. These 2 v. H. von Loewenich[18]).

Nun ist freilich ehrlicherweise einzugestehen, daß die Volkskirche
— vor allem ihre hauptamtlichen Mitarbeiter (Pfarrer eingeschlossen) —
davon lebt, daß die Majorität der Kirchensteuerzahler sie *nicht* oder
nur unregelmäßig in Anspruch nimmt; d. h. Volkskirche lebt — sehr
pointiert formuliert — von ihrem Mißerfolg. Würden alle Mitglieder
der Volkskirche ihre Rechte wahrnehmen und z. B. die Kirche intensiv
seelsorgerlich in Anspruch nehmen, so würde dies in kürzester Zeit zum
Kollaps der Mitarbeiter führen. Wiederum zugespitzt gesagt: Die vermeintliche Stabilität der Kirche basiert — wenigstens zum Teil — auf
der Tatsache, daß eine an sich erdrückende Majorität von getauften
Christen ihre persönliche Labilität, d. h. ihr objektives Heilsbedürfnis
subjektiv nicht erkennt. Dies impliziert notwendigerweise die Konsequenz, daß sich eine Kirche geistlich nur dann stabilisieren kann, wenn

---

[16] H. Hild (Hg.), Wie stabil ist die Kirche, 1974 (Zitate, die lediglich die Seiten-
zahl angeben, sind diesem Band entnommen)
[17] G. Harbsmeier, Wie labil ist die Kirche, in: Junge Kirche, 1974, 447 ff
[18] H. v. Loewenich, Perspektiven einer erneuerten Volkskirche, Ms. 1974

missionarische Bemühungen *und* Mitarbeitergewinnung Hand in Hand gehen.

Eben an dieser Stelle zeigt sich ein gravierender Mangel der EKD-Erhebung. Es wird weder nach den weiteren haupt- noch nach den ehrenamtlichen Mitarbeitern gefragt. Kirche erscheint einseitig pfarrerorientiert, worüber gesondert zu reden sein wird. Ebenso fallen die Religionslehrer und Katecheten aus und mit ihnen das ganze Gebiet des Religionsunterrichts, so daß sich der Fragenkreis der kindlichen religiösen Sozialisation auf Taufe, Kindergottesdienst, partiell auch auf die familiäre Situation und den Konfirmandenunterricht beschränkt.

Da die Kenntnis der empirischen Untersuchung in der EKD hier weitgehend vorausgesetzt werden darf, ist es möglich, einige besonders relevant erscheinende Punkte herauszugreifen. Hierzu eine doppelte Anmerkung: Einmal: Soziologen weisen mit Recht und Nachdruck darauf hin, daß empirische Erhebungen meist nur Einstellungen, nicht jedoch das Verhalten erfassen und nur sehr bedingt von Einstellungen auf Verhalten geschlossen werden kann[19]. Beispiel: 11—12 % der Befragten geben an, regelmäßig sonntäglich zum Gottesdienst zu gehen. Die letzte EKD-Statistik weist jedoch nur 4,8 % aus. Das heißt: ihrer Einstellung nach gehen zweieinhalb mal so viel Evangelische sonntäglich in den Gottesdienst, als sie es de facto tun.

Zum anderen: Theologisch gesehen darf eine empirisch-soziologische Untersuchung, so wertvoll sie im einzelnen auch ist, *nicht* dazu verleiten, künftiges Handeln der Kirche den demoskopisch ermittelten Daten *anzupassen*. Es ist vielmehr in jedem Fall nach Diskrepanz bzw. Kongruenz von artikulierter Erwartung einerseits und dem Auftrag der Kirche Jesu Christi andererseits zu fragen. Einzelne Ergebnisse seien im Folgenden punktuell aufgezeigt:

1. Die innerkirchliche Sozialisation: Wenn eines der konstituierenden Kennzeichen für Volkskirche die Kindertaufe ist, kommt den Einstellungen zu ihr eine nicht geringe Bedeutung zu. 82 % entscheiden sich für die Taufe, 17 % sind dagegen. Speziell auf Kindertaufe befragt, äußern sich 62 % positiv, 37 % sind für die Erwachsenentaufe. Je höher die Schulbildung, desto distanzierter ist das Verhältnis zur Kindertaufe.

Konsequenzen in Stichworten: Taufe im Unterricht an weiterführenden Schulen, Seminare für Taufeltern, kirchliche Überlegungen zur Erwachsenentaufe. K. Rahner: Übergang vom »Nachwuchschristentum« zum »Wahlchristentum«.

---

[19] J. Micksch, Gesellschaftliche Erwartungen und Auftrag der Kirche, Ms. 1974

79 % sprechen sich für den Kindergottesdienstbesuch ihres Kindes aus, 69 % geben an, selbst regelmäßig oder gelegentlich in den Kindergottesdienst gegangen zu sein.

Konsequenzen wieder nur in Stichworten: Angebot des Kindergottesdienstes; Kinderbibelwochen; Familiengottesdienste; Vertrauenskredit gegenüber der Kirche durch ihre Einbeziehung in die Kindererziehung; Kindergärten; Elternarbeit.

Insgesamt kommt folgendes Problem in Sicht: Ein hoher Prozentsatz derer, die ihre Kinder taufen lassen und in den Kindergottesdienst schicken, haben selbst Kindergottesdienst erlebt. Wie wird das Ergebnis einer Befragung in ca. 20 Jahren sein, wenn sehr viel weniger aus eigenem Erleben über den Kindergottesdienstbesuch ihrer Kinder entscheiden werden? Die Zahlen werden vermutlich weit niedriger liegen. Dies gibt zu denken, trotz der Erhebungen in sozialistischen Ländern, daß im Gegensatz zu dem vorhergesagtem Ableben der sog. »Oma Religion« auch ohne innerkirchliche Sozialisation mit zunehmendem Alter — vor allem wegen der Todesproblematik — das Interesse an Religion wächst. — Der gesamte Fragenkreis der kirchlichen Sozialisation im Kindesalter und der Arbeit mit jungen Familien rückt damit verstärkt in den Brennpunkt des Interesses.

2. Meinungen zum Kirchenaustritt: Für 84 % der Evangelischen gibt es gegenwärtig kein Austrittsproblem. Von den übrigen, die den Austritt erwägen, ist es für 7 % nur noch eine Frage der Zeit. Die differenzierten Auswertungen zeigen an, daß die Austrittsneigung mit dem formalen Bildungsniveau erheblich wächst. Insgesamt ist die Austrittstendenz bei jungen Menschen (18—30 Jahre), Männern, Ledigen, Personen mit höherer Bildung und bei Angestellten stärker als bei anderen Gruppen. Am stabilsten erweist sich in dieser Hinsicht die Gruppe der Arbeiter.

Konsequenzen: Religionsunterricht in der Oberstufe; kirchliche Bildungsarbeit; kirchliche Angebote für Arbeiter (sog. »Unterschichtarbeit« der Kirche); Finanzausfall.

3. Kirchensteuer: 52 % sind gegen das bisherige System der Einziehung der Kirchensteuer (vgl. die diesbezügliche Forderung des FDP-Kirchenpapiers), 47 % wollen am gängigen Verfahren festhalten. 18 % würden nichts mehr bezahlen, 49 % weniger als jetzt, 29 % ebensoviel und 2 % mehr als jetzt. D. h.: Es ist der Kirche bislang nicht gelungen, das kirchliche Finanzierungssystem einer Mehrheit der Evangelischen plausibel zu machen.

Konsequenzen: Information, überzeugende Argumente, Breitenarbeit (Public Relations).

4. Kontakt zu Pfarrern[20]: In 95 % aller Fälle würde der Pfarrer beim Hausbesuch nicht weggeschickt, auch wenn nur 32 % seinen Besuch begrüßen, 30 % den Pfarrer nicht brauchen, aber es für interessant halten, mit ihm einmal ein Gespräch zu führen und 33 % der Besuch des Pfarrers »ganz egal« ist, sie ihn aber nicht wegschicken würden. Differenziert man hier nach sozialstatistischen Daten der Befragung, so ist zwar — wie durchgängig — die Verbundenheit der Frauen mit der Kirche größer als die der Männer, ansonsten sind jedoch wesentlich weniger Unterschiede festzustellen als in den übrigen Befragungsbereichen. Insbesondere die »mittleren« Voten, also »distanziertes Interesse« und »freundliche Indifferenz« erhalten auch bei Jungen hohen Zustimmungen. Zwar wurden nur 39 % der Befragten je von ihrem Gemeindepfarrer besucht, dennoch gibt jeder Vierte an, er habe während der letzten Woche eine Begegnung mit dem Pfarrer gehabt, die er unter dem Stichwort »Gespräch« einordnet; weitere 48 % bekunden ein solches Gespräch während der letzten zwei Jahre. Dabei wird deutlich: je kleiner die Orte, desto mehr Chancen zur Begegnung; besonders wenig gab es während der letzten Woche vor der Befragung in den Trabantenstädten.

56 % der Evangelischen haben zuletzt bei einer volkskirchlichen Amtshandlung (Konfirmandenunterricht und Konfirmation eingeschlossen) mit einem Pfarrer zu tun und zu sprechen gehabt; nimmt man die Angaben »Bei einer anderen Gelegenheit« und »Im Krankenhaus« noch mit dazu, so sind 68 % ihrem Pfarrer in volkskirchlichen Zusammenhängen zuletzt begegnet, während es bei Gemeindeveranstaltungen und im Gottesdienst zusammen lediglich 16 % waren, bei Hausbesuchen 11 %. 85 % davon hatten von dem Pfarrer einen sehr guten bzw. guten Eindruck, nur 2 % einen schlechten.

Weitere Befragungsergebnisse lassen erkennen, daß die Person des Pfarrers einen höheren Zustimmungswert erhält als sein amtliches Handeln oder seine Rolle als Funktionär der Institution. Das Verhältnis von Mitgliedern zur Kirche als Institution ist »in erster Linie personal vermittelt und verbürgt«. »Vermutlich ist es die personale Präsenz der Kirche an wichtigen Schnittpunkten und Übergängen der individuellen und der Gruppenexistenz, auf die es ankommt.« Und: »Es geht um die Relevanz der Religion für die Identität und den Lebenszyklus des Einzelnen, die in den Amtshandlungen einen rituellen Ausdruck hat ...«, es geht um das Dabeisein des Pfarrers in einer besonderen Situation.

Die Untersuchung bezeichnet den Pfarrer als »Bürgen«, da im Bild von der »Bürgschaft« die Bedeutung des Pfarrers für die Mitglieder

---

[20] Vgl. G. Kugler, Der Pfarrer als Bürge, Ms. 1974

am ehesten begriffen werden könne. Es beschreibe die Identität *und* die Differenz zwischen Pfarrer und System und verweise auch auf die offenkundigen Gefahrenmomente: »Ist nicht der Pfarrer als Person mit der Bürgschaft für das System Kirche, darin doch *auch* für die Wahrheit und die Kraft der Überlieferung, der dieses System dient, und also für den Sinn von Kirchenmitgliedschaft auf die Dauer überlastet?«

Die Diskussion wird von der Frage bewegt: *Als was* begegnet der Pfarrer seinen Gemeindegliedern? Die Antworten sind subjektiv unterschiedlich und vielfältig: als Vertreter der Kirche (latent vielleicht sogar als Vertreter Gottes); als Mensch, der Vertrauen genießt; als Kontaktperson; als Begleiter an den Nahtstellen des Lebens. Spielt vielleicht das Numinosum oder gar der Bereich der Magie eine unbewußte Rolle?

Eines scheint sicher: Die Konzentration der Erwartungshaltung an die Kirche in der Person des Pfarrers deutet auf eine nahezu völlige Fehlanzeige im Blick auf die reformatorische Erkenntnis vom »Priestertum aller Gläubigen«, es sei denn, daß die stark pfarrerorientierte EKD-Erhebung durch eine auf die weiteren Mitarbeiter (vor allem auch die ehrenamtlichen unter ihnen) abzielende Zusatzumfrage korrigiert und ergänzt werden kann. Wer das Resultat der vorliegenden Erhebung zum Maßstab kirchlicher Arbeit macht, redet der totalen Überforderung des Pfarrers und einem einseitig ausgerichteten Kirchenbegriff das Wort. Er verabsolutiert in generalisierender Weise das Hirt-Herde-Bild zulasten der Bilder vom Leib und vom Bau der Gemeinde. Daß es bei der Realisierung der Bilder vom Leib und vom Bau um einen langwierigen Lernprozeß geht, haben die vergangenen Jahrzehnte mit dem Bemühen um den sog. »mündigen Laien« gezeigt. Trotzdem ist dies kein Grund zur Resignation, sondern vielmehr Impuls zu neuem Aufbruch in die angedeutete Richtung: Mitarbeitergewinnung und -zurüstung in den Gemeinden.

5. Gottesdienst und Kasualien: Die gehörten Zahlen geben zu erkennen, daß die Begegnung mit Kirche ungleich viel seltener in den traditionellen kirchlichen Arbeitsformen (Gottesdienst und Gemeindeveranstaltung) geschieht als in volkskirchlichen Amtshandlungen, zumal wenn man die Kasualgottesdienste (Hl. Abendmahl, Weihnachten, Silvester, Ostern, Konfirmation und Konfirmationsjubiläen u. a.) hinzunimmt. Dies scheinen *darüber hinaus* die Gelegenheiten zu sein, bei denen auch die Gruppe der Arbeiter am häufigsten Kontakt mit der Kirche bekommt.

Die abwertende Rede vom Pfarrer als »Zeremonienmeister« wird hierdurch kräftig widerlegt. Die Bedeutung einer kirchlichen Begleitung in besonderen Lebenssituationen wird stark unterstrichen. Es zeichnet sich — genau genommen — das Bild von zwei »Gemeinden« *in* der Gemeinde ab: die traditionelle Gottesdienstgemeinde und die je aktuelle Kasualgemeinde. In kleinen Gemeinden überlappen diese beiden Bereiche noch in erheblichem Umfang. Je größer die Gemeinde, desto weiter rücken sie auseinander. Gewiß, es wird immer einzelne Gemeindeglieder geben, die sich in beiden »Gemeinden« zuhause wissen. Es werden auch »Pendler« zu finden sein. Aber aufs Ganze gesehen klaffen diese Bereiche in einer Weise auseinander, die zu denken geben muß. Dies gilt insonderheit für die Amtshandlungen: Tauft die Kirche lediglich oder begleitet sie kontinuierlich? Traut sie die Ehepaare oder ist sie mit ihnen auf dem Weg? Bestattet sie Gemeindeglieder nach einem Beerdigungsgespräch oder ist sie bei den Trauernden, wenn die Bestattung vorüber ist — durch Besuch, durch Schriften, durch Einladung zum nächsten Abendmahlsgottesdienst evtl. am Ewigkeitssonntag für alle Hinterbliebenen des zu Ende gehenden Kirchenjahres, beim Ostermorgengottesdienst auf dem Friedhof usf.? Die Frage drängt sich auf: *Haben* wir bzw. *sind* wir die Gemeinde, die aufnimmt, annimmt, mitgeht, begleitet? Wo wir nicht in dieser Hinsicht weiterarbeiten, wird es bei der punktuellen Begegnung mit Kirche bleiben.

Ein Letztes hierzu: Ich halte es für ein unbrauchbares praktisch-theologisches Konzept, sich einseitig für die Gottesdienst- oder Kasualgemeinde zu entscheiden. Die Gemeindeakademie Rummelsberg hat längst vor der EKD-Erhebung von einem polyzentristischen System[21] gesprochen, d. h. von legitimen Kristallisationspunkten gemeindlichen Lebens neben dem agendarischen Gottesdienst. Ich meine, daß *diese* Sicht der Tatsache unserer Volkskirche entspricht und nicht in falsche Alternativen zerlegt werden sollte, auch wenn wir es theologisch lieber anders hätten. — Von der Eltern-Kind-Gruppe einer Berliner Kirchengemeinde weiß ich, daß sie zwei Jahre lang arbeitete, bis von den Eltern her die Frage nach religiöser Erziehung, nach Kirche und nach Gottesdienst kam. Aber dann wurden diese Fragen mit Nachdruck gestellt und der Pfarrer als »Fachmann für Theologie und Kirche« zu Rate gezogen.

Unsere Volkskirche befindet sich — so wurde verschiedentlich festgestellt — in einer missionarischen Situation. Auf dem Gebiet der Äußeren Mission ist es in den ersten Jahren ihrer Arbeit zumeist sehr »profan« zugegangen: Sympathiewerbung durch kleine Geschenke und intensives Sprachstudium waren die ersten Schritte, die Verkündigung erst *ermöglichten*. Es könnte sein, daß wir uns auch in unserer volkskirchlichen Situation mit besserem Gewissen um Sympathie und Spra-

---

[21] Vgl. u. a., Zum Problem der kirchlichen Randsiedler, Ms. o. J.

che unserer Zeitgenossen bemühen dürfen, bevor sie zu hören und zu verstehen vermögen, was Gott ihnen heute zu sagen hat. Wir brauchen den Eifer genauso wie den langen Atem der Geduld der ersten Missionare — und dabei das gute Gewissen, daß wir damit im Auftrag *des* Herrn stehen, der sich seine Kirche baut.

Nicht von ungefähr wurde die Barmer Erklärung von 1934 unter das Lutherwort gestellt: »Wir sind es doch nicht, die da könnten die Kirche erhalten, unsere Vorfahren sind es auch nicht gewesen, unsere Nachkommen werden es auch nicht sein, sondern der ist's gewesen, ist's noch und wird es sein, der da spricht: Ich bin bei euch alle Tage, bis an der Welt Ende, Jesus Christus.«

ADRIAAN GEENSE

WER GEHÖRT DER KIRCHE AN?

Probleme eines holländischen Nachbarn

Als im Jahre 1950 nach langen Vorbereitungen die Niederländisch-Reformierte Kirche eine neue Kirchenordnung bekam, die ihrem Verlangen nach bekennendem Kirchenrecht Ausdruck geben sollte, sah sie sich gleich am Anfang der neuen Kirchenordnung gezwungen, den bekennenden Charakter ihres Kirchenrechtes mit dem Problem der Weite der Kirche in Verbindung zu setzen und zwar bei der Bestimmung der Frage, wer zu ihr gehöre. Nachdem in einem ersten Artikel (»Von der Kirche«) der territoriale Umfang der Gesamtkirche umschrieben wurde, handelt Artikel 2, unter der Überschrift »Von den Gemeinden«, von der Zugehörigkeit der verschiedenen Kategorien der Mitglieder zu der Gemeinde. Es heißt dort:

> »Kraft des Gnadenbundes gehören zu einer reformierten Gemeinde, die um Wort und Sakramente versammelt wird, und damit auch zu der Niederländisch-Reformierten Kirche, unter ihre Aufsicht gestellt und zum Dienst aneinander und an der Welt angehalten: diejenigen, die durch öffentliches Bekenntnis des Glaubens bekennende Mitglieder (Glieder) der Kirche geworden sind; diejenigen, deren Einleibung in die Gemeinschaft der Kirche durch die Heilige Taufe bekräftigt ist; und diejenigen, die von reformierten Eltern geboren sind.«[1]

Das Problem, das uns jetzt beschäftigen wird, knüpft an diese letzte Bestimmung an. Die Paradoxie dieser Bestimmung liegt darin, daß sich in dieser Formulierung einerseits der Wille ausspricht, eine bestimmte Kategorie, diejenigen, die von reformierten Eltern geboren und (noch) nicht getauft oder konfirmiert sind, als zur Kirche gehörig zu beschreiben, andererseits aber gerade die Erwähnung dieser Gruppe dazu dienen soll, die Abgrenzung der Kirche nach außen nicht absolut eindeutig zu vollziehen. Otto Weber bezeichnet in seinem Kommentar zu dieser Kirchenordnung diese Bestimmungen über die Kirchenmitgliedschaft »höchst beachtenswert«, weil sie »ohne kasuistische Geschlossenheit« seien[2]. »Die mangelnde Stringenz ist Absicht.«[3] »Da die Möglichkeit der Unterlassung der Taufe naturgemäß nicht ausgeschlossen ist,

---

[1] Ich folge hier der Übersetzung, die O. Weber, Die Kirchenordnung der niederländisch-reformierten Kirche von 1950, in: ZevKR, 2, 1957, 231—269, gegeben hat. Unsere Stelle findet sich S. 232

[2] Ebd. 229 f   [3] Ebd. 233, Anm. 4

so zählt die Kirche möglicherweise auch ungetaufte Erwachsene zu ihren Angehörigen. Die KO läßt hier also eine breite Lücke hinsichtlich der kasuistischen Gestaltung des Mitgliedschaftsrechts. — Einer der Verfasser der KO, A. A. van Ruler, drückt es mit Recht so aus, die KO wolle daran festhalten, daß die Kirche ›fließende‹ Grenzen habe.«[4] »Hier wird das Fließen der Grenzen der Kirche offenbar, die in das Reich Gottes aufgenommen ist.«[5] Und Weber kommentiert: »Ohne Frage gehört zu einer derartigen Offenhaltung der Grenzen Mut, und zwar jener Mut, der in Gedanken des Apostolates sich ausspricht.«

Der Kommentar des großen deutschen Kirchenrechtlers Rudolf Smend zu dieser Bestimmung hebt deren (scheinbare) Unlogik hervor: »Diese scheinbare kirchengrundgesetzliche Unlogik fiel in Deutschland als unverständlich auf«; aber Smend vermag es doch, nachdem er diese Bestimmung mit ihrer geschichtlichen Voraussetzung in Verbindung gesetzt hat, ihr auch einen positiven Sinn abzugewinnen:

> »Sie hat allerdings besondere geschichtliche Voraussetzungen und vor allem das öffentliche Bekenntnis als Voraussetzung voller Mitgliedschaft ist uns fremd oder (auf reformiertem Boden) fremd geworden. Aber eine solche Dreistufigkeit der Voraussetzungen mit der Folge sehr verschiedener rechtlicher Behandlung dieser drei Stufen gilt auch bei uns und es würde zur Klärung unserer Rechtslage beitragen, wenn wir ein solches Schema allen unseren mitgliedschaftsrechtlichen Bemühungen zugrunde legen würden.«[6]

Es ist nun allerdings nicht so sehr bei der Frage des Mitgliedschaftrechts, daß sich bei der Weiterentwicklung dieser Bestimmung Probleme erhoben haben, als vielmehr bei der Frage, wie die Kirche ihre Verantwortung für die »Geburtsmitglieder«, die sie sich mit der gesonderten Erwähnung aufgebürdet hat, wahrnehmen kann. Welchen Preis muß sie für ihren, von Otto Weber ihr bescheinigten »Mut« zahlen?

Zuerst, ganz buchstäblich, einen großen finanziellen Preis. Die Mitglieder der Niederländisch-Reformierten Kirche, also einschließlich dieser sogenannten Geburtsmitglieder, werden in der kirchlichen Verwaltung registriert und auf mechanischem Wege von einer zentralen Stelle, bei der die meisten Gemeinden angeschlossen sind, erfaßt. Diese zentrale Stelle (SMRA, Stiftung für mechanische Registration und Administration) in Delft bekommt ihre Daten von den lokalen Standesämtern, die auch Kirchenzugehörigkeit registrieren, und verarbeitet sie in einem Computer. Das ist bei der Menge und den frequenten Änderungen der Daten durch Umzug, Eheschließung, Geburt, Ehescheidung und Tod der einzig praktikable Weg der administrativen Erfassung der Gemeinde, die dem Pastorat (darauf zielt letztlich alles

---

[4] Ebd. 230   [5] Ebd. 233, Anm. 4
[6] R. Smend, Zum Problem des kirchlichen Mitgliedschaftsrechts, in: ZevKR 6, 1961, 114

ab) dienlich sein soll. Diese zentrale Stelle arbeitet sehr effektiv, aber andererseits bedeutet die Registrierung dieser Geburtsmitglieder (rund eine Million) mit ihren Änderungen des Personalstandes eine erhebliche finanzielle Belastung der Ortsgemeinden, die für die Kosten der Zentralstelle aufkommen müssen. Die Niederländisch-Reformierte Kirche kennt keine Kirchensteuer, sondern finanziert sich aus freiwilligen Gaben. In der Praxis heißt das, daß die erheblichen Kosten der Registration der großen Menge von Geburtsmitgliedern von einer weit kleineren Gruppe der aktiven Mitglieder, die sich finanziell verantwortlich fühlt und entsprechend zahlt, getragen werden. Oft sind, namentlich in den großen Städten, die Kosten der Registration so hoch, daß dadurch eine oder mehrere der Pfarrstellen nicht mehr besetzt werden können und aufgehoben werden. Dann wird dort sofort die Frage laut, ob es sich noch lohnt, alle diese nichtzahlenden Geburtsmitglieder noch zu erfassen, ob es nicht besser wäre, sie aus der Kartei des Pfarrers (der nur mutlos werden kann über diese Menge toten Kapitals) und aus der zentralen Kartei zu entfernen. Die Aufhebung einer Pfarrstelle akzentuiert den circulus vitiosus dieses Problems nur noch; denn durch diese Aufhebung können wieder weniger dieser Randsiedler, die sie verursacht haben, erreicht werden.

Ein zweiter Preis, den die Niederländisch-Reformierte Kirche für die Beibehaltung dieser Geburtsmitglieder eventuell bezahlen muß, ist ein ökumenischer. Im letzten Jahrzehnt sind intensive Wiedervereinigungsgespräche in Gang gekommen mit der 1886 aus der Niederländisch-Reformierten Kirche ausgeschiedenen »Gereformeerde Kerk« (in Deutschland oft als »Doppelt-reformierte« oder »Kuyperianer«, nach ihrem großen Leiter Abraham Kuyper, bezeichnet). Es handelt sich hier um eine stark profilierte, energische Gruppe, die nur getaufte und konfirmierte Mitglieder kennt und von einer etwaigen Wiedervereinigung mit der Niederländisch-Reformierten Kirche nur Verwässerung der Substanz befürchtet, wenn die Grenzen der Kirche so weit und so vage umschrieben werden. Man spricht bisweilen auch von einem reformierten Imperialismus, weil nur durch das Hinzuzählen der Geburtsmitglieder die Niederländisch-Reformierte Kirche noch einigermaßen den schönen Schein der früheren Volkskirche aufrechterhalten kann.

Der letzte Preis, den die Niederländisch-Reformierte Kirche zahlen muß, wenn sie sich nicht von dem inkriminierten dritten Glied des 2. Artikels der Kirchenordnung distanziert, ist der Verdacht der theologischen Unklarheit, der trotz des ihr Anno 1950 bescheinigten Mutes, dem Artikel anhaftet. Um diesen letzten Aspekt geht es uns jetzt. Zwar wurden auch schon in einer früheren Kirchenordnung (von 1851) solche als Glieder der Reformierten Kirche betrachtet, die von reformierten Eltern geboren waren, aber das hatte damals einen vornehmlich prak-

tischen und keinen theologischen Grund: es war eine Bestimmung, die
es in einer Zeit ohne staatliche Sozialhilfe möglich machte, sich an die
reformierte kirchliche Diakonie zu wenden zwecks Unterstützung oder
Aufnahme in einem kirchlichen Altersheim, auch wenn man nicht
getauft war. Die Gruppe nicht-Getaufter war damals jedoch sehr klein,
ihre Aufnahme in die Schar der Kirchenglieder war also gleichsam ein
sozialer Notbehelf.

Die theologische Begründung für die Erwähnung der Geburtsmitglieder gab aber erst die Kirchenordnung von 1950, und zwar mit der
Formel: »Kraft des Gnadenbundes.« Gewiß gilt diese theologische Begründung für alle der drei genannten Kategorien, Konfirmierte, (nur)
Getaufte und Geburtsmitglieder, aber bei der letzten Gruppe erweist
sich diese Begründung natürlich am wirksamsten. Ist es doch die Absicht dieser Formel[7], den unserer Glaubensentscheidung zuvorkommenden Charakter der Gnade Gottes zu betonen und zugleich die überindividuelle, organische Weise ihres Wirkens in der Abfolge der Ge-
schlechter festzuhalten. Von diesem zuvorkommenden Charakter der
Gnade und des Gnadenbundes »profitiert« das Geburtsmitglied am
meisten, weil es ja überhaupt keine Voraussetzungen mitbringt. Übrigens ist auch nach der alten reformierten Lehre die Taufe nicht konstitutiv für die Zugehörigkeit zur Gemeinde. Die Taufe wird vollzogen
aufgrund des durch den Gnadenbund schon vollzogenen Einverleibt-
seins in die christliche Gemeinde: sie bezeugt es nur. Die erste Frage,
die nach dem klassischen Taufformular den Eltern gestellt werden soll,
lautet: »Bekennt ihr, daß sie (die Kinder) in Christo geheiligt sind und
darum als Glieder der Gemeinde getauft werden sollen?«

Der Begriff des Gnadenbundes könnte nun eine Brückenstellung einnehmen zwischen dem Gedanken der Prädestination, der ja auch den
zuvorkommenden Charakter der Gnade Gottes auszudrücken vermöchte, aber kirchenrechtlich nicht anwendbar ist, und dem Gedanken
des freien Hinzutretens zur Gemeinde durch das Bekenntnis, das zwar
konstitutiv ist für die aktive, empirische Gemeinde, aber das wesentliche theologische Moment der Gnade Gottes nicht mehr ausdrückt.

Gerade aber an dem erstrebten empirischen Charakter scheitert die
Kategorie des Gnadenbundes: konnte man bei einer einigermaßen homogenen Gesellschaft und einer homogenen Kirchenzugehörigkeit noch
mit einer gewissen organischen Anschaulichkeit der Kategorie des
Gnadenbundes rechnen und konnte sie im 19. Jahrhundert in der nie-
derländischen Theologie noch mit dem romantischen Ideal der Volks-

---

[7] Für den Nachweis der Funktion des Gnadenbundes (foedus gratiae) in der reformierten Theologie, vgl. Heppe-Bizer, Die Dogmatik der Evangelisch-Reformierten
Kirche, 295 f

kirche verbunden werden (»die ganze Kirche für das ganze Volk« bei
Ph. A. Hoedemaker; »lehret die Nation ihre Taufe verstehen« bei J. A.
Wormser), so ist diese Anschaulichkeit in der pluralistischen Gesellschaft völlig verloren gegangen. Bei einer konsequenten Anwendung
der Kategorie des Gnadenbundes in der obenerwähnten Weise würde
so ziemlich das ganze niederländische Volk als Geburtsmitglied der
Niederländisch-Reformierten Kirche zu gelten haben, was nicht nur im
Hinblick auf die vielen in der Geschichte erfolgten Kirchenspaltungen
absurd wäre. Wo immer man versuchen mag, die Kirchenzugehörigkeit nicht ohne Rücksicht auf die Generationsfrage zu definieren, erweist sich das Wort eines Pfingstlers, das der Präses der Synode bei
der Debatte zitierte, als geistig-realistisch: »Gott der Herr hat wohl
Kinder, aber keine Enkel (holländisch: kleinkinderen).« Damit scheint
das theologische Anliegen von selbst, d. h. durch das Auftreten weiterer
Generationen, die nur Geburtsmitglieder sind (weil Geburtsmitglieder
nun einmal bloß Geburtsmitglieder zeugen), ad absurdum geführt zu
sein.

In dieser verworrenen Lage hat die Generalsynode der Niederländisch-Reformierten Kirche im Jahre 1970 eine Studienkommission
»Theologische Aspekte der Geburtsmitglieder« einberufen und sie
mit der Aufgabe betraut, die diesbezüglichen biblisch-theologischen
und ekklesiologischen Fragen zu erhellen. Im Herbst 1973 hat diese
darauf der Synode ihre erste Vorlage übergeben. Die Erörterung in
der Synode hat die Kommission veranlaßt, den Text nochmals zu
überarbeiten. Im November 1974 wurde dann von der Synode eine
zweite Fassung diskutiert, wobei die theologische Schwierigkeit der
Materie und der Widerstand gegen die Aufgabe des alten Kirchenbe-
griffes erneut zutage trat, da die Synode insgesamt die Position der
Vorlage sich nicht zu eigen machen konnte. Sie wurde nur den Kreissynoden und den Ortsgemeinden mit der Bitte um Stellungnahme
weitergereicht.

Ein paar Leitgedanken dieser Schrift seien hier hervorgehoben. Nach
einer Einleitung bemüht sie sich um eine biblisch-theologische Erhellung
des Bundesverhältnisses von Gott und Mensch im Alten und Neuen
Testament. Zentrale Bedeutung hat für Israel der Abraham-Bund.
Die Initiative zu diesem Bund geht ganz und gar von Gott aus. Vom
Volk wird erwartet, daß es von den Gaben und Verheißungen Gottes
lebt. Im Alten Testament ist der Bundespartner nicht eine Gemeinde
oder Kirche, sondern ein Volk, das Gott sich geheiligt hat. Jeder in
Israel Geborene ist in diesen Bund einbezogen. Aber schon im Alten
Testament wird vor der Selbstverständlichkeit des Zugehörens ge-
warnt. Es besteht immer die Möglichkeit, daß der Bund bis auf den
»Rest« reduziert wird. Im Neuen Testament wird noch deutlicher,

daß die Abrahamskindschaft keine Garantie des Heils bedeutet. In der messianischen Gemeinde des Neuen Testaments, die nicht mehr die Beschneidung als Zeichen des Bundes kennt (Apg. 15), haben Geburt und Abstammung einen anderen Rang als in Israel. Der Bund realisiert sich jetzt mittels des Heiligen Geistes und des Wortes, aber das bedeutet nicht, daß der Bund nun individualisiert wäre. Nirgends taucht dagegen im Neuen Testament der Gedanke auf, man könne mit der Gemeinde in Verbindung stehen, wo man nicht im Glauben mit Christus als dem Haupt des Leibes, in den man durch die Taufe einverleibt wird, verbunden ist. Es erscheint daher äußerst unwahrscheinlich, daß im Neuen Testament Kinder, die später keine persönliche oder eine negative Entscheidung zum Evangelium treffen, noch länger der Gemeinde des Herrn angehören.

Die Weiterentwicklung dieser biblisch-theologischen Linie wird nun in einem Abschnitt unternommen, der mit »Kirche und Bund« überschrieben ist. Daran fällt als erstes auf, daß nicht mehr von einem Gnadenbund die Rede ist, sondern der Bundesgedanke mehr allgemein verwendet wird. Dem Heidelberger Katechismus folgend wird gelehrt, daß Jesus Christus sich eine Gemeinde sammelt durch Wort und Geist. (Heidelb. Kat. 54). Die Berufung und Sammlung durch den Herrn bestimmt die Grenze der Kirche. Das bezeichnet einerseits ihren weiten Raum, aber es besagt auch, daß von Kirche keine Rede sein kann, wo der Herr nicht beruft und wo auf seine Einladung hin keine Entscheidungen gefällt werden. In einer Interpretation von Frage 74 des Heidelberger Katechismus wird zwar unterstrichen, daß die Kinder der Glaubenden im Bunde einbegriffen sind und deshalb, bereits als Glieder der Kirche gesehen, getauft werden sollen. Das bedeutet aber keinesfalls, daß die Bekenntnisschriften die Gliedschaft von der persönlichen Bekehrung und vom Glauben trennen. Als Zeuge dafür gilt das klassische reformierte Taufformular, das deutlich ausspricht, daß zu jedem Bund zwei Partner gehören, wodurch die Taufe fortan zu einem neuen Gehorsam verpflichtet, nämlich zu einem gläubigen Akzeptieren des Bundes. Eine Antwort ist notwendig, wenn je von einem Bundesverhältnis die Rede sein soll. Fehlt diese Antwort, so wird der Bund einseitig von menschlicher Seite gebrochen, und dann kann man auch nicht mehr von einer Zugehörigkeit zur Kirche aufgrund des Bundes sprechen.

Erst durch die Antwort wird das Bundesverhältnis echt und vollständig. Diese Wendung ist bedeutsam. So sehr es auf der Hand liegt, daß zu jedem Bund zwei Partner nötig sind, so war doch die ausgiebige Verwendung des Bundesgedankens deshalb erfolgt, weil sie den zuvorkommenden und unsere Antwort übergreifenden Charakter der Gnade Gottes zum Ausdruck zu bringen vermochte und dabei zugleich

den überindividuellen Charakter des Glaubens unterstrich. Wo die
Antwort für das Bundesverhältnis mitkonstitutiv wird, wird nicht
mehr deutlich, was der Bundesgedanke hier noch zur Lockerung und
Erweiterung einer ekklesiologisch allzu engen Bestimmung des Verhältnisses von Wort und Glaube beitragen kann.

Wahrscheinlich spürte die theologische Kommission die Verlegenheit, in die sie mit dieser Stellungnahme geraten war. Sie fügt deshalb
der Betonung der Gegenseitigkeit im Bundesgedanken noch drei nähere
Bestimmungen hinzu: a) Die Art und Weise der Antwort des Glaubens
ist verschieden und darf nicht auf ein Schema festgelegt werden. b) Bei
der Taufe gibt es die Möglichkeit, Taufzeugen, Paten auftreten zu lassen (was sonst in der reformierten Taufpraxis nicht üblich war), die
für den Fall, daß die Eltern versagen, die Verantwortung der Gemeinde bezeugen. Abgesehen davon, daß hier schon von Taufgliedern und
nicht mehr vom Geburtsmitgliedern gesprochen wird, ist mit dieser
näheren Bestimmung der Bruch in der organischen Kategorie des Bundes noch mehr unterstrichen, weil es die Gemeinde ist, die die Verantwortung übernimmt. Die Gemeinde ist zwar eine überindividuelle
Kategorie, aber sie übernimmt ihre Verantwortung gerade kraft ihres
aktiven Glaubens, der für den mangelnden Glauben seitens der Familie eintritt. c) Schließlich verweist die Schrift der theologischen
Kommission auf eine auch außerhalb der Kirche mögliche, vom Heiligen Geist geweckte Glaubensantwort, die (noch) nicht zur Taufe geführt hat. Weil damit auch eine Glaubensantwort solcher anvisiert
wird, die nicht von christlichen Eltern oder im corpus christianum geboren sind, ist damit das organische Verständnis des Bundesgedankens
völlig gesprengt.

So schließt die Gedankenführung mit dem Vorschlag, den ökumenischen Anschluß aufs neue dadurch zu gewinnen, daß die Taufe für
die Kirchenmitgliedschaft als konstitutiv betrachtet wird. Damit wäre
eine Annäherung an die Position der »Gereformeerde« Schwesterkirche
erreicht, die übrigens auch noch ihre eigenen theologischen Hintergründe
hat (die Taufe bewirkt eine vorauszusetzende Wiedergeburt), auf die
hier nicht eingegangen werden kann.

Scheint mit diesem Vorschlag, der auch auf die Abschaffung des Begriffs »Geburtsmitglieder« hinausläuft, größere Klarheit gewonnen,
so geht sie gleich im nächsten Moment wieder verloren, wo die Verfasser bemerken, daß sie hier nicht auf die Problematik von Kinder-
und Erwachsenentaufe eingehen können.

Damit ist u. E. die Problematik der Geburtsmitglieder nur auf
eine nächste Stufe hinausgeschoben. Wer sich der Frage nach der Berechtigung der Kindertaufe in diesem Zusammenhang nicht stellt, wird
früher oder später merken, daß das Problem der vielen getauften

Kinder, die nicht zum Glauben kommen, so gesehen funktional identisch ist mit dem Problem der vielen von reformierten Eltern gebore-
nen Kinder, die nicht einmal zur Taufe kommen. Man kann diese
Linie sogar noch weiter ausziehen und sagen: das Problem der vielen
getauften Kinder, die nicht zum Glauben kommen, ist funktional identisch mit dem Problem der vielen konfirmierten und getauften Er-
wachsenen und Heranwachsenden, die nie zur aktiven Betätigung
ihres Glaubens und ihrer Kirchenmitgliedschaft gelangen, solcher also,
die mit der Absolvierung der christlich-gesellschaftlich vorgeschriebe-
nen Initiationsriten buchstäblich »hinauskonfirmiert« werden, wie der
ominöse deutsche Ausdruck sagt.

Die Evangelische Kirche in Deutschland kennt also, unter ganz
anderen geschichtlichen und konfessionellen Bedingungen, das gleiche
Problem: das Problem der Gemeindeglieder, die keine Glieder sind.
Sie kann es sich wahrscheinlich nur wenig länger als die Niederländisch-Reformierte Kirche erlauben, das Problem nicht ins volle theologische Bewußtsein zu erheben, weil sie nicht auf die solide finanzielle
Basis verzichten kann oder will, die ihr gerade diese geistlich gesehen
unsolide Gruppe durch die Kirchensteuer verschafft. Kreisen die Überlegungen, sofern sie die Finanzen betreffen, in Deutschland eher um die
Frage, wie die Kirchenaustrittbewegung gestoppt werden könne, so
tendieren sie in der Reformierten Kirche in Holland bisweilen dahin,
wie der Kirchenaustritt dieser Geburtsmitglieder gefördert werden
kann. In beiden Fällen verhält sich die Kirche nicht ihrem Auftrag entsprechend; in beiden Fällen fehlt nämlich das, was die Kirche erst zur
Kirche macht: Wort und Geist, oder Wort und Sakrament. Beide in entgegengesetzte Richtung gehenden Überlegungen offenbaren die gleiche
Verlegenheit. Eine Verlegenheit, der wir m. E. nicht mehr mit theologischen oder kirchenrechtlichen Verfeinerungen in unseren Kategorien-
systemen beikommen können. Sie entlarven sich selbst als Rückzugsge-
fechte des zerbröckelnden corpus christianum. Im Zeitalter der Reformation konnte man sich dem Problem stellen mit der Unterscheidung
zwischen wahren Christen und Scheinchristen, mit dem Hinweis auf die
multi hypocritae et mali admixti[8]; jetzt müssen wir uns mit der Tatsache auseinandersetzen, daß diese multi, um keine hypocritae zu sein,
nicht mehr admixti, nicht mehr Scheinchristen oder Geburtsmitglieder
sein möchten.

Die alten theologischen Kategorien, seien sie nun mehr lutherischer
oder mehr reformierter Provenienz, stimmen weithin nicht mehr zu
den neuen Fragen. Sie verschleiern oft mehr die Sicht auf das, was das
Evangelium bewirkt, wenn es gehört wird, als daß sie seine Wirkungen

---

[8] Confessio Augustana, Art. VIII

bis in die fernsten Winkel offenbaren. Wo der Geist, wie es scheint, in zunehmenden Maße außerhalb der etablierten Kirche zu wirken beginnt, wo charismatische Gruppen von Neuanfängen zu reden wissen, für die wir Theologen und Kirchenrechtler keine Kategorien mehr haben, dort ist es an der Zeit, die Frage herauszustellen, die dieser Festschrift zu Grunde liegt: »Dient Theologie zur Scheidung der Geister, ist sie Kritik des Bestehenden oder dient sie seiner Begründung, ist sie planende und enthusiastische Phantasie?«

Wird aber die Theologie zur planenden und enthusiastischen Phantasie, so verwandelt sich die Frage nach dem Bestehenden, die Frage »Wer gehört der Kirche an?« in die Frage »Wie können wir die, die ihr angehören, halb angehören oder nicht (mehr) angehören, mit dem Evangelium erreichen?« Es handelt sich nicht darum, den Zustand der Welt oder der Kirche zu erklären, sondern darum, ihn zu verändern. War es die ursprünglich apostolare Intention, die der Redaktion des Artikels 2 der Niederländisch-Reformierten Kirchenordnung zu Grunde lag, so muß sie von dieser Intention her für die heutigen Verhältnisse neu definiert werden. Innerhalb des Problemkreises bloßer Registrierung ist das theologische Problem nicht zu lösen, und innerhalb der Theologie gibt es kein gültiges Kriterium zur Erfassung der Mitgliedschaft, wenn der Geist und das Wort zusammenkommen.

Der Theorie nach ist es wohl möglich, von einem so weiten Kriterium auszugehen, daß alle, die irgend von reformierten Eltern oder Großeltern geboren sind, von der Kirche erfaßt werden. Dadurch aber sind sie noch nicht in der Praxis erfaßt; dadurch hören sie nicht auf, Schafe ohne Hirten zu sein.

Welches ist die richtige theologische Definition der Kirche? Eine Abgrenzung, wie es das Wort »finis« besagt? Oder eine Zielsetzung, was man auch mit »finis« ausdrücken kann? So führen die Fragen nach den Grenzen der Kirche uns unerbittlich zurück zur Frage nach dem Zentrum der Kirche. Die Kirche ist da, wo Wort und Geist sind, wo sie sich Raum schaffen. Die Kirche ist der Raum, ein offener Raum, in dem Gott sich um uns Menschen müht und in dem wir Menschen uns in einen lebendigen Prozeß der Zuwendung zu Gott und der Abwendung von ihm gestellt wissen. Tauglich sind nur eine solche Theologie und nur ein solches Kirchenrecht, die der Kirchenleitung, wo immer sie ausgeübt wird, dazu verhelfen, diesen Raum offen zu halten.

Überlieferung und Kirchenleitung

OTTO KNOCH

EVANGELIUM – APOSTOLISCHE VOLLMACHT – CHARISMA – KIRCHLICHES AMT

Die Diskussion über das Werden und die Funktion von Presbyteriat und Episkopat in der apostolischen und nachapostolischen Kirche und ihre Bedeutung für das ökumenische Gespräch über das kirchliche Amt.

I. Die Ausgangssituation

Noch vor wenigen Jahren schien es nahezu undenkbar, eine Verständigung über die Bedeutung des Amtes in der Kirche Jesu Christi zwischen evangelischen und katholischen Theologen zu erreichen. So hielt die evangelische Theologie daran fest, daß alle Getauften wesenhaft gleich seien aufgrund des allgemeinen Priestertums und daß die Kirche als die Gemeinschaft der Glaubenden daher keines besonderen Amtes bedürfe, um das Erbe der Apostel Christi zu bewahren. Entscheidend sei zur Wahrung des apostolischen Charakters, daß das Evangelium Jesu Christi rein verkündigt und die Sakramente von Taufe und Abendmahl richtig gespendet würden. Die Ämter der Kirche hätten daraufhin nur dienenden Charakter und seien von den Bedürfnissen der jeweiligen Situation her variabel. Demgegenüber betonte die katholische Glaubenslehre, nur aufgrund der apostolischen Sukzession der kirchlichen Amtsträger, vor allem der Bischöfe, könne die Gemeinschaft von glaubenden und getauften Christen apostolische Kirche im Vollsinn sein. Gegenüber dieser Auffassung der Sukzession des apostolischen Amtes betonte die protestantische Theologie die apostolische Sukzession der geistlichen Vollmacht der Kirche als ganzer und die inhaltliche Identität mit der apostolischen Verkündigung und der apostolischen Heilsvermittlung.

Allerdings beriefen sich beide Positionen sowohl auf das Neue Testament, das beide als apostolische Norm anerkannten, wie auf die Kirche der apostolischen Zeit, deuteten aber sowohl das Zeugnis des Neuen Testamentes von den apostolischen Grundlagen der Kirche wie auch den Gang ihrer Geschichte, vor allem in der entscheidenden Zeit zwischen 30 und 150 nach Christus, grundverschieden. Den Reformatoren ging es entscheidend darum, das Evangelium und den Glauben wieder zur Grundlage der Kirche zu machen. Wegen der Situation der katholischen Kirche zu ihrer Zeit, die sie im apostolischen Geist erneuern, nicht aber ersetzen wollten, gelangten sie zu der Auffassung, die katholische Kirche sei abgewichen oder sogar abgefallen von den apostolischen Grundlagen und habe das Evangelium mißdeutet und mißbraucht. Diese reformatorische Grundposition wurde im Ringen mit der katholischen Theologie, die seit dem Konzil von Trient immer einseitiger ihre Gegenposition herausarbeitete, vor allem im 19. und 20. Jahrhundert sowohl historisch wie auch theologisch unterbaut und präzisiert[1].

Durch die historisch-kritische Erforschung der Zeugnisse des Neuen Testaments über die kirchlichen Strukturen der ersten zwei christlichen Generationen zeigte sich, daß neben der sog. Presbyterialverfassung der judenchristlichen Gemeinden im paulinischen Missionsbereich eine vorwiegend charismatische Gemeindestruktur bestand, aus der sich langsam eine episkopale und diakonale Ordnung herausbildete, die sich dann nach dem Tod der Apostel und ihrer Schüler bzw. Mitarbeiter im Kampf gegen Irrlehre und sittliche Auflösung mit dem presbyterialen Ordnungskonzept verband (s. die Pastoralbriefe). Aus dieser Synthese von judenchristlichem und heidenchristlichem Ordnungssystem entfaltete sich dann ab Ignatius von Antiochien der mo-

---

[1] Zur katholischen Position vgl. z. B. A. M. Javierre, Zur klassischen Lehre von der apostolischen Sukzession, in: Conc 4, 1968, 242—247; Y. Congar, Das Bischofsamt und die Weltkirche, 1964; J. Guyot, Das apostolische Amt, 1961; J. Gewieß/M. Schmaus/K. Mörsdorf, Art. Bischof, in: LThK 2, 1958², Sp. 491—505 (mit Lit.); zur protestantischen Position: R. Prenter, Art. Kirche, dogmatisch, in: RGG³ 3, 1959, Sp. 1312—1318 (Lit.); E. Kinder, Der evangelische Glaube und die Kirche, 1958; E. Wolf, Art. Kirchenordnungen, in: RGG³ 3, 1959, Sp. 1496—1499; S. Grundmann, Art. Geschichte der evangelischen Kirchenverfassung, ebd. Sp. 1570—1584; R. Smend, Art. Evangelische Kirchenverfassung in Deutschland, ebd. Sp. 1584—1591; H. Bornkamm, Art. Augsburger Konfession und Apologie, in: EKL 1, 1966², Sp. 254—258; J. Fichtner/N. A. Dahl/U. Jaeschke/K. O. Schmidt/J. Koukouzis/K. G. Steck/J. R. Nelson, Art. Kirche (=nbegriff, Ökumene), in: EKL 2, 1966², Sp. 608—639 (Lit.); P. Meinhold, Ökumen. Kirchenkunde, 1962; W. Niesel, Das Evangelium und die Kirchen, 1960; E. Iserloh, Die Kirchen reformatorischer Prägung, in: K. Algermissen, Konfessionskunde, 1966, 281—464; W. H. van de Pol, Das reformatorische Christentum, 1956; B. Gassmann, Ecclesia reformata; Die Kirche in den reformierten Bekenntnisschriften, Ökum. Forschungen I, 4, 1968; daneben die Werke von A. von Harnack, Entstehung und Entwicklung der Kirchenverfassung und des Kirchenrechts in den ersten zwei Jahrhunderten, 1910; E. Knopf, Das nachapostolische Zeitalter, 1903; H. Lietzmann, Geschichte der alten Kirche, Bd. 1, 1932; K. Weizsäcker, Das apostolische Zeitalter der christlichen Kirche, 1902, vor allem aber die Übersicht von G. Heinz, Das Problem der Kirchenentstehung in der deutschen protestantischen Theologie des 20. Jhdts., in: Tübinger Theologische Studien 4, 1974; H. Döring, Kirchen unterwegs zur Einheit, 1969; H. Fox, Die Theologie Max Thurians, in: Trierer Theologische Studien 27, 1972

narchische Episkopat, der zusammen mit dem Primatsanspruch des römischen Bischofsstuhls zur Grundstruktur der katholischen Kirche wurde[2]. In den aufgrund eingehender Forschungen gewonnenen Ergebnissen des nur teilweise erhellbaren Prozesses der sog. Verfassungsgeschichte der frühesten Kirche und deren ekklesiologischer Entwürfe sind sich die Theologen der verschiedenen »Konfessionen« heute grundsätzlich durchaus einig[3], nicht aber in der Deutung des Gangs der Geschichte zwischen 30 und 150 bzw. 200 nach Christus und in der Wertung der Funktion des schließlich alleinherrschenden Amtsprinzips von Episkopen und Presbytern sowie Diakonen als direkten Nachfolgern und als allein legitimen Verwaltern der überzeitlichen Inhalte des apostolischen Amtes und des damit verbundenen ekklesiologischen Prinzips von »Amtsträgern apostolischen (›göttlichen‹) Rechts« und »Laien«, d. h. einfachen Christen. So stellt die überaus sorgfältige, sich vor voreiligen Urteilen hütende, sehr ausgewogene Arbeit des evangelischen Kirchenhistorikers H. von Campenhausen »Kirchliches Amt und geistliche Vollmacht in den ersten drei Jahrhunderten«, das heutige Standardwerk über diese kirchliche Epoche, zur These von der apostolischen Einsetzung des Episkopen- und Diakonenamtes im 1. Klemensbrief (Kp. 44) noch 1963 fest: »Die Ältestenverfassung ... gewinnt damit ein Gewicht und eine Bedeutung, die sie so bisher noch nicht gehabt hatte, und wird in ihrer rein formalen, institutionellen Gegebenheit zu einem wesentlichen, verpflichtenden Stück der apostolischen Tradition« (S. 99). Zwar hütet sich von Campenhausen bewußt, dies schon als den Verrat des Geistes an das Amt, des Evangeliums an die Ordnung, die natürliche Theologie, das Gesetz, kurz die Autorität der Heilsanstalt Kirche, also als *den* katholischen Sündenfall zu deuten, sondern spricht von dem wesenhaften Gegenüber von pneumatischen und von amtlichen Elementen in der Kirche (s. S. 326—332), aber er steht doch noch im Kontext der sog. Abfalltheorie zum Frühkatholizismus, welche die protestantische Deutung der frühesten Kirchengeschichte bis zum II. Vatikanischen

---

[2] Vgl. dazu H. W. Beyer, Art. episkopos, in: ThWNT, Bd. 2, 595—619; G. Bornkamm, Art. presbys, in: ThWNT, Bd. 6, 651—683; H. v. Campenhausen, Kirchliches Amt und geistliche Vollmacht in den ersten drei Jahrhunderten, 1963[2]; L. Goppelt, Die apostolische und nachapostolische Zeit, in: Die Kirche in ihrer Geschichte, Bd. 1, 1972, § 21; R. Zollitsch, Amt und Funktion des Priesters, in: Freiburger Theologische Studien 96, 1974, bes. 15—250; R. Schnackenburg, Die Kirche im Neuen Testament, 1961; H. Schlier, Die Ordnung der Kirche nach den Pastoralbriefen; und: Die Kirche nach dem Brief an die Epheser, in: Die Zeit der Kirche, 1956, 129—146, 159—185

[3] Siehe dazu z. B. die Artikel zu Bischof, Diakon, Presbyter, in: RGG, LThK, RAC, Sacramentum mundi; EKl; auch die betr. Abschnitte in den einzelnen Kirchengeschichten, bes. in: R. Kottje/B. Möller, Ökumenische Kirchengeschichte I, 1975, 61—72 (E. Lohse)

Konzil charakterisierte und zum nicht geringen Teil auch heute noch prägt[4].

II. Die neuen Positionen im ökumenischen Dialog

Durch das II. Vatikanische Konzil und das dadurch in Gang gekommene ökumenische Gespräch ist aber in dieser Hinsicht eine bedeutsame Wende eingetreten, insofern einerseits der historische Befund auf beiden Seiten ernsthafter berücksichtigt wird, ebenso wie das Selbstverständnis der Kirche dieser Periode, wie es sich aus den verschiedenen Zeugnissen dieser Epoche ergibt, angefangen vom Neuen Testament, vor allem aber indem die vielfältigen ekklesiologischen Entwürfe des Neuen Testaments nicht mehr gegeneinander ausgespielt, sondern auf ihre höhere Einheit hin bedacht werden. Dadurch hat sich in maßgebenden Aussagen beider »Konfessionen« — vor allem ist hier die Position der lutherischen Kirche zu nennen — eine bemerkenswerte Konvergenz, ja in gewisser Hinsicht sogar ein Konsens herausgebildet, auf den hier näher eingegangen werden soll. Denn auf diesem Konsens basiert das aufsehenerregende Memorandum der Arbeitsgemeinschaft der deutschen Ökumenischen Universitätsinstitute von 1973[5].

---

[4] Beachte z. B. das Urteil von L. Goppelt über die Sukzessionstheorie von 1. Clem. 44 in: Die apostolische Zeit, § 21: Das kirchliche Amt, A 135: »Hier ist das Walten des Geistes ... ausgeschaltet ... Damit ist das vom Wesen des Heilsereignisses her der Kirche gegebene spannungsreiche Miteinander von Geistlichem und Geschichtlichem ... aufgegeben und das erstere dem letzteren untergeordnet ... Der 1. Clem. ... entwickelt einen Ansatz, der von der Grundlinie der Ämtergestaltung abgeht, die durch den Auftrag Jesu gewiesen ist.« Zur gesamten Problematik des sog. Frühkatholizismus s. neben meinem Aufsatz: Die Ausführungen des 1. Clemensbriefes über die kirchliche Verfassung im Spiegel der neueren Deutungen seit R. Sohm und A. Harnack, in: ThQ 141, 1961, 385—407, jetzt H. Wagner, An den Ursprüngen des frühkatholischen Problems, in: Frankfurter Theologische Studien 14, 1973, bes. 295—320 (dort Lit.) und G. Heinz, Das Problem der Kirchenentstehung, 1974, 380—391

[5] Reform und Anerkennung kirchlicher Ämter, Ein Memorandum der Arbeitsgemeinschaft ökumenischer Universitätsinstitute, 1973. Zur vorangegangenen Diskussion beachte die reichhaltigen Literaturangaben in diesem Werk, u. a. R. Schnackenburg, Apostolizität: Stand der Forschung, in: Beiheft 2 zu KD, 1971, 51—73; Catholica 26, 1972, Heft 2: Kirche — Amt — Abendmahlsgemeinschaft; Concilium 4, 1968, Heft 4: Apostolisch durch Sukzession?; Concilium 8, 1972, Heft 2: Amt und Dienst in den liturgischen Versammlungen; Concilium 8, 1972, Heft 4: Gegenseitige Anerkennung der kirchlichen Ämter; Eucharist and Ministry. Lutherans and Catholics in Dialog IV, 1970; Dokument der Studienkommission zwischen dem Luth. Weltbund und der röm.-kath. Kirche von ihrer Sitzung in Malta 1971, in: HerKorr 25, 1971, 536—544; W. Kasper, Zur Frage der Anerkennung der Ämter in den lutherischen Kirchen, in: ThQ 151, 1971, 97—109; Der priesterliche Dienst, Bd. 1—4, 1970—1972; Zum Thema Priesteramt, 1970; Ökum. Institute der Univ. München, Das Amt in der Kirche, in: Una Sancta 25, 1970, 107—115; F. Viering (Hg.), Gemeinde — Amt — Ordination, 1970; H. Weissgerber, Die Frage nach der wahren Kirche, Koinonia 2,

Im Rahmen der hier angestellten Überlegungen ist es nicht angebracht, den Gang der Entwicklung der kirchlichen Strukturen zwischen
30 und 150 bzw. 200 nach Christus aufgrund der Forschungsgeschichte
sowie die Deutung der dabei gewonnenen Ergebnisse durch die Theologen beider Seiten nachzuzeichnen. Hierfür kann auf die reichhaltige
Literatur zu diesem Problemkreis verwiesen werden. Hier soll statt
dessen auf die neuen Akzente der Wertung dieser Geschichte, ihrer
treibenden Faktoren und auf das dabei sichtbar werdende Wesen des
kirchlichen Amtes hingewiesen werden, welche als Voraussetzung für
eine Einigung der katholischen und protestantischen Kirchen zu diesem
Punkt dienen können.

a) Auf katholischer Seite sind zunächst bemerkenswert die Aussagen des II. Vat. Konzils über die Kirche[6], näherhin: Die Kirche sei
die Gemeinschaft aller Glaubenden (Nr. 2), das Volk Gottes (Nr. 9),
der Leib Christi, in dem der Hl. Geist vielfältig wirkt und zwar sowohl durch hierarchische wie auch charismatische Gaben (Nr. 4; 7), der
Ort, an dem das Evangelium seine Kraft entfaltet (Nr. 4; vgl. auch die
biblischen Aussagen, die das Schema über die Kirche aufgreift, Nr. 6),
eine geistliche Gemeinschaft und eine verfaßte Gesellschaft (Nr. 8).
Diese ganze Gemeinschaft hat priesterlichen Charakter (Nr. 10 f),
wenn auch in abgestufter Weise, aufgrund der Teilhabe an Christi
Priestertum (Nr. 12). Die Ämter in der Kirche sind Dienstämter zur
Auferbauung des Leibes Christi (Nr. 19) und dienen vor allem der
unversehrten Weitergabe und der Verkündigung des Evangeliums
Christi.

»Jene göttliche Sendung, die Christus den Aposteln anvertraut hat, wird bis zum
Ende der Welt dauern (Matth 28,20). Denn das Evangelium, das sie zu überliefern
haben, ist für alle Zeiten der Ursprung jedweden Lebens für die Kirche. Aus diesem
Grunde trugen die Apostel in dieser hierarchisch geordneten Gesellschaft für die
Bestellung von Nachfolgern Sorge. Sie hatten nämlich nicht bloß verschiedene Helfer
im Dienstamt, sondern übertrugen, damit die ihnen anvertraute Sendung nach ihrem
Tod weitergehe, gleichsam nach Art eines Testaments ihren unmittelbaren Mitarbeitern die Aufgabe, das von ihnen begonnene Werk zu vollenden und zu kräftigen. Sie
legten ihnen ans Herz, achtzuhaben auf die ganze Herde, in welcher der Hl. Geist
sie gesetzt habe, die Kirche Gottes zu weiden (vgl. Apg 20,28). Deshalb bestellten
sie solche Männer und gaben dann Anordnung, daß nach ihrem Hingang andere
bewährte Männer ihr Dienstamt übernähmen. Unter den verschiedenen Dienstämtern,

1963; U. Valeske, Votum ecclesiae, 1962; H. Meyer, Luthertum und Katholizismus
im Gespräch, 1973, bes. 69—96; F. Hahn/W. Joest/B. Kötting/H. Mühlen, Dienst und
Amt, 1973
  [6] Siehe dazu die offizielle Textausgabe (lat.-deutsch): Das zweite Vatik. Konzil,
in: LThK², Suppl. I, 1966, 137—360 mit Kommentaren von G. Philips, A. Grill-
meier, K. Rahner, H. Vorgrimler, F. Klostermann, F. Wulf, O. Semmelroth, J. Rat-
zinger. Beachte auch die Beiträge des Sammelwerks: De Ecclesia, 2 Bde, hg. von
G. Barauna, 1966

die so von den ersten Zeiten her in der Kirche ausgeübt wurden, nimmt nach dem
Zeugnis der Überlieferung das Amt derer einen hervorragenden Platz ein, die zum
Bischofsamt bestellt sind und kraft der auf den Ursprung zurückreichenden Nachfolge
Ableger apostolischer Pflanzung (Gründung!) besitzen. So wird nach dem Zeugnis
des Hl. Irenäus durch die von den Aposteln eingesetzten Bischöfe und deren Nachfolger bis zu uns hin die apostolische Überlieferung in der ganzen Welt kundgemacht
und bewahrt.

Die Bischöfe haben also das Dienstamt in der Gemeinschaft mit ihren Helfern,
den Priestern und den Diakonen, übernommen. An Gottes Stelle stehen sie der
Herde vor, deren Hirten sie sind, als Lehrer in der Unterweisung, als Priester im
heiligen Kult, als Diener in der Leitung. . . . So dauert . . . das Amt der Apostel, die
Kirche zu weiden, fort . . .« (Nr. 20).

»In den Bischöfen, denen die Priester zur Seite stehen, ist . . . inmitten der Gläubigen der Herr Jesus Christus, der Hohepriester, anwesend . . . Die Apostel . . . wurden mit einer besonderen Ausgießung des herabkommenden Hl. Geistes beschenkt
(vgl. Apg 1,8; 2,4; Joh 20,22—23). Sie hinwiederum übertrugen ihren Helfern durch
die Handauflegung der Hände die geistliche Gabe (vgl. 1Tim 4,14; 2Tim 1,6—7),
die in der Bischofsweihe auf uns gekommen ist . . . . Durch die Handauflegung und
die Worte der Weihe wird die Gnade des Hl. Geistes übertragen . . ., so daß die
Bischöfe in hervorragender Weise die Aufgabe Christi, des Lehrers, Hirten und
Priesters, innehaben und in seiner Person handeln« (Nr. 21).

»Unter den hauptsächlichen Ämtern der Bischöfe hat die Verkündigung des Evangeliums einen hervorragenden Platz« (Nr. 25). »Das aus göttlicher Einsetzung kommende kirchliche Dienstamt (munus ministerii, ministerium ecclesiasticum) wird in
verschiedenen Ordnungen ausgeübt von jenen, die schon seit alters Bischöfe, Priester
und Diakone heißen« (Nr. 28). »Die Priester (presbyteri), die zum Dienst am Volk
Gottes gerufen sind, bilden in Einheit mit ihrem Bischof ein einziges Presbyterium«
(Nr. 28).

An diesen Texten lassen sich zahlreiche neue Akzente feststellen:

1. Die Kirche ist ein Werk Christi, in dem Christus auf vielfältige
Weise durch den Geist Gottes wirkt, darunter auch durch Charismen
und Ämter.

2. Das Amt der Apostel steht im Dienst des Evangeliums und im
Dienst aller Glieder der Kirche, ist also vorwiegend Verkündigungs-,
Leitungs- und Hirtendienst und zwar auf Dauer.

3. Dieser Dienst setzt sich auf vielfältige Weise in der Kirche fort,
vor allem durch die Ämter der Bischöfe samt Presbytern und Diakonen. Hierbei wird lediglich gesagt, daß diese Entwicklung göttlicher
Absicht entsprach, das Wie der Weitergabe ist nicht näher präzisiert[7].
Es wird lediglich auf zwei Faktoren hingewiesen: auf die Mitarbeiter,
Schüler und Beauftragten der Apostel, die deren Werk weiterführten,
und dann auf die Kirchen, die auf apostolische Gründung oder Prägung zurückgehen und auf deren Entwicklung. K. Rahner kommentiert in der offiziellen lateinisch-deutschen Ausgabe des Konzilsdoku-
mentes die Weitergabe der apostolischen Vollmachten und Aufgaben
an die späteren Bischöfe und örtlichen Amtsträger so:

---

[7] Siehe dazu meine Studie: Die Testamente des Petrus und Paulus, 1973, bes. 11—16

»Artikel 20 handelt von der geschichtlichen Weitergabe des Apostelamts im Institut der Bischöfe und dem jus divinum des Episkopates in der Kirche. Diese Weitergabe wird zuerst ganz kurz begründet (oder nur ausgesagt?) mit der eschatologischen Endgültigkeit des Evangeliums. Wie weit diese Begründung für sich allein ausreichen würde, ist natürlich nicht entschieden und bleibt so der von beiden Seiten freien ökumenischen Debatte überlassen.«

Außerdem betont er, daß lediglich auf die Intention der Apostel abgehoben werde, ihre Aufgabe weiterzugeben, wobei auch offen gelassen sei, wie diese Absicht sich historisch realisierte: ob durch »explizite Stiftungserklärung Jesu; (durch) Konsequenz aus dem bleibenden geoffenbarten theologischen Wesen der Kirche; (durch) irreversible, im Übergang zum (nach-)apostolischen Zeitalter erfolgende Entscheidung der apostolischen Kirche, die noch zur Zeit der sich ereignenden Offenbarung gehörte usw., wird nicht erörtert«[8]. Vor allem aber wird auf das Problem nicht eingegangen, inwiefern die kollegialen Ortsautoritäten, seien es Presbyter und Episkopen samt Diakonen (vgl. Phil. 1,1 f, Apg. 14,23; 20,28; 1. Tim. 4,14; 3,1—13; 5,17—22; Tit. 1,6—9), seien es Vorsteher (1. Thess. 5,12 f; Röm. 12,8), Kyberneten (1. Kor. 12,28), Sich-Abmühende (1. Kor. 16,15 f; 1. Thess. 5,12 f) einerseits die Funktionen der Propheten und Lehrer aufnehmen, andererseits die apostolischen Verkündigungs- und Hirtenaufgaben aufgreifen und wahrnehmen[9]. Insofern ist auch hier die Möglichkeit offengelassen, solche Strukturen in der hierarchisch geordneten Kirche gelten zu lassen und zugleich flexibel zu bleiben auf außergewöhnliche Entwicklungen hin, wie sie z. B. die Reformation bewirkte. Vorausgesetzt ist allerdings, daß der auferstandene Herr durch seinen Geist die Kirche auch in der nachapostolischen Zeit leitet und auf diese Weise die geschichtliche Entfaltung der Ordnungsansätze der Kirche der apostolischen Zeit begleitet und steuert. Zu beachten ist auch, daß es das Konzil bewußt vermied, einen wesenhaften Unterschied zwischen Episkopat und Presbyteriat zu bestimmen, und es auch offen ließ, ob eine presbyteriale Sukzession möglich sei. Betont wurde aber die Zusammengehörigkeit von Dienstauftrag und Bevollmächtigung zu diesem Dienstamt durch Handauflegung und Gebet, eine Trennung des Dienstauftrags in Weihevollmacht und Amtsvollmacht also vermieden[10]. Zu berücksichtigen sind in diesem Zusammenhang auch die Aussagen des

---

[8] Am A 6 angegebenen Ort, 214 f

[9] Vgl. Die »Amtsspiegel« in den Pastoralbriefen, bei denen je die Verkündigungsaufgabe im Vordergrund steht (1. Tim. 3,1—13; 5,17 f; 2. Tim. 2,1—7; Tit. 1,6—9); zur Entwicklung siehe die A 2 angegebene Literatur; dazu meine Studie, Die Testamente, aaO.

[10] Vgl. H. Müller, Zum Verhältnis zwischen Episkopat und Presbyteriat im Zweiten Vatikanischen Konzil, Wiener Beiträge zur Theologie 35, 1971, bes. 33—38, 266 f, 281, 335, 351, 359; auch R. Zollitsch, Amt und Funktion des Priesters, 1974, 268—284

Dekrets über den Ökumenismus[11], daß auch die nichtkatholischen Kirchen Mittel der göttlichen Gnade sind und daß sich wirkliche Elemente der apostolischen Kirche dort finden, so in den Kirchen der Reformation Taufe, Wort Gottes, die Feier des Abendmahls, Gebet und Gottesdienst, christliches Leben, wobei allerdings das Fehlen des Weihesakramentes eigens bewertet wird. Leider wird dabei auf die Möglichkeit legitimer charismatischer Funktionen und Dienste und auf die succesio apostolica der Kirchen als ganzer aufgrund von Taufe und Evangelium nach dem Selbstverständnis dieser Kirchen nicht eingegangen. Immerhin bieten diese Neuaussagen eine gute Basis für eine Verständigung über den Sinn und das Wesen des kirchlichen Dienstamtes der Verkündigung, der Sakramentenspendung und der Gemeindeleitung, das es auch in den protestantischen Kirchen gibt.

b) Auf protestantischer Seite sind vor allem folgende Aussagen und Interpretationen der gemeinsamen biblischen und altkirchlichen Grundlagen von Gewicht. Die Reformatoren wollten die alte Kirche reformieren, nicht eine neue Kirche gründen. »Reformatorische Konfessionskirchen sind eine Notlösung, bis die Einsichten der Reformation in der ganzen Christenheit anerkannt werden.« Luther hat (außerdem) »nie geleugnet, daß es unter dem Papsttum wahre Kirche geben kann«[12].

Das Gutachten des Ökumenischen Instituts der Universität Heidelberg unter Leitung von Professor Edmund Schlink stellt in einer sorgfältigen Studie über »Die apostolische Sukzession und die Gemeinschaft der Ämter« fest[13]: Die Apostel hatten von Jesus Christus die Vollmacht erhalten, die Auferstehung (Sendung und Vollmacht) Jesu Christi zu bezeugen, das Evangelium zu formulieren und zu verkünden, die Kirche zu gründen und zu leiten, ihren Gliedern die Heilsgaben durch Sakramente zu vermitteln und zugleich den Weg für ein christliches Leben zu weisen. Als Zeugen der Auferstehung, als Verkünder des Evangeliums und als Gründer der Kirche ist die Aufgabe der Apostel einmalig und unwiederholbar. Die Kirche als ganze ist Trägerin des Hl. Geistes. Insofern gibt es eine Fülle charismatischer Dienste und Vollmachten in der Kirche der apostolischen Zeit. Dabei fällt auf, daß die judenchristlichen Gemeinden Presbyter-

---

[11] Siehe dazu die offizielle lateinisch-deutsche Ausgabe des Dekrets über den Ökumenismus, in: LThK², Suppl. II, 1967, 9—126, bes. Nr. 1, 3, 19—23

[12] Evangelischer Erwachsenenkatechismus, 1975, 977

[13] Reform und Anerkennung, aaO. 123—162. Zur Frage der apostolischen Sukzession und ihrer biblischen sowie altkirchlichen Grundlagen siehe G. G. Blum, Tradition und Sukzession, 1963; Concilium 4, 1968, Heft 4: Apostolisch durch Sukzession?; Y. Congar, Apostolicité de ministère et apostolicité de doctrine, in: R. Bäumer/H. Dolch (Hg.), Volk Gottes, 1967, 84—111; B. D. Dupuy, La succession apostolique dans la discussion oecuménique, in: Istina 12, 1967, 391—401; Knoch, Testamente, aaO. bes. 99—105

kollegien als Leitungsgremien aufweisen, die paulinischen Gemeinden Charismatiker, unter denen sich Leute mit Leitungsbefähigung befanden, und daneben Dienste, die durch die jeweilige Gemeinde vergeben wurden (vgl. 2. Kor. 8,19; 13,1 ff).

Allerdings ist aber über das Gutachten hinaus zu betonen, daß bei allen paulinischen Gemeinden daran zu denken ist, daß Paulus letztlich das Amt des Gemeindeleiters übernahm, die Charismatiker also an seine Anerkennung, sein Urteil und seine Anweisungen gebunden waren.

Mit dem Tod der Apostel erlischt nicht deren Sendung und Auftrag. »Insofern folgen aus der besonderen Sendung der Apostel weitere Sendungen in den Dienst — sei es durch die Taufe in den des allgemeinen Priestertums, sei es durch die Ordination in das kirchliche Amt. Auch diese Sendungen erfolgen durch den erhöhten Herrn, aber nicht unmittelbar, sondern mittelbar, nämlich durch den Dienst von Menschen.« »Apostolische Nachfolge ist nicht Repristination des Dienstes der Apostel, vielmehr ist in der Verkündigung, Gemeindegründung und -leitung auch angesichts solcher Aufgaben fortzufahren, die es in der apostolischen Zeit noch nicht gab.«[14] Dieser Dienst wird aber notwendig, um in der Zeit nach den Aposteln »das apostolische Wort unverfälscht« weiterzugeben[15]. »In der Betonung der besonderen Sendung findet das dem Leben der Kirche zugrunde liegende Verhältnis von Wort und Geist und von geschichtlicher Einmaligkeit der göttlichen Heilstat und ständigem Heilswirken des Geistes seinen angemessenen Ausdruck. . . . Geist und Tradition stehen daher nicht im Gegensatz zueinander, sondern gehören zusammen.«[16] Näherhin geht es um folgende Aufgaben: Weitergabe und Verkündigung der Botschaft; Dienst an Ordnung und Aufbau der Gemeinden; Sorge um die Einheit der Kirche; Leitung des Gottesdienstes, der Verkündigung, Gebet, Eucharistie, Ordnung von charismatischen Gaben, Disziplin und Sorge für die Armen umfaßt; schließlich Mission in der Welt. All diese Dienste können unter dem Begriff Hirtendienst zusammengefaßt werden. Das Hirtenamt steht aber nicht nur in der Kirche als Dienstamt, sondern es »steht der Kirche gegenüber, denn Christus redet durch dieses Amt zur Kirche als ihr Herr. In allem, was der Hirte im Gehorsam gegen seinen Auftrag tut, begegnet er der Gemeinde als Stellvertreter Christi, des einen guten Hirten«. Der charismatische Dienst ist diesem Amt daher zu- und untergeordnet[17].

Allerdings steht auch das Hirtenamt unter dem Herrn und kann nicht aus eigener Vollmacht in der Kirche herrschen. Auch hat die Kir-

---

[14] AaO. 137 [15] AaO. 140
[16] AaO. 141 [17] AaO. 142—145

che, vertreten vor allem durch ihre charismatischen Dienste, die Hirten zu prüfen. Insofern gibt es eine Wechselbeziehung zwischen Hirtenamt und Charisma, Hirtenamt und Gemeinde bzw. Kirche, die das nachapostolische Dienstamt vom Apostelamt selbst unterscheidet[18].

Zu beachten aber ist, daß nicht allein das Hirtenamt in apostolischer Sukzession steht, sondern die ganze Kirche. Kirche *und* Amt, beide sind apostolisch. In der Regel wurde die Berufung in das Dienstamt des Hirten durch Ordinierte unter Handauflegung vollzogen, doch gibt es auch Ausnahmen, vor allem in den paulinischen Gemeinden, wo die Verkündigung und der Vorsitz bei der Eucharistiefeier nicht nur von Männern vollzogen wurden, die durch Handauflegung dazu bestellt waren. Die Folge von Handauflegungen wird aber ab den Pastoralbriefen in der Kirche zu einem Zeichen und einer wichtigen Hilfe für die Wahrung der apostolischen Sukzession. »Mit Recht hat sich (daher) die Ordination durch Ordinierte in der Christenheit durchgesetzt.« »Als Zeichen der Einheit der Kirche in Raum und Zeit ist die Folge der Ordinationen ernst zu nehmen und kirchenrechtlich zu sichern.«[19] Dabei gilt es anzuerkennen, daß es neben episkopaler auch presbyteriale Handauflegungen gab und daß das Verhältnis von Priester- und Bischofsweihe in der Geschichte recht verschieden bestimmt wurde. Insofern kann auf eine apostolische Sukzession presbyterialer Art im protestantischen Raum durchaus hingewiesen werden[20]. Entscheidend bleibt aber, daß die Norm des Evangeliums und der apostolischen Ordnungen und Weisungen durch das kirchliche Amt anerkannt und nicht ausgehöhlt wird[21].

Bedeutsam ist in diesem Zusammenhang das Gutachten der beiden Ökumenischen Institute der Universität München zur Frage von Ordination und Sakramentalität[22]. Darin wird ausgeführt: Einerseits nimmt das Konzil von Trient nicht zur Frage der Gültigkeit des Amtes in den protestantischen Kirchen Stellung, andererseits verstehen die protestantischen Kirchen die Ordination ihrer Hirten und Seelsorger als einen einmaligen Akt der Bestellung zum öffentlichen Dienst in der Kirche in der Vollmacht Christi und der Apostel, der unabhängig vom jeweiligen kirchlichen Dienst den dadurch Berufenen für sein ganzes Leben in den Dienst Christi und der Kirche stellt. Allerdings zögern

---

[18] AaO. 146 f
[19] AaO. 148—152. Vgl. dazu die Ausführungen von Weissgerber, Frage, aaO. 328—351, bes. 347: »Die Lehre des lutherischen Bekenntnisses läßt Raum für eine Auffassung, die dem Bischofsamt in apostolischer Sukzession eine zeichenhafte Bedeutung für die Kontinuität und die wahre Sukzession der Kirche zuerkennt«
[20] AaO. 153—155
[21] AaO. 156 f
[22] In: Reform und Anerkennung, aaO. 189—207

die protestantischen Theologen diese Bestellung zu einem ministerium ecclesiasticum ein Sakrament zu nennen, da sie jedem Versuch wehren wollen, einen besonderen geistlichen Stand zu schaffen, der sich über die anderen Christen erhebt. Dem kommt entgegen, was das Lehrschreiben der Deutschen Bischöfe über das priesterliche Amt herausstellt, daß durch die Priesterweihe keine Überlegenheit des Priesters gegenüber den übrigen Christen begründet werde und daß diesbezügliche Vorstellungen überprüft werden müssen[23]. Immerhin zeigt aber die Praxis der protestantischen Ordination, daß es sich hier um eine öffentliche Handlung mit Dauerwirkung und geistlichem Inhalt im Namen Christi und der Kirche handelt, bei der Amtsvollmachten übertragen werden (Ök. Gutachten Tübingen). Es ist nach dem bisher Dargelegten daher durchaus angemessen, wenn das Memorandum der Ökumenischen Universitätsinstitute feststellt[24]:

1. »Die apostolische Nachfolge der ganzen Kirche konkretisiert sich in besonderer Weise dort, wo die apostolische Überlieferung bewahrt und der apostolische Dienst fortgesetzt wird.«

2. »Das kirchliche ›Amt‹ meint eine im apostolischen Auftrag gründende Institution in der Kirche, der bestimmte persongebundene Funktionen mit entsprechenden Rechten und Pflichten in und für eine kirchliche Öffentlichkeit übertragen sind.«

3. »Jede Gemeinde oder Kirche bedarf der Leitung, die durch einzelne oder kollegial wahrgenommen wird.«

4. »Die Abfolge bischöflicher Handauflegungen im späteren Sinn ist nicht die ausschließliche Bedingung für die Anerkennung einer apostolischen Sukzession. Wohl aber ist die Folge der Handauflegungen eine Hilfe für die Bewahrung der apostolischen Überlieferung und als Zeichen der Einheit und Kontinuität erst zu nehmen.«[25]

5. »Maßstab aller Vollmacht ist das Evangelium Jesu Christi, wie es im Neuen Testament bezeugt ist.«

6. »Aufgrund der Erkenntnisse der ökumenischen Theologie läßt sich daher eine Verweigerung der gegenseitigen Anerkennung der Ämter nicht mehr rechtfertigen, weil diese überkommenen Verschiedenheiten nicht mehr als kirchentrennend angesehen werden müssen.«

Damit wäre dann dort, »wo ein gemeinsamer Glaube an die Gegenwart Christi im Abendmahl vorhanden ist, eine gegenseitige Zulassung zum Abendmahl möglich«.

[23] Schreiben der deutschen Bischöfe über das priesterliche Amt, 1969, bes. 10—38; Zitat 54 f
[24] AaO. 17—25
[25] »Ob die Ordination als Sakrament bezeichnet werden soll, ist eine Frage der Sprachregelung ... Die in der Ordination erfolgende Übertragung des Amtes bedeutet für den Ordinierten eine Inanspruchnahme der Ganzheit seiner Existenz«

Diese Gedankengänge, Einsichten und Folgerungen können sich auch
stützen auf andere ökumenische Studienpapiere und Studienge-
spräche[26].

III. Schlußbemerkung

Sicher sind mit diesen neuen Einsichten und Aussagen noch nicht alle
Fragen gelöst, die einer gegenseitigen Anerkennung der kirchlichen
Ämter durch die römisch-katholische Kirche einerseits und die lutherischen und reformierten Kirchen andererseits und damit einer vollen
Abendmahlsgemeinschaft im Wege stehen. Aber sie ermöglichen, die
gemeinsamen Grundlagen und die gemeinsame Geschichte aller Kirchen in der apostolischen und nachapostolischen Zeit neu und ökumenisch zu sehen, sich im Nachdenken und Miteinandersprechen besser
für das zu öffnen, was sich aus dem Evangelium und aus der grundlegenden Geschichte der Kirche der ersten drei Generationen als für
das Wesen der Kirche notwendig ergibt, und zugleich in Theologie
und Glaubensbewußtsein wirklich »katholisch« aufeinander hinzu-
wachsen. Dabei kann die römisch-katholische Kirche aus der Eigenart
der paulinischen Gemeinden wie auch aus dem nur mittelbaren Zusammenhang von lokalem und dann regionalem »Bischofsamt« mit
dem Apostelamt die Einsicht und damit die Freiheit gewinnen, daß
apostolische Nachfolge nicht allein an Bevollmächtigung durch Handauflegung gebunden ist, sondern wie bei Paulus auch durch apostolische
Anerkennung und Gutheißung charismatischer Befähigungen zustande-
kommen kann und daß die außergewöhnliche Situation der Kirche nach
dem Tode der Apostel vor der Wiederkunft Christi sowie nach dem
Untergang Jerusalems, der zur Herausbildung der örtlichen Ämtertrias
Episkop, Presbyterkollegium und Diakonat und später zum monarchischen Episkopat führte, es der Kirche ermöglicht, in der durch die
Kirchenspaltung entstandenen Lage ebenfalls »außergewöhnlich« zu
handeln auf die größere Einheit der Kirche Jesu Christi hin. Die
reformatorischen Kirchen aber können aus der Tatsache, daß der Herr
durch seinen Geist die Kirche leitet und bei der Kirche ist, auch die
Herausbildung der genannten Ämtertrias in der entscheidenden Zeit
am Übergang von der apostolischen zur nachapostolischen Kirche,

---

[26] So vor allem auf: Eucharist and Ministry, aaO; Studienberichte und Dokumente
der Kommission für Glauben und Kirchenverfassung, 1971, Beiheft zur Ökumenischen Rundschau, 18/19, Stuttgart 1971 sowie das Arbeitspapier der Gruppe von
Dombes, d. h. röm.-katholischer, lutherischer und reformierter Theologen aus Frank-
reich und der französischen Schweiz, 1972, Dokument II, HerKorr 27, 1973, 39 ff.
Zum Ganzen siehe auch die in: Reform und Anerkennung, aaO. angegebene Literatur,
160 f, 186—188, 191—207; auch Evangelischer Erwachsenenkatechismus 1171 f

welche jene Kirche als apostolisch-intendiertes Geschehen deutet, als einen Vorgang verstehen, der durchaus dem Willen Jesu Christi entspricht und daher in abgeleiteter Weise normativen Charakter besitzt, ohne den Reichtum des Charismatischen aufzuheben. Zudem gilt es zu sehen, daß diese Ämter und deren autoritative Sukzession ja entscheidend dazu dienen, das Evangelium und das apostolische Erbe unversehrt zu bewahren. Außerdem entspricht die Praxis der Ordination durch Ordinierte der sogenannten presbyterialen Sukzession, ist also im Wesen mit dem verwandt, was die Pastoralbriefe und dann die frühkatholische Kirche unter Sukzession verstehen. Auf diese Weise könnte die Aussage des Epheserbriefes neu wahr werden, der die Einheit der Kirche begründet sieht sowohl in dem einem Herrn, in dem einen Glauben und der einen Taufe, als auch in dem Amt der Apostel, den Diensten der Evangelisten, Hirten und Lehrer, die er — zusammen mit anderen kirchlichen Diensten — als Gelenke versteht, durch die Christus seine Kirche lenkt und bewegt (4,1—16)[27]. Das Ziel dieser größeren Einheit aber ist die Einheit in der Liebe, im Glauben und in der Erkenntnis Christi.

[27] Zum Kirchenverständnis des Epheserbriefes vgl. J. Gnilka, Der Epheserbrief, in: HThK X, 2, 1971, bes. 99—111 und 193—220 sowie H. Schlier, Die Kirche nach dem Brief an die Epheser, aaO.

DIETRICH MENDT

KONSISTORIALES UND SYNODALES DENKEN
IM BUND EVANGELISCHER KIRCHEN
IN DER DDR

I.

Es ist sicher nicht übertrieben, wenn man sagt, daß die Gründung des
Bundes Evangelischer Kirchen in der DDR im Jahre 1969 von den
Gemeinden und den kirchlichen Mitarbeitern mit großen Erwartungen
bedacht worden ist. In einer zunehmenden Diasporasituation mußte
das aus einem anderen Jahrhundert und völlig anderen Voraussetzungen stammende Landeskirchentum in zunehmenden Maße als Ballast
und Belastung empfunden werden. Nachdem inzwischen die Organe
des Bundes in ihrer zweiten Legislaturperiode stehen, ist eine Ernüchte-
rung eingetreten. Es hat sich herausgestellt, daß es mit der »Kirchwerdung des Bundes« nicht so schnell gehen wird und daß eine Menge
von Hindernissen aus dem Wege geräumt werden müssen.

Diese Hindernisse werden verschieden beurteilt. Gewichtige Gremien machen vor allem die Fragen dafür verantwortlich, die schon
immer zwischen lutherischen und unierten Kirchen gestanden haben.
Schließlich ist der Bund nicht nur ein Zusammenschluß von acht
Landeskirchen, sondern gleichzeitig auch der Zusammenschluß von zwei
konfessionellen Bünden, die sich ihrem Selbstverständnis nach als »Kirchen« betrachten, der »Vereinigten Evangelisch-Lutherischen Kirchen
in der DDR« und der »Evangelischen Kirche der Union«. Stellvertretend für viele Stimmen sei hier die des sächsischen Landesbischofs Dr.
Hempel genannt, der in einem Aufsatz über »Das Selbstverständnis
der Vereinigten Evangelisch-Lutherischen Kirche in der DDR und
ihr Beitrag zur Kirchwerdung des Bundes«[1] vier Beobachtungen mit-
teilt, die vier besondere lutherische Akzente betreffen. Hempel sieht
hier einen Unterschied zwischen lutherischen und unierten Kirchen
und gleichzeitig eine Aufgabe für die Lutheraner. Er nennt den Primat
der Schrift, das Denken von der Rechtfertigungslehre her, die Unterscheidung und Zuordnung von Gesetz und Evangelium und das Verhältnis von Kirche und Welt. Hempel äußert sich dabei sehr vorsichtig

[1] Amtsblatt der ev.-luth. Landeskirche Sachsens, 1974/5, B 15

und zurückhaltend, aber es wird deutlich, daß hier Spannungen gesehen werden beim Zusammenwachsen der Gliedkirchen des Bundes. Andere Beobachter schätzen die Tradition, die auf der einen Seite das Landeskirchentum der lutherischen Gliedkirchen seit der Reformation bestimmt, aber auch hundertfünfzig Jahre Geschichte *einer* altpreußischen Unionskirche geprägt hat, sehr hoch ein.

Der Verfasser sieht die Hindernisse an anderer Stelle. Als einer, der die erste Legislaturperiode des Bundes sowohl als Synodaler als auch als Mitglied der Konferenz der Kirchenleitung intensiv miterlebt hat, kann er sich der großen Hoffnungen noch deutlich erinnern, die sich vor allem an die Bundessynode geknüpft haben. Gerade hier haben aber seiner Meinung nach alle Enttäuschungen ihren Ausgangspunkt genommen. Die größten Schwierigkeiten ergeben sich bei der Kirchwerdung des Bundes durch die verschiedenen Traditionen kirchlicher Leitung, die sich in der Bundesordnung differenziert, aber vielleicht ein wenig einseitig niedergeschlagen haben. Der Verfasser kommt selbst aus einer Gliedkirche mit synodaler Konstruktion und Konzeption. Und er fühlt sich dieser Konzeption verpflichtet, nicht erst durch sein Leben in der sächsischen Landeskirche, sondern aufgrund seiner theologischen Erziehung, in der er von Prof. D. Martin Fischer DD. entscheidend geprägt worden ist. Jeder, der Martin Fischer kennt und beispielsweise seine Mitarbeit in den verschiedenen EKD-Synoden beobachten konnte, wird sich seiner dankbar erinnern als eines Mannes, der von bruderschaftlicher und damit auch synodaler Leitung sehr viel gehalten hat.

Im Folgenden soll versucht werden, über die verschiedenen synodalen und konsistorialen Wurzeln der Bundesordnung im Vergleich mit den Verfassungen der Landeskirchen in der DDR eine Aussage zu machen, die unter Umständen nicht nur den Wert einer Information haben könnte. Der Verfasser sieht das Ziel vielmehr in einer Verstehenshilfe für sich selbst und Andersdenkende.

II.

Die Bundesordnung (BO) setzt als Ziel der Arbeit des Bundes, »in der Einheit und Gemeinsamkeit des christlichen Zeugnisses und Dienstes gemäß dem Auftrag des Herrn Jesus Christus zusammenzuwachsen« (BO 1,2). Darüber soll die Bundessynode (BS), die in ihren fünfzig gewählten Gliedern (neben zehn berufenen) die Größenverhältnisse der Landeskirche berücksichtigt, allerdings mit einer deutlichen Tendenz zum Schutze kleiner Kirchen, durch »Richtlinien« wachen (BO

9,1). Diese Richtlinien haben indessen keinen kirchengesetzlichen Charakter. Von der Möglichkeit, eigene Gesetze zu erlassen, hat die BS nur zögernd Gebrauch gemacht, da sie keinerlei Möglichkeit hat, die Gliedkirchen zur Übernahme dieser Gesetze zu zwingen. Deshalb sind die meisten Initiativen von der Konferenz der Kirchenleitungen ausgegangen, die in Wahrheit eine Konferenz der Landeskirchenämter ist, denn auf den sechzehn Sitzen der Kirchenleitungen der Gliedkirchen sitzen ausnahmslos geborene und nicht gewählte Mitglieder der örtlichen Kirchenleitung. Die acht von der BS hinzugewählten Mitglieder der Konferenz (KKL) sind, selbst wenn sie sich einig sein sollten, eine hoffnungslose Minderheit. Obwohl man aufgrund dieser Konstruktion annehmen müßte, daß von der KKL entworfene Gesetze oder Verordnungen (BO 13,2) von den Landeskirchen akzeptiert werden, kommt es vor, daß trotz einstimmiger Beschlüsse oder überzeugender Mehrheiten die Bundesgesetze schließlich nicht oder kaum verwirklicht werden. So hat die in der KKL fast einstimmig beschlossene neue Nettosteuertabelle schließlich allein in Sachsen zu einer neuen kirchengesetzlichen Regelung der Kirchensteuer geführt.

Das hat in den letzten Jahren zu einer spürbaren Lustlosigkeit im Ergreifen von Initiativen von seiten der BS und der KKL geführt. Gesetzeswerken von gesamtkirchlichem Charakter wie einem neuen Pfarrerdienstrecht oder einer gemeinsamen Ausbildungskonzeption liegen Entwürfe des Sekretariates bzw. von Fachgremien zugrunde — und sie haben deshalb noch weniger Chancen, gemeinkirchliches Recht zu werden als Entwürfe von BS und KKL. In der Frage des Ordinationsformulares hat deshalb ein Gremium die Initiative ergriffen, das von der BO her überhaupt nicht befugt ist, Gesetzgebungen anzuregen, der Bischofskonvent. Er ist laut BO (16,1) lediglich ein Beratungsorgan der Bischöfe unter sich! Immerhin entspricht diese Initiative der bundeskirchlichen Wirklichkeit, wie sie sich infolge einer gewissen Frustration von BS und KKL darstellt. Der Vorsitzende des Bundes und sein unmittelbares Leitungsgremium, der Vorstand, der keinerlei eigene Verantwortlichkeit hat (BO 15,2), treten in der Öffentlichkeit stark in Erscheinung. Sie repräsentieren den Bund bei Empfängen und gegenüber ökumenischen Zusammenschlüssen (Besuch des Vorstandes beim Ökumenischen Rat in Genf) und bestimmen deshalb in der weltlichen und kirchlichen Presse am häufigsten in Wort und Bild den Eindruck des Lesers. Auf diese Weise entsteht mitunter in den Gemeinden das Bild eines Bundes, der so gar nicht da ist — obwohl er doch da ist und da sein muß und gebraucht wird. Daß hier nicht nur Zufälligkeiten walten, wird daran deutlich, daß die BS lediglich eine Legislaturperiode von vier Jahren hat und einmal im Jahre tagt, während die KKL alle zwei Monate, der Vorstand zusätzlich in den Monaten dazwischen zusammenkommt.

Der Bund ist also eindeutig konsistorial und nicht synodal orientiert. Was in der Öffentlichkeit von den BS'n haftet, sind im besten Falle ihre Themen, die zwar einen bewußtseinsbildenden Charakter auch für das Zusammenwachsen des Bundes haben können, aber noch nicht eigentliche synodale Arbeit sind. Trotz der Thematik konnte so eine Kirchenzeitung über die BS 1975 unter der Überschrift berichten »Synode der Langeweile«.

III.

Wenn man die gliedkirchlichen Verfassungen näher betrachtet, wird indessen deutlich, daß hier wirklich verschiedene Denkweisen vorliegen, die sich von einer bestimmten Art kirchlicher Leitungstätigkeit einen wirkungsvollen Dienst der Gemeinde versprechen.

So liegt etwa in der Berlin-Brandenburgischen Kirche das Gewicht kirchlicher Leitungstätigkeit eindeutig bei der Kirchenleitung, zu der neben dem Bischof die vier Generalsuperintendenten, der Propst, der Konsistorialpräsident und der Vorsitzende des Reformierten Moderamens gehören, und der Präses der Synode (Grundordnung 135,1). Die hinzukommenden Synodalen, die — ohne den Präses der Synode — die Hälfte der Kirchenleitung ausmachen, dürfen bis zur Hälfte Pfarrer sein, so daß in der Regel die Geistlichen in der Mehrheit sind. Da die Synode nur einmal im Jahre tagt, die Kirchenleitung hingegen jede Woche, bekommt die Provinzialsynode trotz ihrer gesetzgeberischen Vollmacht den Charakter eines Beratungsorgans, zumal die Kirchenleitung auch gegenüber der Synode weitgehende Rechte hat (GO 132,3). Durch die seltenen Tagungen der Synoden muß die Kirchenleitung ohnehin eine Reihe von Aufgaben übernehmen, die in anderen Kirchen der Synode obliegen. Dieses Leitungssystem hat seine historische Bewährung schon im Leitungsorgan der Altpreußischen Union, dem Evangelischen Oberkirchenrat, gehabt. Und dieses Leitungssystem hat sich bewährt, nicht in allen, aber zweifellos in sehr vielen Angelegenheiten. Und durch dieses Leitungssystem ist in den Gemeinden der Altpreußischen Union über hundert Jahre lang das Evangelium sachgemäß und überzeugend verkündigt worden. Damit deutlich wird, daß die Palette konsistorial-synodal ihren besonderen Farbton nicht aufgrund der konfessionellen Prägung hat, sei hier als zweites konsistoriales Beispiel die Evangelisch-Lutherische Kirche in Thüringen vorgestellt. Sie kennt eine Kirchenleitung mit gewählten Mitgliedern überhaupt nicht. Die Funktionen einer Kirchenleitung nimmt gleichzeitig der Landeskirchenrat wahr (Verfassung § 82 ff), der das Verwaltungsorgan der Thüringischen Kirche ist. Infolgedessen gehören die Mitglieder des Landeskirchenrates mit vollem Stimmrecht zur Synode (Vf § 69) und der Landesbischof führt den Vorsitz (§ 75). Daran ändert auch die Gewohnheit nichts, nach der sich der Landesbischof bei der Leitung der Synode in der Regel von einem nichtgeistlichen Stellvertreter in der Funktion des Präsidenten der Synode vertreten läßt. Während in Berlin-Brandenburg die Kirchenleitung die Synoden vorbereitet (GO 133,1), liegt diese Aufgabe in Thüringen in der Hand des Landeskirchenrates (Geschäftsordnung der Synode §§ 1 und 8).

Obwohl die Evangelische Kirche im Görlitzer Kirchengebiet neben dem Konsistorium eine Kirchenleitung hat, sind bei ihr ebenfalls die konsistorialen Züge stärker, denn zur Synode gehören sowohl der Bischof als auch das Konsistorium sowie die Superintendenten des Kirchengebietes. Auch in der Evangelischen Landeskirche Greifswald gehört das Konsistorium zur Synode, während im Lutherischen Mecklenburg inzwischen neben dem Oberkirchenrat eine Kirchenleitung gebildet worden ist und der Oberkirchenrat nicht mehr der Landessynode angehört. Am klarsten ist eine synodale Verfassung wohl in der Evangelisch-Lutherischen Landeskirche Sachsens verwirklicht. Hier haben die Mitglieder des Landeskirchenamtes, der Bischof eingeschlossen, in der Synode kein Stimmrecht. Die Synode ist sechs Jahre im Amt und tagt jedes Jahr zweimal, so daß die Synodalen in kirchlicher Leitungtätigkeit eine echte Erfahrung bekommen und auch mit Geschäftsordnungsfragen keine Schwierigkeiten mehr haben, wenn die Synode ein bis zwei Jahre gelaufen ist. Die Vorbereitung der Synodaltagungen liegt allein beim Präsidium der Synode, dem neben den beiden Stellvertretern des Präsidenten auch die vier Schriftführer angehören (Verfassung §§ 18, 23, 24). Zwischen zwei Synoden liegen maximal fünf Tagungen der Kirchenleitung, so daß wenig Gelegenheit besteht, wesentliche Verordnungen ohne die Synode herauszugeben (obwohl natürlich alle diese Notverordnungen nachträglich auch von der Synode bestätigt werden müssen). Außerdem sind die Mitglieder der sächsischen Synode zu zwei Dritteln Laien (Vf. § 18,2). Das alles bedeutet, daß die Synode nicht nur eine juristische, sondern auch eine wirkliche sachliche Möglichkeit hat, sich gegebenenfalls auch gegen die Meinung des Landeskirchenamtes zu stellen.

IV.

Obwohl alle vorgestellten Modelle (und auch die nichtvorgestellten, die sich alle unter der Gliederung konsistorial-synodale einordnen lassen) für ihren Leitungsstil ihre historisch bewährten Gründe haben, scheint es doch so zu sein, daß der Situation einer Kirche in einer von einer nichtchristlichen Umwelt geprägten Diasporasituation eine synodale Konzeption am meisten gerecht wird. Dies geht schon aus der Geschichte der evangelischen Synode hervor, die quer durch die Konfessionen geht. Während das erste synodale Modell auf evangelischem Boden von dem lutherischen Landgrafen Philipp von Hessen auf der Synode von Homberg im Jahre 1526 veranlaßt wurde und als »Homberger Kirchenordnung« in die Kirchengeschichte einging, waren die lutherischen Landeskirchen wie auch die reformierten Kirchen Zwinglis in Zürich und Calvins in Genf konsistorial geleitet. Luther lehnte die »Homberger Kirchenordnung« ab, allerdings nicht etwa aus grundsätzlichen Erwägungen, sondern weil er meinte, man müsse so etwas erst probieren, ehe man es gesetzlich fixiere. Verwirklicht worden ist der synodale Gedanke erstmals auf der Pariser Nationalsynode der Hugenotten 1559, die wiederum sowohl lutherische als auch reformierte Wurzeln hatte. Der französische Adel war vorwiegend lutherisch. Da aber Calvin von Genf aus Prediger in die bedrängten Gemeinden schickte, wurde das lutherische allmählich vom reformierten Bekenntnis abgelöst. In der Pariser Nationalsynode, die heimlich tagte unter ständiger härtester Bedrohung, waren erstmals Laienvertreter der Gemeinden anwesend, die dort das bestimmende Element bildeten. Die »Basis« war erstmals an der Leitung der Kirche auch juristisch beteiligt, bezeichnenderweise in einer Verfolgungs- und Minderheitensituation.

Wenngleich dieses Modell kirchlicher Leitung sich in den evangelischen Kirchen Deutschlands erst im 19. Jahrhundert ausgewirkt hat, so war doch in den lutherischen Kirchen der Reformationszeit zwar nicht einfach die »Basis«, aber doch das Laienelement schon vertreten. Der Landesherr als Bischof hatte auch in Lehrfragen durchaus eine Stimme, und die ersten Visitationen beteiligten an den Visitationskommissionen immer auch Laien, manchmal sogar in der Mehrzahl. Es ist also niemals ein bestimmter Typ von Kirchenleitung, der konsistoriale oder der synodale, zu einer absoluten Alleinherrschaft gelangt. Aber die Gewichte waren verschieden verteilt, je nachdem, ob es sich um geschlossene Landeskirchen (oder »Stadtkirchen« im reformierten Raum) handelte oder um Diasporakirchen.

In einem geschlossenen christlichen Volkskörper ist die Barriere zwischen Kirche und Welt nicht so hoch, weil Offenheit für den christlichen Glauben besteht und der Durchschnittsbürger in allen Traditionen, in denen er steht, den öffentlichen und privaten, gleichzeitig auch immer in christlichen Traditionen steht. Die Sprachen und Denkweisen in Welt und Kirche sind mindestens sehr ähnlich, wenn nicht gleich. Die Übersetzungsschranke zwischen dem Evangelium und dem täglichen Leben ist niedrig.

In einer Diasporasituation muß man damit rechnen (je weiter entfernt die Umwelt vom christlichen Glauben ist, desto mehr!), daß Sprache und Gestalt der Gemeinde einen so großen Abstand vom Alltag haben, daß sie nicht mehr akzeptiert werden, wenn nicht vollmächtige Übersetzer da sind, die einmal Sprache und Gestalt der Welt kennen, zum anderen aber auch fähig sind, Sprache und Gestalt der Gemeinde entsprechend umzubauen und umzustrukturieren. Diese Fachleute können nur die Laien sein, die Glieder des Volkes Gottes, die mitten in der Welt leben und täglich die Herausforderungen, die eine nichtchristliche Umwelt an den christlichen Glauben stellt, erleben und erleiden. Der Übersetzung des Evangeliums ist nicht zur Wirksamkeit verholfen, wenn diese Fachleute nur eine beratende Stimme haben. Die Grundlagen der Tradition sind in der Regel so fest, daß ihre Vertreter allein durch Beratung noch nicht zu überzeugen sind. Deshalb müssen die Laien selbst kirchenleitende Verantwortung mit wahrnehmen können. Der Rückgriff auf das neutestamentliche Gemeindebild vom »Leib Christi« (1.Kor 12) ist dabei besonders hilfreich, weil dieses Bild zeigt, wie auch das Miteinander-Funktionieren der Gemeindeglieder — und das heißt doch: die Gestalt der Gemeinde selbst! — mitpredigt, der Welt das Evangelium deutlich macht!

So würde vermutlich der Mut zu stärkerem synodalen Denken und zu engagierteren synodalen Konzeptionen den Kirchen in der DDR nicht nur helfen, ihrer Aufgabe der Verkündigung des Evangeliums besser gerecht zu werden, sondern auch die Kirchwerdung des Bundes Evangelischer Kirchen in der DDR zu einer »Zeugnis- und Dienstgemeinschaft« fördern.

REINHOLD PIETZ

KONTROVERSE THEOLOGISCHE BEGRÜNDUNGEN BEI DER REGIONALEN AUFGLIEDERUNG DER EVANGELISCHEN KIRCHE DER UNION

Seit der Jubilar die hauptamtliche akademische Lehrtätigkeit mit einem Leitungsamt in der kirchlichen Verwaltung vertauschte, ist in seinem engeren Verantwortungsbereich keine Entscheidung kirchlicher Leitung von erkennbar gleichem Gewicht gefallen wie die Aufgliederung der Evangelischen Kirche der Union in zwei selbständige Bereiche durch das Kirchengesetz vom 23. 4./8. 5. 1972. In einer Martin Fischer gewidmeten Festschrift erscheint es darum berechtigt, den Zusammenhängen zwischen Theologie und Kirchenleitung am Sonderfall der Entstehung gerade dieses Gesetzes »Über die Organe und Dienststellen der Evangelischen Kirche der Union« nachzugehen.

Dabei mag eine doppelte Beschränkung erlaubt sein: temporal auf die Phase der unmittelbaren Vorbereitung der Entscheidung, d. h. auf die Jahre 1970—1972, lokal auf das Gespräch, wie es dazu auf dem Boden der DDR geführt wurde. Bedeutet vor allem die letztere Eingrenzung, daß der Anteil nicht in den Blick kommen kann, den der Jubilar selber an jenem Stück zeitgenössischer Kirchengeschichte hat, weist doch schon das genannte doppelte Datum unter dem Kirchengesetz darauf hin, daß dieser Anteil nach Lage der Dinge für ihn und den gesamten damaligen »Regionalbereich West« mehr in einem reagierenden als einem agierenden Handeln bestand. Trotz einiger Teilerfolge bei dem Versuch, in der Entscheidungsfindung die Gemeinsamkeit innerhalb der EKU zu wahren, mußten die Weichen von der Synode im »Regionalbereich Ost« gestellt werden.

Der Gang der Verhandlungen

Als am 22. 5. 1970 Professor Dr. Hanfried Müller/Berlin der in Magdeburg zu ihrer konstituierenden Tagung versammelten 4. Synode der Evangelischen Kirche der Union (Regionalbereich Ost) den von drei weiteren Synodalen unterschriebenen Antrag vorlegte, »in der DDR die Selbständigkeit der EKU und aller ihrer Organe herzustellen«[1], gab es bereits eine Reihe von Versuchen, die Arbeitsfähigkeit der verfassungsrechtlich vorgesehenen Leitungsgremien trotz erfahrener äußerer Behinderung sicherzustellen. Unter dem Eindruck der Maßnahmen des 13. 8. 1961 hatte die 2. Synode im Juni 1963 eine »Ordnung für Synodaltagungen in besonderen Fällen« beschlossen, die bei Zunahme der Erschwernisse durch Ratsverordnungen vom 1. 10. 1968 über die mögliche Wahrnehmung der Aufgaben und Befugnisse der Synode durch Regionalsynoden und über die Bildung von Sektionen des Rates sowie durch eine Verordnung zur Änderung beider Texte vom 3. 2. 1970 weitergeführt worden war. Während aber das Ziel der genannten Ordnung und der an sie anschließenden Verordnungen darin bestanden hatte, auch unter den neuen Gegebenheiten ein einheitliches Handeln der berufenen Organe der Kirche zu gewährleisten, zielte der Antrag, der bei Einbringung der Verordnungen in die Synode überraschend gestellt wurde, gerade darauf ab, die Verpflichtung zu einem solchen einheitlichen Handeln in der EKU aufzuheben und durch die Verselbständigung der Organe in den beiden Regionen deren rechtliche Unabhängigkeit voneinander zu erreichen.

Zu einer Sachdebatte kam es auf der Synodaltagung 1970 nur in Ansätzen. Die Antragsteller selber hatten als fälligen nächsten Schritt die Einsetzung eines ständigen Synodalausschusses angeregt, der innerhalb weniger Monate die Beschlußfassung einer Sondertagung der Synode vorbereiten sollte. Dieser Vorschlag wurde nach eingehender Prüfung im Tagungsausschuß und mit Veränderungen im Detail vom Plenum aufgenommen. Die Synode bildete das ihr empfohlene Beratungsgremium, berief die Mehrzahl seiner Mitglieder und bat den Rat, aus seiner Mitte ein bis zwei weitere Mitglieder zu entsenden sowie festzustellen, ob und gegebenenfalls in welcher Weise die Regionalsynode West sich an der Arbeit beteiligen würde. Den Auftrag des Ausschusses umriß sie dabei in einem längeren Beschluß, der in seinen Kernsätzen eine Bejahung des Weges, »der durch die Verordnungen über die Regionalisierung von Synode und Rat beschritten ist«, und die Forderung nach »Weiterarbeit an dieser Sache« enthielt, zugleich aber festlegte, daß »die EKU erhalten und nicht aufgegeben werden« sollte.

Unter dieser von Spannungen nicht freien Weisung hat der Ausschuß vierzehn Monate hindurch gearbeitet, bis zur siebenten seiner neun Sitzungen so, daß jeweils wenigstens einige seiner Mitglieder aus der Regionalsynode West ungehindert an den Beratungen teilnehmen konnten. Mit dem Ergebnis seiner Bemühungen befaßten sich die

---

[1] Verhandlungen der 1. Tagung der 4. Synode der Evangelischen Kirche der Union (Regionalbereich Ost) vom 22. bis 24. Mai 1970, Vervielfältigung, broschiert, 9. Künftig zit.: Verhandlungen

beiden Regionalsynoden zunächst informatorisch auf Rüsten, die im Januar 1972 in Haus Villigst und im März in Potsdam-Babelsberg gehalten wurden, dann beschlußfassend auf den ordentlichen Tagungen vom April und Mai des gleichen Jahres in Magdeburg bzw. Berlin-Spandau. Dabei wurde die Vorlage des Ausschusses für ein »Kirchengesetz über die Organe und Dienststellen der Evangelischen Kirche der Union« von der Regionalsynode Ost noch einmal kräftig überarbeitet; im Sinne größerer Konsequenz bei der Durchführung der regionalen Teilung wurden die Bestimmungen über den bisherigen Rat und die bisherige Kirchenkanzlei denen über die bisherige Synode angeglichen. In dieser Fassung ist das Kirchengesetz schließlich von beiden Regionalsynoden mit der erforderlichen Zweidrittelmehrheit verabschiedet worden[2].

Der Inhalt darf hier als im wesentlichen bekannt vorausgesetzt werden. Das Gesetz sucht der spannungsvollen Wirklichkeit einer Kirche Rechnung zu tragen, die als diese eine Kirche in zwei gleichberechtigten Staaten unterschiedlicher, ja gegensätzlicher Gesellschaftsordnung existiert. Einerseits stellt es darum fest, daß die EKU ihr Leben in zwei eigenständigen Bereichen führt (§ 1), in denen »Bereichs-Synoden« (§§ 2 und 3), »Bereichs-Räte« (§ 4) und »Bereichs-Kanzleien« (§ 5) Verantwortung tragen und zur Abwicklung von Rechtsangelegenheiten einschließlich Vermögens- und Finanzangelegenheiten »ausschließlich« befugt sind (§ 6). Andererseits aber weist es den Bereichs-Synoden die gemeinsame Aufgabe zu, »die in der Ordnung der EKU bezeugte brüderliche Gemeinschaft zu verwirklichen und lebendig zu erhalten« (§ 3), und verpflichtet es die Bereichs-Räte und Bereichs-Kanzleien dazu, mittels gemeinsamer Beratungen, die der unmittelbaren gegenseitigen Information und Abstimmung über Vorhaben in beiden Bereichen dienen sollen, »beständig für die Erhaltung und Förderung der brüderlichen Gemeinschaft in der EKU zu sorgen« (§§ 4 und 5).

Der Anteil nichttheologischer Erwägungen

In einem Abschiedswort, das der aus seinem Amt scheidende Präsident der Kirchenkanzlei, D. Hildebrandt, am 23. 4. 1972 unmittelbar nach Schluß der Tagung an die Synode richtete, sprach er im Blick auf das wenige Stunden zuvor beschlossene Kirchengesetz von der »synodalen Entscheidung und ihrer theologischen Begründung«[3]. Mit der so vor-

---

[2] Abgedruckt in: Mitteilungsblatt des Bundes der Evangelischen Kirchen in der Deutschen Demokratischen Republik 1972, 57 f
[3] Tonbandnachschrift (aufbewahrt in der Kirchenkanzlei der EKU — Bereich DDR —) 206

genommenen Differenzierung machte er auf eine doppelte Tatsache aufmerksam:

Einerseits war die von der Synode getroffene Entscheidung ganz sicher keine »theologische«. Staatliche Wünsche auf Grund verfassungsrechtlicher Fakten hatten den ersten Anstoß zu ihr gegeben. Mit der sorgfältigen Prüfung dieser Forderungen hatten sich kirchliche Strukturüberlegungen verbunden; in allen Gesprächen spielte die Rücksichtnahme auf den eben (1969) gebildeten und von rechtlichen Bindungen an die Kirchen in der BRD freien »Bund der Evangelischen Kirchen in der DDR« eine gewichtige Rolle, für den eine den alten Zusammenhang wahrende EKU als möglicher Integrationsfaktor ausschied. Hinzu kamen — in sehr unterschiedlichem Maße und mit durchaus gegensätzlichem Inhalt — politische Werturteile und Prognosen.

Andererseits aber wies die synodale Entscheidung ebenso gewiß theologische Implikationen auf. Viele der vorbereitenden Beiträge hatten eine theologische Motivation erkennen lassen. Deutlich war auch bei Stellungnahmen, die offensichtlich in Gedankengängen anderer Art begründet waren, das Bestreben hervorgetreten, sie theologisch zu reflektieren und zu rechtfertigen. Kann die Kirche, weil sie Kirche in der Welt ist, nicht ohne Zweckmäßigkeitserwägungen und insofern nicht mit der Theologie allein geleitet werden, so kann sie es doch eben auch nicht gegen die Theologie, d. h. gegen das theologisch als richtig Erkannte!

Im folgenden soll versucht werden, die theologischen Positionen zu umreißen, die im Verlauf der Auseinandersetzungen profiliert vertreten worden waren und in deren wechselseitiger Befragung sich die Entscheidung über die Zukunft der Evangelischen Kirche der Union angebahnt hatte.

Theologische Standpunkte

Die EKU war angefragt, ob und gegebenenfalls in welcher Weise sie ihre Ordnung zu ändern bereit wäre. Das wurde in ihr fast übereinstimmend so gehört, daß sie damit nach ihrem Zeugnis gefragt war. Deutlicher als an irgendeiner anderen Stelle zeigte sich darin die Herkunft aus einer gemeinsamen Tradition. Der III. Satz der Barmer Erklärung von 1934, nach dem die Kirche »mit ihrer Botschaft wie mit ihrer Ordnung« Zeugnis abzulegen hat, wurde im Verlauf der Debatte immer wieder von Vertretern auch extrem gegensätzlicher Positionen zustimmend angeführt und für die Entscheidungsfindung herangezogen. Es war also offensichtlich nicht feierlich deklamiert — sondern ein Stück kirchlicher Wirklichkeit beschrieben worden, wenn 1951 im Grundartikel der Ordnung der EKU über die Theologische

Erklärung von Barmen ausgesagt wurde, daß sie »als ein Glaubens-
zeugnis in seiner wegweisenden Bedeutung für die versuchte und angefochtene Kirche« bejaht werde, und wenn 1970 die Synode im Zusammenhang mit ihrem Beschluß, daß die EKU wohl regionalisiert, aber
nicht aufgegeben werden sollte, auch die Bindung an Barmen noch einmal erneuerte: »Wir bekennen uns zum Grundartikel ihrer Ordnung.«

Dabei blieb die Auffassung, daß es bei der anstehenden kirchengesetzlichen Regelung im Sinne von Barmen III auch um eine Frage
des Zeugnisses der Kirche gehe, nicht völlig unwidersprochen. Pfarrer
Heinz Langhoff/Brandenburg, reformiertes Mitglied des Rates für den
damaligen Regionalbereich Ost, suchte dieser Konsequenz bei der Einbringung eines Änderungsantrages zu dem Ausschuß-Entwurf zu entgehen, und zwar durch eine Unterscheidung. Er machte sich also nicht
etwa die konfessionell-lutherische Kritik an Barmen III zu eigen, nach
der dort Botschaft und Ordnung grundsätzlich zu nahe aneinander-
gerückt sind[4]. Wohl aber wollte er in dem »doch recht komplexen«
Begriff der »Ordnung der Kirche« zwei Ebenen auseinandergehalten
wissen: a) die höhere Ebene der Bestimmungen grundsätzlicher Art,
auf der z. B. die klassischen reformierten Kirchenordnungen zu sehen
sind, die Lehraussagen, prinzipielle Entscheidungen zu Gemeindeaufbau und Gemeindeleitung sowie agendarische Anordnungen enthalten
und »des öfteren geradezu den Rang einer Bekenntnisschrift mit dem
entsprechenden Gewicht und der entsprechenden Dauerhaftigkeit« er-
langten, und b) eine niedere »institutionell-organisatorische« Ebene,
der die Funktion zukommt, die Grundsatzentscheidungen der erst-
genannten in die Praxis umzusetzen. »Sie hat in ständiger aufmerk-
samer Anpassung an die Gegebenheiten innerhalb und außerhalb der
Gemeinde dafür zu sorgen, daß der Lauf des Evangeliums nicht durch
überholte Praktiken und Formen behindert, sondern durch sachgerechte
Regelungen des Lebens und Zusammenlebens, der Zusammenarbeit der
Gemeinden gefördert werde.« Um eine Ordnungsentscheidung dieses
Charakters ginge es in dem vorgesehenen Gesetz, also nicht um eine
solche, auf die Barmen III Anwendung finden könnte, sondern »nur
um Veränderungen institutionell-organisatorischer Art«[5].

Mit diesem Urteil blieb der Redner, hört man auf die öffentlich
geäußerten Meinungen, freilich allein. Natürlich trifft es zu, daß nicht
alle Ordnungsentscheidungen das gleiche Gewicht haben oder auf
derselben Ebene liegen. Aber statt um zwei »klar zu unterscheidende«
Ebenen dürfte es sich doch eher um eine Skala mit gleitenden Übergängen handeln, so daß es unmöglich ist, bestimmte Regelungen prin-

---

[4] Vgl. Chr. Stoll, Die Theologische Erklärung von Barmen im Urteil des lutherischen Bekenntnisses, 1946, 12

[5] Tonbandnachschrift, 16 f

zipiell von dem auszunehmen, was Barmen III über die Ordnung der Kirche sagt. Auch die Stunde spielt hier eine Rolle. Eine für lange Zeit »stumme« Bestimmung von anscheinend nur organisatorischer Bedeutung kann plötzlich zu reden anfangen und sich als ein dem Auftrag der Kirche gemäßes oder auch ihm widersprechendes Zeugnis erweisen.

Hanfried Müller hatte in einer früheren Phase der Diskussion mit wahrscheinlich mehr Recht zwischen der »Mittelhaftigkeit der Ordnung für das Zeugnis«, die für jede Maßnahme kirchlichen Ordnungshandelns gilt, und dem »Zeugnischarakter der Ordnung« unterschieden, der nicht an allen Stellen gegeben oder doch zu erkennen ist, für die anstehende gewichtige Entscheidung aber in Anschlag zu bringen war[6]. In der gleichen Einschätzung einer Maßnahme »nur« institutionell-organisatorischer Art (wenn auch mit entgegengesetzter Tendenz!) hatte das Ratsmitglied Propst D. Ringhandt im Blick auf die vorgeschlagene Ordnungsänderung erklärt: »Ich kann mich nicht davon trennen, daß zwar abstrakterweise die organisatorische Seite der Kirche nicht identisch ist mit der Kirche des Glaubens. Aber wir leben in einer verpflichtenden und bisher realisierten Gemeinschaft, in der wir uns, wenn wir uns organisatorisch trennen, davor bewahren müssen, daß dies mißdeutet wird, daß es eben doch verstanden wird als eine Aufgabe dieses Geschenkes in dieser Welt.«[7]

Auf dem Hintergrund der gemeinsamen Überzeugung, daß die Kirche auch mit ihrer Ordnung Zeugnis ablegt und bewußt abzulegen hat, tritt die theologische Kernfrage in den Auseinandersetzungen der Jahre 1970 bis 1972 deutlich hervor. Sie läßt sich etwa so wiedergeben: Was hat die EKU in ihrer spezifischen Situation an der Nahtstelle zweier Welten mit der Bewahrung oder Veränderung der überkommenen Ordnung zu bezeugen?

Daß der Antagonismus gesellschaftlicher Systeme mit allen anderen denkbaren Antagonismen in Christus überwunden ist, lautete die Antwort derjenigen, die sich für die Bewahrung der Rechtseinheit einsetzten. Sie sahen mit deren etwaiger Preisgabe die Glaubwürdigkeit des kirchlichen Zeugnisses von der Versöhnung gefährdet. So erklärte der damalige Vorsitzende des Rates, Bischof D. Fränkel, 1970 in seinem Bericht vor der Synode: »Es kann für uns nicht darum gehen, wie wir am besten durchkommen, sondern darum, daß die Wahrheit der Botschaft von der Versöhnung nicht verdunkelt wird. Die Macht dieser Botschaft können wir in der gegenwärtigen Stunde als Evangelische Kirche der Union nur unter Wahrung unserer Einheit sichtbar machen.«[8] »Forderungen, die Gemeinschaft der Kirchen in der EKU nach politischen Bereichen aufzuheben, treffen die in Christus vorgegebene

---

[6] Verhandlungen, 103   [7] Verhandlungen, 123   [8] Verhandlungen, 47

Einheit der Christenheit und das ihr aufgetragene Zeugnis von Gottes versöhnendem Handeln«, stellte ganz entsprechend D. Johannes Hamel/Naumburg im letzten seiner »Neun Sätze über die Gemeinschaft evangelischer Kirchen in der EKU« fest, die er im Frühjahr 1971 in die Arbeit des Ausschusses der Synode einbrachte. Und bei der Begründung der Ausschußvorlage auf der Tagung von 1972 nannte der Berichterstatter als das vorrangige Argument, das im Gespräch für die Wahrung der Gemeinsamkeit geltend gemacht worden sei: »Zu den Zeugnisinhalten, die heute ihre Stunde haben, gehört .. in besonderer Weise die Botschaft von dem Abgebrochensein aller trennenden Zäune unter uns Menschen in Christus.«[9] Häufig wurde dabei von Vertretern der geschilderten Position darauf hingewiesen, daß die durch Christus gewirkte Bruderschaft unter Menschen in verschiedenen Gesellschaftsordnungen auf Verleiblichung dränge. »Wie sollen die Brüder in der Einheit des Glaubens und der Liebe handeln und entscheiden«, fragte Johannes Hamel am 18. 12. 1970 im Ausschuß, »wenn sie nicht aufeinander hören und sich miteinander beraten und einander mahnen, ja warnen? Wie sollen sie das aber real tun . . ., wenn sie sich nicht durch feste Formen aneinander binden?«[10] Die Trennung voneinander kann darum von Kirchen wohl erlitten, sie darf von ihnen aber nicht herbeigeführt werden.

Zu bezeugen hat die EKU mit ihrer Ordnung, wurde demgegenüber zugunsten einer Aufhebung der Rechtseinheit vorgebracht, daß die rettende Botschaft dem verlorenen Menschen in jedem der antagonistischen Systeme gilt und ihn in seiner je besonderen Situation ernstnimmt. »Die Ergebnisse Ihrer Beratungen«, hieß es in einem Grußschreiben des Rates der Sektion Theologie der Ernst-Moritz-Arndt-Universität Greifswald an die Synode 1972, »werden sicherlich bis in die organisatorischen Fragen und Probleme hinein den Auftrag unseres Herrn im Blick behalten müssen, das Evangelium in der konkreten gesellschaftlichen Wirklichkeit zu verkündigen.«[11] Wir haben »das eine Evangelium«, hatte Hanfried Müller am 18. 12. 1970 im gleichen Sinne im Regionalisierungsausschuß ausgeführt, »in verschiedenen Zeiten und Räumen, getrennt durch ganze Epochen als Evangelium für die Sünder und Armen . . . (zu) verkündigen«[12]. Die Adressaten unserer Verkündigung können das ihnen geltende Angebot als solches nur erkennen, wenn wir mit unserer Sprache wie mit unserer Ordnung die gegensätzliche Gesellschaft berücksichtigen, in der sie leben. »Gerade wenn wir die gleichen Ordnungen haben, bezeugen diese Ordnungen

[9] Tonbandnachschrift, 10
[10] Vervielfältigung des Referats, 21
[11] Tonbandnachschrift, 3
[12] Vervielfältigung des Referats, 13

nicht dasselbe Evangelium — wenn wir dasselbe Evangelium bezeugen
wollen, brauchen wir die Freiheit zu eigenständigen Ordnungen, sind
wir angewiesen auf verschiedene Worte, auf formal unterschiedliche
Verhaltensweisen.«[13] Weil ihre Rechtseinheit ihrem Zeugnis im Wege
steht, folgerten die Vertreter dieser Position, ist die Verselbständigung
der Kirchen in den beiden Regionen der EKU freiwillig und bewußt
zu vollziehen, nicht etwa nur zu erleiden.

Wechselseitige Befragung

Beide hier dargestellten Standpunkte wurden durch ihre jahrelange
wechselseitige Befragung hindurch und über ihre Infragestellung aus
mittleren Positionen hinweg festgehalten; ihre Vertreter vermochten
einander nicht zu überwinden. Kritischer Prüfung wurde auf der einen
Seite insbesondere der Versuch unterzogen, Versöhnungszeugnis und
Rechtseinheit der Kirche aneinander zu binden. Von der andersartigen
Entscheidung der Vereinigten Evangelisch-Lutherischen Kirche in der
DDR ausgehend, die bereits in den Freiberger Beschlüssen von 1968
eine völlige rechtliche Trennung von ihrer Schwesterkirche in der BRD
vorgenommen hatte, und in Abwehr des naheliegenden Vorwurfs einer
Spiritualisierung des Bekenntnisses zur communio sanctorum bemerkte
Oberkirchenrat Fritz Heidler/Berlin in seinem Grußwort an die Synode
1970: »Der Dienst der Versöhnung ist nicht an eine gesamtnationale
Institution gebunden, wie überhaupt nicht an eine Institution. Auch
wir sind mit unseren westdeutschen Brüdern im Glauben und oft in
gemeinsamen Beratungen verbunden, bei denen wir physisch beiein-
andersitzen.«[14] Grundsätzlicher noch fragte Bischof D. Schönherr das
hier vorliegende Verständnis von »Versöhnung« an. Im Abwägen des
Rechtes beider Eck-Meinungen, bei voller Anerkennung des Festhaltens
an der Gemeinschaft in einer organisierten Kirche als einer Möglichkeit (!), die Einheit des Leibes Christi zu bezeugen, machte er auf eine
Einseitigkeit aufmerksam: »Ich glaube, daß es nicht ganz die Sache
trifft, wenn wir vom Versöhnungsdienst immer nur in dem Zusammenhang der kirchlichen Einheit reden. In erster Linie heißt ja Versöhnung Versöhnung unter Verschiedenen, Versöhnung unter solchen,
die normalerweise zerstritten sind. Brücken schlagen über wirkliche
Gräben und Abgründe hinweg, das heißt Versöhnung.« Schönherr
wollte auch die Solidarität mit den Andersdenkenden im eigenen Land
unter den Versöhnungsdienst der Kirche subsumiert wissen. »Die

[13] Vervielfältigung des Referats, 10
[14] Verhandlungen, 30

andere Art, Christus zu bezeugen, ist die, daß wir die Mannigfaltigkeit des Leibes bezeugen durch die spezifische Hinwendung jeweils zu dem Christusdienst, der uns an Ort und Stelle aufgetragen ist.«[15]

Die Befürworter einer Auflösung der Rechtsbindung auf der anderen Seite mußten sich Anfragen vor allem an ihre Forderung nach einer situationsbezogenen Verkündigung durch Wort und Ordnung gefallen lassen. Aus der zu Recht verlangten Bezogenheit auf die konkreten Verhältnisse kann unter der Hand eine Bindung an sie werden, indem nicht mehr die ganze biblische Wahrheit gehört und zur Sprache gebracht wird. »Gerade das Hören auf das Evangelium über die Grenzen unterschiedlicher Staats- und Gesellschaftsordnungen hinweg«, erklärte der Sprecher des Ausschusses bei der Einbringung der Gesetzesvorlage 1972, »kann die Kirche vor Irrwegen bewahren, besonders vor der immer drohenden Verwechslung der Situation mit dem Evangelium«[16]. Ein Urteil wie das zur Begründung der Trennung angeführte, daß zwischen den beiden Systemen »ganze Epochen« lägen, ist jedenfalls nicht mehr aus der biblischen Botschaft, sondern aus einer bestimmten, dem Redner einleuchtenden Geschichtstheorie hervorgegangen. Allen Beteuerungen zum Trotz, daß Zeugnis und Ordnung zusammengehören, könnte es darüber zu ihrer faktischen Verselbständigung kommen, entsprechend der Zweifelsfrage Johannes Hamels: »Wird etwa die Trennung dadurch theologisch fundamentiert, daß Zeugnis und Ordnung der Kirche auseinandergerissen werden nach dem Prinzip: ›Auf der Ebene des Glaubens und der Lehre folgen wir dem Evangelium, auf der Ebene der Gestaltung in Kirche und Gesellschaft dagegen folgen wir vernünftiger Einsicht‹, die dann unter der Hand mit marxistisch-leninistischer Erkenntnis und Propaganda gleichgesetzt wird?«[17]

Theologie des Zeugnisses und Theologie des Dienstes

In einem Diskussionsbeitrag während der 1. Lesung des Kirchengesetzes am Vorabend der Entscheidung, am 22. 4. 1972, drängte Albrecht Schönherr auf eine, jede Mehrdeutigkeit vermeidende Fassung mit dem Stoßseufzer: ». . . damit wir dann endlich einmal heraus sind aus den Debatten in dieser Sache und an das kommen können, worum es uns eigentlich in unserer kirchenleitenden Aufgabe gehen muß, nämlich um Zeugnis und Dienst!«[18] Gewiß, Zeugnis und Dienst wur-

---

[15] Verhandlungen, 109
[16] Tonbandnachschrift, 10
[17] Vervielfältigung des Referats vom 18. 12. 1970, 31
[18] Tonbandnachschrift, 111

den in »diesen Debatten« nur sehr bedingt praktiziert, aber theologisch, scheint mir, standen eben sie darin zur Diskussion, und zwar in ihrem Verhältnis zueinander. Damit sei abschließend versucht, den bis zuletzt nicht überwundenen Gegensatz auf eine voraufgehende, tieferliegende theologische Entscheidung zurückzuführen.

Die Formel von der Kirche als »Zeugnis- und Dienstgemeinschaft« oder von der kirchlichen »Gemeinsamkeit in Zeugnis und Dienst« hat sich, wahrscheinlich unter dem Einfluß der Weltkirchenkonferenz von Neu-Delhi 1961 mit ihren drei Sektionsthemen »Zeugnis«, »Dienst« und »Einheit«, in den letzten Jahren überraschend schnell durchgesetzt. Sie begegnet z. B. in der Ordnung des Bundes der Evangelischen Kirchen in der DDR von 1969 (Artikel 1,2), in der Leuenberger Konkordie von 1973 (Ziffer 29), in der Grundordnung der EKiD von 1974 (Artikel 3,1). Auch in den Auseinandersetzungen um eine Regionalisierung der EKU wurde sie öfters gebraucht, meist beiläufig und dabei unterschiedslos von solchen, die in der anstehenden Sachfrage gegenläufige Ansichten vertraten.

»Unterschiedslos«, aber offenbar mit unterschiedlichem Verständnis! Die Formel verdeckt ja, daß die beiden Lebensäußerungen der Kirche »Zeugnis« und »Dienst«, so gewiß sie untrennbar zusammengehören, in starke Spannung zueinander treten können. Das Zeugnis kann in einer Weise den Vorrang bekommen, daß der Dienst dahinter völlig zurücktritt oder nur noch um des Zeugnisses willen betrieben wird. Umgekehrt kann der Dienst im äußersten Fall das Zeugnis verschlingen, indem er zu dessen alleinberechtigter Gestalt wird. Es ist bei dieser Sachlage nicht verwunderlich, daß sich unter Theologen solche vorrangig des »Zeugnisses« und solche vorrangig des »Dienstes« gegenüberstehen, für die dann auch im Blick auf die Ordnung entweder deren Zeugnis- oder deren Dienstfunktion voransteht. Diesen Unterschied, meine ich, hinter den beiden Positionen in der Frage der Regionalisierung der EKU zu erkennen.

Auf der einen Seite wurde etwa von Johannes Hammel erklärt: »Der Generalgesichtspunkt (!), unter dem wir unsere Entscheidung dieser Frage m. E. suchen sollten, wäre die Frage: ›... Welches Zeugnis richten wir mit einer selbst vorgenommenen Trennung von unseren EKU-Kirchen in der BRD aus gegenüber ihnen und ihren Gliedern, gegenüber den Gemeinden in der DDR, gegenüber den Verwaltern der Macht in der DDR?‹«[19] (Im gleichen Zusammenhang ist bezeichnenderweise von der »Klarheit« des Zeugnisses die Rede!) Ähnlich wies Joachim Fränkel im Ratsbericht von 1972 darauf hin[20], daß die EKU

[19] Vervielfältigung des Referats vom 18. 12. 1970, 23
[20] Vervielfältigung, 8

gerade dann einen Beitrag zur »Profilierung der Zeugnis- und Dienstgemeinschaft des Bundes« leisten werde, wenn sie für das »mit jeder
kirchlichen Entscheidung verbundene Zeugnis« die paulinische Erkenntnis von Gal 3,28 durchhielte, nach der die im Versöhnungswerk
Jesu Christi gesetzte Relativierung aller absoluten Trennungsforde-
rungen auch den antagonistischen Gegensatz verschiedener Gesellschaftsordnungen nicht ausnimmt.

Die Vorordnung des Dienstgedankens äußerte sich auf der anderen
Seite nicht nur allgemein in der vorrangigen Forderung nach Situa-
tionsbezogenheit in Verkündigung und Ordnung, sondern auch speziell
etwa darin, daß Hanfried Müller die Auseinandersetzung in der gleichen Linie sehen konnte wie den Gegensatz zwischen den Zehn Artikeln von Freiheit und Dienst der Kirche (»mit ihrem Richter- und
Wächter-Amt der Kirche über die Welt«) und dem »evangelischen
Protest dagegen in den Sieben Sätzen über die Freiheit der Kirche zum
Dienen«[21]. Der Gesichtspunkt, daß es wesentlich um das Zeugnis vor
der Welt gehen könnte, schied auch für Heinz Langhoff aus, wenn er
die anstehende Entscheidung mit der Operation an siamesischen Zwil-
lingen verglich, die getrennt werden, »damit sie sich freier bewegen
und dann auch besser gegenseitig helfen können«[22]. Treffend scheint
mir Albrecht Schönherr an der schon angezogenen Stelle eines Diskus-
sionsbeitrages in der Synodaldebatte von 1970 »die andere Art, Christus zu bezeugen« als »spezifische Hinwendung jeweils zu dem Chri-
stus-Dienst« charakterisiert zu haben, »der uns an Ort und Stelle
aufgetragen ist«[23].

Die Rede von der Kirche als »Zeugnis- und Dienstgemeinschaft«
wird uns in den nächsten Jahren noch oft begegnen. Es wird gut sein,
sie jeweils nicht ungeprüft hinzunehmen.

---

[21] Vervielfältigung des Referats vom 18. 12. 1970, 4
[22] Tonbandnachschrift, 18
[23] Vgl. oben Anmerkung 15

WENZEL LOHFF

THEOLOGISCHE KONZEPTION
UND GEMEINDELEITUNG
IM SPIEGEL THEOLOGISCHER SCHULEN

I.

Schleiermacher definiert im § 5 seiner kurzen Darstellung des theologischen Studiums die Theologie als den »Inbegriff derjenigen wissenschaftlichen Kenntnisse und Kunstregeln, ohne deren Besitz und Gebrauch eine zusammenstimmende Leitung der christlichen Kirche, d. h. ein christliches Kirchenregiment nicht möglich ist«. Ohne uns auf die Frage einzulassen, ob mit dieser Definition von Theologie die eigentümlichen Existenzbedingungen theologischer Wissenschaft erschöpft oder auch nur getroffen sind, kann man diese pragmatische Konzeption von Theologie jedenfalls dort einsetzen, wo es um die Frage geht, was die faktisch betriebene Theologie für die Leitung der christlichen Gemeinde hergebe. Diese Frage hat in neuerer Zeit sowohl durch den Wiedergewinn quasi-empirischer Fragestellungen in der Theologie (Religions- und Kirchensoziologie usw.) wie durch das jahrelange Bemühen um eine Reform des Theologiestudiums, das dieses für die Berufsaufgabe des heutigen Pfarrers geeigneter macht, eine besondere Zuspitzung erfahren. Sehen wir ab von der Differenzierung zwischen Gemeindeleitung und Kirchenleitung im engeren Sinne (also der Leitung der landeskirchlichen Großorganisationen), für die besondere, vor allem auch nichttheologische Fragestellungen und Qualifikationen erforderlich sind, so erhebt sich heute vielerorts die Frage, in welcher Form die Theologie die Kenntnisse und Kunstregeln gewinnen und bereitstellen kann, um die christliche Gemeinde unter den sich immer mehr erschwerenden und komplizierenden Bedingungen der fortgeschrittenen Industriegesellschaft zu »leiten«.

Nun muß man feststellen, daß in dieser relativ jungen Fragestellung keineswegs schon überzeugende theologische Gesamtkonzepte, geschweige denn ein Konsensus hierüber gewonnen ist. Unter diesen Umständen ist es — gewissermaßen als Vorfrage zu der oben gekennzeichneten Frage nach der Leistungsfähigkeit der Theologie — interessant, welche Leistung die bisherigen theologischen Entwürfe für die Gemeindepraxis der sich in ihnen verstehenden Pfarrer oder zumindest für ihre Einstellung zur Gemeinde erbracht haben. Die Untersuchungen von Günter Bormann[1] und Y. Spiegel/U. Teichler[2] haben aufgrund eines breiten Befragungsmaterials herausgestellt, daß es tatsächlich verschiedene Formen pfarramtlicher Praxis gibt, in denen sich theologische Ausbildungen und Positionen widerspiegeln, die jeweils ihre Stärke wie ihre Defizite besitzen. Insbesondere die von Bormann herausgestellten sechs Typen sind dabei, obwohl das Befragungsmaterial z. T. noch aus den fünfziger Jahren stammt, keineswegs veraltet, sondern geben einen merkwürdigen Spiegel theologischer Schulen unter den Bedingungen der Berufseinstellung von Pfarrern, der die ganze Schwierigkeit offenbar machen kann, vor die eine theologische Theorie der Gemeindeleitung heute gestellt ist.

Ausgangspunkt ist dabei die auch sicher heute noch gültige Formel, nach der das Pfarramt übereinstimmend in allen Ansätzen als Predigtamt, näherhin als Aufgabe der Verkündigung des Evangeliums dargestellt wird, wie immer dies im einzelnen verstanden wird — und daß die übrigen Aktivitäten des evangelischen Gemeindelebens dieser Funktion zugeordnet sind. Die hier grundlegenden Auffassungen von CA V über das Predigtamt und CA VII über die Kirche dürften in diesem Sinne auch heute im allgemeinen unbestritten in Geltung sein. Daß es um den rettenden und heilsamen Glauben geht und daß um seinetwillen das Amt der Verkündigung und der Verwaltung der Sakramente eingesetzt ist, bleibt die überall gültige Grundformel, ebenso wie daß die Kirche die Gemeinschaft der Heiligen oder wahrhaft Glaubenden ist, unter denen das Evangelium recht gepredigt und die Sakramente dem Evangelium gemäß verwaltet werden. Mag der Konsensus hierüber zu den wenigen Konstanten heutiger Theologie gehören — es zeigt sich das Problem erst dann, wenn konkrete Gemeindepraxis unter den Bedingungen heutiger gesellschaftlicher Situationen von diesen Grundformeln her konzipiert werden soll. Eben an dieser Stelle wird die theologische Ausbildung, werden die theologischen Schulen verschiedener Art voll wirksam (womit noch nichts darüber ausgesagt ist, ob die einschlägige Schultheologie denn wirklich die konkrete Gemeindepraxis praeskriptiv zu bestimmen vermag).

---

[1] G. Bormann, Studien zum Berufsbild und Berufswirklichkeit evangelischer Pfarrer in Württemberg, in: Internationales Jahrbuch für Religionssoziologie, 4, 1968, 158—206

[2] Y. Spiegel/U. Teichler, Theologie und gesellschaftliche Praxis, 1974

II.

Bormann unterscheidet sechs Typen des Pfarrerbildes, von denen zwei weniger stark theologisch programmiert zu sein scheinen.

1. Der *ordnungstheologische Ansatz* lutherischer Theologie begreift die Verkündigung des Evangeliums primär als Amtstätigkeit des Pfarrers im Rahmen eines Verständnisses der gesellschaftlichen Wirklichkeit, das durch eine Lehre von Ordnungen und Mächten gekennzeichnet ist. So wird die Verkündigung auch als Dienst an der Gesellschaft gefaßt; freilich ist diese vor allem in ihren Institutionen gesehen: Ehe, Familie, Volk. Das Amt erscheint hier primär als bewahrendes Hirtenamt. Das hat Eintreten für die Volkskirche und Kampf gegen Auflösungserscheinungen, vor allem im Gebiete des Ethos zur Folge.

2. Der *pastorale Ansatz* erscheint weniger theologisch fundiert und ausgeprägt. Seine Vertreter begreifen den Pfarrer in erster Linie als seelsorgerliche Persönlichkeit, »das Amt ist in der Person des Pfarrers aufgehoben«. Gemeindearbeit wird in erster Linie als Seelsorge von Person zu Person verstanden. So zeigt sich der »Versuch einer Entinstitutionalisierung und Enttheologisierung des Berufes«, welcher die kirchlichen Ansprüche gegenüber der Gemeinde aufgibt und damit bestimmten gesellschaftlichen Tendenzen zur fortschreitenden Privatisierung der Religion Rechnung trägt.

3. Entinstitutionalisiert und enttheologisiert wird das Amt der Gemeindeleitung auch im sog. »*charismatischen Ansatz*«. Er stellt gewissermaßen eine Fortentwicklung des seelsorgerlichen Ansatzes zur charismatischen Gruppe gläubiger Menschen, zum »Laienapostolat« und zu den »Collegia Pietatis« dar. Mag hier auch gelegentlich eine bestimmte theologische Konzeption der Gemeinde als einer »bruderschaftlich-kommunikativen Gemeinschaft«, in der es keine Über- und Unterordnung gibt, wirksam sein (etwa im Sinne von E. Brunners »Mißverständnis der Kirche«), so entspricht dieses Konzept doch gleichfalls starken gesellschaftlichen Trends in Richtung auf Selbstfindung und Selbstheilung durch die »Gruppe«. Die Frage ist, ob eine solchermaßen primär in der Praxis artikulierte Gemeindekonzeption die ihr entsprechende theologische Theorie zu finden vermag.

4. Der *kerygmatische Ansatz*, der die verschiedenen Formen dialektischer und kerygmatischer Theologie zum Grunde hat, entläßt verschiedene Möglichkeiten der Gemeindepraxis aus sich, die jedoch gemeinsame Charakteristika haben. Im Mittelpunkt des Berufsbildes steht hier die Verkündigung, der Predigtgottesdienst zumal, aber Verkündigung auch in anderen Formen der Interpretation, Belehrung, Mitverantwortung der Gemeinde, ja »christokratische Bruderschaft«. Programmatisch gefördert werden Lernprozesse in der Gemeinde

(»mündige Gemeinde«). Der Differenzierung des Lernniveaus entsprechend, besteht eine Tendenz zur Unterscheidung eines inneren und eines äußeren Kreises: Kerngemeinde und Randgemeinde[3].

5. Allem bisherigen gegenüber steht der *»quasi-soziologische«* Ansatz, der einer Theologie der Synthese im Sinne Paul Tillichs und seiner deutschen Schüler entsprechen mag. Er ist gekennzeichnet von einer gewissen Distanz gegenüber einer autoritativen Verkündigung, die gewissermaßen die Formen konkreter Gemeindearbeit aus der Verkündigung selbst deduzieren will, ebenso wie von Skepsis gegenüber parochialen und pastoralen Tendenzen. Die erfahrene Gemeinde als volkskirchliche Gemeinde gewährt gewissermaßen den Ansatz theologischer Reflexion im Sinne der »Fragen« und »Herausforderungen« Paul Tillichs, auf die die Botschaft in der »antwortenden Theologie« bezogen werden soll. Die bestehende Organisation wird bejaht, sie soll aber umstrukturiert werden. Anstelle der Monopolisierung des Amtes soll ein Team von Laien die Leitung der Gemeinde übernehmen. Diese selbst wird dem Leitbild der pluralistischen Gesellschaft angeglichen. Sie soll nach funktionalen Gesichtspunkten geordnet werden (Industrie, Beruf, Freizeit). Als Problem dieser Einstellung erscheint es, daß sie gewissermaßen in einem pragmatischen und organisatorischen Verständnis von Gemeinde stehen bleibt. Und es bleibt ungeklärt, inwiefern Theologie in Beziehung zu solcher organisatorischen Praxis steht und wie die in solcher Praxis offenbar doch zugrundeliegenden christlichen Inhalte ihrerseits theologisch legitimiert und begründet werden.

6. Der *»quasi-politische Ansatz«* schließlich erweist sich als Reflex der verschiedenen theologischen Bemühungen, christlichen Glauben als konkrete politische Praxis im Widerstreit mit der bestehenden Gesellschaft zu begreifen. Das Konzept der Kirche als Gemeinschaft der Verkündigung kann dabei durchaus durchgehalten werden. Die Gemeinschaft der Glaubenden, die das Evangelium schafft, soll als utopisch-politische Zielsetzung konkretisiert werden. Im transzendierenden Handeln soll der Theologe zur Veränderung des Bestehenden motivieren. Naturgemäß wendet sich diese Arbeit am ehesten an Kleingruppen, die sich selbst als »Freiräume« und »Innovationsgruppen« verstehen vermögen. Die Schwierigkeit dieses Konzeptes besteht darin, die Öffentlichkeit der heutigen Gemeinde zu erreichen, ja überhaupt Positives über eine realisierbare menschlich-gesellschaftliche Praxis zu sagen, weil die hier intendierte Utopie im allgemeinen nicht aus dem Bestehenden heraus entwickelt, sondern diesem konfrontiert wird.

[3] Bormann, aaO. 174 ff

III.

Alle diese genannten, theologisch motivierten Konzeptionen von Gemeindeleitung müssen nun Lösungen für bestimmte Grundprobleme der Gemeinde bieten, die teils aus der besonderen gesellschaftlichen Situation der Kirche heute, teils aber auch aus den Überlieferungen des christlichen Glaubens selber erwachsen.

1. Sie stehen zunächst vor dem Problem der *Invarianz des Glaubensgrundes,* das sich in dem Satz ausdrückt, daß die Kirche »perpetuo mansura« sein soll. Diese Invarianz steht in Spannung zu der Variabilität der geschichtlich-gesellschaftlichen Erscheinung der Kirche, die sich heute nicht nur in der wachsenden Mobilität unserer Gesellschaft immer deutlicher zeigt, sondern auch zu verschiedenen gleichzeitigen Lösungen treibt. Das heißt: eine theologische Theorie muß leisten die Vermittlung der Aussage über die Kirche des Glaubens zu der Aussage über die Kirche der Erfahrung.

2. Alle Konzepte stehen vor der unbewältigten Schwierigkeit, eindeutig Rechenschaft darüber zu geben, *wie die Kirche repräsentiert wird* und wer sie repräsentiert. Die traditionelle Gegenüberstellung von Amt und Gemeinde ist gerade keine Lösung, sondern eine Problemstellung, die zur Lösung erst auffordert. Die neu in Gang gekommene Diskussion über das kirchliche Amt und sein Verhältnis zum allgemeinen Priestertum der Gläubigen kann das veranschaulichen. Wenn etwa im pastoralen und charismatischen Ansatz das Amt in die seelsorgerliche Persönlichkeit des Pfarrers bzw. den charismatischen Leiter der Gruppe zurückgenommen wird, so bedeutet dies nicht etwa eine autoritätskritische Rücknahme eines formalen Amtsbegriffes oder doch nur scheinbar. In Wirklichkeit wird in diesen Konzeptionen das Amt gerade verdinglicht und der allgemeinen Zugänglichkeit entzogen, weil es an bestimmte charismatische Qualifikationen gebunden wird. Mag innerhalb einer konkreten Gemeinde so »bruderschaftlich« miteinander umgegangen werden, als nur denkbar ist, das Problem der Repräsentation, das Problem, »wer spricht im Namen des Evangeliums zu wem«, bleibt bestehen und verlangt nach einer theologisch begründeten und ausgewiesenen Konzeption von »Amt«. Eine theologische Theorie der Gemeindeleitung hat also zu leisten eine *eindeutige Begründung des Amtes* im Sinne der Repräsentation des Evangeliums und damit des Grundes der Gemeinde.

3. Alle genannten Konzeptionen stehen vor der *Spannung von Gewißheit und Offenheit,* von Aufbau einer gewissen, und d. h. sicher immer durch Bezugsgruppen mitgetragenen sozialen Identität des Glaubens einerseits und jenem Verlangen nach umgreifender Kommunikation andererseits, welches den Missionsauftrag von Anfang an mit

dem Evangelium verbindet. Das heißt freilich gleichzeitig: In der gegenwärtigen Situation kann die Spannung von Gewißheit und Offenheit alternative Bewertungen von Volkskirche und Kerngemeinde mit sich führen. Man muß nicht an die Unausweichlichkeit des von Berger und Luckmann aufgezeichneten Dilemmas der Religion in der modernen Gesellschaft glauben: die Beibehaltung des Universalitätsanspruches der christlichen Überlieferung verlange eine permanente Anpassung derselben an die moderne Gesellschaft bis zur Selbstliquidation der Kirchen, das Festhalten an den Inhalten der überkommenen Überlieferung dagegen führe unweigerlich in die Sekte. Richtig ist sicher, daß es Prioritätensetzungen zugunsten der »Gewißheit« wie zugunsten der »Offenheit« geben kann. Dabei ist deutlich, daß die theologischen Konzepte der Synthese, also das »ordnungstheologische« und das »quasi soziologische« eine Priorität bei der Offenheit setzen, während umgekehrt die Konzepte der Diastase (also das »kerygmatische« und »quasi politische« eine Tendenz zur in sich geschlossenen Identitätsgruppe besitzen, mag diese nun konservativ oder im Gegenteil dazu gerade progressiv politisch eingestellt sein. Das Problem der Pluralität theologischer und kirchlicher Standpunkte wie Frömmigkeitsformen in der gegenwärtigen Gesellschaft, wird freilich nur von einem Konzept der Synthese bewältigt werden können, weil nur dieses imstande ist, Konsensusformeln mit einem mittleren Interpretationsspielraum bereitzustellen, auf den sich verschiedene Gruppen unbeschadet ihrer Eigenheit zu einigen vermögen. Ein primär auf Abgrenzung bedachtes Konzept von Orthodoxie rechter oder linker Prägung muß unter den Bedingungen heutiger Reflexion notwendig zu Vermehrung von Abgrenzung und Polarisierungen führen. Eine theologische Theorie von Gemeindeleitung müßte also leisten eine Verhältnisbestimmung von Gewißheit des Glaubens und Offenheit, die beiden Bedingungen des Glaubens gerecht wird.

4. Alle genannten Konzepte stehen vor der Aufgabe, die gesellschaftlichen *Voraussetzungen und die Folgen der eigenen Einstellung zu reflektieren* und in die Konzeptionen der Gemeindeleitung mit einzubeziehen. Hier geht es um nichts anderes als um das traditionelle Problem des Verhältnisses der Kirche zur Welt, das in den Theoremen der Zwei-Reiche-Lehre, Königsherrschaft Christi, »Christengemeinde und Bürgergemeinde« seine klassischen Ausprägungen gefunden hat. Implizit enthalten alle Konzepte, sogar das Seelsorgerliche, eine solche Vorstellung von den gesellschaftlichen Voraussetzungen und Folgewirkungen kirchlichen Handelns. Es ist freilich die Frage, ob sie dies bewußt reflektieren — oder in theologischen oder noch mehr religiös-praktischen Sprachformen verschlüsseln! Im letzteren Fall (etwa in den »christokratischen« Vorstellungen) werden immer nur Ausschnitte der gesell-

schaftlichen Wirklichkeit von Gemeinde in den Blick kommen können. Aber entscheidender ist ein anderes. Es geht nämlich um die Frage, ob die Bestimmung des Verhältnisses von »Kirche und Welt«, also die Reflexion der gesellschaftlichen Bedingungen kirchlichen Handelns monokausal vor der kirchlichen Überlieferung zur sozialen Wirklichkeit (bzw. umgekehrt) geschieht, oder ob beides miteinander vereint wird: die Reflexion der sozialen Ermöglichung (Überlieferung) des Glaubens wie die Reflexion der sozialen Auswirkung gewonnener Glaubensidentität. Im Blick auf dieses zuletzt genannte Problem nun scheinen alle genannten Konzepte mehr oder weniger zu versagen. Es ist deutlich, daß seelsorgerliche, charismatische, aber auch kerygmatische und quasi-politische Einstellung einer monokausalen Betrachtung von der Kirche zur Welt hin entsprechen. Dies gilt auch für die quasi-politische Einstellung, sofern die angeeigneten außer-christlichen politischen Konzepte (etwa der Marxismus) in der Praxis doch als »andere Gestalt des Evangeliums«, als »konkrete Utopie« oder dergleichen der gesellschaftlichen Wirklichkeit konfrontiert werden. Umgekehrt scheint der »quasi-soziologische« Ansatz einseitig den Weg von der Welt zur Kirche, d. h. von der gesellschaftlich vorfindlichen religiösen Praxis zu einer diese nur widerspiegelnden Theologie zu führen. So seltsam es klingen mag, allein der sog. »ordnungstheologische Ansatz«, d. h. der Ansatz, der traditionell Evangelium und Gesetz, Reich zur Rechten und Reich zur Linken unterscheidet und doch zueinander in Beziehung setzt, vermag der hier aufgestellten Forderung an eine theologische Theorie gemeindlicher Praxis zu genügen, ihre gesellschaftlichen Voraussetzungen und Folgen zu reflektieren. Er kann dies freilich nur, wenn er von den Inhalten eines romantisch-politischen Konservatismus befreit wird, die er weithin im Luthertum und auch bei den von Bormann angeführten Selbstzeugnissen noch besitzt.

IV.

Wie eine solche Rekonstruktion und Interpretation der reformatorischen Grundaussagen über die Kirche im Blick auf die gegenwärtige Gemeindeleitung auszusehen hätte, kann hier nur in Andeutungen umrissen werden. Wir versuchen dies, in dem wir die reformatorischen Grundaussagen auf die vier Grundprobleme heutiger Gemeindeleitung beziehen, wie sie im vorstehenden gekennzeichnet wurden.

1. Als erstes Problem ergab sich die Aufgabe der Vermittlung einer Aussage über die Kirche des Glaubens zur Aussage über die Kirche der Erfahrung. Sie konkretisiert sich in der Spannung zwischen behaupteter Invarianz des Glaubensgrundes zur Variabilität der geschichtlich-

gesellschaftlichen Erscheinung der Gemeinden. Hier legt sich der Verweis auf CA VII nahe, wo unterschieden wird zwischen dem, was für die Begründung kirchlicher Gemeinschaft konstitutiv ist, nämlich die Übereinstimmung in der rechten Lehre des Evangeliums, und dem, was für die wahre Einheit der Kirche »nicht notwendig« (nec necesse) ist: nämlich die Gleichheit und Gleichförmigkeit der konkreten menschlichen Gestaltung der Glaubenspraxis und des gemeindlichen Lebens. In dieser Unterscheidung schattet sich ab die grundlegendere Unterscheidung zwischen Evangelium und Gesetz (im Sinne der ausgelegten Forderung, der Ausgestaltung des neuen Gehorsams aus dem Glauben). Entscheidend ist dann freilich, was im Sinne von CA VII unter »rechter Lehre des Evangeliums« zu verstehen ist. Evangelium im Sinne der Verkündigung und Ausrichtung des Heilsgeschehens darf nicht als Inbegriff einer Anzahl dogmatischer Sätze verstanden werden, die dann die Invarianz des Glaubensgrundes repräsentierten. Zu schweigen von jenem Mißverständnis, das die Ordnungstheologie immer wieder nahegelegt hat, als sei in »rechter Lehre des Evangeliums« zugleich eine bestimmte Gestalt des Heilsgeschehens und damit auch des gemeindlichen Lebens programmiert, die selbst einen Bestandteil der rechten Verkündigung des Evangeliums bilde. Vielmehr ist rechte Verkündigung des Evangeliums von CA V und IV her als Verkündigung der Rechtfertigung aus Glauben zu begreifen. Damit aber wird das Heilsgeschehen in einer Weise, die alles kirchliche Reden und Handeln durchgreift, kommunikativ verstanden. Das Heilsgeschehen, das gleichzeitig der Grund des Glaubens ist, der in seiner Invarianz die Kontinuität der Kirche bestimmt, ereignet sich in der Beziehung zwischen der verheißenden Annahme Gottes und dem Glauben des sündigen Menschen (promissio-fides). Die Annahme des Sünders durch Gott erfolgt in der Verkündigung und im Dienst der Liebe, sie richtet den Menschen auf und schenkt ihm eine Gewißheit, die ihm Leben auch in den Anfechtungen der Welt (oboedientia in afflictionibus) ermöglicht. Evangelium bedeutet also, das kann auch ein Blick auf zentrale Texte der evangelischen Überlieferung selbst belegen — zutiefst Ereignis einer gott-menschlichen und infolgedessen einer zwischenmenschlichen Kommunikation. Und *»rechte Lehre des Evangeliums« ist dann zu begreifen als verbindliche Feststellung elementarer Kommunikationsregeln:* in ihr geht es um die Aussage der tragenden Existenzbedingungen heilsamer gottmenschlicher Gemeinschaft und in eins damit heilsamer zwischenmenschlicher Gemeinschaft. Über diese Kommunikationsregeln muß nun in der Tat in der Kirche »Übereinstimmung« bestehen, für sie muß eine Invarianz in Anspruch genommen werden, die den Zugang zum Glaubensgrund selbst eröffnet. Eben die festgestellte Invarianz der Kommunikationsregeln (der rechten Lehre des Evangeliums) gibt

Freiheit zur vielfältigen Gestaltung des menschlichen wie des gemeindlichen Lebens vom Evangelium her auch in der wachsenden Mobilität unserer Gesellschaft. Wo Übereinstimmung in den Regeln der durch das Evangelium eröffneten Kommunikation besteht, kann die »wahre Einheit der Kirche« nicht durch die Vielfalt ihrer gesellschaftlichen Erscheinungen und die Variabilität ihrer Programme in Frage gestellt werden.

Daraus ergibt sich freilich *ein neues Verständnis der »Ordnungen«*, in denen sich Leben aus dem Evangelium konkret gestaltet. Die traditionelle Lehre von den Ordnungen hat unter dem Titel des »Gesetzes« tatsächlich geschichtlich bedingte Ordnungen des gesellschaftlichen Lebens in den Rang zeitloser Schöpfungsbedingungen erhoben. Anstelle eines solchen, oft metaphysisch unterfangenen Ordnungsbegriffes sollte der Begriff der Institutionen zur Bezeichnung der variablen Gestaltung menschlichen Lebens herangezogen werden. Institutionen stabilisieren wohl menschliches Leben, indem sie seine Antriebe auf Dauer stellen und der Verfügung individueller Willkür entziehen, sie sind aber keineswegs ihrerseits menschlicher Kritik und menschlicher Gestaltung entzogen, sondern stehen ihr offen. Ja eine von der »rechten Lehre des Evangeliums« lebende Kirche muß um der Kommunikation willen gerade bereit sein, die Begründung der jeweiligen Institution und ihrer Gestaltung einem vorbehaltlos kritischen Dialog auszusetzen, wie er in der Kritik Jesu am überlieferten Gesetz vorgebildet ist. Der traditionelle Begriff des »Gesetzes« ist dann weder mit sog. ewigen Ordnungen noch auch mit den Institutionen schlechthin zu identifizieren. Er kann vielmehr als Gesamtausdruck der geschichtlich-gesellschaftlichen Wirklichkeit des Menschen (einschließlich der solche Wirklichkeit konstituierenden anthropologischen Konstanten) begriffen werden. Entscheidend ist dann, daß solche Wirklichkeit (in Unterscheidung zur Verkündigung des Evangeliums) niemals durch ihren eigenen Vollzug Heil des Menschen hervorbringen kann, sondern der Verkündigung des Heils immer erneut bedürftig bleibt. Die Institutionen des gesellschaftlichen wie auch des kirchlichen Lebens lassen sich dann als eine Form des »ausgelegten Gesetzes« begreifen, die der ständigen Überprüfung bedarf, gerade um die eigentliche Intention des Gesetzes hervorzubringen. Auf diese Weise leistet die Aussage von CA VII die Unterscheidung und Vermittlung einer Aussage über die Kirche des Glaubens (rechte Lehre des Evangeliums = Kommunikationsregeln) zu der Aussage über die Kirche der Erfahrung (konkrete Gestaltung institutionellen Lebens unter den Kriterien jener Kommunikation).

2. Als zweites Problem ergab sich die Aufgabe, eindeutig darüber Rechenschaft zu geben, wie die Kirche repräsentiert wird und wer sie repräsentiert. Traditionell ist dies durch die Lehre vom »Amt« gesche-

hen. Die meisten neueren Konzeptionen der Gemeindeleitung haben an dieser Stelle freilich jeweils bestimmte Schwierigkeiten. Die eigentümliche Ausgestaltung des kirchlichen Amtes in der autoritätsgeleiteten Gesellschaft, seine immer erneute Rekonstruktion als »Hirtenamt« (mit samt den dafür geschwundenen sozialpsychologischen Voraussetzungen) führen zu den verschiedensten Versuchen, das Amt in das »allgemeine Priestertum der Gläubigen« hinein aufzulösen oder auf bestimmte charismatische Qualifikationen zu reduzieren. Recht verstanden gewährt freilich der Amtsbegriff die Möglichkeit, die Gemeindeleitung von jeder Identifizierung mit traditionellen oder progressiven Gemeinschaftsvorstellungen zu befreien. Denn das Amt im reformatorischen Verständnis ist zentral bestimmt durch die Verkündigung des Evangeliums der Rechtfertigung, es ist nach CA V eingerichtet, damit »jene« Glauben findet. Die Ausübung des Amtes ist also stellvertretendes Handeln. Wer das Evangelium zuspricht, tut dies an Stelle Gottes. Er repräsentiert Gott, freilich einen Gott, der in der Macht seiner Kommunikation menschliche Gemeinschaft eröffnet. Gerade um dieser Stellvertretung willen muß das Amt von der konkreten Person und allen ihren Qualifikationen unterschieden bleiben. Es ist Dienst an der radikalen Kommunikation Gottes noch jenseits der seelsorgerlichen, charismatischen oder politischen Fähigkeiten dessen, der es ausübt, ja es bedeutet unter Umständen Kritik und Begrenzung solcher Qualifikationen. Um dessentwillen ist entscheidend, daß das Amt nicht aus der gesellschaftlichen Vorfindlichkeit der Gemeinde abgeleitet wird, sondern ihr gegenübersteht. Der Gegensatz eines funktionalen und eines institutionellen Verständnisses von Amt ist nach CA V ausgeschlossen. Als stellvertretendes Handeln im Dienst des Evangeliums ist das Amt Institution, das freilich in diesen seinen Funktionen gleichzeitig seine Legitimation findet. *Gerade das institutionelle Verständnis des Amtes entlastet davon, alle möglichen kontrovers bleibenden Qualifikationen für die Gemeindeleitung zu suchen.*

Zu unterscheiden von dieser grundlegenden Bedeutung des Amtes in der Gemeinde ist freilich die konkrete berufliche Organisation des Amtes, d. h. seine Professionalisierung, wie sie in CA XIV zum Ausdruck kommt. Die besondere Berufung in das Amt gehört wiederum auf die Seite der variablen geschichtlich-gesellschaftlichen Erscheinungen von Gemeinde, keineswegs kann sie im Pfarramt traditioneller Prägung monopolisiert werden. Dennoch erscheint es wichtig, das Problem der Professionalisierung von der Unterscheidung von Amt und Gemeinde klar zu trennen. Diese muß um der »rechten Verkündigung des Evangeliums« willen in Geltung bleiben, unabhängig von der Frage, wie die organisatorische Ausgestaltung des konkreten Pfarramtes sich den Bedingungen der gesellschaftlichen Situation entsprechend wandeln sollte. Es ist jedenfalls gefährlich und bedauerlich, wenn um des Letzten willen der Amtsbegriff selber kritisiert oder gar zersetzt wird.

3. Die rechte Verhältnisbestimmung von Gewißheit des Glaubens und Offenheit verweist zurück auf die Alternative von Invarianz des Glaubensgrundes und Variabilität der geschichtlich gesellschaftlichen Erscheinung. Sie überträgt dieses Problem gewissermaßen auf die Ebene persönlicher Gewißheit. Sie bestimmt freilich, wie wir gesehen haben, alternative Zielsetzungen im Blick auf die kirchliche Gemeinschaft: Volkskirche oder Kerngemeinde. Deutlich ist, daß der reformatorische Ansatz die Volkskirche im Auge hat. Die Unterscheidung dessen, was für die Einheit der Kirche und damit die Begründung des Glaubens genug ist, von dem, worin Einheit nicht notwendig ist, zielt ja auf die Herausstellung des konstitutiven Grundes, der zur Übereinstimmung und Identität des Christlichen nötig ist (Evangelium — Kommunikationsregeln) und zu seiner Unterscheidung von den verschiedenen Lebensformen des Glaubens. Ihnen gegenüber kann Offenheit bestehen, sofern sie sich als Ausdruck des gemeinsamen Grundes der Überzeugung, der rechten Lehre des Evangeliums begreifen lassen. Die Unterscheidung von CA VII enthält deshalb ein Konzept von Kirche, das der Volkskirche mit ihren verschiedenartigen Gemeinschafts- und Frömmigkeitsformen, Bekenntnisstrukturen, Problemniveaus einschließlich der großen Zahl der nur aus der Distanz teilnehmenden Christen am ehesten angemessen ist. *Kirche ist dann zu begreifen als ein Kommunikationssystem, das für verschiedene Variationen der Glaubensidentität Raum hat, solange sie sich selbst unter der Verkündigung der Rechtfertigung,* d. h. der unbedingten Annahme des Gottlosen und der Begründung einer neuen Motivation des Handelns gegen den Nächsten *begreifen lassen.* Eine so verstandene Kirche kann dann nicht als gesellschaftliche Gruppe mit vorzeigbaren Qualifikationen oder Programmen identifiziert werden. Der Vorgang der Institutionalisierung radikaler Kommunikation geschieht in einer realen Gemeinschaft von Menschen, in der auch »Böse und Heuchler« (CA VIII) beigemischt sind. Diese antidonatistische Wendung bringt zum Ausdruck, daß die Kirche im wahren Sinne (ecclesia vera) nur in einer konkreten Gesellschaft, in der der Glaubende nicht eindeutig identifizierbar ist, existiert. Die in der Kirche gemeinte kritische Kommunikation bedeutet also zugleich Legitimation von Institutionen der Kommunikation als auch Kritik derselben, wo die Freiheit des Evangeliums und damit die Freiheit eines Christenmenschen bedroht ist. Bedroht ist sie nach CA XV, wo menschliche Traditionen zur Bedingung des Heils werden. Solche Traditionen gibt es einmal in der Gestalt heilsnotwendiger sakralrechtlicher Ordnungen, andererseits aber auch in der Form verbindlicher Aktionsprogramme politischer Art, die von manchen als neue notae ecclesiae ausgegeben werden (etwa: Orthopraxie, Kirche der Armut usw.).

4. An dieser Stelle zeigt sich das vierte oben genannte Problem, die Aufgabe, die gesellschaftlichen Voraussetzungen und Folgen der eigenen Einstellung zu reflektieren. Die Gemeinde ist in ihrer Vorfindlichkeit allemal eine konkrete gesellschaftliche Gruppe und insofern in dem gezeigten Sinne »corpus permixtum«. Zugleich kann sie den Titel der Kirche nur in Anspruch nehmen, sofern sie sich dem alles Gesellschaftliche transzendierenden Anspruch der ecclesia vera aussetzt und alle konkreten Verwirklichungen an diesem Anspruch mißt. Eben aber aus diesem Grunde kann der Titel der Kirche nicht für ein konkretes soziales Programm in Anspruch genommen werden. *Die Kirche bezeichnet vielmehr den Bereich, in dem solche möglichen Programme dem transzendierenden Anspruch des Evangeliums und seiner Kommunikation ausgesetzt werden.* Die im Evangelium begründete Kommunikation ermöglicht den Dialog zwischen konkurrierenden Gruppenzielen unter dem Glauben an die Rechtfertigung.

Das Gesagte kann in Blick auf die gegenwärtige ökumenische Situation nur mit großem Nachdruck und Ernst geltend gemacht werden. Es ist offensichtlich, daß sich in der weltweiten Christenheit gesellschaftliche Gegensätze so zugespitzt haben, daß ein Konflikt konkurrierender Gruppen unausweichlich erscheint. Darüber droht die reformatorische Unterscheidung von Evangelium und Gesetz und die in ihr begründete Einsicht in die »Freiheit eines Christenmenschen«, die durch die leidvolle Erfahrung der Religionskriege hindurchgegangen ist, wieder verloren zu gehen. Gerade angesichts eines drohenden Konfliktes kann Kirche des Evangeliums eine »Asylfunktion« ausüben. Gemeinschaft des Glaubens bedeutet dann, auch angesichts unausweichlich scheinender gesellschaftlicher Konflikte sich dem transzendierenden Anspruch der Annahme des Nächsten auszusetzen. Wird demgegenüber, wie es heute weithin den Anschein hat, die Kirche auf die politische Zielsetzung einer christlichen Gruppe verpflichtet, so büßt sie mit der rechten Unterscheidung von Evangelium und Gesetz auch ihre rechte Lehre des Evangeliums und ihre Asylfunktion in eins ein. Es geht ihr die Fähigkeit verloren, einen Raum der brüderlichen Auseinandersetzung und der Friedensinitiativen zu bilden. Die Politisierung der Kirche im Sinne konkreter politischer Programme bedeutet den Verlust ihres speziellen »politischen« Auftrages, für den Grund einzutreten, aus dem menschliche Gemeinschaft und Freiheit möglich wird, ja die Forderung einer Politisierung der Kirche wie die Forderung der Abschaffung der Kirchen laufen auf das gleiche hinaus.

Unsere Überlegungen konnten, wie gesagt, nur Andeutungen geben. Sie vermögen aber vielleicht doch einen Eindruck davon zu geben, wie wichtig der Neugewinn einer Theorie des kirchlichen Handeln auf dem Grunde der reformatorischen Lehrentscheidungen heute ist.

Theologie und Kirchenleitung

FRIEDRICH WINTER

DER WERT DER THEOLOGIE
FÜR DIE ENTSCHEIDUNGSFINDUNG
IN DER KIRCHENLEITUNG

I.

Es geht also um die Kirchenleitung. Der Jubilar hat sich nicht nur praktisch, sondern auch theoretisch um dieses Wort und seine Wahrheit ge-
müht[1]. Es hat seinen biblischen Ursprung, wenn in der Übersetzungs-
sprache Martin Luthers vom »Leiten« der Gemeinde durch den erhöhten
Herrn und seinen Geist die Rede ist (Joh 16,13; Apk. 7,17). Gegenüber menschlichen Leitern, die als Verführer auftreten (Jes 9,15; Matth
23,16; Röm 2,19), ist Gott der rechte Leiter seines Volkes. Es muß für
Menschen nicht leicht sein zu leiten, ohne dem Mißbrauch zu erliegen,
wie es der Wortbestand der Lutherbibel andeutet.

Auch wenn Friedrich Schleiermacher den Begriff des »Kirchenregi-
ments« vorzieht, spricht er doch auch von der »Kirchenleitung«[2] im
Unterschied zum »Kirchendienst«, der »Wirksamkeit auf eine christliche Gemeine«[3]. Kirchenleitung bezieht sich auf »die Leitung des Ganzen«[4] als »Kirchenregiment«, »Seelenleitung«[5] oder »kirchenleitende
Thätigkeit«[6]. Mindestens seit ihm findet sich in der evangelischen Kirche
der Begriff der Kirchenleitung als Wesensbegriff. Alle leitende Tätigkeit in der Kirche wird mit ihm beschrieben[7].

In analogem Sinn wird heute in der sozialistischen Gesellschaft von
der »Leitungstätigkeit« gesprochen[8]. Damit erhält der Begriff der Kirchenleitung einen besonders aufgewerteten Klang in der Öffentlichkeit.
Ohne Zweifel überträgt er sich auch auf die in den evangelischen Kirchen speziell so genannten »Kirchenleitungen«, kirchenrechtlich und institutionell genau umschreibbaren Leitungsorganen, die im Unterschied

---

[1] M. Fischer, Theologie und Kirchenleitung, in: EvTh 1961, 49–68
[2] F. Schleiermacher, Die praktische Theologie, Ed. J. Frerichs, 1950, XIII, 12 u. ö.
[3] AaO. 34   [4] Ebd.   [5] AaO. 40   [6] AaO. 50, 55, 533
[7] Vgl. etwa E. Friedel, Handlanger auf Gottes Bauplatz, 1965, 364 ff; G. Forck,
Kirchenleitung und Gemeindeleitung in systematisch-theologischer Sicht, in: ZdZ
1968, 126–134; M. Punge, Kirchenleitung — Gemeindeleitung im Neuen Testament,
in: ZdZ 1968, 121–126
[8] Autorenkollektiv, Leiter. Kollektiv. Persönlichkeit, Handbuch für die sozialistische Leitungstätigkeit, 1972

zu den Synoden oder Konsistorien (Landeskirchenämter) eine zeitgemä-
ßere Bezeichnung tragen. Im speziellen Sinn ist die Kirchenleitung also
ein bestimmtes Leitungsorgan der Kirche: In der Evangelischen Kirche
in Berlin-Brandenburg ist ihr Aufgabenbereich wie ihre Zusammensetzung in den Artikeln 132—139 der Grundordnung beschrieben: »Die
Kirchenleitung leitet die Kirchenprovinz im Gehorsam gegen den Herrn
der Kirche; ihre Mitglieder bilden eine Gemeinschaft unter dem Wort
... Die Kirchenleitung nimmt die in Artikel 120 genannten Aufgaben
laufend wahr, wenn die Provinzialsynode nicht versammelt ist.«[9] Diese
Aufgaben werden benannt als Auftrag zur »ständigen Erneuerung der
Kirche«, als Sorge um die »Geltung der Gebote Gottes im öffentlichen
Leben«, als Anrede an »Amtsträger und Gemeinden«, um ihnen »Rat
und Weisung für ihr geistliches Leben zu erteilen«[10].

Unter dem Leitbild einer bruderschaftlichen Leitung[11] wirken die
Leitungsämter (Bischof, Präses, vier Generalsuperintendenten, Modera-
tor, Konsistorialpräsident, Propst) mit acht gewählten Mitgliedern der
Synode zusammen[12]. Der Bischof und auch die Mitglieder des Konsistoriums, Präsident und Propst, sind als Mitglieder der Kirchenleitung
ihren Entscheidungen unterworfen, so daß Bischofsamt und Konsistorium von ihr abhängig bleiben und keine autarke Letztverantwortung
entwickeln sollen. Insofern ist der juristisch faßbare Begriff der »Kirchenleitung« im speziellen Sinn der Grundordnung besonders wichtig
für die Leitungtätigkeit der Kirche überhaupt. Bei aller synodalen
Anhängigkeit übt die Kirchenleitung die entscheidende Leitungsfunk-
tion aus, weil die Synode durchschnittlich nur einmal im Jahr tagt, die
Kirchenleitung jedoch in der Regel wöchentlich zusammentritt.

Die Frage unseres Themas, wie denn die Theologie auf die Entscheidungsfindung der Kirchenleitung einwirke, läßt sich bei einer Anwendung auf den Wesensbegriff der Kirchenleitung theoretisch beantworten. Entweder werden dann systematisch-theologische oder biblisch begründete Regeln aufgestellt[13], aber auch Erfahrungsideale weisheitlicher
Provenienz postuliert[14]. Dann erfahren die so aufgestellten Erkenntnisse eine Anwendung auf spezielle Leitungsämter oder -institutionen.
Die Literatur, die anhand dieser Methode arbeitet, ist Legion. Wir versuchen einen anderen Weg zu beschreiten, indem wir von einer empiri-

---

[9] Grundordnung der Evangelischen Kirche in Berlin-Brandenburg vom 15. 12.
1948 (unter Berücksichtigung der bis zum 1. 1. 1973 ergangenen Änderungen), Vervielfältigung nur für den innerkirchlichen Dienstgebrauch, Art. 132
[10] AaO. Art. 120
[11] Vgl. dazu bes. E. Andler, Kirchenleitung als brüderlicher Dienst, in: ZdZ
1961, 81 ff
[12] Vgl. Grundordnung, Art. 135
[13] Vgl. Anmerkung 7
[14] Vgl. Schleiermacher, aaO. 521—724

schen Analyse der Tätigkeit der Kirchenleitung der Evangelischen
Kirche in Berlin-Brandenburg im Bereich der DDR ausgehen und dazu
die Sitzungsprotokolle des Jahres 1974 anschauen[15] (II). Daraus lassen
sich Schlüsse über die Bedeutung der Theologie für ihr Tun ableiten
(III). Diese sind dann einer Beurteilung zu unterwerfen (IV)[16].

II.

Die wöchentlichen Zusammenkünfte der Kirchenleitung fanden im
Jahre 1974 38mal statt und dauerten durchschnittlich fünf Stunden.
Darunter gab es drei Klausursitzungen, die sich mit Spezialfragen be-
schäftigten (Mitarbeiterfrage, Kinderabendmahl, Neustrukturierung
der Kinder- und Jugendarbeit auf gesamtkirchlicher Ebene). Diese
Klausurtagungen liefen über zwei Tage bzw. zweimal über sieben Stunden. Zusätzlich besuchte die Kirchenleitung zwei Kirchenkreise einen
Tag lang (Luckau, Prenzlau), führte eine Barmen-Gedenkfeier in See-
low durch, traf sich mit der Kirchenleitung Magdeburg und hielt eine
Konsultation mit dem Reformierten Moderamen ab. Alles in allem hat
sie als ganze etwa 235 Stunden gearbeitet, ohne die An- und Abfahrts-
zeiten ihrer Mitglieder mit zu berechnen[17].

Die Mitglieder der Kirchenleitung nehmen zu etwa 75 bis 100 Prozent an den Sitzungen teil. Außerdem sollen die Mitglieder des Konsistoriums zugegen sein. Das sind außer Präsident und Propst sechs Theologen, sechs Juristen, ein Finanzdezernent und der Leiter des Kirchlichen
Bauamtes. Als Gäste sind der Präsident der Kirchenkanzlei der EKU
(Bereich DDR) und der Leiter des Werkes Innere Mission und Hilfs-
werk anwesend. So muß bei den Sitzungen der Kirchenleitung eine
Gruppe von über dreißig Personen zusammenarbeiten und entscheiden.
Das erfordert eine große Gesprächsdisziplin, die gewiß unterschiedlich

[15] Diese Protokolle sind Beschlußprotokolle und enthalten kaum Bemerkungen
zum Gesprächsverlauf. Weil die Protokolle von verschiedenen juristischen Mitarbeitern des Konsistoriums angefertigt sind, sind sie auch etwas unterschiedlich ausge-
fallen, was die Form betrifft. Dennoch lassen sich eine ganze Reihe von Beobachtungen machen. Freilich ist ihr Aussagewert begrenzt, weil sie nichts von der theologischen, geistlichen und menschlichen Überzeugungskraft der Teilnehmer an den
Sitzungen wiederspiegeln. Immerhin sagen sie aus, wer eine Vorlage vorgetragen hat
und welche Beschlüsse gefaßt worden sind
[16] In die folgenden Darlegungen soll auch ein Stück weit Lokalkolorit einfließen
dürfen, weil sich der Jubilar gerade der Kirchenleitung Berlin-Brandenburg über
Jahrzehnte hinweg verbunden gewußt hat
[17] Über Aktivitäten, Besuche und Gespräche einzelner Mitglieder der Kirchenleitung wird nicht weiter berichtet, obwohl diese keine geringe Bedeutung haben; zB.
Besuche auf Konventen, bei Kreissynoden, kirchlichen Werken usw.

befolgt wird. Jedenfalls können nicht alle Teilnehmer ihre abweichende Meinung zum Ausdruck bringen, weil dazu nicht die Zeit reicht. Umso mehr gewinnen die Voten des Vorsitzenden und der beratenden Fachleute, besonders aus dem Konsistorium, innerhalb dieser Großgruppe an Gewicht, wenn auch die siebzehn Mitglieder der Kirchenleitung ihre Stimme allein in die Waagschale werfen können. — Innerhalb der Legislaturperiode befand sich die Kirchenleitung im zweiten Jahr ihrer Tätigkeit, so daß eine Grundinformation aller ihrer Mitglieder vorauszusetzen war[18]. Dennoch traten für die synodalen Mitglieder, vor allem die Laien, Probleme auf, die völlig neu waren, während die Mitglieder des Konsistoriums und des Generalsuperintendentenkonvents in der Regel einen Informationsvorlauf hatten.

Die Tagesordnung nahm in der Regel folgenden Gang:

1. Die Andachten (15 Minuten) zu Beginn hielten folgende Vertreter:

Bischof	16
Generalsuperintendenten	6
übrige Theologen	11
Laien	4
Andacht nicht protokolliert	1

Es wird deutlich, wie die geistliche Direktzurüstung zum Tun überwiegend durch den Bischof und die übrigen Theologen geschah. Das Laienzeugnis trat stark zurück. Die Juristen aus dem Konsistorium waren an ihm nicht beteiligt.

2. An die Andacht und Verlesung wie Genehmigung des Protokolls der letzten Sitzung schließt sich durchweg ein Informationsteil an: Bericht zur Lage allgemein, Berichte aus der Ökumene und den Ausschüssen. Letztere sind von der Synode berufen, oder auch von der Kirchenleitung direkt. Dieser Informationsteil dauert durchschnittlich 45 Minuten. Er dient auch der Rechenschaftslegung über die Tätigkeit der einzelnen Mitglieder der Kirchenleitung, besonders auch des Bischofs. Auf einzelne Berichte hin gibt es Rückfragen. Hier oder da ergeben sich auch bereits Beschlüsse, die mit leichter Hand zu fassen sind. 1974 wurden folgende protokollarisch festgehaltene Informationen gegeben; und zwar unter dem Aspekt der Themenbereiche[19]:

---

[18] Bei der Auswertung der Kirchenleitungsarbeit im Jahre 1973 wurde noch geklagt, daß die neuen Mitglieder der Kirchenleitung eine bessere Anleitung gebraucht hätten. Diese Forderung gab es für das Jahre 1974 nicht mehr

[19] Nicht alle sind im Protokoll festgehalten worden. Über die zeitliche Dauer und die Länge der Aussprache über die Informationen geben die Protokolle keine Auskunft. — Überhaupt rechnet der Vf. mit einer Fehlerbreite der Zahlen von etwa 5 Prozent. Das erscheint tragbar, weil es nicht um genaue prozentual zu verschlüsselnde Zahlen, sondern um Tendenzen und ihre Darstellung geht

Leben in der Öffentlichkeit	47
Leben in Gemeinden und Werken	25
Leben in der Ökumene	36
Berichte von gesamtkirchlichen Tagungen (BEK, EKU)	26
Berichte aus den Ausschüssen	43
Persönliche Mitteilungen (Jubiläen usw.)	14

Hier fällt auf, wie das Leben in der Öffentlichkeit, in der Gesamt-kirche und in der Ökumene stärkerer Beobachtung unterliegt als das Leben an der Basis. Biographische Informationen treten vor sachbe-stimmten Berichten zurück. Die Kommunikation zu den verschiedenen Arbeitsgremien der Provinzialkirche wird aufmerksam gepflegt.

Soweit es die Protokolle hergeben, läßt sich über die Informanden sagen, wieviele Mitteilungen sie in die Kirchenleitung hineingegeben haben:

Bischof	32
Generalsuperintendenten	19
übrige Theologen (aus Konsistorium und Synode)	45
Juristen	28
übrige Laien	15

Offensichtlich wissen die Theologen mehr zu berichten als die Laien. Bischof und Generalsuperintendenten spielen wiederum unter den Theologen eine besondere Rolle als Informatoren. Weil sie besondere Verantwortung tragen, sind sie auch besonders rechenschaftspflichtig. Aber zugleich ist damit gegeben, daß sie einen stärkeren Vorlauf bei einer eventuellen Entscheidungsfindung besitzen. Eine Überprüfung des Informationsvorsprungs der Mitglieder des Konsistoriums, besonders des Präsidenten und Propstes, würde erweisen, daß er sehr groß ist. Viele Informationen, die die Kirchenleitung erfährt, sind bereits einige Tage vorher im Konsistorium angesprochen worden. Das wird zwar beklagt — vieles muß man zweimal hören —, schafft jedoch auch einen Vorlauf in eventuell notwendigen Beratungen und bei kontrollieren-den Nachfragen.

3. In jeder Sitzung findet sich ein Abschnitt, der sich mit den laufen-den Vorlagen befaßt, zu denen Entscheidungen zu fällen, zumindestens vorzubereiten sind. Nicht selten erlangen diese Entscheidungen strenge kirchenrechtliche Verbindlichkeit. Die Dauer dieses Verhandlungsteiles währt in der Regel 120 Minuten. Die Vorlagen werden unterschiedlich breit vorgetragen, diskutiert und entschieden. Das hängt nicht nur von der sachlichen Bedeutung ab, sondern auch von Stimmungsmomenten; z. B. von dem Spezialinteresse, vom Sachverstand der einzelnen Mit-glieder und vom Fortgang der Zeit: gegen Ende wird oft undiszipli-nierter geredet oder schneller entschieden, um fertig zu werden. Zu Be-ginn muß man sich als Gruppe erst einmal emotional finden und ver-steht sich darum schwerer. Manchmal wird eine Pause rechtzeitig einge-

schoben, manchmal nicht. Hier verfährt die Gesprächsleitung zügig,
dort nicht. Das alles geschieht in der Regel unbewußt, so daß hier eine
große Quelle für Imponderabilien fließt. Einmal werden Vorlagen ohne
Korrekturen schnell verabschiedet. Ein nächstes Mal wird hartnäckig
um Kleinstformulierungen gerungen. Dann wieder wird der wesentliche
Gehalt einer Vorlage sachgerecht besprochen und wohl vorbereitet entschieden.

Die erfaßten, in der Regel mit Beschlüssen versehenen Vorlagen
lassen sich inhaltlich so gliedern:

Primär persönlich veranlaßte Themen	101
Primär juristisch bestimmte Themen	58
Primär theologisch bestimmte Themen	44

Nach diesen Zahlen halten sich theologische und juristische Primär-
themen etwa die Waage, während Personalfragen doppelt so oft an-
stehen. Freilich gehen Personaldebatten zeitlich gesehen im allgemeinen
wesentlich kürzer vor sich, während theologische und juristische Sachthemen mehr Zeit benötigen.

Nicht unwesentlich ist noch die Frage, wer die Vorlagen einbringt.
Von der Art der Einbringung hängt ja, wie schon gesagt, viel für die
Entscheidungsfindung ab.

Kirchenleitung als ganze ohne eine eigentliche Einführung	13
Bischof	16
Generalsuperintendenten	33
übrige Theologen (besonders aus dem Konsistorium)	62
Juristen	76
übrige Laien (darunter vor allem der Präses)	11

Es ergibt sich, daß hier Bischof, Generalsuperintendenten und übrige
Theologen gegenüber den bald folgenden Juristen, aber gegenüber den
erst sehr viel später folgenden Laien ein Übergewicht haben. Eine Er-
gänzungsbeobachtung ist, daß im Konsistorium 145 Vorlagen genauer
vorbesprochen wurden. Daraus erhellt der bereits genannte Informationsvorlauf der Mitglieder des Kollegiums im Konsistorium. Diese
können sich emotional wesentlich ruhiger auf die Vorlagen und ihre
Diskussion einstellen. Sie sind darum abgeklärter, aber auch festgeleg-
ter, während die übrigen Mitglieder weniger abgeschlossen, offener und
nicht selten stärker unter einem emotional starken Erstdruck diskutieren und entscheiden müssen. Das trifft wiederum am meisten für die
synodalen Mitglieder der Kirchenleitung zu.

4. Eine größere Zahl von Kirchenleitungssitzungen dienen der Beobachtung und Anhörung bestimmter kirchlicher Arbeitszweige. Von
ihnen kommen Vertreter in die Kirchenleitung und legen in Bericht
und Aussprache Rechenschaft über ihren Dienst ab. Von siebzehn Berichten, die 1974 gegeben wurden, waren vierzehn vornehmlich von

den damit gegebenen praktisch-theologischen Aufgaben bestimmt (Bibelwoche, Mitarbeiterfrage, Leuenberg, Visitation in der Hoffbauerstiftung, kirchlicher Einsatz bei den Weltfestspielen, Frauenarbeit, Männerarbeit, Kinderabendmahl, Missionarischer Dienst, Sonderkurs für Mitarbeiter, Retraitenarbeit, Kirchlich-Diakonischer Lehrgang, Theologische Studienabteilung beim BEK, Wochenzeitung »Die Kirche«). Drei Berichte betrafen mehr juristische Angelegenheiten (Jugendgesetz, kirchliche Landwirtschaft, Potsdam als Stadt kirchlichen Wiederaufbaus). Bei den hierher gehörenden Besuchen der Kirchenleitung außerhalb Berlins[20] standen überwiegend geistliche, theologische, erst dann kirchenrechtliche Themen im Mittelpunkt, etwa in den Berichten, die aus den Kirchenkreisen gegeben wurden. — Im großen ganzen dominierten also auf diesem Sektor praktisch-theologische vor juristischen und personal bestimmten Aufgabenstellungen.

Die Personen, die während der siebzehn Anhörungen berichtet haben, waren

Generalsuperintendenten	2
übrige Theologen	14
Jurist	1
übrige Laien	12

Damit bestätigt sich das bisherige Bild nicht ganz. Eine Dominanz der Theologen ist nicht so ausgeprägt gegeben.

5. Eine neue Feststellung ergibt sich, wenn es um Fragen der Verhandlungsführung der Kirchenleitung geht: Protokollanfertigung und -verlesung, Vorschläge zur weiteren Tagesordnung. Diese zeitlich kaum einen Raum einnehmenden, aber dennoch für die Steuerung und Präzision der Kirchenleitungsarbeit wichtigen Arbeiten wurden so wahrgenommen:

Bischof	2 Beiträge
Generalsuperintendenten	2 Beiträge
übrige Theologen	4 Beiträge
Juristen	48 Beiträge
übrige Laien	0 Beiträge

Hier ist das Laienübergewicht in Gestalt der auf ihrem Sektor gewiß nicht laienhaft arbeitenden Juristen eindeutig. Hinzu kommt, daß der Konsistorialpräsident die Tagesordnung der Kirchenleitung zusammenstellt und anordnet, freilich im Benehmen mit dem Kollegium des Konsistoriums, ergänzt durch Tagesordnungswünsche von anderen Mitgliedern der Kirchenleitung. Der Präsident gibt auch die Beschlüsse des Protokolls zur Auswertung an die zuständigen Instanzen weiter. Hier ist vorwiegend das Konsistorium für die Durchführung der Beschlüsse

[20] Vgl. II, erster Absatz

zuständig. Nur wenige Beschlüsse werden anderen Instanzen, etwa dem Präses oder den Generalsuperintendenten, zur Erledigung übergeben. Die Wirkung der Entscheidungen der Kirchenleitung hängt also besonders stark von der Energie und Arbeitskraft des Konsistoriums ab. Doch hierüber soll nicht weiter berichtet werden[21].

III.

Es ist nun möglich, noch genauer danach zu fragen, welche Rolle die Theologie innerhalb dieser so beschriebenen Arbeit der Kirchenleitung gespielt hat; nämlich die wissenschaftliche Reflexion des Evangeliums, wie es unter dem Handeln des trinitarischen Gottes als Gabe mächtig wird: im Alten und Neuen Testament (exegetische Wissenschaften), in der Geschichte der Kirche (Kirchengeschichte), in der Geltung für heutiges Glauben und Leben (systematische Theologie) und dann auch besonders im Leben der Kirche (praktische Theologie)[22]. Diese so im traditionellen Fächerkanon bestimmbare wissenschaftliche Reflexion des Evangeliums wird nicht nur dort betrieben, wo Theologen aus- und weitergebildet werden und entsprechende Bildungsinstitutionen bestehen. Es gibt auch Spezialtheologen innerhalb der Kirche, die in dafür vorgesehenen Gruppen und Einrichtungen tätig werden. Im übrigen wird die Theologie von denen mehr oder weniger differenziert reflektiert, die im praktischen Vollzug kirchlichen Dienstes stehen.

So weist die Frage nach der Wirkung der Theologie in der Arbeit der Kirchenleitung einen Sachbezug auf und einen Personbezug: Wie kam im Jahre 1974 die Theologie zum Zuge? Wie haben Theologen darauf Einfluß genommen?

1. Beginnen wir mit einer Darstellung der sachlichen Seite: Wie ist die Theologie als sachlich bestimmbares Disziplinengehäuse zum Tragen gekommen? Knüpfen wir noch einmal bei den genannten drei Entscheidungsbereichen an[23]. Die angegebenen Vorlagen, die besonders theologischen Materialcharakter trugen, lassen sich durch die theologisch bestimmten Themen der Berichts-[24] und Anhörungsarbeit[25] der Kirchenleitung ergänzen und ergeben dann diese behandelten Sachthemen:

[21] Die bisherige Darstellung hat deutlich werden lassen, wie nur einige Vorgänge im Verhandlungsablauf aufgrund der Protokollnotizen und einiger direkter Erfahrungsbeigaben eruierbar waren. Der lebendige Prozeß der Entscheidungsfindung ist damit nur von ferne in Sicht gekommen. Dennoch mögen bereits die vorgetragenen Bemerkungen die ganze Menschlichkeit kirchenleitenden Handelns in Andeutungen zeigen

[22] Vgl. dazu F. Winter, Praktische Theologie und Pfarramt, in: Fides et communicatio, 1970, 414

[23] Vgl. II, 3   [24] Vgl. II, 2   [25] Vgl. II, 4

Kirche in der Öffentlichkeit	49
Kirche in der Ökumene	43
Kirche in ihrem eigenen Leben	74

Darunter folgende Spezialthemen:

Gemeindeaufbau allgemein	28
Dienste der Kirche	14
Gottesdienst	8
Unterweisung	7
Kirchenverfassung	6
Missionsdienst	3
Visitation	3
Lebensordnung	2
Bekenntnis der Kirche	2
Verkündigung	1

Daraus ergibt sich, wie die Themen zum eigenen Leben der Kirche wesentlich breiter zur Verhandlung standen als die Fragen des Lebens in der Öffentlichkeit und in der Ökumene. Letztere waren auch stärker im Informationsteil, weniger im Beschlußvorlagenteil der Sitzungen im Gespräch.

Was die primär kirchenjuristischen Themen angeht, so standen zur Debatte und Entscheidung:

Mitarbeiterrecht (Aus- und Weiterbildung, Ordination, Dienstbeginn, Wohnung, Vergütung, Arbeitsrecht, besondere Dienste — Älteste, Gemeindehelferin, Jugendwart, Katechet, Prediger, Pfarrer, Verwaltungsmitarbeiter)	24
Kollekten und Finanzen	6
Raumordnung	6
besondere kirchliche Einrichtungen (Ausbildungsstätten, Werke)	5
allgemeine Verwaltungsordnung	2

Als Ergebnis legt sich nahe, daß die Personenprobleme im Vordergrund standen. Mitarbeiterstatusfragen waren zu regeln. Andere Rechtsregelungen traten demgegenüber zurück und haben die Kirchenleitung nicht über Gebühr beschäftigt. Die Diskussion besonders der Mitarbeiterregelungen zeigte, wie sie von theologischen Vorentscheidungen abhängen: Lehre vom Amt und den kirchlichen Diensten, Mitarbeiterseelsorge, Ordinationsverständnis usw. In der Bewältigung vorwiegend juristisch bestimmter Ordnungsmaterie schwingen theologische Urteile mehr mit, als es zuerst den Anschein hat.

Die vielen personenbezogenen Gespräche und Entscheidungen der Kirchenleitung lassen sich folgendermaßen gliedern:

Berufung in besondere Ämter (Provinzialpfarrer, Leitungsdienste)	35
Berufung in Ausschüsse und besondere Delegationen	32
Berichte über persönliche Ereignisse und Ehrungen	18
Grenzfragen des Dienstes (Disziplinarmaßnahmen, Rechte aus der Ordination bei Dienstentlassung)	12
Diensteröffnung (Ordinabilität, Examen)	11

Themen des Dienstes von einzelnen, aber auch zur Mitarbeit in Gruppen kamen häufig auf die Tagesordnung. Geistliche und seelsorgerlich bestimmte Entscheidungsüberlegungen wurden angestellt, um die Charismen von Gruppen und Personen in der Kirche zu fördern und einzusetzen, aber auch zu begrenzen, wo es notwendig erscheint. Sie gingen teils schnell, teils langsam durch Kopf und Herz der Mitglieder der Kirchenleitung. Persönliche Betroffenheit, die sich im Schweigen oder leidenschaftlicheren Reden gerade bei diesen Fragen äußerte, war nicht zu übersehen. Gerade bei dieser Thematik ist die Theologie nur insofern zur Stelle, als sie sich nach ihrer menschlich konkreten Seite hin auswirkt: Liberalität und Enge, theologisches Schuldenken, aber auch die theologische Beurteilung der Welt fließen hier mit ein. Im übrigen tritt jedoch die reflektierte Evangeliumsbeschäftigung mehr zurück, so sehr auch die Einschätzung derer, die mit Entscheidungen zu bedenken sind, auch unter theologischem Aspekt vor sich geht. In diesem Sinne kommt auch eine Kirchenleitung nicht darum herum, eine »Geschichte in Gestalten«[26] schreiben zu müssen.

Als Ergebnis zeichnet sich ab, daß die von uns unterschiedenen Themenbereiche eine ganz unterschiedliche Geltung der Theologie voraussetzen. Dennoch dürfte kein Bereich ohne theologische Reflexion, theologisches Engagement und theologische Voraussetzungen zu betreten sein, wenn es um Entscheidungen geht. Hier wird freilich mehr theologisches Grundwissen, dort mehr weisheitlich versetztes theologisches Erkennen in menschlich bestimmten Entscheidungen nötig sein.

Fragt man nun noch nach der Einwirkung der theologischen Disziplinen, steht ohne Zweifel die Praktische Theologie am weitesten vorn; und hier wiederum die kirchliche Strukturlehre wie die Seelsorgelehre. In den Andachten spielen exegetische Vorarbeiten eine Rolle, in den theologisch bestimmten Sachthemen dogmatische und ethische Voraussetzungen. Die Kirchengeschichte kommt eigentlich nur so vor, daß man sich entsinnt, wie diese oder jene Frage innerhalb der letzten Generation entschieden worden ist. Wo die zünftigen Lehrer der Kirchengeschichte aufhören, setzt die kirchengeschichtliche Reflexion der Kirchenleitung im großen ganzen erst ein.

2. Gehen wir zu der Frage über, wie Personen in der Kirchenleitung theologisch wirksam werden. Was die Beziehung der Kirchenleitung zu den theologischen Lehrern und Spezialisten angeht, so treten diese in ihr kaum auf, wenn man davon absieht, daß zwei ihrer Mitglieder ehemalige Direktoren von Predigerseminaren waren, ein Mitglied Dozent für Systematische Theologie, ein weiteres Mitglied Dozent für Praktische Theologie war. Keinmal kam 1974 ein Hochschullehrer in

[26] Vgl. M. Fischer, Geschichte in Gestalten, 1975

der Kirchenleitung zu Wort, viermal erschienen Spezialisten aus dem Gebiet von Weiterbildung, Ausbildung und Katechetik. Im übrigen bestritten theologisch besonders gebildete Mitglieder des Konsistoriums oder der Kirchenleitung das theologische Spezialangebot.

Die Ergebnisse der Protokolldurchsicht haben gezeigt, daß für das Andachtsleben, bei theologischen Informationen und theologischen Beschlußvorlagen die Theologen dominieren, unter ihnen der Bischof und die Generalsuperintendenten (auch ließe sich zeigen, wie unter den übrigen Theologen der Propst eine besondere Rolle für die theologische Arbeit spielt). Bei den Anhörungen drängen auch die Laien mehr nach vorn, und die Juristen, wenn es um Fragen der Verhandlungsführung geht.

Neben den Einzelpersonen haben auch Gruppen eine besondere theologische Wirkkraft. Alle wichtigen theologischen Vorlagen und Personalentscheidungen sind ja nicht ohne die Mitarbeit von Ausschüssen, Beschlußgremien (Kollegium des Konsistoriums, Generalsuperintendentenkonvent, Synode) zustande gekommen, in denen die Theologen wiederum eine wichtigere Rolle spielen, wenn man von dem Gebiet der juristischen Vorlagen einmal absieht[27]. In den meisten Ausschüssen auf der Ebene der Gesamtkirche (BEK, EKU) und der Gliedkirche sind auch Hochschullehrer und theologische Spezialkenner mit am Werk, so daß wider den Augenschein die anonyme, indirekte Gruppenwirkung besonders gebildeter Theologen für die Meinungsbildung der Kirchenleitung ausgeprägter ist, als man es im ersten Augenblick vermutet.

3. Es klang bereits an, aber es soll noch einmal gesondert daran erinnert werden, daß jenseits von theologischer Sachkenntnis und von persönlich eingebrachter theologischer Erkenntnis gerade in der Kirchenleitung und ihrer Verantwortung persönlich erfahrene, geistlich verarbeitete und weisheitlich durchsetzte theologische Urteilsgebung eine Rolle spielt; nicht nur, weil es um die lebensnahe Steuerung eines wirklichen kirchlichen Lebens geht, sondern weil auch Menschen mit ihrer je eigenen geistlichen, menschlichen und theologischen Konstellation beieinander sind. Wie sehr da — positiv und negativ — die menschliche Zusammensetzung einer größeren Gruppe auf die Entscheidungsfindung einwirkt, ist unverkennbar. Wie weit sind die damit gegebenen Probleme geistlich, aber auch theologisch verarbeitet? Mit dieser Frage sind wir an einer Grenze angelangt, die statistisch keinesfalls, vielleicht

---

[27] In diesem Gebiet sind Theologen manchmal hilflos, manchmal auch erstaunlich leichtfertig im positiven und negativen Sinn an der Arbeit; hier oder da auch argwöhnisch, weil ihnen der alte Gedanke von Sohm nahelegt, daß Kirche und Recht eigentlich nichts miteinander zu tun haben. Juristen sind häufiger bereit, die theologischen Spezialkenntnisse der Theologen anzunehmen. Welche emotional und sachlich bedingten Einstellungen liegen hier eigentlich vor?

geistlich erfahrbar ist, wenn man menschlich ohne Furcht aufeinander
zugeht oder zu warten bereit ist, ob sich Schlagbäume an dieser Grenze
öffnen. Hier ist auch von der Theologie als reflektierter Arbeit am
Evangelium nichts mehr zu berichten.

IV.

Eine Bewertung der theologischen Arbeit der Kirchenleitung hat sich
bereits eingestellt. Ihr folgt die Frage nach Korrektur und Veränderung
auf dem Fuß.

1. Zweimal hat sich die Kirchenleitung zusammengesetzt, um sich
selbst und ihren Arbeitsstil zu untersuchen: Anfang 1974, um ihre
Tätigkeit 1973 einzuschätzen; dann Anfang 1975, um den Arbeitsstil
des Jahres 1974 zu bewerten[28]. Im Blick auf das Jahre 1973 ergaben
sich folgende Urteile: Die Leitung hätte straffer sein können. Die neuen
Mitglieder der Kirchenleitung hätten eine bessere Art der Einarbeitung
nötig gehabt, besonders mit Hilfe umfassender Information[29]. Die
Information zu den einzelnen Themen und Vorlagen hätte breiter erfolgen können; so mußte oft zu schnell entschieden werden. Eine ganze
Reihe von Themen hätten auch problemtiefer besprochen werden müssen. Zu wenig wurde der Dienst der Kirche an der Basis reflektiert.
Hätte man nicht stattdessen manche Routineentscheidungen an das
Konsistorium delegieren können? — Für das Jahr 1974 traten ähnliche,
aber auch andere Urteile und Verbesserungsvorschläge auf: Die Anhörungen und Berichte hätten stärker ausgewertet werden müssen. Ist
es möglich, Beschlüsse mit den sie betreffenden Personen und Instanzen
in größerer Nähe zu fällen? Oft ging es zu pragmatisch schnell voran,
wo es nötig gewesen wäre, mehr Grundsatzprobleme aus theologischer
Sicht anzuschneiden.

In der eigenen Sicht ihrer Arbeit hat die Kirchenleitung damit einige
Hauptprobleme erkannt, die übrigens für alle Leitungsgremien in der
Kirche — bis zum Gemeindekirchenrat — ähnlich empfunden werden
dürfen: (1) Stärkere Trennung von wesentlichen und weniger wesentlichen Problemen. (2) Informationsverbesserung. (3) Stärkere theologische Durchdringung wichtiger Entscheidungen. (4) Noch größere
Basisnähe.

---

[28] Vom Bericht der Kirchenleitung vor der Synode im April 1974 soll nicht weiter
die Rede sein; auch darum, weil er nicht den genauen Termin eines Kalenderjahres
umfaßt. Ein Vergleich mehrerer Kirchenleitungsberichte aus den letzten fünfzehn
Jahren würde eine dankbare Aufgabe darstellen
[29] Vgl. Anm. 18

2. Unter dem Aspekt theologischer Verantwortung lassen sich im Ergebnis, aber auch darüber hinaus einige Forderungen erheben:

a) Durch eine stärkere Mitbeteiligung der Laienmitglieder der Kirchenleitung an Andacht und Gespräch sollte deutlich werden, daß man ihnen auch ein geistlich verantwortetes theologisches Urteil zutraut, auch wenn dieses nicht so intensiv reflektiert erscheint. Es ist die Aufgabe der Theologen, dabei durch eine noch bessere laientheologisch darstellende Probleminformation zu helfen.

These: Bruderschaftliche Leitung ist nicht nur ein Unternehmen von theologischen Spezialisten und Spezialistengruppen, sondern steht unter dem Anspruch der Gesamtleistung aller Beteiligten, denen das theologische Urteil ausreichend geschärft werden muß.

b) Eine Kirchenleitung hat es nicht nötig, sich bei der Behandlung von Vorlagen theologischen Einzelfündlein und -formulierungen zu widmen, die die Erfassung und die Überschau der mit ihnen gegebenen theologischen Grundproblematik verstellen. Hier sollte sie den Gruppen, die der Kirchenleitung zuarbeiten, manchmal mehr zutrauen. Es erscheint auch notwendig, daß sich eine Kirchenleitung theologisch wichtigen Grundsatzfragen, die immer wieder ins Haus stehen, einmal intensiver widmet, um darüber für die vielen theologisch zu verantwortenden Einzelentscheidungen stärkere Entscheidungsrichtungen verfolgen zu können. Das Gefälle, durch viele laufende Einzelanforderungen nur pragmatisch für den Augenblick zu handeln, darüber jedoch die Beobachtung weiter vorgreifender Bewegungen in die Zukunft außer acht zu lassen, könnte sonst zu mächtig werden. Ist es nicht auch nötig, bei wesentlichen Entscheidungen die Meinung theologischer Spezialisten noch direkter einzuholen?

These: Bruderschaftliche Leitung in theologischer Verantwortung ist möglich, wenn mit Hilfe theologischer Spezialberatung die Grundsatzprobleme kirchlicher Entwicklung theologisch reflektiert und zu Grundsatzentscheidungen vorangetrieben werden.

c) Es ist deutlich, wie eine Kirchenleitung nicht nur eine denkende Gruppe, sondern auch eine im Erleben einer bestimmten Stunde stehende Gemeinschaft darstellt. Daraus ergibt sich eine weitere

These: Bruderschaftliche Leitung in theologischer Verantwortung ist möglich, wenn eine Kirchenleitung sich der Eigenart ihrer Mitglieder und des sich in ihr vollziehenden Gruppenprozesses bewußt zu bleiben versucht, um möglichst menschlich offen, seelsorgerlich abgewogen und geistlich weise nach Entscheidungen zu suchen, die der Entwicklung der Gaben, Gruppen und Institutionen einer Kirche dienen.

d) Vergleicht man die Aufgabenbeschreibung der Kirchenleitung — wie die der Synode — mit der real sich vollziehenden Arbeit, die sie leistet, wird eine Diskrepanz offenbar. Der Stellenwert der Öffentlichkeitswirkung der Kirchenleitung ist gegenüber den breiten Aussagen der Grundordnung ein anderer geworden. Stattdessen ist ihre ökumenische Verantwortung gewachsen[30].

These: Die theologische Aufgabenstellung der Kirchenleitung, die noch stark unter volkskirchlichem Aspekt erfolgt ist, bedarf bei der Reform der Grundordnung einer Neufassung.

Was nun noch darüber hinaus an positiv anregenden und negativ beschneidenden Maßnahmen einer Kirchenleitung zuzumuten ist, die eine Arbeitsleistung von über fünf Wochen erbringt, wenn man es mit dem normalen Arbeitstag eines Werktätigen vergleicht, soll auch darum hier nicht zu Wort kommen, weil dieser Einsatz von über dreißig Menschen nur durch Überstunden und bei den Laien nur durch ein reines Opfer von Freizeit ermöglicht wird. Vielleicht hat auch das etwas von ferne mit der Theologie zu tun.

Theologische Arbeit in der Kirchenleitung hat es eben nicht nur mit rationalen, sondern auch ganz stark mit ganzheitlichen Komponenten zu tun und wirkt sich in geistlichen Erkenntnissen und Entscheidungen aus, gestützt durch menschliche Begabungen wie Redefähigkeit und Hörbereitschaft. Hinzu kommen die Bedingungen des Gruppenverhaltens. Das alles läßt sich bei einer Bereitschaft zum lebendigen Lernen aufgrund empirischer Beobachtung in Kritik und Selbstkritik erheblich wandeln. Doch darf darüber hinaus nicht unbeachtet bleiben, daß Kirchenleitung im wesentlichen Sinn eine »Kunst« ist[31], nicht nur eine Technik. Sie steht im Dienst an dem Evangelium, dessen Wirkung vom Heiligen Geist abhängig bleibt. Was an Kirchenleitung nicht gelingt, richtet Schaden an. Kirchenleitung bedarf darum besonders vieler Vergebung. Was an Kirchenleitung gelingt, ist Geschenk. Darüber zu urteilen, ist eines anderen Sache.

[30] Vgl. Grundordnung, Art. 120
[31] Schleiermacher, aaO. 35 ff

RUDOLF THAUT

DAS VERHÄLTNIS VON THEOLOGIE UND KIRCHENLEITUNG IN DEMOKRATISCHEN KIRCHENSTRUKTUREN

Theologie als »Kunstlehre der Kirchenleitung«

Um die kirchliche Bindung der Theologie herauszuarbeiten, hat der Erlanger Systematiker Friedrich Mildenberger die Definition Schleiermachers für die Theologie »als Kunstlehre der Kirchenleitung« neu in die Debatte geworfen[1]. Dieses Verständnis von Theologie, das zunächst für die Gegenwart absolut nicht hilfreich zu sein scheint, gewinnt durchaus aktuelle Bedeutung, wenn wir den von Mildenberger zitierten Paragraphen aus Schleiermachers kurzer Darstellung des theologischen Studiums lesen: »Die christliche Theologie ist sonach der Inbegriff derjenigen wissenschaftlichen Kenntnisse und Kunstregeln, ohne deren Besitz und Gebrauch eine zusammenstimmende Leitung der christlichen Kirche, d. h. ein christliches Kirchenregiment, nicht möglich ist.«

Angesichts der Spannung zwischen Theologie und Gemeindefrömmigkeit, die gegenwärtig verschiedene Kirchen unseres Landes in Zerreißproben hineingeführt hat, muß die Frage gestellt werden, ob Schleiermacher nicht eine wesentliche Aufgabe der Theologie erkannt hat. Wird diese Funktion der Theologie in unserer Zeit nicht weitgehend verkannt, so daß tatsächlich diese »*zusammenstimmende* Leitung der christlichen Kirche« oft kaum noch gelingt? Es wäre gewiß zu billig, einseitig etwa der Universitätstheologie die Alleinschuld an der gegenwärtigen Polarisierung zuzuschieben. Daß die kirchliche Bindung der evangelischen Theologie — wie auch immer diese im einzelnen zu verstehen und zu gestalten ist — in unserem Land und unserer Zeit völlig unterentwickelt ist, dürfte jedoch kaum infrage gestellt werden. Da in den Freikirchen die Überzeugung weiterhin lebendig ist, daß Gemeinde und Theologie in ihrem Dienst und in ihrer Verantwortung unmittelbar und unauflösbar aneinander gebunden sind, darf von dieser Seite aus wohl einmal mit Nachdruck auf diese Schwäche unserer so hoch entwickelten Theologie hingewiesen werden. Weil die Freikirchen in Deutschland Minoritäten darstellen und deshalb auf die Arbeit der

---

[1] Fr. Mildenberger, Theorie der Theologie, Enzyklopädie als Methodenlehre, 1972, Ziffer 1 (1.1—1.3); hier findet sich auch das Zitat aus Schleiermacher und die Quellenangabe

evangelisch-theologischen Fakultäten mitangewiesen sind, leiden sie
ebenso wie die anderen Kirchen darunter, daß sich die evangelische
Theologie bei uns in erster Linie verantwortlich fühlt, dem an der
Universität herausgebildeten Anspruch der Wissenschaftlichkeit zu genügen, und daß die Verantwortung gegenüber dem Auftrag der Kirche
erst in zweiter Linie gesehen bzw. dies der Disziplin der Praktischen
Theologie überlassen wird.

Es geschieht sicherlich in der Überzeugung, daß gerade Wissenschaft
nur in Freiheit gesund gedeiht und daß der wissenschaftlich so Gebildete am besten die Fähigkeiten entwickeln kann, die die Wahrnehmung seines Amtes erfordern. Für den Theologen zeigt sich aber, daß
ihm heute zumindest eine wesentliche Aufgabe nicht mehr ausreichend
gelingen will: die Gemeinden und ihre Glieder so zueinander zu führen,
daß es zu einem lebendigen Zusammenwirken aller kommt. Im Gegenteil: die Polarisierungen werden immer stärker und entwickeln zentri-
fugale Kräfte, die nicht mehr als Spannungen einer gesunden, zur
christlichen Kirche gehörenden Pluriformität der Gaben und Erkenntnisse verstanden werden können. Daß es aber gerade Aufgabe des
ordinierten Amtes ist, die Pluralität der Kräfte zusammenzuführen,
hat nicht nur Schleiermacher damals gesehen, es wird vielmehr auch in
der Ämterdiskussion der Gegenwart immer wieder herausgestellt[2]. Darum ist es in der Tat nicht abwegig, neu zur Sprache zu bringen, daß
Theologie »Kunstlehre der Kirchenleitung« ist. Es muß heute nur zugleich begriffen werden, daß sich »Kirchenleitung« nicht lediglich an der
»Spitze« einer Landeskirche oder Freikirche vollzieht, wo das institutionell zu Ordnende zusammenläuft, sondern vor allem in der örtlichen
Kirchengemeinde, also dort, wo die Gemeinde ihr Leben führt, sich zum
Gottesdienst versammelt und in ihrer Umwelt den missionarischen und
diakonischen Auftrag auszuführen unterwegs ist.

Durch diese kritischen Anmerkungen soll nun auch wieder nicht einfach den Amtsträgern die Schuld an einer gewissen Misere in der kirchlichen Situation zugeschoben werden. Die Kritik zielt tiefer. Sie geht
von der Überzeugung aus, daß die Gemeinde Jesu Christi immer, wenn
sie lebendig ist, in Strukturen lebt, die wir heute als demokratisch bezeichnen. Dieser Gegebenheit trägt jedoch die Theologie nicht zureichend
Rechnung. Dadurch entsteht jenes Mißverhältnis zwischen Theologie
und Kirche, das wir heute erleben, das fast unüberbrückbare Gräben
aufgerissen hat und zu schwer auflöslichen Mißverständnissen führt.
Es ist daher nicht verwunderlich, daß viele Pfarrer für die Gemeindearbeit die Theologie einfach beiseite schieben, indem sie entweder

---

[2] Vgl. z. B. Das ordinierte Amt in oekumenischer Perspektive, Dokumente der
Kommission für Glaube und Kirchenverfassung, in: Ökumenische Rundschau, 2, 1973

schlicht biblizistisch arbeiten oder sich in sozialpolitische Aktivitäten flüchten.

Der Begriff »demokratisch« ist allerdings nicht völlig zutreffend und bedarf der Erläuterung. Gemeint ist, daß die *ganze* Gemeinde mit allen ihren Gliedern unmittelbar vor Gott steht, am Heil in Jesus Christus teilhat und daher auch an dem apostolischen Auftrag, »einer heillosen Welt das heilsame Werk Christi zu vermitteln«[3]. Jedem Gemeindeglied ist nach 1. Kor 12 deshalb eine Gnadengabe verliehen, mit der es seinen Beitrag zum Aufbau der Gesamtgemeinde leistet, damit diese im Zusammenwirken der verschiedenen Glieder ihre Mission erfüllen kann. Ähnlich wird es in Römer 12 und Epheser 4 dargestellt. Stets werden das Beteiligtsein aller Glieder ebenso wie die unterschiedliche Funktion der einzelnen Glieder herausgestellt. Aus dem Neuen Testament gewinnen wir jedenfalls die Erkenntnis, daß in allen Gemeindeordnungen, obwohl sie nach Zeit und Umwelt erhebliche Unterschiede aufweisen, stets die ganze Gemeinde mit allen ihren Gliedern am Aufbau der Gemeinde sowie der Erfüllung ihrer Sendung beteiligt war und deshalb auch an der Verantwortung und Willensbildung bei wichtigen Entscheidungen beteiligt wurde.

Es gibt Denominationen, wie z. B. die Kongregationalisten und Baptisten, die aus dieser Erkenntnis und Grundüberzeugung »demokratische« Gemeindestrukturen entwickelt haben und diese bereits seit einigen hundert Jahren praktizieren. Sie verstehen sie als den Weg, Pneumatokratie zu verwirklichen. Dabei gehen sie von dem Vertrauen aus, daß der Heilige Geist die Gemeinde leitet, wenn sie im Glauben darum bittet, und daß es unter seinem Wirken zum rechten Zusammenwirken der verschiedenen Gaben und Funktionen sowie der Erkenntnisse kommt. Wenn in unserer Zeit auch Kirchen, die von ihrer Tradition und Theologie her anders verfaßt sind, demokratischen Formen Raum geben müssen, sollte das nicht als Zugeständnis an den Zeitgeist verstanden werden, dem, obwohl wesensfremd, nun einmal Rechnung getragen werden muß. Sondern es ist als eine reife Frucht der Evangeliumsverkündigung anzunehmen, auch wenn diese in manche Kirchen jetzt auf dem Umweg über politische Entwicklungen eindringt. Tatsächlich ist doch der geschichtliche Prozeß umgekehrt verlaufen. Die moderne Demokratie ist, zuerst in England und Nordamerika, als Auswirkung der Gemeindedemokratie entstanden. Auch in Europa ist der Boden für die Demokratie durch die Kirche mitvorbereitet worden, vor allem durch die Theologie der Nachfolger Calvins[4]. Das von den soge-

---

[3] Zitat aus Mildenberger, aaO. 20

[4] Siehe u. a. A. van Leeuwen, Christentum in der Weltgeschichte 1966, 221—242, und H. Vahle, Calvinismus und Demokratie im Spiegel der Forschung, Archiv für Reformationsgeschichte, 66, 1975, 182 ff

nannten Monarchomachen verfochtene Prinzip der Volkssouveränität
wurde allerdings von den Kräften, die hier die politischen Revolutionen
durchsetzen, nicht wie in der reformierten Theologie der Ehre Gottes
unter- und zugeordnet. Daher besteht bei uns in der Tat die Gefahr,
daß der Einbruch demokratischer Tendenzen in bisher anders geartete
Strukturen der Kirchen von Auffassungen begleitet wird, die stärker
an politischen und weltanschaulichen Prinzipien orientiert sind als an
biblischem Gedankengut. Deshalb aber sollten die Theologen und die
Kirchenleitungen nicht grundsätzlich demokratischen Gemeindestrukturen skeptisch gegenüberstehen, sondern nur darauf bedacht sein, daß
innerhalb der Kirchen eine »Demokratie« wachsen kann, deren Zielsetzung es ist, im Vertrauen auf die Leitung und auf die Gaben des
Heiligen Geistes, im Sinne des »allgemeinen Priestertums aller Gläubigen«, der Theokratie und ihrer Ausbreitung zu dienen.

Weil heute alle Kirchen zunehmend demokratische Lebensformen
und Ordnungsprinzipien annehmen, wird das Verhältnis von Theologie
und Kirche immer schwieriger und problematischer. Das gilt, obwohl
zugleich festzustellen ist, daß gerade die Theologie der Gegenwart wesentliche Erkenntnisse vermittelt, die den Gemeinden helfen könnten,
die geschichtliche Situation, in die wir gestellt sind, zu erfassen, um in
dieser den missionarischen Auftrag wahrzunehmen. Aber die Gemeinde
kann die unüberschaubare Menge der Teilergebnisse einer hochspeziali-
sierten Wissenschaft nicht zusammentragen, geschweige denn für die
praktische Arbeit nutzbar machen.

Gemeinden, die von Anfang an in demokratischen Strukturen leben,
erkennen vielleicht deutlicher als Kirchen, die diese noch nicht voll integriert haben, daß nicht nur der Pastor, sondern letztlich in gewissem
Umfang die Gemeinde in ihrer Gesamtheit darauf angewiesen ist, die
Ergebnisse der wissenschaftlichen, theologischen Arbeit zu rezipieren.
Wie soll das jedoch gelingen, wenn es schon denen, die ein Studium
durchlaufen haben, kaum noch möglich ist, den Gesamtrahmen der
Theologie so zu überschauen, daß sie daraus Leitlinien für ihre Gemeindearbeit gewinnen. Es gelingt ja fast nicht einmal mehr, die exege-
tischen Arbeiten der biblischen Theologie als wirkliche Hilfe für die
Predigtvorbereitung anzunehmen und zu verwenden. Dabei kann in
diesem Zusammenhang die Frage offen bleiben, ob diese Situation tatsächlich durch die historische kritische Forschung an sich, also aufgrund
ihres theologischen Ansatzes, bedingt ist. Es ist nur festzustellen, daß
die bis ins Äußerste vorangetriebene Entwicklung der Methoden es
schon dem Fachmann schwer macht, mit ihrer Hilfe in den Text so ein-
zudringen, daß er als Wort Gottes an uns heute für die Verkündigung
lebendig wird. Wer die historisch-kritische Methode recht zu handhaben
weiß, dem kann sich auf diesem Wege durchaus der Text erschließen,

gerade in seiner Bedeutung für die heutige Situation. Aber wie selten erlebt man das in Predigten, und wie hilflos ist die Gemeinde, wenn sie von der Theologie letztlich im Stich gelassen wird! Ist es da wirklich verwunderlich, daß sie der »modernen Theologie« mißtraut? Wird Theologie in ihrer Aufgabe noch recht verstanden, wenn sie nur für den hochqualifizierten und spezialisierten Fachmann brauchbar ist? Ihr Auftrag ist doch, der Gemeinde mit ihrem Pfarrer zu helfen, als irdischmenschliche Gemeinschaft immer wieder dahin zu gelangen, daß sich in ihr das ereignet, was Emil Brunner als ihr »analogieloses Sein« bezeichnet, nämlich die vom Heiligen Geist gewirkte Gemeinschaft mit Christus und untereinander. Und die Theologie soll die Gemeinde fördern, ihren Sendungsauftrag zu erfüllen.

Gewiß wird der theologisch ausgebildete Amtsträger einen Mittlerdienst zwischen dem zu übernehmen haben, was die Fachwissenschaft erforscht und bereithält, und der Gemeinde, die dieses verarbeiten soll, um zu ihrem Dienst zugerüstet zu werden (vgl. Eph 4,11 f). Das erfordert aber, soweit es aus der Praxis der Gemeindearbeit und eines Studieninstitutes zu übersehen ist, in dem Pastoren für demokratisch strukturierte Gemeinden ausgebildet werden, eine Neubesinnung und -orientierung auf beiden Seiten — der Theologie und der Gemeinde. Es soll hier der Versuch gewagt werden, dafür einige Gesichtspunkte zusammenzutragen:

1. Wo auch immer die theologische Forschung und Lehre institutionell eingegliedert wird — sie versteht sich als christliche Theologie nur recht, wenn sie ihre Arbeit als einen vom Herrn der Kirche gesetzten Auftrag innerhalb des Gesamtgefüges der Gemeinde Jesu Christi annimmt und deshalb diesen in der lebendigen Teilhabe an der Gemeinschaft ausübt, die die Gemeinde mit ihrem Herrn und untereinander verbindet. »Apostellehre« und »Gemeinschaft (Koinonia)« gehören zueinander (Apg. 2,42). Auch wer an der Universität als Theologe das Amt der Lehre oder Forschung wahrnimmt, steht dort als Glied und verantwortlicher Mitarbeiter der Kirche Jesu Christi. Das ist grundsätzlich gewiß selbstverständlich. Ist es aber auch gelebte Wirklichkeit?

2. Die Erkenntnis, daß Kirche Mission ist und Mission sich heute in sechs Kontinenten ereignet, also auch auf dem unsrigen, sollte endlich in die Lehr- und Studienkonzeption eingehen. Der Pfarrer ist in seinem Amt eben nicht dem Arzt, Lehrer oder Juristen vergleichbar, die die Bevölkerung aufgrund ihrer wissenschaftlichen Ausbildung jeweils auf einem Teilgebiet des menschlichen und gesellschaftlichen Lebens zu versorgen haben. Der Theologe ist nicht für die religiöse Betreuung zuständig, sondern er ist verantwortlich dafür, daß die Kirche den ihr von ihrem Herrn aufgetragenen Sendungsauftrag wahrnimmt.

Die Ausbildung dafür bedarf durchaus des wissenschaftlichen Niveaus. Vor allem das Erfassen der geschichtlichen Situation, in die hinein das Evangelium zu bezeugen ist und durch die hindurch die Gemeinde ihren Weg zu finden hat, erfordert dies. Der Kirchenkampf der nationalsozialistischen Epoche hat uns dies erneut vor Augen geführt. Das stellt nicht infrage, daß Glaubensmut und geistliche Vollmacht die letztlich entscheidenden Faktoren waren, die den Kampf bestehen ließen. Aber gerade in jener Auseinandersetzung wurde, wie rückblickend festzustellen ist, deutlich, daß auch echte Frömmigkeit in ihrer Fähigkeit beeinträchtigt wird, die Situation im rechten Licht zu sehen und zu erfassen, wenn sie zugleich mit einer Wissenschafts- und Theologiefeindlichkeit verbunden ist.

Es geht also einerseits darum, daß die Theologie in Forschung und Lehre auf den Sendungsauftrag der Kirche bezogen ist, an der die *ganze* Gemeinde teilhat. Die Gemeinde wird es andererseits begreifen müssen, daß sie dafür heute wie zu aller Zeit der Theologie bedarf. Die Briefe des Neuen Testaments könnten uns neu lehren, daß Theologie und Gemeindeleben in einem lebendigen Zusammenhang stehen und wie sie zueinander gehören. Ich meine damit, daß Paulus den lehrhaften Teil seiner Schreiben stets in die Paränese einmünden läßt, d. h. in die Gemeindepraxis. Die Paränese ergibt sich wiederum als eine überzeugende Konsequenz der systematischen und dogmatischen Ausführungen.

3. Die wissenschaftliche Theologie darf ihre Arbeit nicht weiterhin nur oder vor allem in die Spezialgebiete hinein entwickeln, auch wenn dieser Prozeß in gewisser Weise unaufhaltsam ist. Sie muß selbst auch den Bereich erarbeiten, in dem die Ströme theologischer Forschung und Lehre zusammenfließen; denn nur dann können sie in ihrer Zuordnung zueinander von jedem, der sich ernsthaft mit Theologie befaßt, erkannt und für die Gemeindearbeit ausgewertet werden. Das darf nicht dem Gemeindepfarrer überlassen bleiben.

Ob es ratsam ist, dafür, wie Ebeling[5] vorschlägt, als zusätzliche Disziplin die Fundamentaltheologie zu neuem Leben zu erwecken, erscheint zweifelhaft, weil das wahrscheinlich nur der theoretischen Überschaubarkeit dienen würde. Das Ziel ist aber, daß wieder die Theologie in ihrer Gesamtheit der Gemeinde in ihrer praktischen Arbeit hilft, nämlich, das Evangelium in seiner Ganzheitlichkeit zu erfassen und auszubreiten.

Dazu müssen wohl alle Disziplinen durch eine Neubesinnung beitragen, die dazu führt, daß sie einander bewußt in die Hände arbeiten, um so miteinander den Dienst der Kirche mit allen Gliedern fördern zu können. Ist es nicht höchste Zeit, aus einer solchen Besinnung zielstre-

---

[5] G. Ebeling, Studium der Theologie 1975, bes. 162 ff

biger praktische Konsequenzen für Forschungsprogramme und Lehr-planung zu ziehen?

4. Das Motiv, das in der Theologie immer neu bestimmend werden muß, damit sie sich als »Kunst der Kirchenleitung« verstehen kann und als solche angenommen wird, kann nur die Agape sein. Für den Theo-logen genügt es nicht, daß der Eros des Wissenschaftlers ihn bewegt; denn mit diesem allein kommt er dem »Gegentand« seiner Wissen-schaft, der Theo-logie, nicht nahe, auch wenn Übereinstimmung darin besteht, daß es in der christlichen Theologie nicht um die Lehre von Gott, sondern um das Offenbarungs- und Heilshandeln Gottes geht. Ohne »die Liebe zu Gott und zur Sache Gottes«, seinem Erlösungswerk für die Welt, kann die Arbeit nicht »sachgemäß« betrieben werden. Diese göttliche Liebe bewährt sich nach der Sicht des Neuen, auch des Alten Testaments, in der Liebe zum Nächsten und zum Bruder. Wenn diese Liebe den Theologen in seiner Arbeit bestimmt, dann wird das deshalb erkennbar an ihrer lebendigen Beziehung zur Kirche als der Bruderschaft, in der Gott und durch die er seine Liebe und sein Heil in der Welt offenbar werden läßt.

KLAUS GRAMMEL

KIRCHE, INSTITUTION UND HERRSCHAFT
Bemerkungen zu Gotthold Hasenhüttl

I.

In einer katechetischen Arbeitsgemeinschaft diskutierten wir die Frage, was für uns als kirchliche Mitarbeiter die Sache Christi bedeutet. Es ging dabei weniger um unser persönliches Denken, Wollen und Tun. Der Ton lag vielmehr auf der Frage, was die Einbindung in die Institution der Kirche und die Abhängigkeit von ihr, was die Tatsache, daß wir in einem hierarchischen Gefüge mit entsprechenden Gesetzen, Regelungen, Praktiken, mit Fach- und Dienstaufsicht, Gehalts- und Urlaubsordnung und Altersversorgung unsre Arbeit tun, was also überhaupt die Kirche als Institution mit der Gabe und Aufgabe Christi zu tun hat. Einer wollte das Problem an der Gestalt Jesu deutlich machen: »Wie würde sich Jesus als Funktionär der Kirche, z. B. als Bischof verhalten?« Darauf kam die Antwort: »Jesus hatte Glück, daß er zu früh starb.«

Das ist gut formuliert, dennoch wohl falsch, zumindestens aber unbefriedigend. Die Antwort unterstellt nämlich, daß Jesus dadurch groß ist, daß er sich der Auswirkung seines Tuns nicht hat zu stellen brauchen. Natürlich hat Jesus nicht die Kirche gegründet, aber ebensowenig hat er sich im Angriff auf bestehende Verhältnisse, in der Warnung oder im Ruf zur Umkehr erschöpft. Man darf ihn nicht zu sehr im Schatten des Täufers sehen. Jesu Wirksamkeit implizierte die Frage, wie im Lichte der Liebe Gottes die Verhältnisse auf Erden gestaltet werden sollen, was also für ein menschliches Leben im Sinne des Evangeliums notwendig und angemessen sei. Das Evangelium stellt nicht nur in Frage, sondern es gibt auch Antwort, wobei freilich sofort hinzugefügt werden muß, daß die jeweilige Antwort der ständig neuen Infragestellung bedarf[1]. Die Gnosis hat die bestehende Welt auch in Frage ge-

---

[1] Vgl. hierzu die Kritik K. Holls an der jungen Dialektischen Theologie: »Gott ist nun bloß derjenige, der immer wieder alles umstürzt und neu macht, ohne daß jemals ein bestimmtes Ziel sich zeigte oder Dauerndes aus seinem Schaffen hervorginge. ›Gott ist nie fertig‹, aber er scheint auch nie um einen Schritt vorwärts zu kommen ... Der ›Einbruch‹ (sc. Gottes) gibt immer bloß die Verneinung« (Luther und die Schwärmer, in: Gesammelte Aufsätze zur Kirchengeschichte I, 1923, 463). Die Basis dieser Kritik, ein durch umwandelbare Ideale gekennzeichnetes Gottesbild, erwies sich freilich mit Recht angesichts der radikalen Infragestellung durch die Dialektische Theologie als brüchig

stellt, indem sie sie kritisierte und negierte. Ihr Traum von der jenseitigen Lichtwelt war letztlich ein Protest gegen das Hiesige, aber ein wirkungsloser, weil er mit der grundsätzlichen Ablehnung der Welt Hand in Hand ging. Der Protest des Evangeliums dagegen lebt von der Hingabe an die Welt. Wenn Gott Mensch geworden ist, dann hat dieser Mensch auch mit den Strukturen und Verhältnissen der Welt, also auch mit Institutionen, Ordnungen, Funktionen, Berufen, Werten usw. zu tun und kann sich da nicht asketisch heraushalten. Nicht nur der Teufel, auch Gott steckt im Detail.

Die Strukturen, in denen wir leben, die faktischen Machtverhältnisse und Zustände, die geschriebenen und ungeschriebenen Gesetze, all das, was unser Lebensverständnis und unsre Lebensführung tatsächlich bestimmt bis hin zum Betriebsklima, all das soll durch die Menschenfreundlichkeit Gottes so geordnet werden, daß es dem Menschen zugutekommt. »Love in structures« ist dafür der Begriff geworden, der uns anzeigt, daß es keineswegs nur darum geht, Menschen in der Welt zu trösten, sondern vielmehr diese Welt als Schöpfung Gottes für den Menschen zu gestalten.

In der Diskussion fiel auch der Satz, daß Jesus nie Bischof geworden wäre, selbst wenn er es gewollt hätte. Dieser natürlich ungeschichtlich formulierte Satz zielt ja eigentlich nicht auf den historischen Jesus ab, sondern auf das Sachproblem: Stellt die Kirche, wie sie geschichtlich geworden ist, eine Möglichkeit dar, im Sinne der Liebe Gottes zu wirken? Würde Jesus, wenn er als Mensch heute unter uns lebte, in ihr arbeiten? Seit Luthers kirchenkritischen Schriften, zu schweigen von allen anderen Erneuerungsforderungen vorher, müßte uns das doch eine vertraute und stets beunruhigende Fragestellung sein. Und umgekehrt: Würde die Kirche Jesus ertragen? Würde die Kirche, die ihn mit Worten als ihren Herrn bekennt, ihn auch als einen ihrer Funktionsträger, vielleicht als Bischof, erdulden? Seit dem Großinquisitor von Dostojewski, um nur diese eine Stimme hier zu nennen, begleitet uns diese ungeheure Frage, auch und obwohl wir uns ihr nicht stellen.

Letztlich geht es also darum, wie in der konkreten Gestaltung der Welt, in unsrem Falle: der Kirche, Gott zum Zuge kommt. Kirche als Stück der Welt zu bezeichnen, heißt nicht, ihre Berufung auf Gott zu ignorieren, denn Gott und Welt dürfen nicht gnostisch auseinandergerissen werden. Wenn »in der Kirche ... eine Scheidung der äußeren Ordnung vom Bekenntnis nicht möglich (ist)«[2], dann wird damit nicht nur der Glaubenslehre, sondern eben auch der ganz praktischen Kirchengestaltung eine theologisch entscheidende Rolle zugestanden. Eine falsche Ordnung verhindert, daß ein vielleicht richtiges Bekenntnis zu einem wahren Bekenntnis wird. Entspricht also die geschichtlich gewordene und bedingte empirische Kirche ihrem Auftrag?

[2] Satz 3 der Barmer Erklärung, 1934. Vgl. dazu R. Smend RGG³ III, Sp. 1518

II.

Zu dieser Frage hat Gotthold Hasenhüttl eine »sozio-theologische Grundlegung« vorgelegt mit dem programmatischen Titel »Herrschaftsfreie Kirche«[3]. Darin definiert er Institution als ein »dauerndes, verdinglichtes und veränderbares Produkt zielgerichteten, sozialen Rollenverhaltens, das, den einzelnen verpflichtet, formale Autorität und rechtliche Sanktionen kennt« (S. 115). Wichtig sind ihm dabei diejenigen Strukturelemente, die Herrschaft begründen. Das ist einmal der Begriff der *Verpflichtung.* »Erst wenn ich durch ein menschliches Verhaltensmuster verpflichtet werde, kann ich m. E. von Institution reden« (S. 105). Die Verpflichtung zeigt sich als Erwartung eines bestimmten Verhaltens, das soziologisch als *Rolle* definiert wird. Dadurch beraubt die Institution den Menschen seiner Freiheit, »kontrolliert« und »programmiert« ihn, so daß er geradezu als »Produkt der Institutionen« (S. 107) definiert werden kann. Sieht die Institution den Menschen als »Rollenträger«, so erscheint »jede Weigerung, die zugedachte Rolle zu übernehmen, . . . (als) ein Angriff auf die Institution« (S. 109). Deshalb schützt sie sich erstens durch die Aufrichtung einer *formalen Autorität,* die »immer eine strukturelle Über- bzw. Unterordnung« fordert (S. 109), was nichts andres bedeutet, »als daß jede formale Autorität Herrschaft ausübt« (S. 110), zweitens durch *Sanktionen,* in denen die Herrschaft manifest wird. »Die Institution kommt ohne Sanktionen nicht aus. Die enttäuschte Rollenerwartung fordert Sanktionen« (S. 111).

Im Sinne dieser Definition ist die Kirche eine Institution und übt damit Herrschaft aus. Das wird erkennbar an ihrer Hierarchie, einem durch Über- und Unterordnung gekennzeichneten, durch formale Autorität gestützten und unter Berufung auf seine Zielsetzung sanktionierten (sanctus, hieros), d. h. als unangreifbar deklarierten Gefüge. Für die Herrschaftsausübung nennt Hasenhüttl die Bereiche der Sakramentsverwaltung, der kirchlichen Rechtsprechung und des durch kirchlich statuierte Dogmatik und Ethik reglementierten Glaubenslebens.

Das gilt nach Hasenhüttl belegbar für die katholische Kirche, auch für die nach dem Vaticanum II, aber durchaus auch trotz mancher Relativierungen des Institutionellen für die reformatorischen Kirchen[4].

[3] G. Hasenhüttl, Herrschaftsfreie Kirche. Sozio-theologische Grundlegung, 1974. Die Seitenangaben im Text beziehen sich ausnahmslos hierauf

[4] Angesichts dieser Problematik spielt die konfessionelle Frage in der Tat keine entscheidende Rolle, obwohl sich das Problem in der katholischen Kirche wesentlich massiver stellen dürfte (siehe die Fälle: Küng, Halbfaß, Hermann usw.) und die evangelischen Kirchen in der Frage ihrer Struktur wegen mancher, wenn auch nie zum klaren Durchbruch gekommener Ansätze z. B. synodaler oder bruderrätlicher Art im Vorteil sein dürften. Hier macht sich Hasenhüttl seine Urteilsfindung etwas leicht

Dem stellt Hasenhüttl das Modell einer »anarchischen institutionslosen Kirche« gegenüber. Er beruft sich dabei auf R. Sohm. »Der Geist Gottes regiert das Volk Gottes. Aber der Geist Gottes ist in jedem Christen. Darum ist kein Christ dem andren geistlich untertan« (zit. bei H., S. 39). »Damit ist aber in einer solchen Kirche jede institutionelle Herrschaft a limine abgewehrt. Es gibt unter keinem Aspekt eine rechtliche Herrschaft des Menschen über den Menschen. Jede amtliche Autorität ist abgeschafft. Es gibt keine formale, sondern nur aufgrund des Wirkens in der Gemeinschaft sachlich verantwortete Autorität, d. h. nur das Charisma schafft Ordnung . . . Eine ›heilige Anarchie‹ durchherrscht die Kirche« (S. 39).

Dieses anarchische Kirchenverständnis entspricht nach Hasenhüttl viel eher der Botschaft Christi als das hierarchische, denn Jesus »relativierte« die Institutionen, er »überspielte« sie (S. 129). Denn er verhielt sich ohne Berufung auf eine formale Autorität so, daß der Vollzug seines Tuns die Legitimität seines Anspruches erst manifestieren mußte[5]. »Dies ist genau die uralte Forderung ›anarchischen‹ Denkens, und die zur Grundstruktur menschlichen Verhaltens zu erklären ist nichts andres als die Institutionalisierung der Anarchie« (S. 127). Jesu Liebe und entsprechend die Regel der Feindesliebe, »die sich nicht zu einem Gesetz fixieren läßt, schlägt jeder Institution ins Gesicht . . . Sie schließt den radikalen Verzicht auf formale Machtausübung und Rangunterschiede ein« (S. 132). »Der Gedanke der ›Bruderschaft‹ schließt als Gemeinschaftsstruktur jede ›Hierarchie‹ aus« (S. 137).

Dies wird bei Paulus am deutlichsten. Die Kirche ist der Leib Christi. Die Menschen sind also einander zugeordnet wie Glieder eines Körpers und die Verschiedenheit ihrer Funktionen, die für die Gemeinschaft nötig ist, begründet keine Herrschaft übereinander. »Paulus selbst, trotz seiner Autorität, beansprucht keine Herrschaft über seine Gemeinde und erliegt nicht der Versuchung der Macht ›im Namen Gottes‹« (S. 144)[6]. Die institutionslose anarchische Kirche des Paulus beruht auf der »Freiheit des Christen und nicht auf Machtstrukturen« (S. 145).

[5] Vgl. dazu E. Fuchs: »Jesu Tat bleibt . . . so kühn, daß man ihn vor den Toren der durchaus nicht gottlosen Stadt Jerusalem hingerichtet hat, weil man ihm bestritt, daß er das Recht habe, sich als Mensch ohne Amt an Gottes Stelle zu setzen . . .« (Zur Frage nach dem historischen Jesus, 1960, 155)
[6] Vgl. dazu H. Thielicke: »So spielt Paulus wiederholt auf die Begrenzung seiner apostolischen Autorität an und sieht sich zu ihr veranlaßt durch die Forderung, daß die Gemeindeglieder durch ihr unmittelbares Verhältnis zu dem ihn autorisierenden Herrn oder Evangelium *Selbständigkeit* gegenüber der apostolischen Autorität zu wahren haben. Dieses Verständnis von Autorität vertritt er gerade dort, wo er das Postulat der Selbständigkeit *nicht* erfüllt sieht . . . Darum bezieht Paulus . . . seine Autorität paradoxerweise gerade dort am stärksten, wo er diese Mündigkeit seiner Hörer beansprucht und sich der Möglichkeit der Infragestellung ausliefert« (RGG³ I, Sp. 793)

Neben der auf Herrschaft ausgerichteten hierarchischen Kircheninstitution und der anarchisch-institutionslosen Kirche, die auf Freiheit beruht, stellt Hasenhüttl noch ein drittes Modell vor. Es wird dargestellt durch die jerusalemer Gemeinde, wie sie Lukas in den Acta schildert. Sie bedient sich durchaus institutioneller, der Umwelt entlehnter Elemente, um ihr Gemeindeleben zu ordnen. So werden Gremien eingesetzt, Älteste gewählt, eine Art Schiedsgericht installiert zur Stabilisierung und Regulierung der Gemeinde angesichts akuter Schwierigkeiten. Diese Institutionen haben aber keine konstitutive Funktion und haben theologisch kein Gewicht. Von ihnen lebt die Gemeinde nicht, sie sind lediglich ein sekundäres Hilfsprinzip für die gemeindliche Lebensbewältigung.

Im Gegensatz zur hierarchischen Kirche stellt sich der jerusalemer Weg wie der des Paulus durchaus als Versuch dar, der Tradition Jesu treu zu bleiben. »Beide sind Möglichkeiten, beide haben aber ihre Gefahren und Schwierigkeiten« (S. 147). Der eine Weg geht durch die Institutionen, formt sie um, benutzt sie in der Beschränkung als Hilfsstrukturen, der andere verzichtet völlig auf sie und versteht Kirche als Geschehen und Vollzug der Freiheit.

»Die Synthese wäre die Institutionalisierung der Herrschaftsfreiheit« (S. 147). Wie stellt sich das dar? Zunächst einmal als Absage an die Herrschaftsinstitution, die weder theologisch noch soziologisch als notwendig beweisbar ist. D. h. Verzicht auf Hierarchie, auf formale Autorität und Sanktionen. Wenigstens in der Kirche müßte das möglich sein, da sie eine »auf der Basis der Freiwilligkeit« konstituierte Gemeinschaft ist (S. 149). Institutionslos wie die paulinische Gemeinde (nach Hasenhüttl) wäre sie dennoch nicht, denn natürlich soll es in ihr bestimmte »Spiel- und Verfahrensregeln« geben und werden sich »Gewohnheiten« ausbilden. Ihre Basis ist aber allein die »freie Vereinbarung«, ihr Ziel, einen herrschaftsfreien Dialog zu ermöglichen ohne Absolutierung eines bestimmten Standpunktes und mit der ständigen Möglichkeit der Revision. Alle Regeln müßten der »dialogischen Sinngestaltung« und dem »Fortschritt des Verstehens« dienen. Die Kirche wäre als »Vollzug der Freiheit« und »Plattform dauernder Dialogbereitschaft« ein »Bollwerk gegen jeden Herrschaftsanspruch« (S. 149 f).

Damit gibt Hasenhüttl einen »neuen Begriff der Institution« (S. 149), den er in Anlehnung, aber auch Weiterführung von Metz und unter Berücksichtigung lukanischer, vor allem aber paulinischer Gedanken entwickelt. Nur als »Institution im neuen Sinn« ist der Auftrag Christi zu erfüllen. »Die Kirche als Institution im bisherigen Sinne leistet dies nicht« (S. 150). »So ist es heute an der Zeit, die bisherigen institutionellen Formen der Kirche aufzugeben und sie im Sinne des neuen Institutionsverständnisses zu transformieren« (S. 149).

III.

Es fällt zunächst nicht schwer, Hasenhüttl zuzustimmen. Die Kirchengeschichte ist ein einziges Argument dafür, daß wir Freiheit predigen müssen und nicht law and order. Das »Elend des Christentums« rührt nicht daher, daß zuviel Freiheit gewagt wurde, sondern zu wenig. Die Beispiele lassen sich schnell aufzählen, wo aus dem Versuch, Freiheit zu schaffen, Gewaltherrschaft hervorging, aber die Beispiele sind Legion, wo aus Angst vor Freiheit Tyrannei errichtet wurde. Es ist wahr, daß Gott kein Gott der Unordnung ist, aber deswegen ist er noch längst kein Gott der Ordnung, als der er faktisch immer wieder verkündet wurde. Der Gegenbegriff zur Unordnung ist im Neuen Testament nicht die Ordnung, sondern der Friede (1Kor 14,33). Davon zeigen Luthers erste Stellungnahmen zum Bauernkrieg wenig, die folgenden gar nichts; schon seine Invocavit-Predigten stellen sich mir als ein Schritt zurück in neue Unfreiheit dar, zu schweigen von dem unerträglichen Genf Calvins und der römischen Inquisition.

Ich bin mir nicht sicher, ob die Kirche, wenn sie nur könnte, diese Geschichte der anmaßenden Herrschaft über andre nicht fortschreiben würde. Feuer und Schwert sind dabei nicht die entscheidenden Maßstäbe. Der Verrat an der Freiheit ist schon geschehen, wenn man Menschen klein hält, unmündig, abhängig, wenn man Gewissen zwingt, freies Denken und Reden unmöglich macht, Anpassung provoziert und Heuchelei erzeugt. Eben das ist bis heute der Fall, natürlich auch in andren Gemeinschaften. Es geschieht nicht nur durch einen »Druck von oben«, sondern auch durch einen »von unten« (was das hierarchische Herrschaftssystem nur stabilisiert), oft als Ruf nach dem starken Mann. Dieser Ruf erschwert wenigstens liberales Leiten und macht mögliche Chancen der Freiheit zunichte. So wird die Sache der Freiheit zur Angelegenheit Einzelner, bis auch diese durch Anpassungsdruck und Schwierigkeiten resignieren und damit zum Unglauben verführt werden. Wer hat eigentlich ein Interesse daran, die »Liebe zur Freiheit«, von der Hasenhüttl spricht (S. 50), zu ersticken? Wer profitiert eigentlich von der kirchlichen Hierarchie und den patriarchalischen, autoritären, antifeministischen Vorurteilen? Die Kirche herrscht, müder und ratloser geworden denn je zuvor, um die Wahrung ihres Bestandes besorgt, durch den Zwang zur Ausgewogenheit und durch die Rücksicht auf den eigenen Apparat, auf Trends, Gruppen und Finanzen eingeengt, aber dennoch, sie herrscht gegen Menschen, indem sie zumindestens ein Klima festigt, das Liebe zur Freiheit nicht gedeihen läßt. Vielen ist das noch zu wenig. Sie rufen immer lauter nach der Kirche alten Stils, als sei diese schon dadurch verschwunden, daß einige wenige mit per-

sönlichem Mut von der Freiheit Gebrauch machen, die Christus gewährt, oft ohne Deckung durch ihre Kirche[7].

Nein, die Kirche, die ihren Auftrag ernst nimmt, nämlich »die Befreiung des Menschen ›im Namen Christi‹ zu proklamieren« (S. 150),
muß sich in Struktur und Klima ändern[8]. Sie muß von der Basis her
aufgebaut werden, denn man kann nicht glaubhaft eine »Christologie
von unten« predigen und eine »Hierarchie von oben« praktizieren. Die
kirchliche Verwaltung hat der Kirche vor Ort zu dienen und nicht
umgekehrt. Basis, vor Ort — das ist nicht einfach die Parochialgemeinde,
das ist vielmehr die Stelle, wo die Kirche dem konkreten Menschen
begegnet und in der Pflicht steht, ihm zum Leben zu verhelfen. In
diesem Sinne kann eine Gemeindekirchenratssitzung ein stärkeres Herr-
schaftsinstrument sein als die Sitzung einer Kirchenleitung. Man kann
nicht Christus als Herrn der Freiheit verkünden und Menschen an sich
binden, sie bevormunden, reglementieren und als Objekte behandeln.
Das gilt in erster Linie von dem Bereich der Lebensführung. Nur ein
wirklich angstfreier Dialog, der die persönliche Stellungnahme freigibt,
der es erlaubt, Gedanken durchzuspielen, auch Unausgegorenes und
Falsches zu äußern ohne Gefahr, fertiggemacht zu werden, kann etwas
von der Freiheit Christi widerspiegeln. Dazu gehört auch die Toleranz,
Andersdenkende anzuerkennen und sie zu ertragen. Nötig ist die Zuversicht des Gamaliel (Apg 5,34 ff), der persönliche Einsatz einzelner,
aber auch die Veränderung der kirchlichen Institution, ihrer Veranstal-
tungen vor allem im gottesdienstlichen, pädagogischen und seelsorgerlichen Bereich.

IV.

In der Richtung auf Freiheit ist also Hasenhüttl rechtzugeben. Dennoch
bleibt ein Aber. Es zeigt sich an der Frage, wie sich die Freiheit zur
Struktur der Institution verhält. Anders als Hasenhüttl kann ich die
oben in seiner Definition gegebenen Herrschaftselemente nicht als absoluten Gegensatz zur Freiheit verstehen. Es ist m. E. soziologisch und
theologisch zu einfach, Herrschaft überhaupt und damit formale Autorität und Sanktionen der »alten« Institution zuzuweisen und sie von
der »neuen« auszuschließen. Herrschaft im negativen und mit Hasen-

---

[7] Vgl. dazu die Dokumentation »Kirche in der Verantwortung« — Zum Kirchenstreit in Westberlin, 1974. Ferner die Situation in der ev.-luth. Kirche in Chile

[8] Dazu J. Moltmann: »Die Gemeinde soll in der Freiheit, zu der uns Christus
befreit hat, bestehen (Gal. 5,1). Sie ist die Gemeinschaft der Freien. In ihrer Ordnung
soll die eschatologische Freiheit Bestand gewinnen. Die Ordnung der Kirche Christi
muß darum eine Freiheitsordnung sein und schon hier die Erlösung des Menschen
von Sünde, Gesetz und Tod darstellen« (Kirche in der Kraft des Geistes, 1975, 319)

hüttl energisch abzulehnenden Sinn ist mit der aufgezeigten Struktur der Institution noch nicht mitgesetzt, sondern ist erst der Mißbrauch dieser Struktur. Anders ausgedrückt: Freiheit setzt Herrschaft voraus, da sie ja selbst herrschen will. Hasenhüttl macht es sich insofern leicht, als er darauf verzichtet, die »Gewohnheiten«, »Spiel- und Verfahrensregeln«, die er ja auch für die neue Institution bejaht, wenigstens annähernd oder beispielhaft zu konkretisieren. Er würde dann merken, daß sie durchaus so etwas wie Über- und Unterordnung, formale Autorität und Sanktionen einschließen werden, natürlich — so kann man hinzufügen — nicht im Sinne der alten Ordnung.

Da gibt sich z. B. eine Gruppe auf der Basis freier Vereinbarung eine Ordnung, die nun solange »herrschen«, gelten will, wie sie nicht von der Gruppe revidiert oder durch eine eindeutige Ausnahmesituation überholt wird. Zu einer Regelung gehört wesensmäßig der Anspruch auf Autorität und damit die Fähigkeit, ihre Geltung auch durchzusetzen und denjenigen, der sich ihr widersetzt, am Ende auch die Konsequenzen seines Verhaltens tragen zu lassen. Nicht im Sinne zusätzlicher Strafen, sondern notwendiger Folgen gibt es durchaus »Sanktionen«[9], es sei denn, eine Ordnung nimmt sich selbst nicht ernst. Ebenso gehört dazu eine gewisse Über- und Unterordnung, denn keine Ordnung herrscht durch sich selber, sondern bedarf der durch sie mit ihrer Durchführung Beauftragten. Die Funktion, z. B. ein Gespräch zu leiten, stellt in eben dieser Hinsicht eine Überordnung des Gesprächsleiters gegenüber den andren Gesprächsteilnehmern dar. Im strengen Sinne ist zwar nicht der Leiter, sondern die Regelung selbst übergeordnet, und ihr sind alle »untertan«[10]. Aber jede Ordnung ist auf ihre Durchführung angewiesen und bedarf deshalb »angebbarer Personen«. »Herrschaft als Befugnis zur Machtausübung« (Dahrendorf) ist also für jede strukturierte Gemeinschaft unverzichtbar, wenn nicht, was auch Hasenhüttl nicht will, Chaos entstehen soll. »In diesem Sinne sind ... alle sozialen Organisationen und Assoziationen ›Herrschaftsverbände‹.«[11]

Nicht also Herrschaft, sondern der Mißbrauch der Herrschaft als menschenverachtende Machtanwendung ist abzulehnen. »Wo Macht mißbraucht wird, wird freilich nicht behauptet, daß Macht an sich böse

[9] Selbst von der fundamentalsten, weil allen andren vorgeordneten Institution, der der Sprache, gilt dieser »Zwangscharakter«. »Ein Erwachsener kann sich auf Unannehmlichkeiten von allen Seiten gefaßt machen, wenn er sich nicht den Regeln der Sprache fügt« (P. u. B. Berger, Individuum & Co. Soziologie beginnt beim Nachbarn, 1974, 51)

[10] Vgl. den obengenannten RGG-Artikel von H. Thielicke: »Der Richter steht mit seinem Spruch genauso wie der Angeklagte mit seinem Handeln unter den gleichen Rechtskriterien«

[11] R. Dahrendorf, RGG³ IV, Sp. 569 f

sei. Christlicher Glaube verpflichtet nicht zur Flucht vor der Macht und
nicht zum Desinteresse an der Ausübung politischer Funktionen«, sagt
M. Fischer[12]. Für die Institution heißt das: eine institutionslose Kirche
ist wohl kaum denkbar. Es kann sie nur geben in völliger Unverbind-
lichkeit als lose überschaubare Gruppe ohne Stabilität und Dauerhaftigkeit fordernde Zielsetzung. Das trifft auch für die paulinische Gemeinde nicht zu, erst recht nicht für die Kirche in der heutigen Massen-
gesellschaft. So weit geht ja auch Hasenhüttl nicht. Im Gegenteil, trotz
seiner Zuneigung zur anarchischen Kirche sucht und proklamiert er ja
zum Schluß die »Synthese«, die Kirche der »gesellschaftlich garan-
tierten Gesprächsbereitschaft« (S. 79). Aber seine Scheu vor der Institution, die die jerusalemer Lösung für ihn so »fraglich« macht (S. 141),
ist doch so offensichtlich, daß sein Modell relativ institutionsfern und
deshalb blaß und unkonkret wirkt. Von Metz übernimmt er zwar den
Gedanken des institutionalisierten Dialoges aber nicht den, daß eben
deshalb die Kirche als Institution nötig sei[13]. Ebenso fehlt in seinem
Modell der Gedanke von Metz, daß Institutionen Schutz gewähren
und deshalb um der Freiheit willen nötig sein können[14]. Selbst die rein
regulative (und damit sachgemäße) Funktion der Institutionen in der
jerusalemer Gemeinde macht er für sein Bild der Kirche nicht fruchtbar.
Aus Angst vor der Pervertierung des Institutionellen fordert er zu
wenig und überfliegt damit die Wirklichkeit, die nun nicht weiß, wie
sie zur Geltung kommen soll.

Dieser Tendenz, das Kind mit dem Bade auszuschütten, d. h. die
Institution mit der Institutionenkritik zu zerstören oder zu lädieren,
gilt es zu wehren, denn sie läuft ungewollt auf die Stärkung der Macht
der Apparatschiks hinaus. Es gilt vielmehr, theologisch ohne schlechtes
Gewissen die Institution als notwendigen Ordnungsfaktor anzuerkennen. In der unübersichtlichen Gesellschaft von heute ist ein Leben
ohne die Interessen ausgleichende, für soziale Gerechtigkeit sorgende,
um Zukunftssicherung bemühte und den konkreten Menschen auch
schützende Institution gar nicht denkbar. Das gilt auch für die Kirche.
Wie soll sie wirkungsvolle Verantwortung wahrnehmen können (daß
sie es bisher nicht tat oder gar verhinderte, wäre kein grundsätzlicher

[12] M. Fischer, Überlegungen zu Wort und Weg der Kirche, 1963, 345
[13] J. B. Metz, Politische Theologie in der Diskussion, in: Diskussion zur Politischen
Theologie, hg. von H. Peukert, 1969. Zit. bei Hasenhüttl, aaO. 78: »Ein dauerndes
Fortschreiten der Reflexion benötigt . . . diese Institution Kirche. Die ›Dauerreflexion‹
ist damit auf ihre Institutionalisierung angewiesen«
[14] Metz, aaO. zit. 77: Metz nennt den Schutz des Individuums vor dem gesellschaftlichen Verbrauch durch den kirchlichen Protest gegen die Leistungsgesellschaft,
den Schutz vor totalitären Geschichtsdeutungen durch den eschatologischen Vorbehalt
und den Schutz vor Macht und Gewalt durch den kritisch-befreienden Dialog in
der Kirche

Einwand), wenn sie ihre Bemühungen über spontane Maßnahmen hinaus nicht institutionalisiert, d. h. sich nicht z. B. zu den Funktionen als Rechtsträger, Arbeitgeber, Finanzier, Anwalt ... bekennt, was wiederum Gesetze, Ordnungen, einen entsprechenden Apparat u. dergl. voraussetzt. Es ist also nicht nur das Engagement einzelner Christen zu fordern und zu fördern, sondern das der Kirche mit ihrer institutionellen Macht, Bewegungen auf Freiheit hin auszulösen, zu steuern und möglichst durchzusetzen und die Verhinderung von Freiheit zu korrigieren, zu bremsen und abzublocken. Das lernen wir doch gerade mühsam genug gegen den Widerstand einer privatisierten Zwei-Reiche-Lehre in der Rassismusfrage und dem Streit um die gesellschaftliche und politische Theologie. Hasenhüttl's Modell ist in seiner fast institutionsfernen Blässe den Aufgaben gar nicht gewachsen, die er mit Recht der Kirche zuschreibt. Zieht man diese Linie aus, so kommt man zu der heute oft zu beobachtenden Schizophrenie, die Kirche wegen ihres Institutionencharakters anzuklagen, nicht mehr sie, nur noch den einzelnen Christen zu achten, und zugleich ein stärkeres kirchliches Engagement für bestimmte Zwecke zu fordern, was die Kirche gerade als Institution voraussetzt, wenn ihre Wirksamkeit effizient sein soll.

V.

Gewiß, der Mißbrauch lauert vor der Tür, ja, er ist meistens schon im Haus, wie Kirchengeschichte und Gegenwart lehren. Aber dem wehrt man auch nicht durch eine Schwächung oder Leugnung des institutionellen »Herrschafts«gedankens. Theologisch ist diese Problematik bisher unter dem Stichwort des Gesetzes diskutiert worden. Die Herrschaft des Gesetzes, das Reich zur Linken ist nach Luther ja auch das Reich der Liebe Gottes, nur daß diese dort nicht unmittelbar, sondern lediglich gebrochen und indirekt zur Geltung kommt. Das Gesetz hat eine »positive, gestaltende, Leben ordnende und erhaltende, Gerechtigkeit ermöglichende Notwendigkeit« und dient damit »zur Bändigung des Menschen«, sagt Ebeling[15]. Es steht über alle Menschen und macht sie ihm gegenüber gleich. So hat es eine die Herrschaft der Egoisten, Ausbeuter und Schmarotzer eindämmende, demokratisierende Funktion und sorgt dadurch für den Bestand des individuellen und gesellschaftlichen bios[16], auf dem sich das Leben als zoë erst entfalten kann. »Die Liebe baut sich auf dem Gesetz auf, und sie kommt, um es zu erfüllen,

---

[15] G. Ebeling, Luther. Einführung in sein Denken, 1964, 154
[16] Fischer, aaO. 354: »So kommt es zur Bändigung der Willkür, zur verantwortlichen Ausübung (und nicht zur Aufhebung) der Macht, zur Festigung der Freiheit und zur funktionsfähigen Obrigkeit. Und nur so bleibt die Erde bewohnbar«

nicht um es zu zerstören«, formuliert J. A. T. Robinson. »In diesem Sinne
hat das Gesetz gegenüber der Liebe eine Priorität.«[17] Diese Erkenntnis
scheint mir zur Erhellung und Gestaltung der Wirklichkeit bis heute
unverzichtbar zu sein. Das schränkt die Kritik an der unheilvollen
Wirkungsgeschichte der Zwei-Reiche-Lehre und dem Anteil Luthers
an ihr, der spätestens seit den Bauernkriegen seine Hoffnung immer
mehr auf die harte Ordnung und immer weniger auf die christliche
Freiheit setzte, überhaupt nicht ein. Ebensowenig ist damit eine Legitimierung dessen gemeint, was faktisch an Institutionen da ist. Im
Gegenteil. Da das Gesetz das Leben ordnen soll, damit Freiheit geschehen kann, muß es ständig scharf an die Zügel genommen werden,
damit es sich nicht selbst an die Stelle des Lebens setzt. Und genau hier
liegt Luthers Schwäche! Was tat er, um die demokratisierende Macht
des Gesetzes zur Geltung zu bringen, um die Fürsten daran zu hindern,
es zu ihrem egoistischen Vorteil auszunutzen? Welche Kontrollinstan-
zen baute er ein, um den usus politicus legis abzusichern vor jeder Form
des abusus? Aus der richtigen Erkenntnis, daß Ordnung sein muß,
sofern sonst Chaos ist, folgte de facto mehr und mehr die Legitimierung der herrschenden Ordnung, und es wurde die Frage nicht mehr
gestellt, ob diese Ordnung für die Abwehr des Chaos, für die allen
gleichermaßen zugutekommende Organisierung des Lebens und für das
Ziel eines freien Menschen nötig und tauglich ist[18].

Das heißt für alle Institutionen, also auch für die Kirche, daß ihr
Gefüge im Blick auf ihre wiederum diskussionsfähige Zielsetzung einsichtig und transparent sein muß, daß sie ihre Kontrolle mitzuinstitu-
tionalisieren hat, weil ihr Hang, zum Selbstzweck zu werden, nicht her-
auszuoperieren, sondern nur zum Stillstand zu bringen ist. Sie müssen
grundsätzlich von unten her konzipiert sein und in ihrer Zusammensetzung, Gestalt, Ordnung, ihrem personellen Bestand und ihren Be-

---

[17] J. A. T. Robinson, Christliche Moral heute, 1964, 24, vgl. auch 13.
[18] Plastisch kommt das in einer Szene von D. Forte; Martin Luther & Thomas
Münzer oder Die Einführung der Buchhaltung, 1971, zum Ausdruck: Luther: ... Die
herrliche Freiheit der Kinder Gottes, wo ist sie geblieben?
Karlstadt: Wir hatten die Freiheit, uns die Freiheit zu nehmen.
Luther: Schwarmgeisterei.
Karlstadt: Wenn wir die Freiheit in Anspruch nehmen, dann ist die Freiheit plötzlich
    nicht mehr für uns da. Dann heißt es auf einmal: zurück marsch marsch. Ein Miß-
    verständnis. Es war nicht so gemeint. ... Radikale Auswüchse. Zu voreilig, zu
    schnell. Ordnung, Ordnung ...
Luther: Bist du für Aufruhr?
Karlstadt: Nein. Ich hasse Aufruhr, das weißt du genau. Ich habe jeden Aufruhr
    verboten.
Luther: Na also. Ordnung muß sein.
Karlstadt: Ja, fragt sich nur, wessen Ordnung ...

schlüssen ständig revidierbar sein. Für die Kirche zumindestens ist dabei die Basis der Freiwilligkeit konstitutiv. Daraus folgt aber nicht, daß sie sich ihrer institutionellen Macht, ihrer »Herrschaft« zu schämen hätte. Ihre Zielsetzung muß sie korrigieren, aber auch legitimieren. Es brauchte sie ja nicht zu geben, wenn sie nicht etwas zu erreichen hätte. Damit sie es aber erreicht, braucht sie eine dem Auftrag angemessene Gestalt. Es führen nicht alle Wege nach Rom. Es muß eine Entsprechung geben zwischen Ziel und Weg[19].

Die ekklesia hat der basileia tou theou zu dienen; sie ist nicht identisch mit ihr[20]. Deshalb bedarf sie der ständigen unerbittlichen und radikalen Kritik, der Entzauberung, der Korrektur auf ihren Daseinszweck hin. Sie ist nur Kirche, wenn sie das Evangelium mehr liebt als sich selbst.

VI.

Hasenhüttl hält die Kirche für veränderungsbedürftig. Kosmetische Operationen, bessere public relation und Imagepflege, so nötig sie sind, reichen nicht aus. Eine auf den Grund gehende Veränderung ist nötig, eine Revolutionierung der der menschenverachtenden Herrschaft verfallenden Institution der Kirche. Sonst »wird sie nicht nur zum ›Grab Gottes‹, sondern auch zum übertünchten Grab der Menschen« (S. 8). Hasenhüttl hält die Kirche aber auch für revolutionierungsfähig. »Noch besteht ... Hoffnung« (S. 8). Wie lange noch?

---

[19] Mit dieser Einsicht ist die Kirche vor ihrer Absolutsetzung gewarnt. Die institutionelle Kirche ist die Chance, daß sich Kirche ereignet, »sie ist das missionarische Forum, in dem und aus dem ekklesia werden kann ... Sie ist Form und Ermöglichungsgrund für das Ereignis charismatischer Gemeinde« (H. J. Kraus, Reich Gottes, Reich der Freiheit. Grundriß systematischer Theologie, 1975, 376)

[20] Darauf zielt m. E. die scharfe kontradiktorische Rede Luthers hin, wenn er Gesetz und Evangelium als sich ausschließende, negierende, sich widersprechende Größen darstellen kann (vgl. G. Ebeling, Die Notwendigkeit der Lehre von den zwei Reichen, in: Wort und Glaube, 1960, 416). Ebenso betont Luther den Gedanken der Entsprechung, was m. E. die Brücke zum Modell der Königsherrschaft Christi schlagen kann

HANS HÄSELBARTH

THEOLOGIE UND GEMEINDELEITUNG
IN NORDNIGERIA
Eine kritische Bestandsaufnahme

I.

Anfang September 1975 tagte in Jos, einem Zentrum des nördlichen Nigeria, eine Konferenz mit Teilnehmern aus allen Teilen des Kontinents und von Übersee, die es sich zur Aufgabe gestellt hatte, den Stand des Christentums im freien Afrika zu beschreiben[1]. Richtet man für solche Bestandsaufnahme 15—20 Jahre nach der jeweiligen nationalen Unabhängigkeit den Blick vom weiten Horizont des Kontinents auf das begrenzte Gebiet, in dem die Konferenz zu Gast war, dann kommen Konturen zum Vorschein, die für das Gesamtbild einige typische Verhältnisse erkennen lassen. Nordnigeria ist an sich ein abgelegener Teil unserer Welt. Touristisch, ökonomisch und politisch mögen die Savannenlandschaft, die Kleinstädte und die patriarchalischen Sozialstrukturen wenigen interessant sein. Wer die Landkarte betrachtet, erkennt jedoch schnell, in welchem Maß dieses Gebiet ein Angelpunkt zwischen den Staaten Westafrikas, der Welt der Sahara und den Kulturen Zentralafrikas ist. Hier endeten seit Jahrhunderten eine Reihe von Trans-Saharastraßen aus Nordafrika, die mit dem Handel auch islamischen Einfluß einbrachten. Hier wandte sich mit der wachsenden Bedeutung der Seewege vor und während der Kolonialzeit die Blickrichtung dann zu den Küstengebieten und damit zur westlichen Zivilisation. Hier weisen alte Stammessagen aber auch auf eine frühe Verbindung mancher Völker mit den Bantukulturen Ost- und Zentralafrikas hin.

Diese Konstellation ist auch für die Kirchen dieses Gebiets von Bedeutung. Kaum eine ist älter als 50—60 Jahre, und zahlenmäßig sind die Christen daher noch eine Minderheit. Das traditionelle Bild vom islamischen Norden allerdings stimmt nicht mehr. Vor allem im Dreieck von Niger und Benue, d. h. im sog. Zentralgürtel, haben die Kirchen unter den Anhängern der traditionellen Religionen ein schnelles Wachs-

---

[1] Ein Sammelband der Beiträge der Konferenz »Christianity in Independent Africa« wird durch die School of Oriental and African Studies (Prof. Dr. R. Gray) Malet st, London WC1E 7HP vorbereitet

tum zu verzeichnen[2]. Wer in dortigen Gemeinden lebt, ist geneigt, den optimistischen Prognosen zuzustimmen, die Afrika als ein kommendes Zentrum der Weltchristenheit beschreiben. Strategisch gesehen ist hier wirklich ein aufhaltendes Bollwerk gegenüber dem weiteren Vordringen des Islam nach Zentralafrika entstanden. Von hier aus können — um Anliegen der Missionskonferenzen von Edinburgh 1910 und von Lausanne 1974 aufzugreifen — auch in Zukunft Millionen noch nicht erreichte Menschen dem Evangelium geöffnet werden. Das Zeitalter der Mission beginnt eben erst, das gilt vor allem, wenn man an die nächste Phase, an die Begegnung mit dem Islam denkt. Pastoral gesehen, haben die hier entstandenen Kirchen die Gelegenheit, den Menschen aus den organisatorisch zerfallenden Stammesreligionen neues Heimatgefühl zu geben, Seelsorge an den im schnellen sozialen Wandel Entwurzelten zu üben und damit Erwartungen aus den alten Religionen zu erfüllen[3]. Politisch-diakonisch gesehen, brauchen die dortigen Machthaber das kritisch-prophetische Wort zur Lage, braucht vor allem die Öffentlichkeit in diesem Teil des 80 Millionen-Volkes von Nigeria Beispiele dafür, daß Christus nicht nur den Eliten angehört, sondern gerade auch die Armen meint. So unscheinbar die Kirchen des Gebiets heute noch sind, so überrascht ist man doch von den Chancen, die sich ihnen auftun. Die Abrahamsverheißung von einem Volk Gottes so zahlreich wie die Sterne am Himmel gilt für Afrika, zu erahnen bereits an jenem kleinen Ausschnitt dieses Himmels, den man von Nordnigeria aus sehen kann. In diesem prophetichen Sinn sprechen wir von einer Schlüsselstellung der dortigen Christen. Von da aus gesehen betrachten wir ihre gegenwärtige Lage mit kritischen Augen.

Die missionarische Herkunft der Kirchen, wir müssen uns hier kurz fassen, sieht wie oft in der Kirchengechichte äußert bescheiden aus. Seit etwa 1910 haben internationale evangelikale Gesellschaften, wie die Sudan United Mission und die Sudan Interior Mission, mit zähen Pioniergestalten[4] den Anfang gemacht. Dies geschah jahrelang gegen den Widerstand der islamfreundlichen Kolonialregierung. Erst seit dem Ende des Zweiten Weltkrieges setzte ein schnelles Wachstum ein. Regionalkirchen und Kirchenbünde entstanden und die Ausbildung einheimischer Theologen wurde intensiviert. Die römisch-katholische Kirche hat im selben Zeitraum durch irische Augustiner gute Arbeit

---

[2] Vgl. J. B. Grimley/G. E. Robinson, Church Growth in Central and Southern Nigeria, 1966

[3] Als gute Detailstudie zum sozialen Wandel in Nordnigeria empfehle ich L. Plotnicov, Strangers to the City: Jos, Nigeria 1971[3], der eine Reihe von biografischen Fallstudien anbietet

[4] Als Beispiel gibt es von M. A. M. Kulp eine lesenswerte Biografie des Pioniers H. Stover Kulp, No Longer Strangers, 1968

geleistet. Aus dem Süden stießen von den dortigen christlichen Zentren in Ibo- und Yorubaland Anglikaner und Baptisten vor allem in der Stadtmission dazu. In den Städten findet man auch die verschiedenen Pfingstgruppen und die sog. »Aladura-Kirchen«, die durch die Liturgie farbiger, einheimisch gestalteter Gottesdienste und die Betonung des Heilungsamtes auffallen. Zu ökumenischer Zusammenarbeit ist es bisher erst anfangsweise bei lokalen Projekten gekommen. Sowenig wie die Katholiken schon viel vom Geist des II. Vaticanum übernommen haben, sowenig sind die meisten protestantischen Kirchen bisher an einer Mitgliedschaft im Nationalen Christenrat, in der Allafrikanischen Kirchenkonferenz oder im Weltkirchenrat interessiert. Die hier zum Ausdruck kommende Provinzialität steht im Gegensatz zur Schlüsselstellung der Region, zur Weitsicht der ersten Pioniere und auch im Gegensatz zu den Chancen in Gottes Heilsplan.

II.

Greifen wir die letztere Beobachtung auf und fragen nach den Ursachen. Der Pietismus ist in den besten Phasen seiner Geschichte, wenn ihm geeignete Sprecher zur Verfügung standen, durchaus nicht provinziell gewesen. Daß die meisten Kirchen in Nordnigeria bisher auf dem Standpunkt von Konventikeln, im besten Fall von Stammes- oder Landeskirchen beharren, läßt sich nicht allein aus der Herkunft der Missionen erklären. Da ist einmal das Gegenüber der traditionellen afrikanischen Gemeinschaften und Religionen zu bedenken, die weiterhin prägend wirken. In diesem Rahmen denkt man bis jetzt in den Kategorien intimer Sippengemeinschaft und lebt im kleinen Raum. Das Einheimische war vertraut, das Weltweite gefährlich. Eine Kirche etwa aus zwei verschiedenen Sprachgruppen ist zwar das Vorwärtsweisende, weswegen man die alte Religion verließ, aber sie ist auch das unerhört Gewagte. Viele halten es nicht aus, in diesem weiteren Horizont Christen zu sein. Sie reduzieren die Kirche wieder auf die alten Vorbilder. Man könnte höchstens fragen, inwieweit evangelikale Verkündigung mit ihrem besonderen Weltverständnis hier einen kongenialen Partner im afrikanischen Denken findet und es an diesem Punkt gerade nicht zu einer Konversion kommt.

Der andere prägende Einfluß in dieser Hinsicht ist der mittelalterliche Islam des Landes. Es ist seltsam, wie leicht eine moslemische Mehrheit zu allen Zeiten eine christliche Minderheit in die Rolle eines ängstlichen Gegenübers gezwungen hat[5]. Dazu war eigentlich in Nordnigeria

---

[5] Gut lesbar ist N. Q. King, Christian and Muslim in Africa, 1971, vgl. 99 ff. Über die Gestalt des Islam in Nordnigeria gibt Auskunft U. Braukämper, Der Einfluß des Islam auf die Geschichte und Kulturentwicklung Adamauas, 1970

kein Grund. Bei den Christen war ja bis über die Kolonialzeit hinaus der sog. Fortschritt. Mit Neid sahen Moslems auf jene neue Welt von Schule, Hospital und Zivilisationsgütern, in welche die Taufe einzuführen schien. In der Tat war das Entwicklungsgefälle zwischen dem Norden und dem Süden des Landes teilweise auf das frühe Wirken der Missionen im Süden zurückzuführen. Islamische Gebiete waren vor aller Augen die rückständigsten. Das führte zu einem Generationenkonflikt in den islamischen Gemeinschaften selbst, in welchen sich bis heute die Jungen gegen die zivilisationsfeindliche Tradition der Alten auflehnen. Erst jetzt versuchen Laien, unter dem Einfluß säkularer Strömungen, verlorenes Terrain zu gewinnen und in Nachahmung christlicher Missionsmethoden die islamischen Institutionen zu reformieren. Immer blieb jedoch den Christen vor Augen, bei wem die politische Macht lag. Es ist von hier aus klar, daß es entgegen dem, was man in Genf gerne möchte, zwischen diesen Blöcken noch kaum einen Dialog gibt, obwohl und gerade weil sie heimlich aufeinander einwirken.

Wie viel färbte da auf das christliche Gegenüber ab! Wie ließ man sich durch öffentliche Massenbekehrungen zum Islam oder nur durch die Farbigkeit seiner Feste beeindrucken. Wie ängstlich suchte man nach Argumenten, um die scheinbar lückenlos logische Bestreitung der Trinität seinerseits zu widerlegen. Wie schnell geriet man selbst in die Inspirations- und Offenbarungslehre des Qur'an. Wie gedemütigt fühlte man sich durch die Tatsache, daß das Evangelium von Weißen gebracht wurde und also nicht einheimisch war. Wie gerne hätte man politische Macht ausgeübt (vor dem Bürgerkrieg gab es eine christliche Partei im Norden!) und seine Leute in einflußreiche Stellen lanciert, wie es ganz ungeniert im Hause des Islam geschieht. Man lebt in diesem Jahrhundert, aber man hat Sehnsucht nach einem christlichen »Mittelalter«, in dem das ganze Leben von Glauben durchdrungen ist, an dem es nichts zu kritisieren gibt, in dem Kirchenführer zugleich Sprecher der Nation sind, in dem das Gesetz alle Alltagsprobleme eindeutig regelt. Im Islam ist solcher Fundamentalismus noch ziemlich ungebrochen. Selbstanklägerisch aber hört man in den christlichen Gemeinden: »Wir haben das Land zerstört.« Man meint damit den Pluralismus und den Individualismus, die Unterscheidung von Geistlichem und Weltlichem und die Wahlfreiheit westlichen Denkens. Warum liefert der christliche Glaube seine Anhänger so ungeschützt der neuen Zeit aus? Um jener Ideale willen steht man in Nordnigeria neuen Aufgaben, etwa im ökumenischen Zusammenleben, noch ängstlich gegenüber.

III.

Das macht sich z. B. auch in den Strukturen der verfaßten Kirchen bemerkbar. Diese leben in Extremen. Die eine Gruppe ist zentralistisch um die Gestalt eines Bischofs, sei er Charismatiker oder Verwaltungsmann, organisiert. Hierzu gehören die anglikanische und die katholische, aber auch einige unabhängige afrikanische Kirchen. Sein Führungsanspruch ist einstweilen durch Synoden und gewählte Kirchenleitungen noch kaum eingeschränkt. Das mißverstandene Ideal eines Stammesoberhauptes wirkt nach. Afrikanische Kirchenführer sind dann auch meist ängstlicher an der Erhaltung des status quo interessiert als ihre westlichen Gegenüber. Die andere Gruppe ist völlig kongregationalistisch geprägt. Einzelgemeinde und Bezirk entscheiden alles. Die Kirchenleitung besteht im Wesentlichen nur aus einem Geschäftsführer der Kirchenkreise. Dieses System ist von den angelsächsischen Missionen einfach übertragen worden und ist die Ursache manches Unheils. Es fordert zwar die Mitverantwortung der Laien, wird aber im hiesigen Kontext auch von lokalen Gemeindeleitern zur Machtentfaltung ausgenützt. Der Tribalismus in der einen Kirche wird verstärkt. Verschiedene Sprachgruppen kämpfen um das Übergewicht. Entscheidungen, welche die Gesamtkirche betreffen, können nur schwer zustande kommen. In einem Extremfall ringt eine Kirche seit ihrer Selbständigkeit darum, in welchem Stammesgebiet der Sitz der Kirchenleitung gelegen sein soll. In einem anderen Fall gründet ein Pfarrer eine neue Kirchenpartei und bringt alle Finanzreserven in seine Gewalt. Erst weltliche Gerichte und die Polizei, mit Moslems an der Spitze, können diesen Streit der Christen beilegen.

Daß die Kirche ihren Dienst an der Gesellschaft so wenig wahrnimmt, liegt in diesen Fällen an den überholten Strukturen. Die Kirchen in Afrika sind in den letzten Jahren am selbstsichersten geworden, welche vom losen Gemeindeverband herkommend, aufgrund eines afrikanischen und eines biblischen Nachdenkens über das Wesen der *Ekklesia* zu einer strafferen Leitung der Gesamtkirche gefunden haben. Man wünschte den beiden Seiten jeweils die Einsicht der anderen, d. h. mehr synodale Mitbestimmung und Kontrollmöglichkeit der einen, und mehr episkopale Leitungsbefugnis der anderen, beide getragen durch vertiefte Einsicht in das Wesen der Kirche als einer Dienst- und Liebesgemeinschaft. Man hört derzeit das Klagelied aus vielen Teilen der Dritten Welt: es gibt tiefe Frömmigkeit in den Gemeinden, dabei aber unerträgliche Rivalität und Machtansprüche unter oft sehr mittelmäßigen, und zuweilen völlig ungeistlichen Kirchenführern. Zum Teil sind die Organisationen zu groß und unübersichtlich für solche, die kleine Gemeinschaften menschlich gestalten konnten. Sie verlieren auf neuen

Posten schnell die Maßstäbe dessen, was realistisch ist. Machtkämpfe, die im Westen besser hinter Programmen und Institutionen getarnt sind, lassen sich hier rascher auf persönliche Schwächen zurückführen und sind dann nackt vor aller Augen. Daß Kirchen unter solchen Umständen noch wachsen und sogar bestimmte Gaben entfaltet werden, ist erstaunlich.

IV.

Es gibt unter den hiesigen Gemeindeleitern rechte Friedensbringer, Menschen voll Würde, Feingefühl und Erbarmen. Ihre Biografien wären es wert aufgeschrieben zu werden, weil man damit afrikanische Kirchengeschichte und eine Tradition begründen könnte, die zur Heimischwerdung des Glaubens nötig ist. Man könnte daran das Wesen der Bekehrung, der Nachfolge und der Heiligung darlegen. Vor meinen Augen steht etwa Mallam Pilesar Sawa, ein ehemaliger Leprakranker, der während seiner Behandlung im Leprosarium zum Glauben kam und seitdem trotz der Verstümmelung seiner Glieder in einer weißen Tunika auf einem Esel reitend von Dorf zu Dorf zieht und viele Menschen mit seiner Freude ansteckt und zu Christus bringen kann. Wer ihm begegnet, fühlt sich in neutestamentliche Zeit versetzt.

Neben solchen Charismatikern der ersten Generation gibt es die, welche ihr Amt als das eines Lehrers und Verwalters verstehen. Sie herrschen über einen Bezirk, üben Kirchenzucht, teilen die Sakramente aus, reisen und erscheinen als Delegierte bei Tagungen. Schade, daß das Bild des Missionars oft mehr in dieser Weise und nicht in der des Boten auf dem Esel vererbt wurde. Es scheint auch zum Wachstum zu gehören, daß Amt und Gemeindeleitung sich in dieser Richtung zum hierarchisch Ansässigen und fest Etablierten hin entwickeln. Mobilität des Missionars, Heilungsgaben, prophetische Predigt, musikalische Spontaneität und andere Gaben des Geistes scheinen davon in den Hintergrund gedrängt zu werden. Legitimierung geschieht dann durch theologische Diplome, Gehalt und andere Statussymbole. Das Volk aber behält eine Sehnsucht zurück.

Zwischen der älteren und der jüngeren, meist besser ausgebildeten Pfarrerschaft kommt es oft zu Generationskonflikten. Diese verlaufen jedoch gerade umgekehrt wie unter Moslems. Die eine Seite beruft sich auf die Tradition des »westlichen« Anfangs, welche aber dem neuen Bild der Kirche nicht mehr genügt; die anderen möchten die Gestalt der Gemeinden afrikanisieren. Ein typischer Streitpunkt ist etwa die Frage der Taufe von Polygamisten. Viel fortschrittliches Denken wird von den sich bedroht fühlenden Älteren dann auf dem Administrationsweg abgeblockt. Die Jungen sind in einer schwierigen Lage. Das Pfarramt hat neben anderen attraktiven Berufen an Prestige verloren. Und wer geht schon gerne in den Busch zurück und läßt sich von einigen der Ärmsten im Land anstellen, der vorher bei elektrischem Licht studierte, fließendes Wasser hatte und Barths Dogmatik las? Aber auch die Gemeinden wollen oft gut ausgebildete Theologen von Hochschulen und Seminaren nicht anstellen. Angst vor der modernen Theologie und finanzielles Unvermögen werden als Gründe angegeben. Die Abgewiesenen bemühen sich dann um Staatsstellen. Die theologischen Seminare können ihren Standard anheben, der *Theological Education Fund* kann dies unterstützen, die Diplome können von Staatsstellen anerkannt werden, aber gründlichere Theologie kommt nicht an die Gemeinden heran. Diese geben sich mit Evangelisten von Bibelschulen und mit Laienmitarbeitern zufrieden, d. h. mit Kräften, die wegen des angebotenen Minimalgehalts noch einen Beruf ausüben. Damit entsteht eine weitere Kluft zwischen einem höheren und einem niederen Klerus mit den dazugehörigen Spannungen.

Vielleicht denken wir zu westlich, wenn wir als den Normalfall noch den akademisch gebildeten Gemeindepfarrer vor Augen haben. Wenn nur die Chancen, die in einem breiter gefächerten Verständnis von *»ministry«* und in einer Theologie des Laientums liegen, auch genützt würden! Soweit ich sehe, geschieht das zu wenig. Ein Professor aus Berlin schrieb neulich nach Nigeria: »Wir halten Ausschau nach einem Dietrich Bonhoeffer in Afrika, der etwa zur Lage im südlichen Afrika theologisch Stellung nehmen könnte.« Hier wird ein Partner nach den eigenen Vorstellungen gewünscht, mit dem man auf der gewohnten Gesprächslage umgehen kann. Trotz guter Ausbildungsmöglichkeiten wird es aber einstweilen wenig hochqualifizierte Theologen geben, die zur gleichen Zeit Gemeindeerfahrung haben, im Namen einer Kirche sprechen und die Zeichen der Zeit in einem weiteren Kontext deuten können. Es bedarf noch großer Anstrengungen, um Theologie und Gemeinde bzw. Gemeindeleitung zusammenzubringen. Daß Bildung zur Botschaft von der Versöhnung gehört, ist zwar bei dem allgemeinen Drängen nach *»education«* erkannt[6]; es fehlt aber weithin noch an geistlichen Orientierungshilfen[7]. Vielleicht wäre, wie zur Zeit der Christia-

---

[6] Welcher Wandel im Verständnis von »Education« auch in Nordnigeria eingesetzt hat, beschreibt E. Grohs, Traditionelle Erziehung und Schule in Nordnigeria, SSI Schriften 12, 1972. Für den ganzen Kontinent siehe H. Röhrs, Afrika — Bildungsprobleme eines Kontinents, 1971

[7] Das war eines der Anliegen von H. J. Iwand, vgl. seine beiden diesbezüglichen Aufsätze in: Nachgelassene Werke, Bd. 2, 1966, 272—304. Wie Theologie der Gemeinde nahegebracht werden kann, zeigt M. Fischer immer wieder vorbildlich; siehe sein Buch »Wegemarken«, 1961², aber auch K. Herbert, Theologie und Gemeinde, 1963, wäre hier zu nennen. In Nordnigeria geschieht das anfangsweise durch theologische Korrespondenzkurse und in der Laienzurüstung einer »Theology by Extension«

nisierung im europäischen Frühmittelalter, die Gründung von Klöstern und geistlichen Lebensgemeinschaften eine bessere Möglichkeit, Theologen wirtschaftliche Sicherheit, praktisches Engagement und weiten Horizont zugleich zu geben. Es gibt zu denken, daß die katholische Kirche in Afrika bereits über 5 000 Ordensmitglieder zählt.

V.

Daß das Pfarramt in erster Linie als Lehramt verstanden wird, ist ein Grund für die noch andauernde Fremdheit des christlichen Glaubens in Afrika. Dieser erscheint dadurch als Religion der Schulstube[8]. Es werden dadurch falsche Autoritätsstrukturen aufrecht erhalten und die Ungebildeten werden disqualifiziert. Wie im Westen stützt sich die Kirche dann auf eine aufstrebende Mittelklasse. Die sog. unabhängigen Kirchen stellen eine teilweise Korrektur dieses Bildes dar, aber auch da wird die Respektabilität auf Kosten des Charismatischen oft in der Bewegung auf ein starres Amtsverständnis hin gesucht. Will die Kirche für die Armen da sein und zugleich afrikanisch werden, dann muß der Seelsorger neben dem Lehrer mehr Profil gewinnen, der Prophet neben dem Verwalter, der Heiler neben dem, der die Kirchenzucht reguliert. Das würde zugleich die andauernde Macht der traditionellen Wahrsager, Heilpraktiker, Hexenjäger, Amulettverkäufer und islamischen Wundertäter begrenzen, zu denen noch viele Gläubige in ihren Lebenskrisen kommen[9]. Viel Leiden an gespaltener Loyalität könnte damit überwunden werden. Wie man Seelsorge im afrikanischen Kontext einübt und betreibt, in dem ein solch großer Wille nach Reinigung und Schuldüberwindung lebt[10], ist zumindest in Nordnigeria noch wenig reflektiert worden. Das alte Priestertum braucht neue Nachfolger. Wahrscheinlich hat Bengt Sundkler recht, der die Funktion des Pfarrers in Afrika als die eines Mittlers beschreibt, der in völliger Solidarität mit der Gemeinde lebt und dadurch ihr Sprecher vor Gott werden kann[11]. Das Hohepriestertum Christi nach dem Hebräerbrief — ein

---

[8] Mit dieser Feststellung eröffnet J. V. Taylor das beste Buch über christliche Präsenz im Leben Afrikas, das ich kenne: Du findest mich, wenn du den Stein aufhebst, 1965. Leider ist dieses Buch von der deutschen Leserschaft völlig ignoriert worden!

[9] Dazu ist zu vergleichen C. Staewen/F. Schönberg, Kulturwandel und Angstentwicklung bei den Yorubas Westafrikas, in: Afrikastudien 50, 1970. Siehe auch J. Althausen (Hg.), Christen Afrikas auf dem Weg zur Freiheit, 1971, 103 ff. Für den deutschen Bereich finde ich mein Anliegen gut ausgesprochen in R. Riess, Die Krisen des Lebens und die Kasualien der Kirche, in: EvTh 35, 1975, 71 ff

[10] In der afrikanischen Romanliteratur spielt dieses Thema der Reinigung eine bezeichnende Rolle; so etwa bei C. Laye, The Radiance of the King, 1975[5]

[11] In: The Christian Ministry in Africa, Kap. 6, 1962

wichtiges Thema der hiesigen Christologie — wird nur dann verständlich, wenn es in irgendeiner Form wieder ein Priestertum in irdischer Gestalt und mit verständlichen Symbolen gibt. Eine Vertiefung theologischer Einsicht und eine weitergehende Reklamation von afrikanischen Lebensbereichen für Christus wird nicht durch vermehrte Bekehrungspredigt und Lehre gewonnen, sondern durch neue Hinwendung zum Seelsorge- und Heilungsauftrag[12]. Die Resonanz, welche vor kurzem ein amerikanisches Team fand, welches die charismatische Bewegung in Nigeria vorstellte, zeigte, daß ein Hunger nach Erfahrung in dieser Richtung zu stillen ist[13]. Käme es in Anknüpfung und Widerspruch zur Tradition hier zu solchen neuen Erfahrungen, hätte das Auswirkungen für andere Bereiche. Zunächst käme das dem missionarischen Engagement zugute. Zwar wachsen die Kirchen schnell, sie stellen sich aber gegenüber den anderen Religionen noch als Gemeinschaften mit Getto-Charakter dar. Das Ernstnehmen heilender Seelsorge könnte der kritischen Umwelt besser verdeutlichen, wie im neuen Glauben Heil und Wohl zusammengehören. Das käme weiter dem sozialen und diakonischen Auftrag zugute. Man hat festgestellt, wie wenig Projekte dieser Art bisher der Initiative der Afrikaner selbst entsprungen sind. Vorhandene Diakonie in Institutionen wird noch meist von überseeischem Geld und Personal unterstützt. Ein Moratorium des bisherigen Einbahnverkehrs in der Mission würde zunächst zur Schließung solcher Einrichtungen führen. Nachdem die Sorge der Großfamilie um die Schwachen an Bedeutung abnimmt und es mehr individuelle Nöte gibt, scheint ein krasser Mangel an Verantwortungsbereitschaft einzutreten, welcher die Phantasie der Gemeinden für soziale Dienste lähmt. Gaben werden fast nur zur Aufbringung von Gehältern und Gebäuden verwendet. Weil Städte noch nicht als Heimat angesehen werden, tritt das da besonders zutage. Dort fehlt mit der Bürgerverantwortung auch christliche Nächstenliebe. Nachdem Hospitäler und Schulen dem Staat unterstellt werden und diese Initiative der Kirche zuende geht, eröffnet sich im Bereich der Diakonie ein neues Feld, in dem freigewordene Kräfte Wegbereitung für *nation-building* leisten können. Anstöße dazu müssen aus der Seelsorgepraxis der Gemeinden kommen. Das wird schließlich auch Mut zum prophetisch-politischen Wächteramt

---

[12] Hier scheint mir einstweilen ein Weg für Afrika zu sein, die »praxisunfähige Spannung zwischen Lehre von der Kirche und kirchlicher Wirklichkeit«, welche die Pfarrer in die Resignation treibt und Kircheninstitutionen in reformbehinderndem Selbstbetrug festhält, zu überwinden. Vgl. E. Hübner, Die Lehre von der Kirche und die volkskirchliche Wirklichkeit als Problem von Theorie und Praxis, in: H. G. Geyer u. a. (Hg.), Freispruch und Freiheit, 1973, 189—205, siehe bes. 201

[13] Der Leiter des Teams, F. MacNutt hat mit Healing, 1974³, ein Standardwerk der Charismatischen Bewegung geschrieben, das hoffentlich bald übersetzt wird

machen. Anstatt jeder neuen Regierung, und sei sie auch korrupt, zu huldigen, ist es Zeit, vor der Öffentlichkeit für die Nöte der Armen zu sprechen. Das priesterliche Engagement erweckt notwendig das prophetische. Seelsorge und Diakonie helfen der Kirche, nicht nur an ihr Überleben in »feindlicher« Umwelt zu denken. Diakonie als Anstoß für zivile Verantwortung ist ein noch kaum gesehenes neues Programm, welches die nächsten 50 Jahre christlicher Präsenz in Nordnigeria entscheidend legitimieren kann.

VI.

Ob das gelingt, hängt zum Teil davon ab, ob die Kirchen zur gleichen Zeit von der rein biblizistischen Ausgangsposition zu Ansätzen einer Kontextualisierung von Theologie und Glaube vordringen können. Es geht dabei um eine Eröffnung von Bereichen für Christus, die ehedem von den afrikanischen Religionen geprägt waren. Diese waren und sind noch heute Religionen der praktischen Erfolge und der ganzheitlichen Welterklärung. In ihrem Einfluß war das ganze Leben geordnet und gesichert. Im besten und im erdrückendsten Sinn waren es Gesetzesreligionen. Die erste christliche Verkündigung hat dieses Gegenüber ohne Zweifel unterschätzt. Sie brachte ungewohnte Freiheit des einzelnen, daneben neue Gebote, die aber nicht das ganze Leben erreichten und die gegebenen Ordnungen nicht unterstützten[14]. Es gab verbissene und arrogante Predigten an Heiden und Moslems. Gräßliche Frömmigkeitsliteratur, ungeniert westliche Lieder und Bilder, kitschige Hochzeitsfeiern, evangelistische Kreuzzüge, Kirchenbasare, d. h. Formen, die eher in eine Kleinstadt aus dem amerikanischen Mittelwesten paßten. Wie taktlos konnte man im Namen Jesu auftreten! Demgegenüber wirkte das Leben im Islam und in afrikanischen religiösen Institutionen vornehmer.

Gewollt und ungewollt wurde durch den Lebensstil der Eliten, der lauter als die Predigt redete, der Eindruck erweckt, die neue Religion führe vor allem auf dem Weg über die Schule zu mehr *success*. Gerade an diesem Punkt näherte sich diese Verkündigung wieder am meisten dem afrikanischen Denken an. (Es wäre eine Untersuchung wert zu prüfen, an welchen Stellen christliche Mission neben ihrer Fremdheit auch zu rasch einheimisch wurde.) Hat man sich aber darauf eingelassen, ist man in Afrika sofort in einem gnadenlosen Konkurrenzkampf mit anderen Experten, die im Verkehr mit den Geistern stehen. Wer kann mehr? Die Erfolge, die man sah, waren ja für Afrikaner nur Teil-

[14] E. A. Ayandele gibt mit einer politischen und sozialen Analyse gutes Anschauungsmaterial dazu in: The Missionary Impact on Modern Nigeria, 1966

erfolge: Vielen erschien es eine Religion von Behauptungen zu sein, die von der Erfahrung nicht gedeckt waren. In der Tat wurde eine »positionelle Theologie« (D. Roessler) anstelle von kritischem Dialog angeboten: »Antwort auf alle Fragen gibt uns dein Wort.« Oft waren es junge Schüler mit der Bibel in der Hand, die nun ganz un-afrikanisch selbstbewußt die Alten anpredigten und zur Bekehrung riefen. An drei oben schon angedeuteten Punkten schien diese *Theologia gloriae* vor allem zu versagen: es gab zu wenig Heilung und Versöhnung in seelischen Konflikten, etwa bei Hexenangst; dem Verfall alter Autorität und dem Eindringen neuer Zuchtlosigkeit konnte nur wenig Aufhaltendes entgegengestellt werden. Schließlich unterstützte die neue Religion die Entwicklung von Klassengegensätzen. Der Christus für die Armen bekam zu wenig Raum.

Und doch, die biblizistische Verkündigung hat viele angeleitet, mit Ernst in der Schrift zu suchen und ihr Leben danach auszurichten. Die Botschaft vom erhöhten Christus als Herrn über die Mächte ist gehört worden[15]. Von da aus kann Hoffnung gemacht und weitergedacht werden. Gegenüber dem vormaligen Bruch mit der Tradition hat inzwischen an mehreren Stellen ein Fragen nach der Kontinuität vom alten zum neuen Glauben eingesetzt. Solche kritischen Anfragen an die »erste Gestalt« des Glaubens in Nordnigeria richten sich auf die Frage von Christus und Kultur. Manche wollen schon den Gott der Väter mit dem Vater Jesu Christi gleichsetzen, oder das Alte Testament durch die eigene afrikanische Religion ersetzen. Diese ist für manche schon nicht mehr nur *preparatio evangelica* im Sinn von Hebr 1,1—2, sondern war für sie schon immer ausreichendes Heil. Um diese Frage eines inklusiven oder exklusiven Offenbarungsverständnisses kreisen heute die leidenschaftlichsten Gespräche[16]. Die evangelikale Tradition wird allerdings immer wieder kritische Anfragen an eine geradlinige Übernahme einer *Theologia naturalis* haben. Kontextualisierung ist einstweilen ein Programm theologischer Ausbildungsinstitute. Deren Gottesdienste, Textbücher, Unterrichtsweise und die Zusammensetzung des Lehrkörpers werden davon beeinflußt. Die Formulierung einer gebrauchsfertigen Theologie für Afrika wird jedoch noch auf längere Sicht mehr eine Forderung denn ein tatsächliches Arbeitsprogramm bleiben. Die Theologie wird noch eine Weile mehr imitativ und nicht produktiv sein. Dies wird den theologischen Austausch in der Ökumene beeinträchtigen.

[15] Wichtiges zum Thema steht bei P. Sandner, Jesus Christus im Bekenntnis afrikanischer Kirchen, in: Zeitschrift für Mission, Nr. 2/1975, 68 ff
[16] Mehr habe ich dazu in meinem Artikel: Theologie im westafrikanischen Kontext, ZfM Nr. 1/1975, zu sagen versucht

Trotzdem gibt es einen Nährboden für afrikanische Ausdrucksformen im kirchlichen Leben, von dem weitere Impulse ausgehen können. Es gibt Evangelisten, welche ihre Nachricht auf Märkten vorsingen. Es gibt einheimische Lieddichtungen. Es gibt farbige Kirchenfeste mit ausdrucksvollen Tänzen. Es gibt Kommunikation durch Symbole bei Agape-Feiern, Fußwaschung, Immersionstaufe, Handauflegung und Salbung, bei Opfern von Naturalien, die im Tanz zum Altar vorgetragen werden. Es gibt Gemeinschaftsarbeit auf dem »Kirchenacker«, christliche Nachtwachen im Todesfall, Treffen der Ältesten, bei denen Probleme in der demokratischen Art Afrikas gelöst werden. Die Praxis ist der Theorie in diesem Sinn voraus, und der Glaube ist im Ganzen einheimischer, als es der Kurzbesucher aus Übersee wahrnehmen kann.

VII.

Dieser Lagebericht wird im schnellebigen Westen kaum aufregend erscheinen. Vieles ist einfach eine Wiederholung von Entwicklungen der westlichen Kirchengeschichte. Und dann geht es weithin um normale, ermüdende Alltagsprobleme in den Kirchen, die zur Lösung einen langen Atem brauchen. Die Ungeduld junger Entwicklungshelfer ist verwirrend. Man muß für ein Mittragen der Christen im Westen über einen längeren Zeitraum hin plädieren. Da muß es mit Röm 15,7 heißen: »Nehmt einander auf ...«, wer immer dabei die Starken und die Schwachen sind. Das bedeutet nicht, daß westliche Partner nicht auf unerwartete Weise bereichert werden können. Was von einer intensiven Anteilnahme in Nordnigeria zu lernen wäre, soll hier noch vorsichtig angedeutet werden[17].

Da ist zunächst die Tatsache, daß Christen ihren Glauben in äußerer Armut und Elend festhalten und ihn dabei nicht als Vertröstung, sondern als Ermutigung zur Nachfolge und als Bewährung im Diesseits verstehen. Man erwartet viel von geistlichen Lösungen! Besonders die Macht des Gebets wird im Alltäglichen ernstgenommen. Beinahe jedes Gemeindeglied weiß eigene Beispiele praktischer Durchhilfe zu berichten. Gott ist in der Praxis erprobt von Menschen, die sich nur ein Kleid und eine tägliche Mahlzeit leisten können, die nicht lesen können, die kein Badezimmer haben, die meilenweit zu Fuß gehen, die 50 Pf Stundenlohn bekommen, wenn sie überhaupt Arbeit finden, bei denen die Rate der Kindersterblichkeit noch 50 % ist. Diese Erfahrungen mit Gott werden in der Dritten Welt stellvertretend für uns gemacht. Davon

---

[17] Manche Einsicht verdanke ich A. Shorter, Vitalité et Communauté: Le potentiel de l'Eglise Africaine, in: Communion 26:101 (Mai 1972), 7—22. Vgl. auch sein Buch African Culture and the Christian Church, 1974

lebt die Schwarze Theologie, die Christus als den Gott der Armen erkannt hat[18]. Sie sagt, daß man unter solchen Verhältnissen noch Christ sein kann. Man kann die jeweils eigenen Sorgen daran messen. Im einen Leib Christi braucht es diesen Maßstab, der glaubhaft macht: Christus ist wahrhaftig Mensch geworden und gerade deswegen der Herr.

Weiter ist zu sagen, daß solche Erfahrung mit Gott über ein rein geistliches Leben hinausreicht. Die Zweireichelehre ist noch nicht akzeptiert. Die Polarität von Heiligem und Profanem ist noch relativiert, und so muß auch Gottes Herrschaft umfassend sein. Religion dient noch zur Welterklärung im Ganzen und ist in diesem Sinn experimentell-praktisch. Der Wissenschaft sind keine unabhängigen Bereiche der Gesellschaft, der Natur und des Innenlebens überlassen. Glaube ist auf ein Gesamtverständnis der Umwelt von seinen Voraussetzungen her aus. Gerade in Afrika gilt: *Credo ut intelligam!* Der Glaube ist neugierig und forscht. Man mag das einem magischen Weltbild zurechnen, in dem die Welt des Geistes — und der Dämonen — nahe ist. Darin sind jedoch Ansprüche des christlichen Glaubens bewahrt, Gesellschaft, Natur und Geschichte nicht ihrer Eigengesetzlichkeit zu überlassen. Zugleich will man freiwillig abhängig bleiben, sich in einen Kosmos einordnen, der nicht selbstherrlich zu beherrschen ist[19]. Auf diese Weise sind ein *fides quaerens intellectum* und der Artikel *de servo arbitrio* verbunden. Was hindert uns im Westen, in dieser doppelten Richtung wieder neue Entwürfe zu wagen?

Drittens fällt auf, daß Gemeinschaft als Mittel zur Entdeckung der Persönlichkeit des einzelnen den Vorrang hat. Es wird versucht, dieses Wissen auch in der christlichen Gemeinde zu bewahren. Nöte des Innenlebens werden traditionellerweise nach außen projiziert und sind da leichter zu diagnostizieren und zu lösen als durch Einzeltherapie. In diesen Zusammenhang gehört auch das vertiefte Wissen um die Gemeinschaft der Lebenden und der Toten. Die Gemeinde kann als Bruderschaft die Lösung von Konflikten in ihrer Mitte herbeiführen. Hier ist auch ein größerer Respekt vor den Personwerten in einer technisch-materialistischen Welt zu lernen. Besucher aus dem Westen sind beeindruckt von der Herzlichkeit der Begegnungen unter Afrikanern, vom Einanderaufnehmen, vom geduldigen Zeitgeben, von der Hilfe gegen Einsamkeit. Es gibt da auch eine Sensibilität für heilendes Handeln in der Interaktion von Leib und Seele. Schließlich gibt es die große Erwartung von Zeichen des Geistes und geistlicher Gaben. Die Erfahrung Gottes und seines Sohnes ist im Bereich des Dritten Artikels zusammen-

[18] Auf der eingangs erwähnten Konferenz habe ich diesen Aspekt dargestellt in: The Relevance of Black Theology for Independent Africa, siehe Anm. 1
[19] R. Horton hat dazu am meisten zu sagen: siehe u. a. seinen Artikel »Ritual Man in Africa«, in: Africa, XXXIV, 1964, Nr. 2, 85 ff

gesehen und wird da bestätigt[20]. Darauf zu achten überwindet eine Haltung gelangweilter Distanz zur Kirche und kleingläubige Resignation in der Kirche.

Von dieser Basis aus wird die weitere Entwicklung von Theologie und Kirche in Nordnigeria geprägt werden. Um der zu Anfang erwähnten Chancen und der am Ende angedeuteten Lernhilfen willen lohnt es sich auch für westliche Partner in der Ökumene, am Reich Gottes in Nordnigeria mitbeteiligt zu bleiben und zu sehen, was dort aus den Erstformen wird.

[20] Das ist auch der Ansatz von J. V. Taylor, The Go Between God. The Holy Spirit and the Christian Mission, 1972. Auch dieses Buch wünschte man sich in deutscher Übersetzung

WOLFGANG ERK

THEOLOGIE, KIRCHLICHE LEITUNG —
UND IHRE PUBLIZISTIK

In einem seiner letzten öffentlichen Vorträge hat Robert Geisendörfer Publizistik als »eine legitime Aufgabe der Kirche« bezeichnet[1]. Er hat dabei bemerkt, daß dies eine These und nicht eine unbestrittene Tatsachenfeststellung sei. Wo aber wäre, so drängt sich die Frage auf, eine ernstzunehmende theologische Fakultät, die ohne Publizistik auskommen, wo eine ernstzunehmende Kirchenleitung, die auf Publizistik verzichten wollte? Die Problematik der Überlegung liegt folgerichtig also nicht in dem »ob« hinsichtlich ihrer Legitimität. Kein Theologieprofessor, gleich welcher Provenienz, keine Kirchenleitung der durchaus sehr verschiedenen kirchlichen Landschaften im Bereich der Evangelischen Kirche in Deutschland würde die Notwendigkeit publizistischer Arbeit auch nur mit einem Jota anzweifeln! Im Gegenteil: Aus wortwörtlich allen Richtungen ist der einhellige, fast ungewohnt und überraschend eintönige und lautstarke Ruf nach mehr, nach »besserer«, nach erfolgreicherer Publizität der je vertretenen Meinung, Richtung oder Sache zu vernehmen. Die Auseinandersetzung darüber, »wie« Publizistik wahrgenommen, wie sie verstanden und angereichert wird, wie ihre Inhalte gefüllt werden, ist allerdings immens. Einzelne, Gruppen, Konfessionen, Ideologien — wohlverstanden alle innerhalb *einer* Kirche — bringen ihre Interessen, Überzeugungen, ihr Verständnis ins Spiel und wollen in und von ihrer Publizistik, und zwar ein jeder durchaus mit Recht, vertreten sein. Müßte an dieser Stelle bereits ein Fazit gezogen werden, wären die Aussichten ausschließlich düster und das Bild des Zerrissenseins nicht nur der Kirche, sondern auch der ihr neben- oder (je nach Sichtweise) gegenüberstehenden publizistischen Arbeit komplett. Daß die so beschriebene Situation auch ein Gutes haben kann — vielleicht sogar hier und dort ein Neues wirkt —, mag die alternierende Konsequenz andeuten: Falls die Kirche Frieden mit der Publizistik hat, muß ich mich fragen, was nicht mehr in Ordnung ist.

Wie sieht es nun auf den konkreten Arbeitsfeldern evangelischer Publizistik aus? Einige Marginalien zu diesem Thema mögen die gegenwärtige Lage ausleuchten:

[1] Vortrag, gehalten anläßlich des 50jährigen Jubiläums des Evangelischen Presseverbandes für Hessen und Nassau am 20. Januar 1976, in: epd-Dokumentation 13/ 1976, 1

»Die kirchliche Presse hat — mit wenigen Ausnahmen — die Aufgabe theologischer Information der kirchlichen Öffentlichkeit nicht geleistet.«[2] Diese von Hans Joachim Dörger aufgestellte Behauptung hat Gültigkeit noch heute — fünf Jahre nach ihrer Veröffentlichung. Und es berechtigt kaum ein Anschein zu der Vermutung, als würde sich im Laufe weiterer fünf oder fünfzehn Jahre etwas daran ändern. Die Theologie scheue die mediale Öffentlichkeit, sagt Dörger, und: Theologie erscheine dem publizistischen Zeitgenossen als ein Stück Kirche. »Theologie und Kirche müssen es daher schon zulassen, aneinander gemessen zu werden. Denn einerseits sind genügend Informationen und Erkenntnisse aus der theologischen Wissenschaft in die Öffentlichkeit gelangt, um Formen kirchlicher Rede und kirchlicher Praxis als prinzipiell veränderbar, wenn nicht überholt erscheinen zu lassen — eine sich dagegen stellende Kirche fällt zumeist negativ auf —, andererseits stellt sich die Kluft zwischen theologischer Mobilität bzw. theologisch-zeitgenössischem Anspruch und kirchlicher Immobilität nicht zuletzt so unüberwindbar dar, weil — so der Eindruck der Publizistik — die Theologie ihrerseits wenig Anstrengungen zeigt, sich auf die von ihr angerichteten Verwirrungen einzulassen und die Realisierung ihrer Ansprüche selbst ernsthaft und praktisch zu betreiben.« Die Sprache der Theologie verhindere eher Öffentlichkeit, als sie zu erschließen, folgert Dörger und zitiert die eher hilflose als ärgerliche Anfrage einer »Zeit«-Autorin an die Kommunikationsfähigkeit theologischer Wissenschaft: »Geht es denn nicht um den Menschen?«[3] Die säkulare Publizistik ist in der Darstellung dessen, was sie zu vermitteln hat, klarer, eindeutiger. Dörger bezeichnet das unmißverständlich: Sie »ist von den Verspannungen und Verklemmungen der kirchlichen frei«[4]. Überhaupt sei die säkulare Publizistik — gerade was Theologie und Kirche angehe, keineswegs so modernitäts- und sensationssüchtig, wie ihre kirchlichen Kritiker es glauben machen wollten.

Wie nun, trotz diesem — und der einen oder anderen eigenen vergleichbaren »Erfahrung« — noch immer nicht absolut entmutigt, in die Zukunft blicken? Will die Kirche, das heißt für diesen Fall: ihre Repräsentanz, Information? Eine eindeutige Haltung zu dieser Frage ist vielfach zu vermissen. Leere Worthülsen und blasse Aktivitäten, die »Informationsmonopole« schaffen, um die jeweils eigene Sicht-, Denk- und Argumentationsweise zu sichern statt möglicherweise auch infragezu-

[2] In: Theologie und Kirche in Spiegel, Zeit und Stern. Zitat nach dem Aufsatz von Hans Joachim Dörger »Schmäh und Lob. Theologie in der publizistischen Öffentlichkeit«, in: Neues Testament und christliche Existenz. Festschrift für Herbert Braun, 1973
[3] A. L. Korn in: »Die Zeit«, Nr. 22/1968
[4] Dörger, aaO.

stellen, sprechen eher gegen eine Bereitschaft, sich über Gegebenheiten und Tendenzen wirklich in Kenntnis setzen zu lassen.

Information wäre auf zwei Wegen vonnöten: Zunächst darüber, was im säkularen Bereich vor sich geht — was die Öffentlichkeit im ganzen also beschäftigt und was sie bedeutet. Denn ohne Kenntnis der umfassenden Situation sowohl der Arbeiter- wie der sogenannten Führungsschichten inclusive der politischen Tendenzen, in deren Gesamtheit die Kirche als Funktionsträger ein deutlich zurückgehendes Interesse zu verzeichnen hat im Gegensatz zu einer intensivierten religiösen Bewußtseins- und Erwartungshaltung, bleibt alle pastorale und kirchenobrigkeitliche Rede im sakralen Nahbereich stecken und damit unevangelisch wirkungslos. Zu diesem Informationsweg gehört denn gleichfalls eine gründliche Kenntnis dessen, was im säkularen Bereich notiert wird zu kirchlichen Belangen und das zu häufig Reaktionen vonseiten kirchlich kompetenter Gruppen oder Personen vermissen läßt. — Und im Gegenzug ist Information von der Kirche, aus der Kirche vonnöten. Nach einer, partiell allerdings auch bis jetzt nicht zuendegegangenen, Zeit der grau und trist sich im Primitiv- und Billigkeitsanspruch kaum unterbietbaren Traktätchenliteratur präsentierenden Kirche folgte eine Zeit des übertriebenen Hochglanzes. Für Werbe- und Public-Relations-Aktionen, ob nun im Anliegen von Diakonie, Mission oder sonstigen, waren die erfolgversprechendsten und dementsprechend teuersten Agenturen gerade gut genug. Eine reiche Kirche präsentierte sich neu, und ihre Partner aus überseeischen Dritte-Welt-Ländern fragten einmal mehr nach der Glaubwürdigkeit der nordatlantischen Brüder.

Ebenso vorort der kirchenferne, aber (noch) -steuerzahlende Christ. Eine Kirche, die sich in leeren Gotteshäusern, unverständlichen Predigten, polierten Dienstwagen und unpersönlichen, entfremdenden Verwaltungszentren darstellt, ist ihm suspekt. Hinzu kommen so vielfältige wie unterschiedliche Erwartungshaltungen an kirchlich Obere, zu politischen Vorgängen engagierter Stellung zu nehmen — bis hin zu der Meinung, die Kirche habe dazu zu schweigen. Das weit verbreitete Gefühl, im Bestand und in der öffentlichen Ausstrahlung der Kirchen — der evangelischen wie auch der katholischen — hätten sich in der jüngsten Vergangenheit Veränderungen vollzogen, deren sachgemäße Analyse und Verarbeitung erst noch bevorsteht, wird durch wenn auch schwankende so doch für die letzten Jahrzehnte aufmerkenswerte Austrittstendenzen aus den verfaßten Kirchen belegt. Man bezeichnet diese Vorgänge als den Prozeß der Entkirchlichung oder auch als den allmählichen Zerfall, das allmähliche Ende der Volkskirche. Die gegenwärtige Unsicherheit gegenüber diesem Phänomen wird allerdings nur dann richtig verstanden, wenn diese Zeit in Relation gesehen wird zu der vergangenen Nachkriegsphase, in der die Kirchen eine gewisse Hochschätzung erfuhren. Begründungen aus jener Zeit für eine wohlwollende Beurteilung der Kirche fallen unterdessen weg oder sind im Bewußtsein der säkularisierten Bevölkerung untergegangen: Die kirchlichen Widerstandskämpfer im Dritten Reich werden bereits in die Geschichtlichkeit eingeordnet, die Ergebnisse kirchlich-sozialer Aufbauarbeit werden als selbstverständlich, wenn nicht gar durch den Staat ersetzbar angesehen, Seelsorge und Verkündigung sind in dem Maß und in der Art der frühen Nachkriegszeit nicht mehr gefragt — und dem Seelsorgebedürfnis des heutigen Menschen scheint die Kirche weitgehend nicht zu genügen, die Wartezeit bei Psychotherapeuten spricht dafür eine deutliche Sprache. Wenn man nun beachtet, daß der Begriff des Öffentlichkeitsanspruchs der Kirche den kirchlich wesentlich angemesseneren Begriff des Öffentlichkeitsauftrags weithin verdrängte, so ist das Nachsinnen über Wesen, Auftrag und Inhalt kirchlicher Publizistik schon erheblich belastet.

Die Öffentlichkeit, zumal in einer volkskirchlichen Situation, hat Anspruch darauf zu erfahren, was innerhalb sakraler Gemäuer gedacht, ersonnen und erarbeitet wird — gleichgültig, ob es sich dabei um Mauern von Klöstern, Kirchen oder Kommunitäten handelt, oder ob es um Entscheidungen über kirchliches Personal oder kirchlich verwaltete Finanzen geht. Weder die Kirche noch ihre Publizistik haben es darüberhinaus bisher erreicht, dem kirchlich nicht Professionellen Verfahrensweisen und Strukturen ihrer Arbeit allgemein verstehbar zu machen. Selbst viele hauptamtlich in der evangelischen Kirche Beschäftigte, an der Spitze Pfarrer, sind gar nicht, schlecht oder doch unzureichend informiert über die Vielfalt dessen, was in der Kirche vorgeht. Dies schafft Konflikte, die weder sein dürfen noch notwendig wären. Theoretisch, wird zu entgegnen sein, kann sich natürlich jeder über das innerkirchliche Geschehen an den jeweils kompetenten Stellen informieren, wobei aber bereits das bedenklich Staunenswerte zu vermerken ist, wie wenige in Wirklichkeit bereit sind, sich informieren zu lassen. Überhaupt nicht erstaunlich ist daher das Ergebnis, das sich in Vorurteilen, Halbwahrheiten, Unterstellungen aus Mangel an gründlicher Information darstellt. »Je weniger Information, desto einseitiger, desto ungerechter die Urteile«, stellt Geisendörfer fest und weist nachdrücklich auf ein Defizit an Informationsgesinnung hin: »Unser Problem heute ist nicht, daß das Angebot an Informationen und Meinungen zu gering wäre. Zu gering ist die Nachfrage. Das kann vor allem zwei Gründe haben. Entweder entspricht das Angebot nicht den Bedürfnissen der möglichen Empfänger. Darüber wäre nachzudenken und gegebenenfalls wäre hier einiges zu ändern ... Der zweite mögliche Grund: Das Interesse an Information ist allgemein zu gering, weil man sich nichts davon

verspricht. Wozu sollte man informiert sein? Es geht auch so.«[5] Hinzu-
zufügen ist sicherlich eine breiträumige Enttäuschung über das, was
kirchliche Publizistik häufig als Information »verkaufte« und das sich
doch zu offensichtlich als Spendenwerbung entpuppte oder sich als
Image-Werbung oder -pflege oder als insgesamt zu blutleer darbot.
Geisendörfer wünschte sich, daß zum Handwerkszeug eines kirchlichen
Mitarbeiters auch Informationen über diese Kirche gehören: »Wir hätten innerkirchlich ein paar größere Probleme weniger, wenn wir besser
Bescheid wüßten.«[6] Es wäre also dringlich zu überlegen und an der Zeit,
eine sozusagen innerkirchliche Propädeutik mit dem Inhalt »*Infor-
miertsein um zu informieren*« auf breitester Basis zu schaffen. Das
Gemeinschaftswerk der Evangelischen Publizistik, das sich die EKiD
geschaffen hat, könnte hier Pionierdienste tun, die längst überfällig sind.

Zu den hoffnungsvollen Stimmen in den Leitungen der Gliedkirchen
der EKiD zählt die des hessen-nassauischen Kirchenpräsidenten Helmut
Hild: »Wenn die Kirche nicht durch bessere Informationen der Öffentlichkeit und insbesondere der Informanten den Informationsstand über
sich selbst verbessert, dann schadet sie sich damit nicht nur als einer
Institution in dieser Gesellschaft. Sie beeinträchtigt damit auch den
Dienst ihrer Verkündigung in den Gemeinden, weil der Zugang zu
ihr — räumlich und geistlich — erschwert ist ... Der Rang der Publizistik kann gar nicht überschätzt werden.«[7] Nocheinmal: Die Zielsetzung, kirchliche Mitarbeiter und die Gemeinden mit ihren Medien
vertraut zu machen, ist im Katalog der Prioritäten dessen, was zu tun
ist, weit nach vorn zu rücken. Publizistik hat auch etwas mit Freiheit,
mit Menschlichkeit zu schaffen. Warum sollten sich nicht zuletzt deshalb Synoden auf der einen und theologische Fakultäten auf der anderen Seite das Thema Publizistik vornehmen und systematisch aufzu-
arbeiten versuchen? Tatsächlich fehlt noch immer ein Beitrag der
Theologie zu unserer publizistischen Alltagsarbeit. »Es geht hier um
eine Dimension kirchlichen Handelns, um öffentliche Kirche, um deren
Austausch von Informationen und Meinungen in der Kirche und über
die Kirche. Hier steht auch eine Möglichkeit zur Diskussion, wie die
Kirche effektiv in die Öffentlichkeit, in die Gesellschaft hineinwirken
kann.«[8] In Fortführung dieser Meinung Geisendörfers kann festgestellt werden: Die Möglichkeit der Kirche, in die Öffentlichkeit hinein-
zuwirken, *steht auf dem Spiel!*

Einen Menschen, ein Vereins- oder, wie hier, ein Kirchenmitglied informieren, heißt auch, ihn teilhaben lassen, heißt ihn am Forschen oder

---

[5] Geisendörfer, aaO.   [6] AaO.
[7] H. Hild, Die Chancen der kirchlichen Publizistik, 1972
[8] Geisendörfer, Evangelische Publizistik — Dienst an der Kirche und Dienst der
Kirche — Probleme und Aufgaben, Referat vor dem Rat der EKiD, 1975

Nachdenken und Entscheiden beteiligen. Auf die demokratische Wahl von Kirchenältesten oder die Demokratisierung von Synodenbesetzungen wird man sich schwerlich hinausreden können. Wo rund neunzig Prozent einer Bevölkerung kirchlich verwaltet werden, ist gerade auch in Hinsicht auf unmittelbare mündige Teilhabe über das eine Zwanzigstel der sogenannten Aktiven hinaus einiges Wesentliche zu tun. Information ist dabei ein gravierendes, aber eben doch nur *ein* Arbeitsfeld.

Und wenn sich kirchliche Chefetagen informieren (lassen) und sich beschäftigen mit Anliegen und Denkvorgängen, die in säkularen Bereichen geboren sind, so heißt dies noch keineswegs, daß man, wie der Vorwurf leichtfertig ausgesprochen wird, »dem Zeitgeist verfallen« ist. Sondern: Die selbstverständlichen Voraussetzungen zur gegenwartsbezogenen Vermittlung der einen Botschaft werden so geschaffen — und allein darum geht es. Den Menschen angesichts des Evangeliums auch in seinen Alltagsproblemen ernstnehmen, die dem einen oder anderen gering, unwichtig anmuten mögen — so könnte eine Funktion des biblisch-evangelischen Auftrages lauten. Wenn die Öffentlichkeit in richtigem Bewußtsein wahrgenommen wird, ist die Voraussetzung für eine verantwortliche Öffentlichkeitsarbeit geschaffen. Denn: »Alles kirchliche Handeln ist seiner Intention nach öffentlich, weil es im Öffentlichkeitsanspruch des Evangeliums seinen Grund hat. Und ebenso gilt umgekehrt: Das kirchliche Handeln muß sich in all seinen Formen — auch in den unterschiedlichen Formen politischer Wirksamkeit — am Öffentlichkeitsanspruch des Evangeliums messen lassen.«[9]

Ein anschaulicher Vergleich lautet, Nachrichten seien heute eine Ware wie Butter oder Pelze. Angebot und Nachfrage regeln auch ihren Kaufpreis. »Gerade die eigenen negativen Erfahrungen müßten doch die evangelische Kirche dazu motivieren, die Kommerzialisierung von Informationen als einen Skandal gegen die Wahrheit anzuprangern und sie selbst zu einem Gegenstand von Information zu machen.«[10] Geisendörfer schreibt in diesem Zusammenhang, was, wenn wir es als Beispiel auf den sogenannten Berliner Kirchenstreit und die Hetze eines Zeitungskonzerns gegen Bischof Kurt Scharf angewandt verstehen, Aktualität und Objektivität zugleich umfaßt: »Hier liegt die üble Wurzel eines Baumes, dessen Früchte naturnotwendig nicht mehr genießbar sind. Diese Wurzel freizulegen, also: radikale Kritik an Entwicklungen im Bereich der Publizistik zu treiben, ist eine ganz wesentliche Aufgabe einer Kirche, die auf Wahrheit setzt und der die erwähnten Früchte zu sauer sind.«[11] Anstatt bei diesem exemplarischen Fall radikal Kritik zu üben, bestimmte das gewohnte »ja wenn« und »ja

[9] W. Huber, Kirche und Öffentlichkeit, Arnoldshainer Protokoll 9/1974
[10] Geisendörfer, 1976, aaO.   [11] AaO.

aber« den Inhalt kirchenleitender Stellungnahmen, von denen sich nur
wenige — wie aus Hessen/Nassau und aus dem Rheinland — hörenswert
abhoben.

Information — Öffentlichkeitsarbeit — Publizistik stellen sich nun
freilich auf vielen Ebenen dar. Aus den verschiedenen Bereichen sollen
im folgenden noch knappe Überlegungen zu drei weiteren Gebieten angebracht werden: Die kirchliche Mitarbeit in Rundfunk und Fernsehen,
kirchliche Public-Relations-Arbeit und schließlich das theologische und
theologische Arbeit vermittelnde Schrifttum.

Soweit Hörfunk- und Fernseharbeit in kirchlicher Verantwortung
(in »Sprecher«-Funktion) betrieben wird, stellt dies — von wenigen
beachtenswerten Ausnahmen abgesehen — eine Hochform von Dilet-
tantismus dar, wie ihn sich ein Wirtschafts- oder Industrie-Unterneh-
men nicht leisten würde. Diese Beschreibung dürfte auch kaum anders
ausfallen, solange noch Rundfunk-, Fernseh- und Presse-»Beauftragte«
oder -»Sprecher« ausschließlich Theologen und Juristen womöglich gar
auf Oberkirchenratsebenen sind. (Auch hier gilt, wie oben bereits angedeutet, daß Ausnahmen, »Theologie-Journalismus-Symbiosen«, die Regel bestätigen.) Nicht selten ist auch die Unbeholfenheit kirchenleitender Entscheidungsgremien an der Qualifikation von Pfarrern ablesbar,
die hauptamtlich Pressearbeit wahrnehmen sollen. Der »Mut zum Fachmann«, der da und dort bewiesen wird, ist noch längst nicht überall
als allgemein gültig und notwendig anerkannt. »Professionalisierung«
— eines der Stichworte im Leben Geisendörfers — ist im Bewußtsein
der Entscheidenden noch nicht annähernd genügend zum Zuge gekommen. Die Praxis läuft der Theorie auch in der Kirche mit reichlicher
Beständigkeit voraus: Erst gab es die Mission, dann erst die Missions-
wissenschaft. Erst gab es kirchlichen Unterricht und erst dann die Reli-
gionspädagogik. Hinsichtlich publizistischer Arbeit ist *die Hälfte des
ersten Schrittes* unterdessen getan: ihre Wahrnehmung geschieht da
und dort. Ihre wissenschaftliche Bearbeitung, ihre theologische Begründung ist bis heute weitgehend das Steckenpferd von Einzelgängern,
teilweise von Außenseitern geblieben. An den Hochschulen fristet Publizistik eine Rand- und Schattenexistenz. Zwischen einer nicht ganz
geringen Praxis und ihrer theologischen Aufarbeitung besteht ein uner-
trägliches Mißverhältnis. Wo kirchliche Angestellte und Beamte heute
in nahezu allen Arbeitsbereichen und Wissenschaften optimale Chancen
haben, werden Journalisten oder ihr Fachgebiet allenfalls zufällig
bedient.

Eine wesentliche Unterlassung wäre, in diesem Zusammenhang die
Christliche Presse Akademie nicht zu würdigen oder wenigstens zu
nennen. Sie leistet seit langer Zeit einen vorzüglichen Beitrag auf dem
Weg der Verbesserung öffentlichen Bewußtseins über die und innerhalb

der evangelische(n) Kirche. Wichtig ist allerdings, daß ihre Arbeit ausgebaut und nicht einfach in die weiteren Jahrzehnte nur weitergeführt wird, damit sie schließlich nicht nur eine Alibi- oder Feigenblatt-Funktion für ein eben doch nicht umfassend funktionierendes publizistisches Dasein in der evangelischen Kirche wahrnimmt.

So ist nicht ganz und gar schwarz zu sehen im Blick auf eine gänzlich ungewisse Zukunft, wenn zum Beispiel über den immens wichtigen Bereich »Kabelfernsehen« nachgedacht wird. Die Kirche hat hier die Chance, mit Hilfe von Fachleuten — und eben nicht erneut durch Sonderaufträge an aktive oder ehemals aktive Gemeindepfarrer — den Zug einmal nicht zu verpassen.

Anzumerken ist, daß man wachen Auges darauf zu achten hat, daß kirchliche Vertreter, deren Eigeninteressen ohne weiteres nicht erkennbar sind, sich nicht kraft Amt und Stimme ein Steckenpferd verschaffen, indem sie sich in den Parteienstreit um den Rundfunk einmischen. Kirchlicher Einfluß hätte mit solchen solistischen Tendenzen nicht das geringste gemein. Wo Eigeninteresse nicht erkennbar wird, ist ein Allotria-Verdacht geboten, dem Schranken zu setzen notwendig ist. — Hinsichtlich des Kabelfernsehens wird sich die Wahrnehmung des Öffentlichkeitsauftrages der Kirche auch darin erweisen, ob ihre Leitung im Stande ist, mit ihren Mitteln und Argumenten einen Mißbrauch durch private Unternehmen weniger Großkonzerne zu verhindern. Im vierten Quartal des zwanzigsten Jahrhunderts bekommt kirchlicherseits auch in dieser Hinsicht Informationsarbeit mehr Bedeutung als man ihr je hat zugestehen wollen.

Ein Beispiel für kirchliche Public-Relations-Arbeit, das sich sehen lassen kann, stellte eine — allerdings aus kirchenpolitischen Gründen nach kurzer Laufzeit von ihren Verantwortlichen gebremste — Unternehmung der Evangelischen Pressestelle für Weltmission in Hamburg dar. Sie hatte ihr Arbeitsgebiet, Weltmission, massiven Vorwürfen und Vorurteilen gegenübergesehen. Durch die soziale und politische Situation vor allem in der Zweidrittelwelt war »Mission« ins Kreuzfeuer der Kritik geraten, lauter denn je waren Vorwürfe akzentuiert worden. So machte 1971 erstmals eine (nicht spendenwerbende!) Kampagne Schlagzeilen, die der Öffentlichkeit Korrektur dessen vermitteln sollte, was man weitgehend unter christlicher Weltmission verstand. Das Ziel dieses Unternehmens war, dem allgemeinen Verständnis eine zeitgemäße, wahrhaftige Alternative entgegenzusetzen. Da in den kirchlichen ingroups (auch bis heute) offensichtlich keine gemeinsame Formulierung dessen möglich ist, das als »das Eigentliche« der Mission einhellig zu nennen ist, waren die Reaktionen auf die Plakat-, Poster- und Postillen-Kampagne in allen Schattierungen von Lob und Tadel heftig. (Im Nachhinein stellte sich heraus, daß eine wegbereitende Vorlaufaktion in den »missiontragenden Gemeinden« günstiger gewesen wäre als der Beginn durch eine diese verständlicherweise schockierende Aktion mit »Spiegel«- und »Stern«-Anzeigen.) Nachdem die Gangart der aufmerksamkeitserregenden drastischen Sprache gedrosselt worden war, durfte die Aktion »theologisch begleitet« ihren Fortgang nehmen. Absicherung nach allen Seiten allerdings — scheint aller Laster Anfang. Immerhin: Im unterdessen sechsten Jahrgang ist erneut ein beinahe brillantes Ergebnis (Thema: medizinische Versorgung) zustandegekommen.

Ein wichtiges Medium, das im ganzen häufig als Stiefkind von der Kirche behandelt und demzufolge Jahrzehnte hindurch von der Öffentlichkeit *mit abnehmender Tendenz* wahrgenommen wurde, ist das Buch. Dem evangelischen Buch dürfte nach einem bereits leicht zunehmenden Interesse in jüngster Zeit künftig eine ganz neue Rolle innerhalb der kirchlichen Publizistik zukommen. Je mehr die Informationskanäle im säkularen Bereich technisiert und ausgebaut werden, umso mehr wird ebenso wie dem zu intensivierenden persönlichen seelsorgerlich zugewandten Gespräch dem Buch ein hervorgehobener Stellenwert als wegweisender und zur Auseinandersetzung anregender Begleiter zufallen. Die Kirche wird gut daran tun, die wildwüchsigen Formen stiller und offener, steter und gelegentlicher Subventionen an evangelische Literatur produzierende Verlage zu kontrollieren, zu überdenken und völlig neu zu ordnen. Die Situation der meisten evangelischen Verlage ist geradezu verzweifelt schlecht, und dabei ist eine Kirche ohne Bücher eine absurde Vorstellung. Der Weg zu einer solchen Realität scheint aber gar nicht mehr allzu weit. Geisendörfer folgert sogar: »Da über das Medium Buch zum großen Teil Theologie transportiert wird, könnten weitere Verschlechterungen verheerende Folgen haben.«[12] Und was hier hinsichtlich theologisch-wissenschaftlicher Literatur angedeutet ist, gilt uneingeschränkt auch für den weiten Bereich des »christlichen Buches«. Es ist allerhöchste Zeit, gemeinsam mit Fachkundigen an einem Tisch zu prüfen, welche Möglichkeiten sich anbieten, diesen Mißstand zu reduzieren. Es geht dabei nicht um eine »Hilfe« für Verleger oder Sortimenter, sondern um ein wichtiges Stück »missionarischer« und Binnen-Kommunikation. »Das Problem, ob die Nachfrage als leitendes Kriterium für das Verlegen und Verkaufen kirchlicher Literatur ausreicht, wird in der gegenwärtigen Situation erneut verstärkt. Ist die Kirche nicht auch verpflichtet, so wie sie es auf dem Zeitschriftensektor zur Zeit tut, zur Verbreitung von Literatur beizutragen, für die Käuferwünsche kommerziell nicht ausreichen? Auch die Frage der Chancengleichheit von Verlegern verschiedener Rechtsformen gehört zu den

---

[12] AaO.

unerledigten Themen auf dem Sektor Buch. Was kann geschehen, um die Herausgabe wissenschaftlicher Bücher — vor allem Monographien — zu erleichtern?«[13] Erneut muß hier die Frage nach einem Gesamtkonzept für Publizistik, in dem der Bereich des Buches einen angemessenen Raum beanspruchen kann, mit Nachdrücklichkeit gestellt werden. Martin Fischer, der als Theologe, theologischer Schriftsteller und als Verantwortlicher in der Kirchenleitung der Evangelischen Kirche der Union ein kundiges Interesse zur Sache bewies, schrieb bereits vor Jahren: »Ein Verleger, der den Forderungen des Tages selbstlos nachgibt, wird kaufmännisch leicht glücklos oder gar unsolide erscheinen. Seine Arbeit ist mehr und mehr auf Subventionen angewiesen. Neben direkten Subventionen durch diejenigen, die am Druck bestimmter Werke interessiert sind, spielt die verborgene Subvention eine wachsende Rolle in der Form von Aufträgen, die auf lange Sicht Absatz versprechen, also etwa durch eingeführte Kommentarreihen, durch Schulbücher, Gesangbücher, Kalender, Zeitschriften und Verteilmaterial. Ohne gezielte Hilfe werden theologische Verlage kaum bestehen können und werden theologische Buchhandlungen sterben. Die Kirche hält ihre Bibel nur dann wirklich in Ehren, wenn sie auch die aus ihr erwachsende Literatur nützt und fördert. Verliert unsere Kirche wache Verlagsarbeit und leistungsfähige Buchhandlungen und läßt sie Einsichten und Erfahrungen aus Zeiten theologisch verarbeiteter Kämpfe unbeachtet, so kann sich aus solchem leichtsinnigen Umgang mit ihrem Schrifttum für sie ein Erdrutsch ergeben, der literarische Lebenswerke unter sich begräbt, der fruchtbares Land verschüttet und anvertrautes Gut vergessen läßt.«[14]

Als eine von der breiten Leserschaft *mit zunehmender Tendenz* beachtete Buchgattung gilt die Anthologie. Ihr Anspruch und ihre Wirksamkeit können eine geradezu politische Dimension einnehmen. Sie vereinigt den persönlichen Eindruck und Spürsinn des Editors mit dem objektiv Richtigen und Hervorragenden. Vorliebe, Engagement und Neutralität kommen bei der Auswahl nicht unbedingt ins Gehege miteinander. Individuelles und Repräsentatives fallen zusammen. Wenn sonstwo, dies als ein Beispiel, ein bekennender Kommunist kaum neben einem bekennenden Bischof zu Wort kommt — in einer Anthologie darf man beide, wenn das Thema es verlangt, nacheinander lesen. Hier leistet die Anthologie einen wesentlichen Beitrag in Sachen Information.

Letztlich ist die Frage aller publizistischen Arbeit auch eine Frage der Vermittlung und Findung von Wahrheit. Dazu, und damit zum Schluß, ein Auszug aus einem Essay von Marie Luise Kaschnitz über »Schwierigkeiten heute die Wahrheit zu schreiben«: »Die Wirklichkeit,

[13] AaO.
[14] M. Fischer, Geschichte in Gestalten, 1975

unsere heutzutage, drängt sich jedem auf. Es gibt Schriftsteller, die sie
auf das genaueste studieren, indem sie nicht nur, wie Goethe es verlangte, ›dem Volk aufs Maul schauen‹, sondern auch vom Hexenglau-
ben des 20. Jahrhunderts bis zur Jazzkirche, von der Atomwaffengefahr
bis zur Tablettensucht jede Erscheinung des heutigen Lebens nachdenk-
lich und sorgfältig registrieren. Wer nicht von vornherein darauf aus
ist, die Welt in seine Netze zu bekommen, dem geht sie auch hinein,
er hat nicht den Sammlerblick, er träumt und trödelt, aber irgendwann
stellt sich heraus, daß auch er gesehen und gehört hat, daß auch seine
Netzhaut klare und scharfe Bilder der Wirklichkeit bewahrt. Aus dieser
auf so verschiedene Weise gewonnenen Wirklichkeit soll nun Wahrheit
werden, eine die wir überflüssigerweise sogar eine ›höhere‹ nennen. In
einem Verwandlungsprozeß, der weniger im Hinzufügen (etwa von
Betrachtungen) als im Weglassen des Unwesentlichen besteht, soll die
in jedem Augenblick schon vergangene und zur Leichenstarre verurteilte Wirklichkeit zu einem anderen Leben erwachsen, das dauerhafter
und möglicherweise ewig ist ... Eine aufmerksamere und nachdenk-
lichere Welt ist eine bessere Welt — ich glaube, daß kein Schriftsteller
darauf verzichten will, Aufmerksamkeit und Nachdenklichkeit zu er-
regen. Auf diese Bemühung wird er sich konzentrieren und nicht danach
fragen, ob die zerstörerischen Kräfte am Ende stärker sind. Es sieht
schlimm aus in der Welt. Aber wie es aussehen würde ohne die jahr-
tausendelangen Anstrengungen der Schreibenden, wissen wir nicht.«[15]

[15] M. L. Kaschnitz, Zwischen Immer und Nie. Gestalten und Themen der Dich-
tung, 1971

RUDOLF VON THADDEN

KIRCHENLEITUNG OHNE AUTORITÄT?

Lieber Martin,
es ist sicherlich nicht nur eine Verlegenheitslösung, wenn ich meine
Gedanken zu Deinem 65. Geburtstag in einem Brief an Dich zum Ausdruck bringe. Denn Du bist wie wenige Theologen unserer Zeit ein
Mann des Gesprächs und der persönlichen Kommunikation. Dein
ganzes Denken ist im Grunde vom Adressaten her zu verstehen, von
den Fragen von Menschen, die Dir begegneten und die Du ernst nahmst.
So bist Du auch Anfang der 60er Jahre zu unserer Göttinger Arbeitsgemeinschaft Kirchenreform gestoßen, weil Du die Fragen dieses Kreises
von Menschen der jüngeren Generation für wichtig genug hieltest, um
Dich ihnen zu stellen.

Aber haben wir die Fragen der Kirchenreform, so überlege ich mir
heute, eigentlich genügend von ihrem zentralen Ansatz her diskutiert?
Sind wir nicht viel zu häufig in der Erörterung von Äußerlichkeiten
steckengeblieben, und haben wir uns nicht deswegen auch manchmal im
Gespräch verfehlt? Du hast uns Jüngeren immer wieder zu bedenken
gegeben, daß die Kirchenreform nicht zur bloßen Strukturreform dege-
nerieren dürfe, und wir Jüngeren haben Dir darauf geantwortet, daß
wir einen Nachholbedarf an Beschäftigung mit der Gestalt der Kirche
sähen und daß wir Sorge hätten, daß die evangelische Kirchengeschichte
zur bloßen Theologiegeschichte verkümmere. Im einzelnen hast Du
wiederholt mit Recht betont, daß Kirchenreform vor allem mehr als
Demokratisierung der Kirche bedeute, und wir Jüngeren haben dazu
gesagt, daß wir dies nicht in Abrede stellten, sondern nur der Meinung
wären, daß eine Kirche, die eine breite Beteiligung und Mitverantwortung von Menschen anstrebe, in einer Zeit eines entwickelten demokratischen Bewußtseins nicht einfach von einer Demokratisierung ihrer
Strukturen absehen könne. Vielleicht haben wir dabei nicht genügend
klargemacht, daß wir unter Demokratisierung der Kirche keineswegs
eine Schwächung des Amts der Kirchenleitung verstanden und schon
gar nicht daran dachten, Leitungsfunktionen geringzuschätzen. Deswegen mag es angebracht sein, diesen Teil des Dialogs zwischen uns
noch einmal aufzunehmen und in einer Zeit zunehmender Verwirrung
von Reformvorstellungen — übrigens nicht nur in der Kirche — unter
einigen heute wichtigen Gesichtspunkten zu vertiefen.

Ich gehe von einer Klage aus, die aus dem Munde von Menschen
Deiner Generation — der Generation der Bekennenden Kirche — häufig
zu hören ist: daß es nämlich unserer Zeit an Menschen fehle, die Aufgaben der Leitung in der Kirche mit hinreichender Autorität wahrnehmen können. Die Zeit der großen Männer sei vorbei, die Lücken,
die sie hinterlassen, seien kaum zu schließen. Diese Klage führt leicht
zur Resignation, aber — so möchte ich zurückfragen — beruht sie auf
einer genügend sorgfältigen Datenerhebung, steht sie auf einer ausreichend tragfähigen Grundlage? Sicher: Männer wie Martin Niemöller
und Kurt Scharf sind schwerlich zu ersetzen, aber muß man nicht
fragen, was sie zu dem gemacht hat, was sie geworden sind?

Ich meine, daß es im wesentlichen zwei Faktoren sind, die die Autorität der großen »Alten« begründet haben: die Bewährung in außerordentlichen Situationen und das hohe Maß an Kongruenz von Anspruch und Wirklichkeit in ihrem Handeln. Beides hat natürlich auch
eine persönliche Seite, die in ihrer Bedeutung nicht zu verkennen ist;
es hat aber auch eine strukturelle, umstandsbedingte Seite, die in der
Diskussion allzu häufig vernachlässigt wird. Autorität bildet sich nicht
im luftleeren Raum, sie ist immer an bestimmte historische Voraussetzungen gebunden, die zu reflektieren gerade für das charismatisch
geprägte Denken vieler Träger des Kirchenkampfes wichtig ist.

Solche Voraussetzungen können verständlicherweise sehr verschiedener Art sein, sie können sozialer, wirtschaftlicher, politischer und
nicht zuletzt geistiger Natur sein. Im Falle der Männer der Bekennenden Kirche scheinen sie mir jedoch von besonderer Bedeutsamkeit gewesen zu sein, insofern als sie außergewöhnlich sowohl für die betreffenden Personen als auch für die Institution, der sie angehörten, waren.
Im Kirchenkampf bestand zunächst eine innerkirchliche Bewährungs-
probe, bei der neue Autorität sich gegen korrumpierte Kirchenleitungen
bilden und durchsetzen mußte. Darüberhinaus aber war die ganze
Institution Kirche in ihrer Verantwortung vor Staat und Gesellschaft
herausgefordert, so daß jeder innerkirchliche Kampf gesamtpolitische
Bedeutung hatte. Kirchenführer gewannen den Rang heimlicher politischer Oppositionsführer, Kirchenleitung stand immer unter einem
höheren Anspruch.

Dies änderte sich auch kaum in der Nachkriegszeit. Zwar trat die
heimliche Oppositionsrolle der Kirche zurück, aber ersatzpolitische
Funktionen blieben ihr deswegen doch zur Genüge. Nach dem Zerfall
der staatlichen Macht in Deutschland nahmen Einfluß und Geltung der
Kirche erheblich zu, in das politische Autoritätsvakuum strömten
außerstaatliche Kräfte mit Leichtigkeit ein. Ihren Höhepunkt erreichte
diese Entwicklung in der Zeit des Zerbrechens Deutschlands in zwei
Staaten, als der Kirche bisweilen eine regelrechte politische Klammer-
funktion zuwuchs und Kirchentage quasi zu Ersatzparlamenten wurden.

Es bedarf keiner historischen Phantasie, um sich auf diesem Hintergrund die Rolle von Kirchenführern vorzustellen: Mit dem Rückenwind eines anscheinend gut durchgestandenen Kirchenkampfes gegen die Gewaltdiktatur Hitlers und vor den Erwartungen eines geschlagenen, zerrissenen und orientierungslos gewordenen Volkes erfreuten sie sich eines in der Kirchengeschichte selten dagewesenen hohen Ansehens, einer Autorität, die weit über das übliche Maß an Geltung von Kirchenleitungen hinausreichte. Als Otto Dibelius auf dem Berliner Kirchentag 1951 unter der Losung »Wir sind doch Brüder« an das Zusammengehörigkeitsgefühl der evangelischen Christen in Ost- und Westdeutschland appellierte, sprach er nicht nur mit der Autorität eines in der Leitung seiner Kirche erprobten Mannes, sondern auch als der Inhaber einer Funktion, der übergreifende Bedeutung zukam: als Bischof der geteilten Hauptstadt eines zerrissenen Landes. Seine Position war vergeichbar der mancher polnischer Bischöfe in der Zeit der Teilung und Unterdrückung Polens, als die Kirche die Hoffnungen eines um seinen Weg besorgten Volkes auf sich zog.

Es ist nun offenkundig, daß sich die Situation seither grundlegend verändert hat. Nicht nur die NS-Zeit ist uns ferner gerückt, auch die Nachkriegszeit mit dem Erlebnis des Zerbrechens Deutschlands ist Geschichte. Aus dem Zusammenbruch des Reiches haben sich zwei deutsche Staaten entwickelt, die — wenn auch in unterschiedlicher Weise — das 1945 vorhandene Autoritätsvakuum weitgehend gefüllt haben. Parallel hat sich der von langer Hand angelegte Prozeß der Säkularisierung verstärkt fortgesetzt, Probleme der wirtschaftlichen und sozialen Entwicklung stehen im Vordergrund. Zwar sind noch nicht alle Wunden der Kriegszeit vernarbt, aber es unterliegt keinem Zweifel, daß eine neue Generation mit neuen Fragen und Hoffnungen das Bild zu bestimmen beginnt.

Unter diesen Umständen hat sich verständlicherweise auch die Lage der Kirche verändert. Sie ist nicht mehr von hochgespannten Erwartungen an eine öffentliche Rolle der Kirchenführer geprägt, sondern von dem Empfinden, daß eine gewisse Zurückhaltung der mit Leitungsaufgaben betrauten Persönlichkeiten angemessener sei. Nicht ein betontes Hervortreten der Kirche in der Gesellschaft wird erwartet, sondern eine gewisse Bereitschaft zur Selbstbeschränkung, zum Zurücktreten in allgemeinpolitischen Belangen. Dies besagt nicht, daß die Kirche auf sich selbst zurückgeworfen werden soll — einer Privatisierung des kirchlichen Lebens im Sinne frühliberaler Vorstellungen redet kaum jemand das Wort —, aber es zeugt von einer nüchterneren Einschätzung des Handlungsspielraumes, der in einer Welt, die mit der Säkularisierung Ernst macht, der Kirche bleibt.

Was aber heißt dies für das Problem der Autorität von Kirchenleitungen heute? Ich meine zweierlei. Zum einen scheint mir deutlich
zu sein, daß Kirchenleitungen heute kaum noch auf ein Kapital von
geborgter Autorität zurückgreifen können, auf Ansehen einzelner ihrer
Glieder, das diese außerhalb des kirchlichen Einsatzes im engeren Sinne
erworben haben. Zwar gibt es nach wie vor ein Feld der Bewährung in
der Öffentlichkeit, und Kirche erweist sich als Kirche auch heute vor
allem in ihrem Stand in der Welt, aber die Zeit geht zu Ende, in der
innerkirchliche Autorität durch einen Zuwachs an außerkirchlicher Geltung verstärkt werden konnte, in der gegebenenfalls auch Defizite an
Autorität von Kirchenleitungen durch hervorragende Positionen einzelner Kirchenführer in der profanen Welt überspielt und ausgeglichen
werden konnten.

Dies führt zu einer weiteren Überlegung im Blick auf die Frage der
Autorität von Kirchenleitungen heute. Wenn es so ist, daß kirchliche
Ämter kaum noch auf einen Autoritätszuwachs von außen rechnen
können, so wird alles darauf ankommen, daß Autorität sich überzeugend in der Kirche selber bildet. Wie aber kann dies geschehen in einer
Kirche, die bislang im wesentlichen darauf vertraut hat, daß Gott ihr
die Männer schickt, deren sie zu ihrer Leitung bedarf?

Hier scheint mir der Ort zu sein, an dem die Erörterungen der früheren Arbeitsgemeinschaft Kirchenreform ein bißchen weiterhelfen
könnten. Denn Autoritätsbildung hat etwas mit Strukturproblemen zu
tun — so viel und so wenig die Übertragung von Verantwortung nicht
nur eine Frage der geistigen oder geistlichen Disposition ist. Max Weber
hat in einem seiner großen Weltkriegsaufsätze einmal betont, daß das
beklagenswerte Defizit an politischen Führungskräften im deutschen
Volk mit dem Mangel an Profilierungsmöglichkeiten in einem voll
verantwortlichen Parlament zusammenhänge. Durch bloße »Konkurrenz um Avancement« komme es zu keiner Ausbildung von Führungs-
qualitäten, und ohne die Chance, etwas mehr als nur »ein paar Budget-
posten zu ändern ... und einigen Protégés ... ein paar kleine Pfründen
zu verschaffen«, sei die Anziehungskraft auf Männer mit größerem
Zuschnitt gering.

Diese Gedanken Max Webers sind natürlich nicht ohne weiteres auf
die Verhältnisse der Kirche übertragbar; politische Autorität ist nicht
einfach identisch mit Autorität von Kirchenleitungen. Aber mindestens
in einer Hinsicht tragen sie etwas für die Klärung des besprochenen
Problems aus, insofern als sie auf den Zusammenhang von Leitungs-
autorität und Verantwortungsstrukturen, in denen es jene zu bewähren
gilt, aufmerksam machen. In den scheinparlamentarischen Verhältnissen, die sowohl für den deutschen Reichstag des Kaiserreichs als auch
für die Synoden der evangelischen Kirche bezeichnend sind, ist es

schwer, jenes Maß an Autorität zu begründen, das Zerreißproben standhält und neue Ziele zu setzen imstande ist.

Um es konkret zu sagen: wie soll der Rat der EKD eine wirkliche Autorität für die evangelischen Christen in Deutschland werden, wenn die Synode der EKD nur ein lockeres Beratungsgremium ist, das aus keinen echten Wahlen hervorgeht und nur ein bis zweimal im Jahr zusammentritt? Wie soll aus dem Rat eine überzeugende Leitung werden, wenn er so gut wie keine Kompetenzen hat, nicht einmal die Kompetenz zu scheitern? Der Fall der EKD, das gebe ich zu, ist ein besonders kritisches Beispiel; in den Landeskirchen sieht es für die Leitungsämter nicht ganz so trostlos aus. Aber auch dort steht die Autorität der Kirchenleitungen auf schwachen Füßen, auch dort gibt es ein Strukturproblem der Autorität. Denn ebenso wie in der EKD sind die Synoden der Landeskirchen keine Gremien, vor denen sich Kirchenleitungen voll zu verantworten haben, und ebenso wie dort fehlt ihnen eine breite Legitimationsbasis in den Gemeinden.

Damit will ich freilich nicht sagen, daß alle Autoritätsprobleme in der Kirche auf Strukturprobleme reduziert werden könnten, und schon gar nicht will mir eine bloße Demokratisierung als Allheilmittel erscheinen. Aber es kann doch auf der anderen Seite auch nicht übersehen werden, daß die vielen Halbheiten in der Verantwortungsstruktur der Landeskirchen — von der EKD ganz zu schweigen — die Ausbildung von Autorität erschweren. Wo vor einer Fundierung von Mitwirkungsrechten der Mitglieder einer Institution zurückgescheut wird, wird meistens auch der Präzisierung von Leitungsverantwortlichkeiten nicht die Bedeutung beigemessen, die ihr der Sache nach zukommt. Man gibt den Synoden halbe Rechte und den Kirchenleitungen halbe Befugnisse und schwächt auf diese Weise zugleich das Verantwortungsbewußtsein der Vertreter der Gemeinden und die Autorität der mit Leitungsaufgaben Betrauten. Was von den Kirchenleitungen unter diesen Umständen übrigbleibt, ist dann meistens nur noch ein Behördenapparat, eine Ansammlung von Beamten und Angestellten, die die Angelegenheiten der Landeskirchen schlecht und recht verwalten. Wenn es gut geht, üben sie Gerechtigkeit in der Verteilung der kärglicher fließenden Mittel, wickeln sie die täglichen Geschäfte sorgfältig ab. Wenn es schlecht geht, verfahren sie mit den Gemeinden bürokratisch, erzeugen sie Unmut durch kleinliches oder undurchsichtiges Verhalten. Was jedoch fehlt, ist in der Regel Phantasie in der Bewältigung außerordentlicher Probleme, Begabung für Konfliktlösungen, wie sie beispielsweise in den letzten Jahren durch die Unruhe der jungen Generation gefordert wurden. Hier wurde ein weitgehendes Versagen der Kirchenleitungen offenkundig, ein Defizit an Führungsfähigkeit, von dem Defizit an Reformfähigkeit ganz zu schweigen.

Solche Miseren lassen vielfach nach charismatischen Persönlichkeiten rufen, nach begnadeten Männern, denen — wie kirchliche Kreise gerne sagen — das rechte Wort zur rechten Zeit gegeben ist. Aber sind das nicht Ausflüchte und Selbsttäuschungen? Wird hier nicht ein Mangel an konstruktivem Denken mit einem allzu einfachen Vertrauen auf wundervolle Fügungen kompensiert? Es ist doch so, daß persönliche Ausstrahlungskraft nicht die Regel ist und in einer Welt der Sachzwänge und technischen Rationalität eher schwerer zur Geltung zu bringen ist. Vor allem aber kann sie kein Argument gegen institutionelle Vorkehrungen sein, da Institutionen ihre Rechtfertigung ja gerade aus der Möglichkeit menschlicher Schwäche und Unzulänglichkeit gewinnen.

Ich bin also der Meinung, daß wir das Autoritätsproblem der Kirchenleitungen nicht mit bloßen Hoffnungen auf irgendwie geschenkte, charismatisch begabte Persönlichkeiten lösen können. Es wird vielmehr notwendig sein, bessere Voraussetzungen für die Bildung von Autorität in der Kirche zu schaffen und Alternativen zum simplen Behördendenken zu entwickeln. Kirchenleitung ist mehr als Verwaltung mit einem geistlichen Herrn an der Spitze. Wenn es richtig ist, daß der christliche Glaube etwas mit Überwindung von Grenzen zu tun hat und auch vor Aufgaben in unbestelltem Land nicht zurückscheut, so darf die Kirche nicht überwiegend von Strukturen bestimmt sein, die auf Sicherung von Beständen und Behauptung von Positionen abgestellt sind.

Dies führt mich zu einer letzten Reflexion. Ich habe in meiner Argumentation, so scheint es, die klassischen theologischen Überlegungen zum Thema vernachlässigt und nichts zur Frage des Verhältnisses von Theologie und Kirche gesagt. Ich bin nicht auf die Beziehung von Autorität in der Kirche und geistlicher Vollmacht eingegangen und habe generell den pneumatologischen Aspekt zu kurz kommen lassen. Aber, so möchte ich zum Schluß fragen, gibt es rein theologische Überlegungen dazu nicht bereits genug? Ist es nicht eher wieder einmal an der Zeit, Gesichtspunkte aus der Welt der sogenannten Laien zur Geltung zu bringen, die doch durch das Autoritätsproblem der Kirchenleitungen in erster Linie betroffen sind? Es paßt jedenfalls zum Gesprächscharakter der alten Arbeitsgemeinschaft Kirchenreform nicht schlecht, wenn einem Theologen, der zugleich Erfahrung in der Leitung der Kirche hat, Gedanken eines Nichttheologen zum Geburtstag dargebracht werden.

In diesem Sinne grüßt Dich in alter Verbundenheit

Dein *Rudolf Thadden*

MARTIN FISCHER –
DATEN UND VERÖFFENTLICHUNGEN

Am 9. August 1911 in Magdeburg geboren.
Studium der Theologie in Greifswald, Berlin und Halle.
1934 Erstes Theologisches Examen in Magdeburg.
Illegaler Vikar und Pastor der Bekennenden Kirche.
Ab 1935 Reisesekretär der Deutschen Christlichen Studentenvereinigung.
Ab 1936 Leiter des Theologiestudentenamtes der vorläufigen Kirchenleitung
der Bekennenden Kirche.
1937 Zweites Theologisches Examen beim Provinzialsächsischen Bruderrat
Magdeburg.
Seit Ende des Zweiten Weltkrieges leitend am Wiederaufbau der Evangeli-
schen Studentengemeinde in Deutschland und der Evangelischen Akademiker-
schaft im Vorstand bis 1969 beteiligt.
1945 Dozent für Praktische Theologie an der Kirchlichen Hochschule Berlin.
1947 Theologischer Ehrendoktor der Universität Tübingen.
Seit 1950 Professor des Kirchlichen Lehramtes für Praktische Theologie an
der Kirchlichen Hochschule Berlin.
Bis 1955 Ephorus der Kirchlichen Hochschule.
1955 Doctor of Divinity (DD.) des Eden Theological Seminary St. Louis/
USA.
Lange Zeit beteiligt an den Synoden der Berlin-Brandenburgischen Kirche,
der EKU und der EKiD. Mitglied des Verfassungsausschusses der EKiD
seit 1970.
Seit 1967 Mitglied der Kirchenleitung in Berlin (West).
1970–1975 Präsident der Kirchenkanzlei der Evangelischen Kirche der
Union (West).
Seit 1971 Stellvertretender Vorsitzender des Kuratoriums der Berliner Ar-
beitsgemeinschaft für kirchliche Publizistik.

Seit 1939 verheiratet mit Ilse Fischer, geb. Paß. Fünf Kinder: Angelika, Chri-
stoph, Renate, Michael, Gertrud.

1960–1970 Herausgeber der Göttinger Predigtmeditationen.
Seit 1960 Mitherausgeber der Zeitschrift Pastoraltheologie (heute: Wissen-
schaft und Praxis in Kirche und Gesellschaft).
Seit 1968 Mitglied im Herausgeberkreis der Evangelischen Kommentare.

Wichtigste Veröffentlichungen:

Predigten. Lettner-Verlag, Berlin 1949.
Das Zeugnis der Verhafteten. Lettner-Verlag, Berlin 1953.
Die Anfechtung des Predigers heute. Bechauf-Verlag, Bielefeld 1953.

Obrigkeit. Käthe-Vogt-Verlag, Berlin 1959.

Wegemarken. Beiträge zum Kampf um unseren Weg. Lettner-Verlag, Berlin 1959.

Überlegungen zu Wort und Kirche. Lettner-Verlag, Berlin 1963.

Neuausgabe mit Einführung zu Martin Kähler: Die Wissenschaft der christlichen Lehre. Neukirchener Verlag, Neukirchen 1966.

Wer glaubt, muß kämpfen. Veranwortung an Fronten. Radius Verlag, Stuttgart 1967.

Geschichte in Gestalten. J. F. Steinkopf Verlag, Stuttgart 1975.

DIE MITARBEITER

Eberhard Bethge, geboren 1909 in Warchau/Magdeburg, studierte in Königsberg, Berlin, Tübingen und Halle. 1937—40 Studieninspektor am Predigerseminar der Bekennenden Kirche Pommern, bis 1945 Missionsinspektor bei der Gossner-Mission in Berlin und bis 1953 in Berlin Pfarrer. Danach bis 1961 Auslandspfarrer in London und anschließend bis 1975 Rektor des Pastoralkollegs der Evangelischen Kirche im Rheinland. 1966/67 Gastprofessor in den USA. Seit 1969 Honorarprofessor in Bonn.

Wolfgang Erk, geboren 1943. Evangelischer Publizist. 1968 Redakteur, 1969 Verlagslektor, 1971 stellvertretender Pressestellenleiter beim Deutschen Evangelischen Missions-Rat und der Evangelischen Arbeitsgemeinschaft für Weltmission in Hamburg. Seit 1974 Beauftragter für Publizistik im Landeskirchenamt der Evangelischen Kirche von Kurhessen-Waldeck, Kassel.

Adriaan Geense, geboren 1931, studierte Theologie in Leiden, Genf und Basel 1950—58. Religionslehrer 1959—62, Studentenpfarrer in Heidelberg 1962—66. Wissenschaftlicher Assistent am Ökumenischen Institut der Universität Heidelberg 1966—69. Pfarrer in Leiderdorp/Holland 1969—73. Seither Professor für Dogmatik und Kirchenrecht an der Universität Groningen.

Helmut Gollwitzer, geboren 1908 in Pappenheim (Mittelfranken), promovierte 1937 bei Karl Barth, war im Kirchenkampf Referent für theologische Ausbildungsfragen beim Preußischen Bruderrat und wurde im Frühjahr 1938 von Martin Niemöller mit der Vertretung als Pfarrer der Gemeinde in Berlin-Dahlem beauftragt. 1950 Professor für Systematische Theologie in Bonn, seit 1957 in Berlin an der Freien Universität und an der Kirchlichen Hochschule.

Klaus Grammel, geboren 1937, studierte in Berlin und Göttingen, war zwei Jahre Gemeindepastor in Berlin-Reinickendorf. 1967—73 Pfarrer im Evangelischen Johannesstift und Dozent an der Diakonen- und Erzieherschule (Wichern-Kolleg). Seit 1973 Kreisschulpfarrer in Berlin-Spandau.

Hans Häselbarth, geboren 1936, studierte Theologie in Tübingen, Göttingen, Bonn, Berlin, Neuendettelsau und New York. Vikariat in Freising. 1963 Missionar und Dozent mit der Berliner Mission in Südafrika, dort 1968 ausgewiesen. Assistent und Promotion bei Horst Bürkle in München. Pfarrer der bayrischen Landeskirche. Derzeit mit der Basler Mission als Dozent in Bukuru/Nigeria.

Johannes Hanselmann, geboren 1927 in Ehingen/Ries, studierte Theologie in Erlangen. 1949/50 Studienjahr am Wittenberg-Seminar in Springfield-Ohio. 1950 Promotion zum Sacrae Theologiae Magister. 1950/51 Studium an der Hartford University of Religion, Dissertation über Martin Heideggers Fundamentalontologie und ihre theologischen Implikationen. 1951 Promotion zum Doktor der Philosophie. 1951 Stadtvikar in Coburg, 1953—66 Pfarrer in Grub am Forst, 1966—73 Leiter des Hauses der Kirche in Berlin. 1974 Oberkirchenrat und Kreisdekan des Kirchenkreises Bayreuth. Seit 1975 Landesbischof der Evang.-Luth. Kirche in Bayern.

Gustav W. Heinemann, geboren 1899 in Schwelm (Westfalen). Studium der Rechtswissenschaften, Volkswirtschaft und Geschichte in Münster, Marburg, München, Göttingen und Berlin. 1921 Dr. rer. pol., 1929 Dr. jur. 1945—67 Mitglied des Rates der Evangelischen Kirche in Deutschland. 1949—55 Präses der Synode der EKiD. 1949 Bundesinnenminister (1950 Rücktritt aus politischen Gründen). 1966—69 Bundesjustizminister. 1967 Ehrendoktor der Theologie der Universität Bonn. 1969—74 Bundespräsident.

Helmut Hild, geboren 1921 in Weinbach (Oberlahnkreis). Theologiestudium in Marburg. 1960 erster hauptamtlicher Öffentlichkeitspfarrer der hessen-nassauischen Kirche. 1964 Vorsitzender des Frankfurter Evangelischen Gemeindeverbandes und Mitglied der hessen-nassauischen Kirchensynode. Seit 1969 Kirchenpräsident der Evangelischen Kirche in Hessen und Nassau. Seit 1973 stellvertretender Vorsitzender des Rates der Evangelischen Kirche in Deutschland. Ehrendoktor der christlichen Theologischen Akademie in Warschau.

Manfred Josuttis, geboren 1936 in Insterburg/Ostpreußen, studierte in Wuppertal, Göttingen und Bonn 1955—60. Assistent an der Kirchlichen Hochschule Wuppertal 1960—62. Promotion in Bonn 1962. Gemeindepfarrer in Gödenroth/Hunsrück 1963—66. Lehrauftrag in Bonn 1966—68. Seit 1968 ordentlicher Professor für Praktische Theologie an der Theologischen Fakultät der Universität Göttingen.

Otto Knoch, geboren 1926 in Sindelfingen. Studium der Philosophie und Theologie in Tübingen. Priester der Diözese Rottenburg 1951. 1953—59 Repetent am Kath. Wilhelmstift in Tübingen, danach bis 1972 Direktor des Katholischen Bibelwerkes in Stuttgart, seither ordentlicher Professor an der Phil.-theol. Hochschule Passau für Biblische Einleitung und Biblische Kerygmatik.

Walter Kreck, geboren 1908 in Weidelbach (Dill). Studium der Theologie in Bonn, Tübingen und Marburg. Pfarrdienst in Herborn, Frankfurt am Main und Oberfischbach (Kreis Siegen). Tätigkeit am Predigerseminar der Bekennenden Kirche Hessen-Nassau in Frankfurt bis zur Ausweisung aus Hessen-Nassau und ab 1946 am Theologischen Landesseminar Herborn. Von 1952 bis zur Emeritierung (1973) ordentlicher Professor an der Ev. theol. Fakultät Bonn.

Günter Krusche, geboren 1931 in Dresden, studierte 1949—54 in Leipzig. Gemeindepfarrer in Taucha bei Leipzig. 1958—66 Studieninspektor am Predigerseminar Lückendorf/Sachsen, 1966—69 Referent für Theologische Ausbildung und Soziologie im Landeskirchenamt Dresden. 1969—74 Studiendirektor am Predigerseminar Lückendorf, seit 1974 Dozent für Praktische Theologie am Sprachenkonvikt Berlin. Außerdem Mitarbeit im Ausschuß Kirche und Gesellschaft des Bundes der ev. Kirchen in der DDR und im

Theologischen Studienausschuß des Nationalkomitees des Lutherischen Weltbundes.

Wenzel Lohff, geboren 1925 in Bad Oeynhausen. Dr. phil. 1950, Dr. theol.
1954 in Erlangen. Kirchen- und Schuldienst in München, 1957 Habilitation
für Systematische Theologie in Erlangen. 1959 Professor an der Pädagogischen Hochschule München, 1963 ordentlicher Professor für Systematische
Theologie an der Universität Göttingen. 1969 Vorsitzender des theologischen
Ausschusses der Vereinigten Evangelisch-Lutherischen Kirchen Deutschlands,
1971 Mitglied des Rates der Evangelischen Kirche in Deutschland. 1976
Hauptpastor in Hamburg.

Friedrich-Wilhelm Marquardt, geboren 1928, in Eberswalde, war zunächst
Gemeindepfarrer in Bayern, dann im Rheinland, später in Berlin. 1957—63
Evangelischer Studentenpfarrer an der Freien Universität Berlin. Dr. theol.
Professor für Evangelische Theologie an der Freien Universität Berlin.

Dietrich Mendt, geboren 1926, aufgewachsen in Chemnitz, studierte Germanistik und Anglistik in Leipzig, Theologie in Leipzig, Berlin und Basel (Sti-
pendium des Ökumenischen Rates der Kirchen). 1951/52 Obmann der Evangelischen Studentengemeinden in der DDR. Bis 1958 Studieninspektor am
Predigerseminar Lückendorf, danach Studentenpfarrer in Leipzig. 1963—72
Gemeindepfarrer in Karl-Marx-Stadt, gleichzeitig seit 1970 Referent des
Landeskirchenamtes für neue Gemeindemodelle. Seit 1973 Gebietsdezernent
für den Bezirk Leipzig als Oberkirchenrat und Dezernent für Gemeindeaufbau der Sächsischen Landeskirche. Vorsitzender der Gemeindekommission.

Reinhold Pietz, geboren 1921 in Berlin-Charlottenburg. Studium an der
Kirchlichen Hochschule Berlin und an der Universität Tübingen. Studien-
inspektor 1952, Pfarrer und Dr. theol. seit 1956. Direktor der Predigerschule
Paulinum Berlin 1958. 1970 Superintendent in Berlin-Köpenick. Seit 1972
Präsident der Kirchenkanzlei der Evangelischen Kirche der Union — Bereich
DDR.

Kurt Scharf, geboren 1902 in Landsberg/Warthe, studierte Theologie und war
zunächst Gemeindepfarrer in Friesack (Brandenburg). Im Kirchenkampf
Vertrauensmann des Pfarrernotbundes. Nach der Kriegsgefangenschaft Mitglied der Kirchenleitung Berlin-Brandenburg. 1952 theologischer Ehrendoktor
der Humboldt-Universität. 1961 bis 1967 Vorsitzender des Rates der Evangelischen Kirche in Deutschland. Seit 1966 Bischof der Evangelischen Kirche
Berlin-Brandenburg.

Yorick Spiegel, geboren 1935 in Düsseldorf, studierte Germanistik und Theologie in Tübingen, Hamburg, Göttingen und Bonn und war zunächst wissenschaftlicher Assistent an der Kirchlichen Hochschule Berlin. 1965 Studium an
der Harvard School (Th. m.). 1967 Promotion zum Dr. theol. bei Martin
Fischer in Berlin. Pfarrer in Rheinhausen und Essen. 1972 Habilitation in
Bochum, gegenwärtig Professor für Sozialethik in Frankfurt am Main.

Rudolf von Thadden, geboren 1932 in Trieglaff/Pommern. Dr. phil. ordentlicher Professor für Mittlere und Neuere Geschichte in Göttingen. Studium in
Tübingen, Paris und Göttingen. Seit 1962 zweiter bzw. erster Vorsitzender

der Arbeitsgemeinschaft Kirchenreform in Göttingen. Seit 1974 Rektor der Universität Göttingen, seit 1975 Vorsitzender der Landesrektorenkonferenz.

Rudolf Thaut, geboren 1915 in Kiel. Studium der Theologie und Philosophie in Hamburg. 1949 Dr. phil. Gemeindepastor in Mannheim und München. Generalsekretär des Bundes Evangelisch-Freikirchlicher Gemeinden in Deutschland. Seit 1967 Dozent für Praktische Theologie und Direktor des Theologischen Seminars des Bundes Evangelisch-Freikirchlicher Gemeinden in Deutschland mit Sitz in Hamburg.

Friedrich Winter, geboren 1927. Studium in Greifswald, Berlin und Rostock. Promotion 1952, Ordination 1953. 1954—60 Studentenpfarrer in Greifswald, bis 1964 in Grimmen, dann bis 1973 Dozent für Praktische Theologie am Sprachenkonvikt in Berlin. Seither Propst beim Evangelischen Konsistorium Berlin-Brandenburg.

Lernende Kirche

Ein Leitfaden zur Neuorientierung kirchlicher Ausbildung
Herausgegeben von Reinhard Köster und Hans Oelker
in Zusammenarbeit mit der Braunschweiger Lernzielgruppe
272 Seiten. Kartoniert

Während in allen Berufsgruppen unserer Gesellschaft die ständige
Weiterbildung als grundlegende Notwendigkeit angesehen und in
differenzierten Lernprogrammen eingeübt wird, stehen wir im kirchlichen Bereich damit noch weithin am Anfang. Dieser im evangelischen
Raum entstandene Sammelband enthält eine Fülle von Anregungen
dazu, die vor allem für die Kirchenleitung und die für die Aus- und
Fortbildung in der Kirche Verantwortlichen von ernstzunehmender Bedeutung sind. Der Prediger und Katechet

Kirchliches Amt im Umbruch

Herausgegeben von Hans-Dieter Bastian
(Gesellschaft und Theologie/Praxis) 296 Seiten. Snolin
In Gemeinschaft mit dem Matthias-Grünewald-Verlag, Mainz

Bastian will keine geschlossene Lehre des Pfarramtes vorlegen. Er bietet vielmehr ein Bouquet, welches das kirchliche Amt unter all seinen
Aspekten beleuchtet: Theologie des kirchlichen Amtes (Hasenhüttl,
Neidhardt); Soziologie des kirchlichen Amtes (Siefer, Köster); Organisation des kirchlichen Amtes (Schöpping, Leich); Zwischen Anspruch
und Wirklichkeit: Praxisbericht (Marti, Perau, Stein, Schoen, Gund-
lach, Plünnecke, Krüger, Lipp, Wetzel); Zwischen Tradition und Emanzipation: die Frau und das kirchliche Amt (Harmsen, Flesch-Thebe-
sius); Zwischen Autorität und Kollegialität: das kirchliche Leitungsamt
(Tenhumberg, Heintze); Erinnerung oder Erwartung: das kirchliche
Amt im Urteil der Laien (Hepp, Wagemann, Elschenbroich, Götting,
Loesch); Kultdiener oder Sozialreformer: das Bild des Pfarrers in der
Nachkriegsliteratur (Hertz). Zu jedem Thema äußern sich je ein Katholik und ein Evangelischer. Die heftige Diskussion um das Pfarramt,
welche ja bereits zu ersten neuen Modellen geführt hat, ist in dem
Sammelband aufgehoben. Die Theoretiker und die Praktiker kommen
zu Wort. Kirchenblatt für die reformierte Schweiz

CHR. KAISER VERLAG

Walter Kreck

Grundfragen christlicher Ethik

(Einführung in die evangelische Theologie, Band 5)
352 Seiten. Snolin

»Das Buch folgt den 1970 erschienenen ›Grundfragen der Dogmatik‹.
Die Frage der Ethik ›Was sollen wir tun?‹ ist für Kreck nicht lösbar
vor der Frage ›Was glauben wir?‹ und zugleich nicht von der anderen
›Wie sehen wir die jeweilige Situation?‹. Und so erweist sich diese Ethik
folgerichtig fest in den Fundamenten einer Dogmatik verankert, die
mit einer auf Ethik hinzielenden Christologie beginnt und in der Folge
das Gebot des Schöpfers, Versöhners und Erlösers in einem christologischen Dreischritt entfaltet. Dieser erste, grundlegende Teil beginnt
mit einer Übersicht über verschiedene Typen ethischer Theorie, philo-
sophischer wie christlicher. In einem zweiten, kürzeren Teil folgen
›Versuche einer Konkretion auf einigen sozialethischen Problemfel-
dern‹. Es sind deren im Wesentlichen zwei, nämlich Kapitalismus und
Sozialismus sowie der demokratische Staat. Innerhalb dieser großen
Themen werden dann freilich viele einzelne Fragen angesprochen, ex-
kursweise wie in der vorausgegangenen Dogmatik, und sie liegen alle
im Gesichtskreis des heutigen politischen Interesses.
Diese sorgfältige, zitatenreiche Übersicht ist in allen ihren Partien, den
grundlegenden wie den angewandten Kapiteln, engagiert, bekenntnis-
haft und traditionskritisch. Diese Ethik ist eine unverwechselbare,
möglicherweise letzte Dokumentation barthianischer Theologie, groß-
artig in ihrer Weise . . .«   Lutherische Monatshefte

CHR. KAISER VERLAG